本书的出版得到教育部人文社会科学重点研究基地重大项目（16JJDGJW011）、上海高校智库、上海市教委和上海市教育发展基金会"曙光项目"（15SG29）、上海市"浦江人才计划"（14PJC092）和上海外国语大学科研创新团队的联合资助。

"当代中国与中东"丛书

孙德刚 主编

冷战后中国参与中东地区治理的理论与案例研究

CHINA'S PARTICIPATION IN THE MIDDLE EAST GOVERNANCE AFTER THE COLD WAR

THEORIES AND CASES

孙德刚 等◎著

社会科学文献出版社
SOCIAL SCIENCES ACADEMIC PRESS (CHINA)

目 录

导　言

21 世纪以来，随着内政与外交之间的联动日益频繁，国家治理、地区治理和全球治理之间的界限日益模糊，对中国参与全球事务、提出中国方案、维护海外利益、塑造国际规范提出了新的机遇和挑战。就中国参与地区和全球治理实践而言，党的十八大报告在总结 2007～2012 年中国外交工作时指出："外交工作取得新成就。坚定维护国家利益和中国公民、法人在海外合法权益，加强同世界各国交流合作，推动全球治理机制变革，积极促进世界和平发展，在国际事务中的代表性和话语权进一步增强，为改革发展争取了有利国际环境。"① 十八大以来，以习近平为核心的党中央对内推动国家治理体系和治理能力现代化，对外积极参与地区和全球治理，维护中国的海外利益，积极应对全球性传统与非传统安全挑战，彰显负责任大国形象，提升了政治大国地位。党的十八届三中全会做出的《决定》指出："全面深化改革的总目标是完善和发展中国特色社会主义制度，推进国家治理体系和治理能力现代化"；党的十八届五中全会从对外开放的战略高度审视中国参与全球治理，进一步指出："中国国家治理现代化与冷战后中国参与地区和全球治理存在重要联动关系。"②党的十九大报告指出：中国秉持共商共建共享的全球治理观，积极参与全球治理体系改革和建设，不断贡献中国智慧和力量。

中国参与全球治理是综合实力上升、海外利益拓展的自然结果。2000年，中国的外贸总额仅为 4740 亿美元；2015 年，中国外贸总额为 39586.4 亿美元，连续三年保持世界第一贸易大国地位。③ 冷战后，中国作为世界上

---

① 《坚定不移沿着中国特色社会主义道路前进，为全面建成小康社会而奋斗——在中国共产党第十八次全国代表大会上的报告》，《人民日报·海外版》2012 年 11 月 19 日，第 2 版。

② 《中共十八届五中全会在京举行》，《人民日报》2015 年 10 月 30 日，第 1 版。

③ 《2015 年 12 月进出口简要情况》，商务部网站，2016 年 1 月 13 日，http：//zhs. mofcom. gov. cn/article/aa/201601/20160101233311. shtml，登录时间：2016 年 6 月 22 日。

第二大经济体和进出口贸易第一大国，综合国力和国际影响力不断上升，对内投资与对外投资的规模基本持平，广大发展中国家对中国更加积极参与全球治理、分享中国国家治理成功经验的期望值不断提高。未来五年，对内提升国家治理水平和对外增强全球治理的能力成为中国面临的两大战略性任务。2015 年 11 月，《中共中央关于制定国民经济和社会发展第十三个五年规划的建议》提出，要"推动国际经济治理体系改革完善，积极引导全球经济议程，促进国际经济秩序朝着平等公正、合作共赢的方向发展"①。2016 年 9 月，中国成功举办二十国集团杭州峰会，进一步提升了中国参与全球治理的水平，中国参与全球治理也成为"十三五"期间中国外交的重要任务，是中国不断拓展海外利益、提升国际话语权和发挥安理会常任理事国作用的重要途径。

本书的"中东"是广义的地理概念，包括西亚、北非和东非三大次区域的 26 个国家。其中西亚地区包括沙特、卡塔尔、阿联酋、阿曼、科威特、巴林、伊拉克、也门、叙利亚、约旦、黎巴嫩、巴勒斯坦共 12 个阿拉伯国家和地区以及阿富汗、伊朗、土耳其、塞浦路斯和以色列 5 个非阿拉伯国家；北非地区包括埃及、利比亚、阿尔及利亚、突尼斯、摩洛哥和毛里塔尼亚共 6 个阿拉伯国家；东非包括索马里、吉布提和苏丹三个阿拉伯国家。

一 研究问题与文献综述

中东地区是全球治理的重点与难点。以难民问题为例，据联合国统计，2012 年中东难民（叙利亚、伊拉克、利比亚、也门等）总数约为 1030 万，占全球难民总人数的 29% 左右。加上 490 万巴勒斯坦难民，所占比例高达 37%。2014 年，叙利亚超过阿富汗，成为全球第一大难民输出国，人数达 1160 万。② 此外，中东地区是世界上跨国冲突和内战最为集中的地区之一。中东地区主要国家治理能力低下，需要国际社会提供公共安全产品；中东 40% 的人口生活在贫困线以下，传染病、海盗、恐怖主义、毒品等治理任务繁重，经济和社会治理也面临艰巨性与复杂性任务。

---

① 《中共中央关于制定国民经济和社会发展第十三个五年规划的建议》，《人民日报》2015 年 11 月 4 日，第 1 版。

② 《全球难民数近 6 千万创二战以来新高，中东成重灾区》，《人民日报》2015 年 6 月 20 日。

中东地区治理存在于中东政治、社会、商贸、民族和国家间关系中，涵盖政治学、外交学、社会学、经济学、管理学、民族学等多个学科，属于跨学科研究议题。虽然大国参与中东地区治理内涵丰富，但国内外学界关于大国在中东的地区治理研究成果并不多见。中国参与中东地区治理的实践发端于1971年中华人民共和国恢复在联合国的合法席位，发展于20世纪90年代冷战的结束，升级于21世纪初。据课题组统计，目前有关大国参与中东地区治理的理论与经验研究的文献中，中文论文约有20余篇，且大部分是本书课题组成员的前期研究成果；国外有关大国参与中东地区治理的著作十余本、论文60多篇，主要研究对象是美国、欧洲等西方大国在中东的治理实践，对中国的案例研究成果偏少，尤其是对中国参与中东地区治理的动机存在不少负面的解读，缺乏客观深入的学理探讨。关于冷战后大国参与中东地区治理，学界的前期研究成果大体可分为以下五类。

第一类成果主要考察全球治理的概念和普遍规律。这类成果主要探讨地区治理的定义、类型、动因、机制和绩效，通常运用定性和定量研究方法，突出西方和中国的治理理论与实践，如王林聪（2016），乌尔利希·贝克（2004），蔡拓、刘贞晔（2013），戴维·赫尔德等（2004），俞可平（2003），邵鹏（2010），孙宽平、滕世华（2003），王奇才（2012），林泰（2013），朱杰进（2013）等。其中王林聪的《从马克思主义时代观看中东国家发展的国际环境》，邵鹏的《全球治理：理论与实践》，俞可平的《全球化：全球治理》，蔡拓、刘贞晔的《全球学的构建与全球治理》和朱杰进的《全球治理与三重体系的理论探述》等较具代表性。①

第二类成果主要考察中国参与全球治理的理论与实践。近年来有关中国参与全球治理的研究成果日益丰富，但偏重于介绍中国在亚太和中亚等区域的治理实践，且大多是有关气候、金融、核扩散、卫生等领域中国参与全球治理的情况，对冷战后中国参与中东安全、经济和社会治理等研究

① 参见王林聪《从马克思主义时代观看中东国家发展的国际环境》，《西亚非洲》2016年第5期；乌尔利希·贝克著《全球政治与全球治理：政治领域的全球化》，张世鹏译，中国国际广播出版社，2004；蔡拓、刘贞晔著《全球学的构建与全球治理》，中国政法大学出版社，2013；戴维·赫尔德、安东尼·麦克格鲁著《治理全球化：权力、权威与全球治理》，曹荣湘、龙虎等译，社会科学文献出版社，2004；俞可平著《全球化：全球治理》，社会科学文献出版社，2003；邵鹏著《全球治理：理论与实践》，吉林出版集团有限责任公司，2010；朱杰进著《国际制度设计：理论模式与案例分析》，上海人民出版社，2011。

成果较少，代表性学者包括：何杨（2011），刘杰（2010），庞中英（2012），叶江（2010），周树春（2011），王缉思、庞中英（2007），约翰·柯顿（2013），联合国经济与社会理事会（2007）等。其中叶江的《全球治理与中国的大国战略转型》，王缉思、庞中英的《中国学者看世界：全球治理卷》和约翰·柯顿的《G20 与全球发展治理》等较具代表性。①

第三类成果主要分析国际组织、地区组织和民间社团参与全球和地区治理的实践。这类成果研究的治理主体包括联合国、阿盟、非盟和跨国公司等，通常运用历史研究方法和案例分析法，如刘雪凤（2012），金斯伯里·罗伯茨（2010），克拉托赫维尔、曼斯菲尔德（2007），巫尤·穆尔（2007），王铁军（2011）和熊李力（2010）等。其中金斯伯里·罗伯茨的《全球治理：分裂世界中的联合国》，刘雪凤的《知识产权全球治理视角下 NGO 功能研究》和王铁军的《全球治理机构与跨国公民社会》等较具代表性。②

第四类成果主要考察冷战后域外大国和中东国家参与中东地区治理的理论与实践，包括参与伊朗核问题、巴以冲突、南北苏丹冲突、达尔富尔问题、反恐、索马里海盗、难民和贫困问题等，如钮松（2011），邹志强（2013），卡蒂姆（2012），克里希纳（2012），拿波里（2007）和那吉姆（2003）等。其中钮松的《欧盟的中东民主治理研究》和卡蒂姆的《中东与北非治理指南》等较具代表性。③

---

① 参见叶江著《全球治理与中国的大国战略转型》，时事出版社，2010；王缉思、庞中英主编《中国学者看世界·全球治理卷》，新世界出版社，2007；约翰·柯顿《G20 与全球发展治理》，《国际观察》2013 年第 3 期；United Nations Dept. of Economic and Social Affairs, *Innovations in Governance in the Middle East, North Africa, and Western Balkans: Making Governments Work Better in the Mediterranean Region*, New York: Routledge, 2007。

② 参见刘雪凤著《知识产权全球治理视角下 NGO 功能研究》，知识产权出版社，2012；金斯伯里·罗伯茨著《全球治理：分裂世界中的联合国》，吴志成译，中央编译出版社，2010；王铁军著《全球治理机构与跨国公民社会》，上海人民出版社，2011。

③ 参见钮松著《欧盟的中东民主治理研究》，时事出版社，2011；邹志强《新兴国家视野下的沙特阿拉伯与全球治理》，《学术探索》2013 年第 1 期；Abbas K. Kadhim, *Governance in the Middle East and North Africa: A Handbook*, Routledge, 2012; Hensel Krishna and Sai Felicia, *Religion, Education and Governance in the Middle East: Between Tradition and Modernity*, Farnham, Surrey: Ashgate, 2012; Mustapha K. Nabli, *Breaking the Barriers to Higher Economic Growth: Better Governance and Deeper Reforms in the Middle East and North Africa*, Washington D. C.: World Bank, 2007; Tom Najem and Martin Hetherington, *Good Governance in the Middle East Oil Monarchies*, New York: Routledge Curzon, 2003。

　　第五类成果专门论述中国参与中东政治斡旋（如特使机制）、冲突调解（如南北苏丹问题）、中东维和行动（如在黎巴嫩、苏丹和西撒哈拉等）、反海盗（如在亚丁湾的护航行动）等，如刘中民（2009），孙德刚（2010），吴思科（2012），姚匡乙（2014）和邢新宇（2011）等。其中吴思科的《西亚北非变局为中国公共外交带来新机遇》，姚匡乙的《中国在中东热点问题上的新外交》和邢新宇的《全球治理中的中东难民问题》等具有代表性。①

　　归纳起来，目前学界对大国参与中东地区治理的理论与案例研究大体从三个层面展开。第一个层面是从外交学层面加以探讨，包括从危机管理、冲突解决和预防性防御（Preventive Defense）的角度探讨中东地区治理的普遍理论；第二个层面是从中国和中东地区国家关系的实践角度，比较分析联合国、阿盟、非盟、海合会、非政府组织、美国、俄罗斯、欧盟、日本、卡塔尔、埃及、阿尔及利亚、沙特、土耳其等参与中东地区治理的实践，分析其国际治理的理念、动因、机制、资源配置、议题设置和具体策略等；第三个层面研究中国中东外交的主要目标、动因、手段、机制等，涉及中东地区治理的综合性问题。

　　以上研究成果具有研究议题的多元性、研究方法的创新性、研究视角的新颖性等特点，但也存在一定的不足之处。首先，目前的研究成果大多考察西方国家以及卡塔尔、阿尔及利亚、联合国、阿盟与非盟等国家和国际组织参与中东地区治理的模式与经验，忽视了近年来中国的治理实践，特别是缺乏对中国参与中东地区治理实践的学理探讨。本书尝试从跨学科的角度，探讨中国在中东参与地区治理的动因、机制和类型等，弥补学界在该领域的研究不足；其次，21世纪以来，中国参与中东地区治理涵盖传统安全治理、非传统安全治理、经济治理和社会治理等诸多方面，但是现有的数据库和案例库建设仍处于起步阶段，有待进一步加强；最后，现有研究成果对中国与西方大国参与中东地区治理的共性特征与差异性提炼不够，对各自的优势和劣势等归纳不足。本书试图以中东地区为例，分析中

---

① 参见刘中民《中东伊斯兰地区与国际体系的关系缘何紧张》，《国际观察》2009年第5期；孙德刚《索马里海盗问题的全球治理范式研究——公共产品理论的视角》，《世界经济与政治论坛》2010年第4期；吴思科《西亚北非变局为中国公共外交带来新机遇》，《公共外交季刊》2012年第1期；姚匡乙《中国在中东热点问题上的新外交》，《国际问题研究》2014年第6期；邢新宇《全球治理中的中东难民问题》，《阿拉伯世界研究》2011年第6期。

国参与中东地区治理的方式、动因、机制、风格、优势与不足。

二 研究内容与框架设计

冷战结束以来，全球治理和地区治理在政治、安全、经济、金融和社会管理等各个层次均取得了飞速发展。域外大国参与中东地区治理的研究可以从不同领域展开，如根据主体不同，可分为主权国家、政府间组织和非政府组织参与的中东地区治理；按照手段不同，可分为强制性的"硬治理"与协商性的"软治理"；①按照领域不同，可分为传统安全治理（涉及主权、领土争端等）、非传统安全治理（如恐怖主义、海盗与粮食安全等）、经济治理（如贸易、金融和能源体系治理等）、社会治理（如毒品、难民、传染病治理等）等；按照途径不同，可分为显性治理与隐性治理；按照治理载体的机制化程度不同，可分为正式治理与非正式治理等。本书在国内外前人研究成果的基础上，系统阐述 21 世纪中国参与中东地区治理的理论与实践，旨在重点探讨以下问题。

（1）中东地区治理的概念、类型、目标和途径（"硬治理" / "软治理"；安全/经济/社会治理；显性治理/隐性治理；正式/非正式治理等）；

（2）冷战后中东地区治理的多元化主体（主权国家、政府间组织和非政府组织）；

（3）美、欧、俄、日参与中东地区治理的历史沿革、理念与政策主张；

（4）中国参与中东地区治理的动因探讨（保护海外利益/应对安全威胁/构建新型大国关系/树立积极的国家形象）；

（5）中国参与中东地区治理的机制考察（国内决策机制/地区合作机制/大国协调机制）；

（6）中国参与中东地区治理的类型分析（深度塑造型/主动参与型/有限介入型/相对超脱型）；

（7）冷战后中国参与中东的传统安全治理（中国参与中东外交斡旋/中国参与中东核扩散治理/中国参与联合国在中东的维和行动）；

（8）冷战后中国参与中东的非传统安全治理（中东恐怖主义治理、中

---

① 任勇、肖宇：《软治理与国家治理现代化：价值、内容与机制》，《当代世界与社会主义》2014 年第 2 期，第 146～151 页。

东海盗治理、中东国家航空航天治理）；

（9）冷战后中国参与中东的经济治理（中国参与中东的贸易体系治理、能源体系治理和金融体系治理）；

（10）冷战后中国参与中东的社会治理（中国参与中东的难民问题治理、毒品治理和卫生治理）；

（11）冷战后中西方参与中东地区治理的对比分析（"民主治理"与"民生治理"；"治标"与"治本"；"自下而上"与"自上而下"；"激进式"与"渐进式"；"强制型"与"协商型"；"全面介入型"（利益的多元化）与"选择参与型"（利益的单一化）；

（12）冷战后中国参与中东地区治理的经验总结与对策建议（中国在中东地区治理中的国内机制整合能力；中国在中东地区治理中的议题设置能力；中国在中东地区治理中建立统一战线的能力；中国利用中东地区治理运筹与大国关系的能力；中国利用中东地区治理提升国家软实力的能力等）。

本书的研究目标是通过归纳 21 世纪初以来中国参与中东地区治理的领域、特点和基本模式，为下一阶段中国在中东事务中增强话语权、提高地区治理能力提供政策建议，并具体阐明以下问题。

1. 中国参与中东地区治理的领域。21 世纪初以来，随着中国对中东能源和贸易依存度增加以及中国国力的上升，世界主要大国和中东地区国家对中国参与中东地区事务的期望值增加。中国政府根据中东问题的性质和自身能力，有选择性地参与了中东地区治理，包括：（1）在传统安全领域的劝和促谈，向黎巴嫩、苏丹和西撒哈拉派驻国际维和部队和参与中东防扩散机制建设等；（2）在非传统安全领域内配合国际社会采取反恐、反海盗和反大规模杀伤性武器扩散，帮助中东国家航空航天事业的发展；（3）在经济领域参与中东贸易、金融和能源体系建设，包括在二十国集团框架下与沙特和土耳其开展互动，以及中国与海合会、中国与阿拉伯国家战略合作，共同推进"一带一路"建设以及"亚投行"和"丝路基金"等；（4）在社会领域参与难民、毒品和卫生治理，提供人道主义援助和派出医疗队等。本书将系统梳理中国参与中东地区治理的主要领域。

2. 冷战后中国参与中东地区治理的四个动因。党的十八届三中全会通过的《决议》指出，未来要"形成参与国际宏观经济政策协调的机制，推动国际经济治理结构完善"。① 21 世纪初以来，中东国家是中国重要的能源、投资和贸易合作对象，参与中东地区治理不仅是中国维护海外利益的重要保障，而且是中国打击恐怖主义和分裂主义势力、树立负责任大国形象的手段之一，更是构建和平、合作、稳定的新型大国关系的重要平台。本书通过理论和案例研究，考察保护海外利益、应对安全威胁、构建新型大国关系、树立积极国家形象等因素在中国参与中东地区治理中的作用，分析在不同的治理地区和时段内，哪些是主要考量，哪些是次要考量。

3. 冷战后中国参与中东地区治理的三层机制。域外大国参与中东地区治理以正式和非正式机制为载体。21 世纪初以来，中国参与中东地区治理以国内机制、地区合作机制和全球机制等三级机制为抓手，稳步推进，突出重点，先易后难。其中国内机制包括外交部（如特使机制）、国防部（如维和机制和索马里海域护航机制）和商务部（如中国向中东提供人道主义援助机制）等；地区合作机制包括中国与海合会、阿盟成员国等建立的一系列双边和多边机制（如中阿合作论坛、中非合作论坛等机制）；全球机制包括中、美、俄、欧在联合国和其他国际组织针对中东问题形成的永久性和临时性合作机制（如伊核问题 P5＋1 会谈机制、叙利亚问题和也门问题多边会谈机制等）。

4. 冷战后中国参与中东地区治理的重点选择。21 世纪初以来，美国几乎参与了中东地区所有传统热点问题和新热点问题的解决，其参与中东地区治理具有全面性，这主要是因为美国在中东的利益界定更加宽泛，包括维护美国在中东的主导权、反恐、防扩散、政权更迭、推广民主、维护美国中东盟友的安全以及能源、投资和经贸利益等；中国在中东的利益主要集中在能源、经贸、投资、海外领事保护等经贸利益和侨民利益领域，具有相对单一性。同时中国是个发展中大国，以参与亚太和中亚地区治理为首要考量，参与中东地区治理具有选择性，根据具体治理任务选择深度塑造型、主动参与型、有限介入型和相对超脱型等治理类型。

本书由导言、正文和结论组成，其中正文与结论部分又分为三大部分。

第一部分为 21 世纪中国参与中东地区治理的理论研究，包括第一至第三章。此部分内容包括中东地区治理的概念、领域、目标和途径；21 世纪

---

① 《中共十八届三中全会在京举行》，《人民日报》2013 年 11 月 13 日，第 1 版。

中东地区治理主体的多元化；美、欧、俄、中参与中东地区治理的历史沿革、理念和模式；冷战后中国参与中东地区治理的动因、机制和类型等。21世纪初以来，中国参与中东地区治理由浅入深，既突出重点又不断推进，标志着中国国际地位的提高和中国外交不断成熟，也丰富了中国特色大国外交理论与实践的内涵。

第二部分为冷战后中国参与中东地区治理的案例研究，包括第四至第七章。该部分旨在检验理论部分提出的关于中国参与中东地区治理的理论假设。冷战后中国参与中东地区治理具有广泛性。该部分通过系统梳理，将中东地区治理划分为四类，每一类选择中国参与中东地区治理的典型案例，分析中国参与中东地区治理的四个动因（海外利益、安全威胁、构建新型大国关系和改善国家形象）、三层机制（国内机制、地区合作机制和全球机制）和四大类型（深度塑造型、主动参与型、有限介入型和相对超脱型）。

第三部分为冷战后中国参与中东地区治理的前瞻研究，包括第八章和结论。前瞻篇主要归纳中国参与中东地区治理的影响因素、特征和前景。理论来源于实践，又高于实践、指导实践。该课题的研究一方面旨在系统梳理十多年来中国参与中东地区治理的特征和类型，另一方面对未来中国如何更好地实现体制和机制创新、提升中国的议题设置能力和参与中东地区治理的深度等，提出政策参考建议。2002年9月，中国政府首次设立中东问题特使机制，中国参与中东地区治理进入新阶段。经过十多年的发展，中国参与中东地区治理在实践中不断摸索，开辟了一条新道路，参与治理的领域不断拓展，包括巴以问题、苏丹问题、伊朗核问题、索马里海盗问题、利比亚和叙利亚内战、中东地区维和、金融体系治理、难民救援、疾病防治等。以特使机制为例，迄今中国分别设立了朝核问题特使、苏丹问题特使、叙利亚问题特使、阿富汗问题特使和中东问题特使等，其中涉及西亚北非国家的特使就占了四席，表明中东已成为中国运筹与其他大国双边和多边关系、参与地区事务的重要舞台。十多年来，中国参与中东地区治理逐步成熟，彰显出原则的坚定性与对策的灵活性，对苏丹问题和伊朗核问题的介入深度超过对塞浦路斯问题和也门国内冲突问题的介入深度，体现出介入能力与介入意愿的差异性。

三 研究意义与研究方法

中东热点问题主要分为一国内部的热点问题（如苏丹达尔富尔问题）、地区国家之间的热点问题（如中东和平进程、西撒哈拉问题、难民问题等）和域外大国同地区国家之间的热点问题（如伊朗核问题、反恐问题等）。21世纪，中国参与中东地区治理大体可分为四大领域：（1）传统安全治理；（2）非传统安全治理；（3）经济治理；（4）社会治理。上述四类治理之间不是相互孤立而是彼此关联的，如海湾合作委员会成员国曾计划建设铁路网，属于经济治理范畴，却对这些国家的传统安全治理、非传统安全治理和社会治理产生了深刻影响；印度参与伊朗恰巴哈尔港口建设对中国建设瓜达尔港和"中巴经济走廊"产生了重要影响。2016年5月，阿富汗总统加尼、伊朗总统鲁哈尼和印度总理莫迪在德黑兰共同见证了三国签署恰巴哈尔港合作协议（《国际运输与转口走廊协议》）。该协议将使印度与阿富汗和中亚国家相连，同时阿富汗通过伊朗增加了一个出海通道，印度政府承诺投资5亿美元开发恰巴哈尔港。①

本书以冷战后中国参与中东地区上述四类治理为研究对象，梳理中国参与中东地区治理的理论与案例，研究中国参与中东地区治理的动因、机制和类型，并对未来中国参与中东地区治理的实践提供学理支撑与政策参考建议。

对冷战后中国参与中东地区治理的研究兼具理论价值和现实意义。首先，从理论价值来看，现有关于大国参与全球治理尤其是中东地区治理的研究成果以西方学者的著作和论文为主，研究对象是发达国家的中东治理实践，对21世纪初以来新兴大国如中国、俄罗斯、巴西和印度等参与中东地区治理的研究尚不多见。现有成果对中国特色的地区治理理念和风格挖掘不够，如西方重"民主治理"，中国重"民生治理"；西方在中东地区的治理体现西医式的"治标"，中国在中东地区的政策主张体现中医式的"治本"；西方的中东地区治理在路径选择上"自下而上"，中国在治理路径选择上"自上而下"；西方的治理体现"激进式"风格，中国的治理彰显"渐

---

① 中华人民共和国商务部：《阿富汗、伊朗和印度签署恰巴哈尔港合作协议》，http://www.mofcom.gov.cn/article/i/jyjl/j/201605/20160501325229.shtml，登录时间：2016年7月11日。

进式"风格；西方的治理凸显"强制性"，中国的治理彰显"协商性"；西方在中东的地区治理体现出其多元化利益诉求，属于"全面介入型"，中国参与中东地区治理彰显单一化利益诉求，属于"选择参与型"。以上中国参与中东地区治理的动因、机制、风格与类型等值得进一步梳理。目前，国外对域外大国参与中东地区治理的研究打上了西方治理理论的烙印，主要研究对象是美国、欧洲大国在中东的所谓"民主治理"，未能体现中国等新兴大国在中东地区治理的实践和理念创新如"民生治理"和"治国理政"。本书通过系统梳理中国参与中东地区治理的外交实践，弥补这一领域的不足，使域外力量主导的"西方治理"变成中东国家为主体的"全球共同治理"。本书对比分析中美参与中东地区治理的特色和风格，使中国参与中东地区治理的模式研究进一步走向成熟。

其次，本书对冷战后中国参与中东地区治理的研究还具有重要现实意义。中东伊斯兰文明处于欧洲基督教文明、俄罗斯斯拉夫文明、印度文明和东亚文明之间，成为沟通东西方文明交往的桥梁和纽带。2013年9月，习近平主席在哈萨克斯坦提出共建"丝绸之路经济带"的构想；2013年10月，习主席在印尼又提出了共建"21世纪海上丝绸之路"的构想，意味着中国对外开放不仅要"向东看"，而且在战略上也要"向西看"，这与中东国家近年来奉行的"向东看"战略遥相呼应。中东是中国大周边战略的重要组成部分，是中国与欧亚国家建立陆上"丝绸之路经济带"和"21世纪海上丝绸之路"的汇合点，也是中国参与全球治理的重点区域之一。

第一，中东是中国对外输出劳务和商品、获得稳定能源供应的重要地区，更是中国海外利益保护相对脆弱的地区。2013年《中国的国防：中国武装力量的多样化运用》（白皮书）指出："随着中国经济逐步融入世界经济体系，海外利益已经成为中国国家利益的重要组成部分，海外能源资源、海上战略通道以及海外公民、法人的安全问题日益凸显。开展海上护航、撤离海外公民、应急救援等海外行动，成为人民解放军维护国家利益和履行国际义务的重要方式。"[①] 从21世纪初到2020年，从中东地区进口的石

---

① 中华人民共和国国防部：《国防白皮书：中国武装力量的多样化运用（全文）》，ht-tp：//www.mod.gov.cn/affair/2013－04/16/content_ 4442839.htm，登录时间：2016年6月22日。

油将长期占中国石油进口总量的 50%，中东地区在中国能源安全战略棋盘上的重要性不言而喻。保证这一地区石油的稳定供应，避免国际油价的剧烈波动，同时确保能源航线的安全，具有重要意义。

第二，中东是中国开展大国外交、建立新型大国关系的重要舞台。中国参与中东地区治理，有助于建立更加稳定和平衡的多极格局。2013 年 4 月，习近平总书记在出席博鳌亚洲论坛时指出："天下仍很不太平，发展问题依然突出，世界经济进入深度调整期，整体复苏艰难曲折，国际金融领域仍然存在较多风险，各种形式的保护主义上升，各国调整经济结构面临不少困难，全球治理机制有待进一步完善。"[①] 中国参与中东地区治理，有助于国际治理体制与机制的完善与发展。中、美、欧、俄、印、日等域外大国在维护中东局势稳定和能源供应安全等领域存在共同利益，中国参与中东地区治理成为中国运筹与美、欧、俄、印、日等域外大国关系的重要平台。例如，中美均是对中东地区事务具有重大影响的域外大国，两国如何利用参与中东地区治理向中东国家提供公共产品，建立中美战略互信与协作关系，深化中美新型大国关系的内涵具有重要意义。再次，通过参与中东地区治理，中国有助于提升自己负责任大国形象，彰显中国的外交影响力和文化软实力，使中国改革开放和国家治理现代化的成功经验为更多的中东发展中国家所借鉴和学习，树立中国在中东国家和平、发展、合作和负责任方面的积极形象。最后，中东地区关系到中国的边疆稳定，是中国打击"恐怖主义"、"极端主义"和"分裂主义"的重要海外"战场"。

本书对中国参与中东地区治理的实践做跟踪研究，以期未来加强该领域的数据库和案例库建设。时至今日，中国中东外交的实践常常走在理论的前面，学界对 21 世纪初以来中国参与中东地区治理的数据库和案例库建设至今重视不足。在中国参与中东地区治理中，中国的国防部、国家发改委、商务部和外交部等部门应实现资源与功能的整合和机制创新，从而最大限度地提升中国参与中东地区治理的绩效，保护中国在该地区的海外利益，借用国家治理现代化的成功经验促进中国参与中东地区治理。

---

① 习近平：《共同创造亚洲和世界的美好未来——在博鳌亚洲论坛 2013 年年会上的主旨演讲》，《人民日报》2013 年 4 月 8 日，第 1 版。

本书通过系统梳理十多年来中国参与中东地区治理的实践，归纳出中国参与中东地区治理的一般规律，为未来中国进一步参与在中东地区治理提供政策建议。本书主要运用以下三种研究方法。

1. 案例研究方法。本书第一部分提出关于冷战后中国参与中东地区治理的动因、机制和类型等理论假设，第二部分将 21 世纪以来中国参与中东地区治理分为传统安全治理、非传统安全治理、经济治理和社会治理四大领域，并结合具体案例加以检验，使理论研究与实证研究有机地结合起来。

2. 文本解读法。中国参与中东地区治理已经形成了一套较为成熟的话语体系，体现在政府工作报告、政策文件、领导人讲话当中。正如刘中民教授所言，中西方对"治理"内涵的理解不同，西方希望通过国际组织、非政府组织和域外大国强制"改造"对象国；中国对"治理"的理解主要是"治国理政"，是一种以内为主、由内而外的过程。[①] 本书通过文本分析解读冷战后中国参与中东地区的特色与风格。

3. 比较研究方法。为进一步归纳中国参与中东地区治理的特征，本书将中西方参与中东地区治理的动机、机制、类型和领域等作对比研究，分析中国的优势与不足，认为西方的治理理念属于"西医疗法"，由外而内、追求立竿见影；中国的治理理念凸显"中医疗法"，由内而外，追求渐进式的改革，追求平衡与和谐，为冷战后更好地参与中东地区治理贡献中国方案。

四　重点难点与研究路径

中东地区是世界上热点问题较为突出的地区，成为全球治理的重点和难点，包括阿以和平进程问题、中东国家领土争端问题、中东大规模杀伤性武器扩散问题、中东国家民族与教派冲突问题、恐怖主义、难民问题、毒品问题和传染病问题等。2010 年底以来的中东剧变又给中东国家增添了更多的社会、教派与族群矛盾，利比亚、叙利亚、伊拉克、也门和巴林内部问题成为中东新的热点问题，美、欧、俄、联合国、阿盟、非盟和海湾合作委员会等大国、国际组织以及中东地区组织纷纷介入中东事务，既维

---

① 刘中民教授在上海外国语大学第五届"亚洲与中东"国际论坛上的发言，2016 年 9 月 24 ~ 25 日。

护了各自的地缘政治利益，又提升了国际影响力，使中东问题事实上成为各方运筹大国关系的重要抓手。本书的研究重点主要包括以下五点：（1）冷战后中国参与中东地区治理的内外部条件；（2）冷战后中国参与中东地区治理的体制与机制特征；（3）冷战后中国参与中东地区治理的典型案例研究；（4）中西方参与中东地区治理的特征与风格对比分析；（5）未来中国如何进一步提高参与中东地区治理的能力。

本书的研究难点包括：第一，中国在中东的地区治理主要面临哪些任务，包括哪些类型。本书将中东地区治理面临的任务分为三类：其一，解决中东主权国家内部不同派系和族群之间存在的问题，如苏丹达尔富尔问题、利比亚和叙利亚的政府与反对派之间的矛盾，今后不排除在多边组织的框架内中国将参与黎巴嫩、也门、索马里等内部冲突的解决；其二，中东国家之间的问题，解决彼此间领土、资源等争端，包括巴勒斯坦与以色列、伊朗与沙特、摩洛哥与阿尔及利亚之间的问题等；其三，中东域外大国与中东国家之间的问题，如伊朗核问题等。中国参与中东地区治理具有轻重缓急的层次性，其深度主要取决于四个因素——利益相关度、权力影响度、国际关注度和危机解决难度，这四个要素的综合影响决定了冷战后中国参与中东地区治理的四种形态——深度塑造型、主动参与型、有限介入型和总体超脱型。

第二，中国参与中东地区治理有哪些优势。作为安理会常任理事国，中国理应在中东问题解决上扮演更积极的角色，2013年中国政府邀请巴以双方领导人同期访华就是一例。中国参与中东地区治理使中国在冲突各方之间发挥桥梁和纽带作用。与美、欧、俄等大国不同，中国在中东未进行过殖民统治，无意传播政治意识形态和价值观，未建立势力范围或寻找代理人，没有"历史包袱"；中国的和合文化和中庸思想强调中和、不偏不倚、不走极端、不干涉他国内政，只是提出或联合提出建设性解决方案；中国的外交官比西方的外交官更有耐心，通常采取说服和规劝而不是压服和胁迫手段，有助于各方在对等与尊严的前提下最终达成共识。不断走向成熟的中国中东地区治理或将成为中国向国际社会提供公共产品的手段，有助于中国软实力建设和负责任大国形象的构建。

第三，中国参与中东地区治理存在哪些劣势和不足，如何进一步改进。中国是个正在崛起的发展中大国，就参与中东地区治理的广度和深度而言，不仅滞后于欧美等西方发达国家，有时甚至不及俄罗斯，有待进一步实现体制机制创新，提高中国在中东的话语权和议题设置能力，增强中国中东外交的活力。首先，迄今为止，中东在中国外交全局中的地位仍然偏低，不仅排在世界大国和周边国家的后面，而且经常排在撒哈拉以南非洲和拉美的后面，进而中国对中东外交的资源投入相对不足，未能从全局的高度审视中东地区对中国战略机遇期的独特意义；① 其次，中国学界和政界有观点认为，中东热点问题盘根错节，解决难度大，投入外交力度、参与中东地区治理等于浪费资源，实际上忽视了中东热点问题解决本身往往成为大国间战略合作的平台，有助于美、欧、俄、中等大国和大国集团之间建立更加密切的合作关系；最后，冷战后中国参与中东地区治理迄今缺乏强大的人才库和知识库作为支撑。中东地区治理实践者只有精通中东语言，掌握伊斯兰历史、文化、国情和政治制度，才能提升斡旋者的人格魅力和战略沟通能力，才能在地区治理中使中国方案、中国立场和中国话语得到各方的积极响应。

过去三年里，本书课题组针对上述研究问题有步骤地开展了国内外调研。由于本书涉及中国与中东国家关系、中国中东外交决策体制与机制、当代中东政治制度、中东社会与法律、域外大国在中东的战略等领域，需查找中文、英文、阿拉伯文等研究文献，现有研究成果较为零碎，研究难度较大。为完成此研究课题，本书撰写人员发挥本校语种多的优势，通过"走出去"和"请进来"两种方式，丰富第一手和第二手研究资料，并依托外交部亚非司等政府部门，同时依托北京图书馆和上海图书馆以及各高校学术资源，使研究文献梳理尽可能做到准确、全面、权威。课题组成员分别前往美国、英国、法国、摩洛哥、卡塔尔、沙特、埃及、土耳其、阿联酋、以色列和伊朗等国实地调研，走访研究机构的专家学者，采访中国外交部驻中东大使和相关当事人，以丰富本书的学理研究与政策研究。

---

① 孙德刚：《论冷战后中国的准联盟外交》，《世界经济与政治》2012 年第 3 期，第 57 页。

第一章 中东地区治理的概念解析

在汉语语境下，"治理"一词所蕴含的含义可以追溯至春秋时代。根据《康熙字典》的记载：

> 【左傳·莊九年】鮑叔曰：管夷吾治于高傒，使相可也。【註】言管仲治理政事之才多于敬仲。①

这里的"治理政事之才"，就是指管理国家事务的能力，而治理在这里更多体现了一种管理的意思，一方面能够维持社会的稳定，另一方面可以提高人民的生活水平。而在一千多年后的欧洲，"治理"一词才正式出现在法语中，意思是"统治的手段或方式"（Act or Manner of Governing），后来该词被英语所用，"治理"一词就进一步引申为"统治、操纵或控制"等意思。② 在之后的很长一段时间内，治理都与统治一词混合使用，如《现代汉语大词典》中对治理的解释是统治，并引用了巴金的名作《秋》中的语句："圣人之书乃是立身之大本，半部《论语》可以治天下。"《现代汉语常用词用法词典》中关于治理的解释有两层意思，第一层是统治管理，第二层是处理、整修的意思。③ 由此看来，治理一词时至今日已发生了较大的变化，常见于各类自然科学和人文科学领域，也远远超出其经典意义。④

---

① 《康熙字典》，北京燕山出版社，2006，第614页、第7页。

② Online Etymology Dictionary，http：//www. etymonline. com/index. php？allowed＿in＿frame＝0&search＝governance&searchmode＝none，登录时间：2015年11月7日。

③ 《现代汉语大词典》（上册），上海辞书出版社，2006，第1466页。

④ 俞可平：《治理和善治：一种新的政治分析框架》，《南京社会科学》2001年第9期，第40页。

第一节　治理的内涵演变与概念界定

全球治理最早由德国社会党国际前主席勃兰特提出，旨在解决全球性公共问题。全球治理的隐性逻辑是强者向弱者提供安全、经济和秩序等公共产品，被治理的一方则通常是制造威胁或对国际社会构成挑战的"问题源"。在国际关系语境下，全球治理是国际社会为解决共同事务而进行管理的理念、机制和行为总和，即"以人类整体论和共同利益论为价值导向的，多元行为体平等对话、协商合作，共同应对全球变革和全球问题挑战的一种新的管理人类公共事务的规则、机制、方法和活动"。[①]

学界对治理的研究始于 1989 年，世界银行概括当时非洲的情形时，使用了"治理危机"，后来"治理"一词便被广泛用于政治发展研究中，特别是被用来描述殖民地和发展中国家的政治状况。然而，至今学界对治理的定义都没有一个统一的概念解释，可谓不同学者有不同的解释。当然，这也不难理解，因为政治学家有政治学视角的解释，而经济学家有经济学视角的解释，等等。在政治学界，20 世纪 90 年代，英国南安普顿大学政治系教授格里·斯托克（Gerry Stoker）教授从理论的高度对"治理"一词进行了高度概括，主要有以下五点：（1）治理意味着一系列来自政府，但又不限于政府的社会机构和行为体；（2）治理意味着在为社会和经济问题寻求解决方案的过程中，存在着界限和责任方面的模糊性；（3）治理明确了在涉及集体行动的各个社会机构之间存在着权力独立性；（4）治理意味着参与者最终将会形成一个独立自主的行动网络；（5）治理的能力不是体现在基于行使权力或者某种权威，而在于是否能使用新管理技术和方法。[②]

斯托克关于治理的研究，也没有对治理进行定义，而是描述了其基本的特质，以及在何种情况下会用到治理。进入 2000 年以后，随着经济全球化的发展，全球公共问题的叠加以及诸多发展中国家开始出现治理危机，研究的出发点大多落在国际治理和国家治理两个层面，各种关于治理的概

---

① 蔡拓：《全球治理的中国视角与实践》，《中国社会科学》2004 年第 1 期，第 95～96 页。

② Gerry Stoker, "Govern as Theory: Five Propositions," *International Social Science Journal*, Vol. 50, No. 155, 1998, p. 18. 也可参见俞可平《治理和善治：一种新的政治分析框架》，《南京社会科学》2001 年第 9 期，第 40～41 页。

念层出不穷，致使有学者认为："治理一词犹如一个不稳的滑梯……常被社会学家、经济学家、政治学家等基于一个大家都不认可的概念而使用。"① 其中治理研究的代表人物是来自新西兰梅西大学的副教授理查德·肖（Richard Shaw），其从修辞、结构以及程序等三个层次对"治理"的内涵进行分类并给予一定的解释（见表1-1）。

表1-1　治理的层次分类解释

	解释类别	范例
修辞视角	概念	网络治理、善治，等等
结构视角	层次 模型 形式	向上、向下以及横向治理 层级、市场、网络、社区 公共机构、公司、董事会、信任治理等
程序视角	规则 实践 结果	正式（如管理条例）和非正式（如惯例） 提供信息、咨询、共同管理等 合作、替代，等等

资料来源：Richard Shaw, "'Meaning Just What I Choose It to Mean-Neither More nor Less': The Search for Governance in Political Science," *Political Science*, Vol. 65, No. 2, 2013, p. 185.

关于治理的定义，学界迄今并未达成共识。联合国开发计划署将"治理"定义为行使政治、经济以及行政权威来管理国家事务，涉及公民或成员界定利益、行使合法权利和义务以及调解分歧所生成复杂的机制、过程和体系。② 世界银行对"治理"的定义是："……一国政权通过行使传统和社会公共机构的威力来追求各方共同利益，包括：选择、监督和替代政权当局的过程；政府有效管理资源和实施明智政策的能力；尊重公民和国家在经济和社会领域的互动。"③

从以上两处定义可以看出，治理一般都会涉及某一群体行使各种形式的权力，包括意识形态权力、法律、军事、经济、行政权力等等，而且这

① Richard Shaw, "'Meaning Just What I Choose It to Mean – Neither More nor Less': The Search for Governance in Political Science," *Political Science*, Vol. 65, No. 2, 2013, p. 181.
② 参考联合国开发计划署网站：http://www.undp.org/content/undp/en/home/search.html? q =governance，登录时间：2015年11月9日。
③ 参考世界银行官方网站：http://www.worldbank.org/，登录时间：2015年11月7日。

些权力均是由政府所拥有。值得注意的是，这些治理的定义一开始大多集中在政治领域（如意识形态、军事、行政等），特别是公共管理领域，然后随着经济学家对治理的研究不断深入，治理开始进军经济领域。从国家的层次来看，在所有可以行使的权力中，行使经济权力已经成为各国政府进行国家治理的至关重要的手段。此外，世界银行所关注的治理主要是希望一国能够同时推动政治和经济自由化，因为它认为这能够给一国带来政治稳定和经济发展，特别是发展中国家。① 基于以上分析，本书认为治理是指某一行为体直接或者间接地行使政治、经济、军事等权威，使得体系内各行为体的互动达到一种平衡状态；它是各方为解决共同面临的问题而进行政治协商以期共同解决危机的行为、机制和理念的总和。治理主要包括以下要素：第一，治理的主体是某一特定群体，可以是政府，也可以是一国君主，还可以是国际组织和非政府组织等；第二，治理的主导者拥有权威；第三，治理不仅仅是一种手段，更多的是一种过程，这个过程可能是激进的，也可能是循序渐进的；第四，治理追求的核心目标就是体系内行为体互动的平衡。

治理是一种能力建设，也是跨学科研究的重要课题，涉及经济学、管理学、外交学、政治学、社会学等不同学科门类，大体可分为公司治理②、国家治理③、地区治理与全球治理等不同范畴。

冷战的结束，全球化与国际格局的多极化进程加速发展，传统政治领域的权力与安全议题在国际议程中的重要性有所下降，伴随而来的是全球"公域"治理进程的扩展，全球性的经济、气候、卫生等非传统安全领域问

① Abdon Yezi, "Political Governance Study in Zambia," *YEZI Consulting & Associates*, March 2013, p. 12.

② 参见 Chris Pierce, *Corporate Governance in the Middle East and North Africa*, London: GMB, 2008。

③ 目前对中东地区的国家治理研究主要围绕土耳其、黎巴嫩、摩洛哥、埃及等国家的公共管理、财政、产业发展等问题展开，参见 United Nations Department of Economic and Social Affairs, *Innovations in Governance in the Middle East, North Africa, and Western Balkans: Making Governments Work Better in the Mediterranean Region*, New York: United Nations, 2007; Tom Najem and Martin Hetherington, *Good Governance in the Middle East Oil Monarchies*, London: Routledge, 2003; Abbas K. Kadhim, *Governance in the Middle East and North Africa: a Handbook*, London: Routledge, 2012; Sai Felicia Krishna-Hensel, *Religion, Education and Governance in the Middle East: Between Tradition and Modernity*, Farnham: Ashgate, 2012。

题逐渐凸显，这些新趋势对全球层面的治理提出了新要求。科威特社会科学系政治学教授塞里姆（Mohammad Selim）指出："20 世纪 90 年代初，治理的概念与全球化概念的引入密不可分，但多局限于国家政策层面的解释。但是它的概念很快延伸到全球和地区层面，这与利用机制产生有效的地区或全球政策来改善多元的社会生活有关。"① 1992 年，瑞士前首相卡尔松和英联邦秘书长兰法尔等人士发起成立了"全球治理委员会"（Commission on Global Governance），该委员会于 1995 年发表了名为《我们的全球邻居》（*Our Global Neighborhood*）的研究报告，此报告中对全球治理做出以下定义："全球治理是个人和机构、公共和私人部门管理其共同事务的各种方式的总和。它是冲突或多元利益相互调适并能采取合作行动的持续过程，包括团体或机构同意或感知的、符合其利益的正式或非正式制度安排。"② 当然，全球治理委员会这种多元主义倾向的开放态度并未受到传统主义者的欢迎，因为后者更加信奉主权国家至上的原则。正如世界新治理论坛（Forum for a New World Governance）所言："世界治理的许多纷繁复杂的定义，以及这个词所包含的各种主观概念，使我们更喜欢将世界治理简单地看作对地球的共同管理。我们知道这个定义的缺点可能是过于宽泛，但是它的好处是可以探索世界治理的方方面面。无论如何，这个概念超越了'国际关系'的有限框架，直到不久以前，人们都是透过国际关系的有色眼镜来审视一切超越民族国家政治实体的关系。"③

全球治理与传统的地缘政治争夺形成了鲜明对比。与地缘政治追求"零和博弈"不同，全球治理具有以下鲜明特征：第一，它以解决国际热点问题、预防国际冲突升级为追求，符合国际社会全体成员的共同利益；第二，参与地区热点问题解决的主体具有多元性，包括主权国家、国际组织、地区组织、非政府组织、政治派别等，如阿拉伯剧变发生后，中东主权国家内部的各种部落、教派、民族和跨国力量等成为全球治理的新生力

---

① Mohammad Selim，"The Role of China Promoting Regional Governance in Middle East,"北京论坛（2010）文明的和谐与共同繁荣——为了我们共同的家园：责任与行动："全球治理与中国作用"国际关系分论坛论文。

② The Commission on Global Governance, *Our Global Neighbourhood*, Oxford：Oxford University Press，1995，p. 4

③ Forum for a New World Governance, http：//www.world-governance.org/rubrique6.html? lang = en，登录时间：2016 年 1 月 2 日。

量，包括打击"伊斯兰国"组织的伊拉克和叙利亚库尔德武装及什叶派民兵组织等[①]，这些多元行为体在热点问题解决过程中形成的"扁平"结构，超越了几百年来主权国家在国际政治中形成的自上而下的"金字塔式"权力结构；第三，国际行为体在问题解决过程中常形成一套规范和原则，并成为冲突解决过程中应遵循的行为准则；[②] 第四，全球治理的参与方均为自愿的利益攸关方，通过主动协商对国际热点问题加以讨论和解决。

中国是参与全球事务的重要一员。2015 年 11 月，《中共中央关于制定国民经济和社会发展第十三个五年规划的建议》提出，要"推动国际经济治理体系改革完善，积极引导全球经济议程，促进国际经济秩序朝着平等公正、合作共赢的方向发展"，体现了中国对参与全球治理的高度重视。

第二节 中国参与全球治理的历史沿革

中国参与全球治理日益成为国际关系研究的一个热点领域。一方面，自新中国成立至今，中国的国际组织行为发生了从反向参与（挑战、游离于国际组织之外）到正向参与（接触、遵约和融入）的根本转变，为国际组织理论的创新和发展提供了丰富案例。另一方面，中国对国际组织的全面融入和主动塑造强化了国际组织本身的正当性和合法性，巩固了国际组织在全球治理和地区治理中的主导地位，提高了治理效率。因此，中国与国际组织的互动"不仅构成了中国对外交往的一个重要组成部分，而且是国际社会接触中国的一个不可缺少的途径"[③]。

具体而言，新中国成立后，中国与国际组织的关系大体分为抵制（1949~1971 年）、初步接触（1971~1979 年）、全面接触（1979~1989

---

① Dr. Amichai Magen, *The Crisis of Governance in the Middle East*, Herzliya：International Institute for Counter – Terrorism（ICT），2013，p. 18.

② Hongying Wang and James N. Rosenau，"China and Global Governance," *Asian Perspective*, Vol. 33，No. 3，2009，pp. 5 – 6.

③ 王逸舟：《中国与国际组织关系研究的若干问题》，《社会科学论坛》2002 年第 8 期，第 9 页。

年）、全面融入（1989~2002 年）和主动塑造（2003 年至今）五个阶段。在不同历史阶段，中国对国际规范的认知和行为也不尽相同。在新中国成立后较长一段时期内，由于东西方意识形态竞争，西方国家对华采取敌对、封闭和孤立的政策，加上中国"革命外交"的影响，新中国将几乎所有的国际组织视作西方操纵的工具，采取了游离于国际组织之外的做法。从新中国成立到 1971 年中华人民共和国恢复在联合国合法席位，中国一度被排斥在国际社会之外，甚至被美苏两大阵营视为所谓的"威胁源"和"麻烦制造者"，成为西方阵营及后来苏联制裁、围堵、遏制和"被治理"的对象。在恢复联合国的合法席位之前，除加入一些社会主义国家建立的区域性或功能型国际组织之外，新中国与当时主要的国际组织处于隔绝状态。[1]

中国认为，当时的国际规范代表超级大国和西方国家的利益，损害了第三世界民族国家的利益，不利于世界和平。以核禁试和核不扩散规范为例，1963 年美、苏、英签订《部分禁止核试验条约》后，中国明确表示反对，认为"这个条约企图巩固三个核大国的垄断地位，而把一切爱好和平的国家的手脚束缚起来"。[2]中国坚决反对"全面禁止核武器试验倡议"，不同意把该条约强加给所有国家。中国政府甚至认为《核不扩散条约》是美、苏、英为维护其核垄断地位、束缚其他国家发展自身核力量而炮制的一个阴谋。

以恢复在联合国的合法席位为标志，中国与国际组织的互动从初步接触到全面接触，进入新阶段。这一时期，中国对国际组织和国际规范的认知发生了深刻变化，中国"开始进入一个接受国际社会的核心价值和规则、逐渐融入国际社会的过程"。[3]1988 年，中国加入联合国维和行动特别委员会。

直到 20 世纪 90 年代初，中国对西方主导的"全球治理"总体上仍持

---

[1] 也有学者认为，新中国成立后，中国所谓革命外交、孤立于国际体系之外，甚至是国际体系的挑战者这种观点不能成立。参见苏长和《战后国际体系的未来发展与中国外交理论》，《国际展望》2015 年第 3 期。

[2] 《中华人民共和国政府声明》（1964 年 10 月 16 日），转引自李少军《中国与核不扩散体系》，《世界经济与政治》2001 年第 10 期，第 61 页。

[3] 张小明：《中国的崛起与国际规范的变迁》，《外交评论》2011 年第 1 期，第 38 页。

消极态度，认为全球治理是强者干涉弱者内政、发达国家主宰发展中国家命运的借口。冷战结束初期，中国对全球治理概念的理解比较狭隘，主要有以下几种原因：首先，受历史经验的影响，冷战结束后的一段时间里，中国参与全球事务的广度和深度极为有限，其综合实力尚不能支撑中国政府、非政府组织或私人机构进入全球层面的治理者行列，难以大规模地对国际社会贡献物质、制度、观念上的公共产品。中国对全球治理的知识、经验和研究力量的储备不足，难以塑造和构建全球治理体系；其次，从主观上讲，官方对全球治理概念的理解存在偏差。一方面，中国对自身的国际角色定位与国际社会的认知不一，"中国的官员一直坚持中国是一个发展中国家，这意味着他们相信现在的规则是为了照顾富裕发达国家的利益，中国不应该被要求承担和发达工业化国家一样的责任，中国官员经常在气候谈判中提到'共同而有区别的责任'"。[1] 中国长期担心全球治理可能会弱化国家主权和政府权威，甚至中国自身亦成为被治理的对象，认为这不符合中国的政治传统和长期以来主张的主权平等原则，因此削弱了中国在国家层面参与全球治理的积极性。

随着全球化步伐加快和中国融入国际体系的程度加深，主权国家不再是国际社会的唯一行为体。1996 年，中国成为 51 个国际组织的成员；2001年，中国加入世贸组织；2003 年，中国成为 298 个国际组织和 2659 个地区组织的会员，中国参与全球治理进入新阶段。[2] 随着中国整体实力的提升，中国政府和学界对全球治理的理论和实践越来越重视。从中国知网收录的关于全球治理的文献统计数据来看，从 1992 年到 1999 年平均每年收录 2678篇，进入 21 世纪后，从 2000 年到 2015 年平均每年收录 53915 篇。[3] 由此可见，中国对全球治理领域越来越关注。对全球治理领域进行长期研究的学者俞可平认为："进入 21 世纪后，国际政治领域最引人注目的发展之一，便是全球治理作为一种理论思潮与实践活动的兴起。全球化将各民族国家

---

① Scott Kennedy and He Fan, "The United States, China, and Global Governance: A New Agenda for a New Era," p. 9, https://www.indiana.edu/~rccpb/wordpress/wp-content/uploads/2015/11/A_New_Agenda_fo_a_New_Era.pdf，登录时间：2016 年 1 月 2 日。

② Hongying Wang and James N. Rosenau, "China and Global Governance," *Asian Perspective*, Vol. 33, No. 3, 2009, p. 22.

③ 作者基于中国知网的数据做出的统计，http://epub.cnki.net/kns/brief/default_result.aspx，登录时间：2016 年 4 月 23 日。

的命运前所未有地联结在一起，只有依靠全球治理，才能有效解决人类所面临的许多全球性问题，确立真正的全球秩序。"① 2013 年 3 月，时任国务院总理温家宝在十一届全国人大五次会议上做政府工作报告时表示，"我们将积极参与多边事务和全球治理，推动国际秩序朝着更加公正合理的方向发展"。可以说，中国历经十多年的快速发展，2010 年跻身世界第二大经济体，国际地位明显上升，已经从观念、制度、物质和知识储备等方面为接纳和践行全球治理做好了准备。

积极参与全球治理是中国的机遇和责任所在。"人类本身需要相互帮助和合作，在全球化时代尤其如此，帮助需要帮助的其他民族，不仅是一个伟大民族应有的品质，而且也是一个民族增强软实力和道义感召力的现实途径。随着中国综合国力的不断上升，毛泽东主席当年所说的'中国应当对于人类有较大的贡献'，现在比过去任何时候都更加适用。"② 2016 年 1 月，联合国驻华系统和中国政府共同发布了《联合国对华发展援助框架（2016～2020）》，明确了三个重点领域：减少贫困与公平发展、环境改善与可持续发展和加强对全球事务的参与。该框架提到，加强中国对全球事务的参与是考虑到"中国与世界的融合比以往任何时候都要紧密。对中国而言，在加强参与全球事务方面存在巨大机遇。一方面，在一系列发展领域，中国不仅能与发达经济体和发展中经济体分享经验和最佳实践并从中受益，而且能在这个过程中贡献自己的力量。扩大南南合作的广度和深度有助于提高中国提供高效发展援助的能力，并创造新的国际合作平台。另一方面，国际社会也更加支持和欢迎中国参与全球和区域的重要对话和合作"。③ 今日之中国，具备参与全球治理的内生性与外生性的双重动力，从自身的利益出发，以分摊全球治理的高昂成本、提供公共产品的方式获得全球治理体系的领导者地位，从而塑造和构建有益于自身发展的治理体系和规则。从建立"人类命运共同体"出发，一个新兴的、愿意承担大国责任与道义的合作者、贡献者有益于全球治理体系的平衡与稳定。就连在全球治理体系中占据主导地位的西方集团，也已逐渐适应中国的角色转变，因为中国

---

① 俞可平：《全球善治与中国的作用》，《学习时报》2012 年 12 月 10 日。
② 俞可平：《全球善治与中国的作用》，《学习时报》2012 年 12 月 10 日。
③ 《联合国对华发展援助框架（2016－2020）》，中文版，第 17 页，http://cn.un.org.cn/up-loads/kindeditor/file/20160104/20160104105856_ 5549.pdf，登录时间：2016 年 4 月 23 日。

的加入使西方主导的国际机制更具代表性与合法性。"西方国家不仅欢迎中国加入全球治理的圆桌，还要接受并同中国人正在创建的机构开展合作。只有秉持开放的态度，西方领导人才能保证中国主导的机构采取多边主义和问责制的最佳实践。"①

中国在广度和深度上全面融入世界的过程中，国际地位和影响力逐渐提升，外界对中国的角色感知和期待有了很大的变化，很多国家不再视中国为发展中国家，而是希望中国像其他发达国家一样承担更大的国际责任。与此同时，中国对参与国际事务也变得更加积极和有所作为，并非一味地坚守发展中国家本可以采用的"搭便车"策略。例如，中美两国在全球气候治理谈判上，更倾向于肩负"共同的责任"，以人类整体利益为重，从而在国际上率先达成双边协议，最终推动《巴黎协定》的签署。这说明中国有战略意愿来参与全球气候治理体系的构建和塑造，有能力为全球提供制度性公共产品。中国从国际秩序的革命者到合作者，再从合作者崛起为全球秩序的建设者，这种国际身份的转换意味着中国在承担国际责任方面进入新阶段。在面对全球化过程中的全球性问题，中国应该提出自己的全球治理方案。

截至 2016 年 3 月，中国是联合国安理会五大常任理事国中派遣维和部队人数最多的国家，共派出 3066 人。② 此外，中国成为国际货币基金组织（IMF）和世界银行（WB）的理事国，加入了一系列的区域性经济金融组织。在核不扩散机制中，中国签署了《核不扩散条约》和《全面禁止核试验条约》，加入了国际原子能机构。在人权领域，早在 1981 年中国就加入联合国人权委员会。中国与国际组织的互动体现出中国对国际规范的遵守和维护。

冷战结束后，尤其进入 21 世纪以来，中国与国际组织的互动达到了前所未有的程度。一方面，中国是国际社会高度遵约的国家，严格遵守国际组织的规章制度和签署的条约。另一方面，面对不断涌现的全球性问题和

---

① Javier Solana, "Welcoming China to the Table of Global Governance," *World Economic Forum*, https：//www. weforum. org/agenda/2015/03/welcoming-china-to-the-table-of-global-governance/，登录时间：2016 年 4 月 23 日。

② 《中国第四支赴利比里亚维和警察防暴队出征》，新华网，2016 年 3 月 10 日，http：//news. xinhuanet. com/2016 - 03/10/c_ 1118295563. htm，登录时间：2016 年 4 月 21 日。

国际规范的变迁，中国从维护自身和广大发展中国家利益出发，尝试提出问题治理的中国方案，设置国际议程，主动塑造规范，包括发起成立亚洲基础设施投资银行（"亚投行"）、金砖国家新开发银行、丝路基金等。这不仅体现了中国是国际秩序的遵守者和维护者，也彰显了中国负责任大国的形象。中国参与全球治理产生了以下影响。

首先，国际规范在中国的内化与影响。国际规范的国内化是国际规范理论关注的重要问题，也是近年来中国与国际组织互动的重点。玛莎·芬尼莫尔（Martha Finnemore）认为国际规范之所以会被国家内化，在于国际规范的合法性特征能够"教育"国家改变对自身利益的认知。① 彼得·卡赞斯坦（Peter J. Kazenstein）也认为，规范具有构成和规定两种作用，前者构成认同，后者规定行为。② 杰弗里·奇克尔（Jeffrey T. Checkel）则提出了国际规范内化的国内结构理论，剖析了国际规范内化的机制。③

国际规范国内化的理论探讨为中国与国际组织互动研究提供了新的理论视角。一些学者用中国参与国际组织的案例对理论加以验证。在《社会国家：国际制度中的中国 1980~2000》一书中，哈佛大学江忆恩（Alastair Ian Johnston）以中国参与国际制度的具体案例验证国际规范的国内化方式：模仿、劝说和社会影响。④ 在国内，一些学者以中国对国际规范国内化的实践为案例对国际规范理论进行了实证分析，检验或修正了国际规范的国内化机制。如康晓通过对国际气候合作规范在中国的内化分析后认为："现有的国际气候机制激发了中国希望在应对气候变化问题上掌握主动权的需要，从而形成了一种积极的国家利益认知。这种国际规范国内化的表现就是中国决定彻底转变经济增长方式。"⑤ 刘兴华以中国加入反洗钱金融行动特别

① 玛莎·芬尼莫尔：《国际社会中的国家利益》，袁正清译，上海世纪出版集团，2012。
② Peter J. Katzenstein, ed., *The Culture of National Security: Norms and Identity in World Politics*, New York: Columbia University Press, 1996, p. 5.
③ Jeffrey T. Checkel, "Norms, Institutions, and National Identity in Contemporary Europe", *International Studies uarterly*, Vol. 43, No. 1, 1999, p. 91.
④ Alastair Iain Johnston, *Social States: China in International Institutions, 1980 – 2000*, Princeton: Princeton University Press, 2008.
⑤ 康晓：《利益认知与国际规范的国内化——以中国对国际气候合作规范的内化为例》，《世界经济与政治》2010 年第 1 期，第 66 页。

工作组（FATF）为例，验证了国际规范通过"教育"的方式内化为国内立法。为了加入反洗钱金融行动特别工作组，中国通过学习《40 + 9项建议》的规则，进行了全面的国内反洗钱制度改革。①

总体而言，国际规范在中国的内化与影响已成为中国与国际组织互动的重点。随着全球治理领域的拓展和中国与西方国家对待具体国际规范的认知差异的凸显，部分学者呼吁中国积极参与国际规范的建构、修正与调整，从而影响国际规范的变迁，正确和合理运用国际规范维护自身利益。②

其次，中国塑造国际规范与国际规范的变迁。进入 21 世纪以来，塑造新的国际规范成为中国与国际组织互动的新现象。在全球性和区域性国际组织中，中国不断发起新的倡议，就全球性或区域性问题提出新的方案，进而塑造新的国际规范。其原因在于，第一，中国的实力增长提升了塑造国际规范的能力。在过去 30 多年时间里，中国积累了与国际组织互动的经验，熟悉和掌握了国际组织运行的原则、规则和决策程序，中国有能力在国际规范的变迁中发出中国声音，提出中国方案。第二，维护中国和发展中国家利益的现实需要。由于现行的国际秩序由西方国家主导，国际规范"往往是美国等强权国家使用的自由主义工具，其目的是确保国际体系的正常运行和体系内优势国家的利益"③。针对现有国际规范往往反映西方发达国家利益和价值观的情况，作为发展中国家的代表和新兴国家，中国在接受并遵守国际规范和国际制度约束的前提下，为维护自身利益，对一些存在较大争议、难以被国际社会普遍接受的国际规范进行完善、修正甚至重塑，成为应有之义。第三，中国塑造新的国际规范有利于推动全球性问题的治理，体现了中国是现有秩序的维护者和捍卫者。从中国塑造新的国际规范的实践来看，中国的根本目的不是要推翻现有国际秩序，而是推动国际关系的民主化和全球治理目标的实现。

因此，国际规范的兴起、发展、衰退乃至被新的规范取代，是一个

---

① 刘兴华：《国际规范、团体认同与国内制度改革——以中国加入 FATF 为例》，《当代亚太》2012 年第 4 期，第 4～32 页。

② 张小明：《中国的崛起与国际规范的变迁》，《外交评论》2011 年第 1 期，第 34～47 页；刘鸣：《建立新型大国关系的一项议题：国际规范与对外安全战略关系的协调》，《国际关系研究》2013 年第 6 期，第 3～14 页。

③ 刘鸣：《建立新型大国关系的一项议题：国际规范与对外安全战略关系的协调》，《国际关系研究》2013 年第 6 期，第 3 页。

历史变迁的过程，有其自身的生命周期。中国塑造新的国际规范，是主动适应国际规范变迁的选择，有其正当性和合理性，日益成为中国与国际组织互动的重要内容。然而，从现实来看，中国塑造国际规范仍面临不少问题和挑战，这不仅体现在中国塑造国际规范的能力上，而且体现在塑造国际规范的意愿上，更体现在效果上，即新规范能否被国际社会所广泛认可。

在中东地区，中阿合作论坛是中国参与中东地区治理、塑造国际规范的重要抓手。中国是东方儒家文明的代表，阿拉伯世界是伊斯兰文明的代表。前者是主权国家，后者是22个阿拉伯国家组成的政治联盟，在政治制度、意识形态、宗教信仰、经济发展阶段、与西方关系等领域差异甚大。中国在充分尊重阿拉伯世界多样性的基础上，与阿拉伯国家建立了战略关系。2004年"中国—阿拉伯国家合作论坛"（简作"中阿合作论坛"）成立以来，中阿经贸和文化关系快速发展，截至2016年，中国成为阿盟第二大贸易伙伴和10个阿拉伯国家的第一大贸易伙伴。2014年6月，习近平主席在出席中阿合作论坛第六届部长级会议时提出中阿"1 + 2 + 3"的战略构想，其中"1"是以能源合作为主轴，"2"是以基础设施建设、贸易和投资便利化为两翼，"3"包括核能、航天卫星和新能源。①

基于对阿拉伯世界多样性的基本认识，中阿战略合作主要依靠双边和多边两个机制。双边机制主要表现为中国高度重视阿拉伯世界地区强国的作用，现已与埃及、阿尔及利亚、沙特、阿联酋、卡塔尔、约旦、摩洛哥、苏丹、伊拉克9个阿拉伯国家建立双边战略伙伴关系，其中与埃及（2014年）、阿尔及利亚（2014年）和沙特（2016年）建立全面战略伙伴关系。2016年习近平主席首次出访便选择了两个阿拉伯国家，进一步提升了双边战略合作关系的水平。多边合作主要以中阿合作论坛机制化建设为平台。2016年1月，中国公布首份《中国对阿拉伯国家政策文件》，系统阐述了中阿合作论坛框架下的全方位合作关系。2016年5月，中阿合作论坛第七届部长级会议在多哈举行。双方在《多哈宣言》中强调要加强中阿合作论坛机制建设，如文明对话机制、企业家大会、能源合作论坛、新闻合作论坛、

---

① 习近平：《弘扬丝路精神，深化中阿合作——在中阿合作论坛第六届部长级会议开幕式上的讲话》，《人民日报》2014年6月5日。

友好大会、互办艺术节 6 大机制；召开广播电视、卫生合作、北斗 3 个合作论坛；发挥技术转移中心、核能培训中心、北斗卫星导航系统落地 3 大高新项目的引领作用。①

第三节　中东地区治理的现状与特征

区域治理是全球治理的重要组成部分，旨在解决地区性热点问题。二战结束以来，区域治理取得了飞速发展。无论是北美自由贸易区、政治联盟框架下的美国管理模式，还是欧盟框架下的欧洲合众国管理模式②，亦或南方共同市场、亚太经合组织、东盟 10 + 3 和上海合作组织等以发展中国家为主的开放性治理模式，均成为地区治理范式，进而使区域内整合成为一种时代潮流。相比之下，由于历史、文化、宗教、民族和教派冲突等原因，中东地区是尚未实现有效经济、社会和安全自给自足的地区，对外部世界的依赖度较强，成为地区治理的重点和难点。此外，该地区由于丰富的能源储量和重要的地缘政治价值而成为大国争夺的焦点，也是大国构建战略合作关系的平台，使中东地区治理成为全球治理的重要组成部分，并具有高度复杂的特征。

一　中东地区治理的共性与个性

在中东地区，领土争端、民族冲突、难民问题、教派矛盾、恐怖主义和轻小武器扩散等传统与非传统安全问题突出。冷战结束以来，美国、欧洲、俄罗斯、中国、阿盟和联合国等主权国家和国际与地区组织纷纷参与中东热点问题的解决，通过军事干预、政治斡旋、经济援助、文化输出、公共外交等不同方式参与中东地区治理，拓展政治影响力。21 世纪以来，随着内政与外交之间的联动日益密切，中东地区治理成为大国参与中东事务、维护海外利益、彰显军事和政治存在的重要方式。目前有关中东地区治理的理论与实践研究主要集中在美、欧等西方大国集团在中东的治理实践，对新兴大国参与中东地区治理的关注不多，且对中国参与中东地区治

---

① 于杰飞：《"一带一路"上谱写中阿友谊的"欢乐颂"》，《光明日报》2016 年 5 月 16 日。

② 苏长和：《帝国、超国家与东亚的未来》，《国际观察》2003 年第 2 期，第 1 页。

理的动机存在不少负面的解读。

2011 年"阿拉伯革命"发生后，美、欧、土耳其、沙特、卡塔尔等一度形成了一大阵营，支持共和制阿拉伯国家政权更迭；俄罗斯、伊朗等形成了另一大阵营，反对外部势力对转型阿拉伯国家的军事干涉；中国、印度、巴西、南非等新兴经济体则在不干涉内政原则的指导下，在人道主义干预等问题上奉行第三条道路。

2015 年以来，中东地区局势呈现总体稳定、局部动荡的特征。世界大国的中东地区治理理念之争进一步公开化、尖锐化。俄罗斯与美、欧在叙利亚形成战略对冲；以沙特和伊朗为代表的逊尼派和什叶派地区力量在也门、伊拉克、叙利亚和黎巴嫩展开博弈；巴以问题总体可控，但前景不明朗；叙利亚危机和也门冲突朝着国际化、多边化和军事化的方向发展；"伊斯兰国"组织和"基地"组织分支机构更趋活跃；伊拉克陷入严重战乱，利比亚、巴勒斯坦、南苏丹、苏丹和索马里等国家重建步履蹒跚；埃及、摩洛哥、突尼斯等转型国家面临各种经济和社会挑战，中东国家在探索适合自身发展模式和发展道路过程中进一步分化。尤其是伊拉克、索马里、叙利亚、也门、利比亚、黎巴嫩等国的强人政权被推翻或削弱后，陷入长期的动荡和教派冲突中，至今仍未恢复社会秩序和政治稳定。①

从治理能力的差异性来看，当前中东国家大致可分为四类：（1）稳定国家，以伊朗、以色列、科威特、卡塔尔、阿联酋、阿曼、摩洛哥等为代表，这些国家的政治、经济和社会治理取得了进步，局势总体稳定，成为中国参与中东治理的重要合作者；（2）相对稳定国家，以沙特、土耳其、阿尔及利亚、毛里塔尼亚等为代表，这些国家政治上层建筑相对稳定，但近年来在经济和社会治理中面临潜在挑战，有可能会爆发危机，成为中国参与中东治理的主要合作者；（3）转型国家，以埃及、突尼斯、巴林等为代表，这些国家均在推动政治和经济体制改革，但能否成功实现经济和社会转型仍具有不确定性，成为中国参与中东治理的潜在合作者；（4）动荡国家，以叙利亚、伊拉克、利比亚、也门、黎巴嫩、巴勒斯坦、索马里、南苏丹等为代表，这些国家充满政治危机和发展道路的不确定性，成为中

---

① 孙德刚：《中东将进一步分化组合 中国促团结伴不结盟》，《新民晚报》2016 年 1 月 21 日。

东地区治理的核心区。

二　中东地区治理的类型与任务

中东地区冲突具有突发性、不确定性、联动性、破坏性和紧迫性等特点，对国际秩序和地区稳定往往产生重要冲击。世界主要行为体参与全球治理的重要任务是解决国际冲突，它是国际危机管理的重要范畴。按照行为主体不同，中东地区冲突大致可分为以下四种类型：一是中东地区国家与域外国家之间的冲突，如美国发动伊拉克和利比亚战争；二是地区国家之间的领土、边界、教派和民族冲突，如巴以冲突；三是主权国家内部不同派别、族群、部落之间的冲突，如也门内战、伊拉克库尔德问题；四是跨国性地区冲突，如国际社会打击"伊斯兰国"组织。

中东冲突方和地区国家对中国参与中东地区治理总体上持欢迎态度，一方面是因为中国是安理会常任理事国中唯一的发展中国家，中国从未在中东推行霸权、寻求军事扩张或输出宗教；另一方面是因为中国在中东保持"零敌人"，更加注重冲突当事方的感受，善于平衡与折中。在以色列和巴勒斯坦、阿拉伯与非阿拉伯、逊尼派与什叶派、伊朗与沙特、共和制国家与君主制国家、产油国与贫油国、温和伊斯兰国家与激进伊斯兰国家之间，中国均与各方保持友好往来，从而为中国参与中东地区治理提供了良好条件。2016年公布的《中国对阿拉伯国家政策文件》指出："（中国）倡导在中东实践共同、综合、合作、可持续的安全观，支持阿拉伯和地区国家建设包容、共享的地区集体合作安全机制，实现中东长治久安与繁荣发展。"[①]

从中东当事国和当事方的角度来看，在中东冲突中引入中国的力量也有助于冲突方自身利益，包括在伊朗核问题5＋1谈判机制中，伊朗自始至终欢迎中国的参加、平衡美欧的压力；包括沙特在内的海合会国家也欢迎中国在中东地区发挥积极作用，以平衡美国和欧洲强迫其推动民主改革的压力。2006年时任沙特国王阿卜杜拉登基后，其出访的域外大国第一站便选择了中国。近年来，尽管美国是沙特的首要安全合作伙伴，但中国成为沙特的第二大贸易伙伴和第一大能源买家；2004年和2006年，中国国家主

---

① 《中国政府发布首份对阿拉伯国家政策文件》，《人民日报·海外版》2016年1月14日，第1版。

席胡锦涛两次出访沙特。① 中国与埃及（1999 年）、阿尔及利亚（2004 年）、沙特（2006 年）、土耳其（2010 年）、阿联酋（2012 年）、卡塔尔（2014 年）、伊朗（2016 年）、摩洛哥（2016 年）等 11 个中东国家建立了战略伙伴关系或全面战略伙伴关系，增强了中国参与中东地区治理的能力。

三 中东地区治理的主体与范式

中国不是中东地区冲突方，却是重要的利益攸关者。受域内外各种力量博弈的影响，当前中东地区体系处于大动荡、大调整时期，出现了三组主要矛盾：一是主导与反主导矛盾（以美国同俄罗斯在叙利亚的博弈为焦点）；二是制衡与反制衡的矛盾（以沙特和伊朗分别代表的逊尼派和什叶派力量在也门、伊拉克、黎巴嫩、巴林和叙利亚的博弈为焦点）；三是恐怖与反恐的矛盾（以国际社会同"伊斯兰国"组织、"基地"组织及其分支机构的斗争为焦点）。国际组织、世界大国、中东地区大国和主权国家内部的政治力量纷纷登上中东地区治理的舞台，通过参与中东地区事务增强议题设置能力，形成多元制衡，代表了不同国家和利益群体的中东地区治理观，对中国参与中东地区治理产生了深远影响。

第一，以美国为首的"中东民主治理观"。美、欧、日等西方大国和大国集团认为，自由、民主和人权是人类普世价值观，中东地区人民也应享受普世价值。半个多世纪以来，中东与欧洲和亚太一起，成为美国全球战略的三大重点地区之一，也是美国全球军事部署的重要地区。奥巴马入主白宫以来，美国干预中东事务的意愿下降，宣布分阶段从伊拉克和阿富汗撤军，同时避免在中东卷入新的战争，试图将全球战略重心转向亚太地区。2010 年美国《四年防务评估报告》指出：美国将面临六项使命，即保卫美国、取得反恐胜利、增强伙伴国的安全能力、在反介入环境下保持威慑和挫败侵略、阻止大规模杀伤性武器扩散、加强网络空间的安全。② 但是这一战略设计被突如其来的阿拉伯剧变打乱，阿拉伯国家发生的大动荡使美国深深卷入其中，难以脱身。

---

① James Chen, "The Emergence of China in the Middle East," *INSS Strategic Forum*, No. 271, 2011, p. 6.

② U. S. Department of Defense, *Quadrennial Defense Review Report, 2010*, Washington, D. C.: U. S. Department of Defense, February 2010, p. v, p. 2.

2011年以来，"阿拉伯革命"的重心从北非转向西亚阿拉伯国家，其发展过程大体上经过了两个阶段，第一阶段为"权力过渡期"，以突尼斯、埃及、也门、摩洛哥和约旦的政权更迭和权力过渡为代表；第二阶段为"暴力冲突期"，以利比亚、叙利亚和2013年埃及"二次革命"为代表。阿拉伯革命从一场内生性、局部性和低烈度的政治运动（第一波），演变为地区和全球大国纷纷介入的内战和地区性热点问题（第二波）。五年来，在域外大国和大国集团中，美国的介入程度最深，并与欧洲盟国和日本一道，在中东推行所谓的民主治理，认为民主赤字是中东地区动乱的主要根源，独裁专制是中东暴力的重要推手。西方大国必须提供援助，帮助中东国家实现民主转型。[1] 美、欧、日认为，中东国家普遍面临高失业率、教派纷争、民主与法制不健全等一系列治理难题，必须通过民主治理才能建立永久和平。

第二，以俄罗斯为代表的"中东均势治理观"。俄罗斯承认，美欧在海合会、土耳其、以色列等拥有战略利益，并形成了西方主导的中东联盟体系。同时，俄强调西方不应垄断中东事务，不应谋求中东霸权，俄罗斯在中东地区，尤其在伊朗、叙利亚、伊拉克、埃及、阿尔及利亚等国拥有重要的战略利益。俄希望恢复与这些国家的战略合作，从而与西方大国在中东形成一种均势，中东地区多极化更有助于实现中东地区的和平与稳定。2015年1月29日，在俄罗斯的斡旋下，巴沙尔政府与部分反对派代表在俄罗斯举行会谈，并达成了"莫斯科原则"文件，提出了政治解决叙利亚危机的基本框架，成为巴沙尔当局与反对派首次达成的一致协议。[2] 同时，为维护中东地区均势，俄不惜使用武力，尤以军事介入叙利亚危机为甚。

第三，以沙特和伊朗为代表的"地区治理观"。沙特等逊尼派阿拉伯国家认为，伊朗在中东地区拥有地缘政治野心，是中东地区最大的安全威胁。沙特外交大臣朱贝尔多次指出，伊朗是中东地区不稳定因素和麻烦制造者。伊朗在也门、叙利亚、伊拉克、黎巴嫩、巴林等阿拉伯国家培养什叶派亲

---

① 参见钮松著《欧盟的中东民主治理研究》，时事出版社，2011。

② 毕洪业、萨莎：《俄罗斯中东政策的演变及其评析》，载刘中民、朱威烈、孙德刚主编《中东地区发展报告》（2015~2016），时事出版社，2016，第208页。

信，干涉阿拉伯内部事务，控制了萨那、大马士革、巴格达、贝鲁特四个阿拉伯国家首都。为此，逊尼派阿拉伯国家必须团结起来，对伊朗在也门、叙利亚、伊拉克、黎巴嫩、巴林等建立的所谓势力范围保持高度警惕并予以反击，尤其是坚决抵制伊朗在也门、黎巴嫩、叙利亚的军事存在，包括引入域外大国力量平衡伊朗的影响力。

伊朗政府则指出，中东地区矛盾与冲突的关键是西方大国干涉中东地区内部事务，利用伊斯兰世界的内部矛盾，拉一派打一派，尤其是美、欧在中东的军事部署恶化了中东局势，把中东国家人为地分为所谓"温和派"与"激进派"，试图分化伊斯兰世界，破坏伊斯兰世界的团结与统一，使之无法在反对犹太复国主义问题上形成合力。2016 年 5 月 1 日，伊朗最高精神领袖哈内伊梅伊批评美国在海湾的军事基地："美国在地球的另一边，为什么要跑到波斯湾来玩弄战争游戏？他们应该退回到猪湾。"[1] 伊朗政府认为，以沙特为首的海合会国家、土耳其和以色列等欢迎西方的军事力量进入中东，影响了中东地区的和平与稳定，破坏了中东国家的团结与统一。因此，解决中东地区矛盾的关键是建立中东地区集体安全机制，域外大国不得干预中东地区事务，不得部署军事基地。以沙特和伊朗为代表的"地区治理观"打上了教派政治的烙印。

第四，以"伊斯兰国"组织为代表的"宗教极端主义治理观"。近代以来，国际恐怖主义经过了四次浪潮，即无政府恐怖主义（18 世纪至 19 世纪）、反殖民恐怖主义（20 世纪上半叶）、意识形态恐怖主义（1950～1990 年）和宗教恐怖主义（1991～2011 年）。[2] "伊斯兰国"组织认为，中东地区出现的所有问题，伊斯兰世界面临的悲惨遭遇是因为穆斯林背离了伊斯兰教义，只有净化信仰、遵循萨拉菲教义、回归哈里发制度，才能从源头上解决中东问题，实现伊斯兰复兴。[3] "伊斯兰国"组织的兴起标志着国际恐怖主义已进入"第五代"，其基本特征是：（1）组织结构的"实体化"——独立"建国"；（2）解构与重构"两重化"——极端分子既是推翻现行体系的破坏者，又是极端主义思想指导下的社会秩序重构者；

---

[1] "Iran Criticizes US Presence in the Persian Gulf," *The Boston Herald*, May 2, 2016.

[2] 张家栋：《现代恐怖主义的四次浪潮》，《国际观察》2007 年第 6 期，第 62 页。

[3] 包澄章、孙德刚：《"伊斯兰国"组织与中东恐怖主义治理新理念》，《理论视野》2016 年第 2 期，第 57～58 页。

（3）意识形态的"原教旨化"——要求回归阿拉伯帝国时期的哈里发制度；（4）攻击对象的"双重化"——既打击所谓"近敌"如什叶派和苏菲派穆斯林，也攻击远敌如西方；（5）传播手段的"信息化"——更注重利用网络新媒体进行宣传和招募新人。① "伊斯兰国"组织的兴起是"阿拉伯革命"之后中东地区新一轮恐怖主义浪潮的一个缩影，引发中东地区新一轮乱局。如果说传统恐怖主义旨在破坏原有秩序，追求"破"，"伊斯兰国"组织则既"破"又"立"，通过建立所谓乌玛和政教合一的"哈里发"政权，推出一种极端的社会动员模式。

中东局势的发展、地区转型和国际体系转型，为上述各种治理观的博弈提供了重要外部条件；域外大国、国际组织、中东地区大国和各国内部政治力量围绕中东地区治理问题展开博弈，使中国参与中东地区治理面临机遇和挑战。

小　结

21世纪以来，大国参与全球和地区治理的重要动因是掌握国际游戏规则和话语权，提升自己在国际事务中的议题设置能力。塑造新的国际规范成为大国与国际组织互动的突出现象，不仅反映了大国对国际规范理解和认知的变化，对推动国际关系民主化、国际秩序变迁和国际组织权威性亦具有重要意义。大国在全球和地区治理中塑造新国际规范，在全球和地区性国际组织两个层面展开，前者包括全球安全型、政治型、经济型和环境型国际组织，后者包括大国主动融入和积极组建的地区组织，二者构成理解大国与国际组织互动的新视角。中东地区治理是中国参与全球治理的重要组成部分，也是中国塑造国际新规范、运筹大国关系的重要抓手。

在参与中东地区治理过程中，中国重非正式机制，西方重正式制度；中国重进程，西方重规章；中国重软约束，西方重硬约束；中国重开放性与包容性，西方重封闭性与排他性；中国重多元价值基础上的任务导向型

---

① 孙德刚：《中国北斗卫星导航系统落户阿拉伯世界的机遇与风险》，《社会科学》2015年第7期。

合作，西方重共同价值观基础上的责任分担。在中东游戏规则的重塑和议题重置过程中，未来中国将提升嵌入式议题设置能力，增加在全球和地区组织中的话语权，建立统一战线，推动西方主导的中东地区治理体系向各方共同参与的共治的方向演变。①

---

① 参见孙德刚、韦进深《中国在国际组织中的规范塑造评析》，《国际展望》2016 年第 4 期。

第二章 域外大国参与中东地区治理的基本模式

21 世纪，大国参与全球事务的重要内容是参与中东地区治理。受军事力量、经济实力、政治体制、外交理念、利益相关度、决策者认知差异、热点问题性质等多种因素的影响，大国和大国集团参与中东地区治理的手段各不相同，包括军事干预、向热点地区派出特使、形成应急决策机制、依靠盟友和准盟友的援助、派驻维和部队、利用大众传媒设置热点话题、发挥联合国的主导作用、开展公共外交和提供经济援助等。

第一节 美国参与中东地区治理的基本模式

美国代表的是世界霸权国的地区治理模式。作为现行国际体系的主导者、支配者和控制者，美国在处理热点问题上具有以下特点：第一，以巩固美国的领导地位为基础。当热点问题出现时，美国几乎总是率先发出倡议，影响英国、欧盟、俄罗斯、中国、联合国、北约和其他国际组织，说服其与美国的立场和政策保持一致，彰显国际体系的领导者地位。[①] 2015 年美国《国家军事战略报告》强调，在维持全球军事领导权的基础上，进一步维护美国在国际上的道义领导权（Ethical Leadership）；该报告重申在 21 世纪，美国将继续领导世界。"问题不是美国要不要领导未来，而是如何领导未来。在当今相互依存的世界，没有什么全球性问题的解决能够离开美国，当然很多问题光依靠美国一家也难以解决。美国的领导地位对于鼓励国际社会采取集体行动和抓住战略机遇至关重要"[②]。

---

① Knud Erik Jrgensen, ed., *European Approaches to Crisis Management*, Hague: Kluwer Law International, 1997, p. 203.

② The White House, *National Security Strategy, 2015*, Washington D. C., February 2015, pp. 1 – 3.

第二，以西方盟国为依托。在开展中东地区治理时，美国常常寻求英、法、日、德和加拿大等盟国的配合，协调立场。例如，1973 年石油危机爆发后，美国政府于 1974 年 2 月呼吁发达工业化国家召开石油进口国会议，并在会后成立了能源协调小组（ECG），共商应对能源危机的外交方案。[1]冷战结束后，美国处理热点问题的安全合作载体主要是北约、美日联盟和美澳新联盟。1999 年科索沃危机发生后，美国即发起"防务能力行动"（DCI）计划[2]，启动新的"快速反应部队"；在阿富汗战争中，北约、日本、澳大利亚、韩国等都发挥了重要的协助作用；2011 年，在发动利比亚战争中，英国、法国、意大利和土耳其等发挥了积极作用。

第三，以军事干预为重要手段。在热点问题上，美国政府一手借助外交和谈判，另一手借助政权更迭。若能在联合国安理会通过维和、制裁、政治解决或动武决议，美国就以联合国的名义行事，如 1990 年海湾危机、1991 年海湾战争、2011 年利比亚战争；当安理会出现意见分歧或安理会决议难以在短期内得以通过时，军事手段便成为美国地区治理的重要手段，如 1999 年的科索沃战争、2003 年的伊拉克战争。在解决朝核与伊核问题上，政治谈判比军事手段风险更小、成本更低，因此，美国更倾向于选择多边谈判的形式。[3] 军事手段往往是美国眼中成本较高的选项，但当外交手段难以实现美国的战略目标时，军事手段就会上升为首要选择。美国凭借世界一流的指挥、控制、通信和情报技术，通过武力手段解决地区热点问题，是后冷战时期美国地区治理的重要表现形式。总的来看，美国在地区治理中表现出单边主义和多边主义相结合、政治手段与军事手段相结合、理想主义和实用主义相结合的特征。其具体采用何种手段取决于此手段的风险与成本，而不是道义或信条。

第四，以处理突发国际危机的专门机构为平台。为应对国际突发事件，美国于 1947 年成立了国家安全委员会，1949 年该委员会被划为美国总统行

---

① Edward N. Krapels, *Oil Crisis Management*: *Strategic Stockpiling for International Security*, Baltimore: Johns Hopkins University Press, 1980, p. 36.

② Hans-Christian Hagman, *European Crisis Management and Defence*: *The Search for Capabilities*, Oxford: Oxford University Press, 2002, p. 15.

③ Ali M. Sari, *Confronting Iran*: *The Failure of American Foreign Policy and the Next Great Crisis in the Middle East*, New York: Basic Books, 2006, pp. 202 – 232.

政机构的一部分。国安会由总统任主席，成员包括副总统、国务卿、财政部长、国防部长和总统国家安全事务助理等。其中的紧急行动小组，专门负责具体热点问题的评估、跟踪、情报搜集和预案制定，是总统、国防部长、国务卿等确定地区治理政策的重要平台；国安会的执行委员会则是制订地区治理政策的核心机构。[①] 通过整合美国军事、情报和财政资源，美国总统便将突发安全事态纳入正常安全事务程序中。[②]

第五，以大众传媒为辅助，影响国际热点问题的议题设置。美国政府凭借掌握国际传媒导向和话语权的优势，经常通过引导国内媒体对美国关注问题的报道来影响国际舆论，选定热点话题，为美国政府开展地区治理提供舆论支持。例如，美国主流媒体对"俄罗斯入侵格鲁吉亚"的报道，使 2008 年 9 月南奥塞梯问题成为美国开展地区安全治理的主要对象，提升了议题塑造能力。2010 年底"阿拉伯革命"的爆发与蔓延，与美国传统媒体和新媒体的推波助澜存在重要关联。

第六，以反美国家为治理对象。美国的地区治理大都把反美国家列为打击对象，分别以防扩散和防人道主义灾难为口实，对反美国家进行打压。前者如对伊拉克、朝核与伊核等问题的干预；后者如对缅甸、苏丹、津巴布韦等问题的干预。自 20 世纪 90 年代开始，美国在中东的军事基地部署以海合会和土耳其等美国在中东的盟友为主，其中东军事联盟体系所要防范的对象是所谓的"激进联盟"（"抵抗联盟"），包括伊朗、叙利亚、阿富汗塔利班政权、真主党和哈马斯等，特别是伊朗、叙利亚和塔利班控制下的阿富汗曾经被视为"支持恐怖主义国家"。[③]

第七，以快速反应为表现特征。依靠大数据，美国在情报搜集和处理、信息筛选等方面的能力和水平均居于世界领先位置，又在几乎所有潜在热点地区拥有驻军，对热点问题的反应速度也超过其他国家和地区，一般为 1~10 天。在中美洲等地区，美国的反应时间只有 1~5 天。[④] 美国对热点地

① Ali Farazmand, ed., *Handbook of Crisis and Emergency Management*, New York: Marcel Dekker, 2001, p. 452.
② 北京太平洋国际战略研究所：《应对危机：美国国家安全决策机制》，时事出版社，2001，第 23~28 页。
③ Report of the National Commission on Terrorism, *Countering the Changing Threat of International Terrorism*, Pursuant to Public Law 277, 105th Congress, 1999, pp. 4-5.
④ 胡平：《国际冲突分析与危机管理研究》，军事谊文出版社，1993，第 247~250 页。

区做出快速反应，一是因为它应对各种突发事件的机制较为完善，二是凭借它在热点问题出现后能够迅速占领舆论阵地。

美国参与中东地区治理尽管比较成熟，但也存在缺陷。从主观上看，美国与当事方缺乏平等对话的态度和必要的沟通能力，也缺乏倾听当事方意见的耐心，常会表现出美国人特有的情绪化与傲慢，往往忽视了对象国政府的感受。① 从客观上看，由于美国自视对世界和平肩负使命，在后冷战时期几乎参与了世界上所有的地区治理，其关切点遍布东亚、东南亚、中东、高加索、加勒比、南美、非洲等发展中国家，而随着美国经济状况的恶化和动辄滥用武力，其干预战线拉得过长，地区治理缺乏重点，已经力不从心，不得不频频要求盟友、新兴大国和联合国在处理热点问题方面发挥积极作用。美国中东地区治理正出现回归多边主义的趋向。

奥巴马执政后，美国更倾向于利用外交和政治手段达到目标，体现出"软制衡"，即在减少对中东资源投入的情况下，通过优化组合和多边主义继续维持美国在中东的领导地位。② 执政八年里，奥巴马主导的中东地区治理凸显战略性模糊、廉价领导权和灵活性反应等特点，在中东地区治理中奉行"以柔克刚"政策，试图在美国整体实力下降的情况下以最小代价维持美国的主导权，凸显奥巴马版本的"韬光养晦"战略：以叙利亚危机和伊朗核问题为主要关注点，外交手段优先于军事手段，多边主义优先于单边主义，妥协守成优先于战略盲动。

第一，军事上"攻而不入"。美国在伊拉克战争后长达十年的艰难处境已经成为一种"综合征"，使奥巴马政府酝酿是否发动针对中东伊斯兰国家的另一场战争时十分谨慎，更希望欧洲和中东盟国冲锋在前。由于叙利亚反对派至今鱼龙混杂，内部尚未形成强大合力，难以推翻巴沙尔政权，所以美国只能和盟国一道空袭极端组织"伊斯兰国"，并为伊拉克政府、库尔德武装和叙利亚反对派提供训练和武器装备，同时派出数量有限的特种兵，始终不愿派出大规模的地面部队。

第二，外交上追求"廉价领导权"。为积极应对叙利亚危机，美国通过

---

① 卢涛：《危机管理》，人民出版社，2008，第 110～127 页。
② 张业亮、王石山：《奥巴马政府中东政策走向》，《现代国际关系》2011 年第 5 期，第 25 页。

七国集团领导人峰会、二十国集团领导人峰会、"叙利亚之友"国际大会、打击"伊斯兰国"组织的马德里会议等，积极鼓励英国、法国、土耳其、海合会成员国等提供政治支持。中俄在安理会五次行使否决权，使美国借联合国之名推行政权更迭之实的做法难以实现，巴沙尔政府在伊朗和俄罗斯的支持下取得了阶段性胜利，美国转而选择外交手段，包括邀请伊朗参加 2015 年 10 月的维也纳会议。

第三，反恐领域执行特殊行动。"伊斯兰国"组织跨境盘踞在伊拉克安巴尔省、摩苏尔和叙利亚拉卡地区；"胜利阵线"在叙利亚活动猖獗并与当地组织勾结，使伊拉克和叙利亚沦为国际恐怖主义的大本营；埃及、阿尔及利亚、索马里、利比亚等也面临严重的恐怖袭击问题，使奥巴马政府不得不积极应对激进主义和恐怖主义势力抬头的挑战，包括 2013 年 10 月 5 日在利比亚首都的黎波里采取军事行动，抓获了"基地"组织高级头目阿纳斯·利比（Anas al-Liby）；美国海豹突击队同时期还对恐怖组织索马里青年党发动突袭，打击"基地"组织在东非的分支机构。[1] 2016 年 10 月，美国支持伊拉克阿巴迪政府和库尔德武装围攻"伊斯兰国"组织在摩苏尔的据点。

第四，对外援助上等待"尘埃落定"。奥巴马连任以来，美国的援助承诺尚未全面兑现。也门、伊拉克、叙利亚、黎巴嫩等国则面临严峻的暴力恐怖袭击风险，投资环境恶化。特别是叙利亚危机爆发至今已造成约 25 万人死亡，约 1300 万人沦为难民，已造成极为严重的人道主义灾难，但美国迄今未提供大规模人道主义经济援助。奥巴马不得不敦促海湾国家和欧盟等承担更多援助责任，如石油输出国组织承诺将出资 20 亿美元，用于支持转型阿拉伯国家的私营企业发展；转型阿拉伯国家期待已久的中东版"马歇尔计划"迟迟没有到来。

第五，在公共外交中依托"非政府组织"。近年来，美国对国际开发署（USAID）和国务院民主、人权和劳工局中东项目处的资助额大幅增加，美国民主基金会的中东项目经费也翻了一番。美国国务院与美国国际开发署利用非政府组织、高校、研究机构和咨询公司等，积极推进在中东的公民

---

① Chris Stephen, "Son of Abu Anas al-Liby Describes Capture of al-Qaida Suspect in Libya," *The Guardian*, October 8, 2013.

社会建设项目[①]，借以向中东阿拉伯国家社会渗透，试图通过教育、医疗、媒体、宗教、环保等非政府组织力量，改造转型阿拉伯国家与社会，培育亲美、亲西方世俗力量。美国在约旦等国实施"教育发展"计划，扩展技术和教育思想传播，并鼓励卡内基、布鲁金斯、乔治敦大学、华盛顿大学、康奈尔大学、密苏里大学等智库和名校在中东设立分校，更直接地传播西方民主价值观。美国在中东的民主拓展战略常常借助公共外交，但"促进民主"已经变成奥巴马政府追求的一种"希望"而非短期内争取实现的目标。[②] 特朗普担任总统以来，美国更加注重依靠军事硬实力参与对中东的安全治理。

第二节　欧洲大国参与中东地区治理的基本模式

欧洲大国的地区治理模式反映的是一种合众国或区域组织外交模式。从20世纪90年代以来，欧盟（包括其前身欧共体）及其主要成员国参与了格林纳达（1983年）、利比亚（1986年）、科威特（1990年）、索马里（1993年）、卢旺达（1994年）、前南斯拉夫（1999年）、阿富汗（2001年）、伊拉克（2003年）、伊朗（2003年至今）、苏丹（2007年至今）和利比亚（2011年）等热点地区的干预。欧洲大国的地区治理模式主要具有以下特点。

第一，以人道主义和国际维和为旗号。欧洲大国参与地区治理通常从人道主义与国际维和等全球治理的角度出发，强调欧洲大国对国际热点问题承担的独特责任。例如，在科索沃危机爆发后，英、法、德欧洲三大核心成员积极开展外交磋商，并同美国一道向前南斯拉夫发动了军事打击，其借口是保护人权；在索马里危机和海湾危机爆发后，欧盟前身欧共体积极介入，与美国一道加以干预；伊朗核危机出现后，以英、法、德为首的欧洲大国成为地区治理的主要参与方。2011年叙利亚危机爆发后，欧盟成员国多次发起召开的"叙利亚之友"大会也是重要例子。

第二，联合行动、单边行动与构建志愿者联盟相结合。欧洲大国参与

---

① Marion Dixon, "An Arab Spring," *Review of African Political Economy*, Vol. 38, No. 128, 2011, p. 313.

② Ruth Hanau Santini & Oz Hassan, "Transatlantic Democracy Promotion and the Arab Spring," *The International Spectator: Italian Journal of International Affairs*, Vol. 47, No. 3, 2012, p. 75.

地区治理的动机、利益和目标虽不尽相同，但欧洲大国在参与时既惯于以联合国、北约和欧安会为依托，通过派遣国际维和部队来强化对热点地区事务的干预，又会以多边的形式联合干预热点问题，英、法等国甚至为了维护各自在热点地区的国家利益，采取单边行动。通常情况是，欧盟成员国利益一致时，采取联合行动的可能性较大；利益不一致时，则各国独自行动的可能性更大。1994 年卢旺达发生大屠杀时，法国便脱开欧盟单独采取了行动；2012 年马里危机爆发后，法国奥朗德政府宣布派兵干预。此外，欧洲大国还会选择采取志愿者联盟模式，亦即在热点问题爆发时，从欧洲大国中招募志愿者，任务完成后志愿者联盟自行解散。[①] 这种志愿者联盟具有灵活性、动态性与功能性等特征，更像是一种行为而不是一个组织。由此可见，欧洲大国处理热点问题的方式，是综合运用多边、三边、双边、单边等多种形式。

第三，注意寻求干预的合法性。为取得行动的合法性，欧洲大国首先会寻求在联合国、北约和欧盟的框架内解决热点问题，倡导多边主义。欧洲大国强调内部成员国集体行动，协调欧洲大国和小国的立场与政策，尽量做到联合行动。欧洲大国也十分注重通过主流媒体影响公共舆论，以突出其行动的"维和"和"人道主义"性质，进而达到推广西方普世价值观、为欧洲大国干预政策披上合法外衣的目的。

第四，建立欧洲大国快速反应部队。2000 年 11 月 20 日，欧盟各国国防部长在布鲁塞尔开会讨论设立快速反应部队事宜。各成员国国防部长还同意，未来的欧洲快速反应部队将配备 10 万人、400 架战斗机和 100 艘战舰。[②] 欧洲大国快速反应部队（地面部队）的建立，为其采取联合行动奠定了军事基础。未来，欧洲大国还可能在现有地面部队的基础上，再成立欧洲大国空中和海上快速反应部队，以增强对热点地区投送军事力量的能力。索马里海盗危机爆发后，法国等欧盟成员国迅速联合派兵打击海盗便是一例。

第五，综合运用各种非军事手段。援助是欧洲大国干预热点问题的重要外交手段。目前欧洲大国约占全球贸易总额的 20% 和工业生产总值的

---

①　Knud Erik Jrgensen, ed., *European Approaches to Crisis Management*, Hague: Kluwer Law International, 1997, p. 7.

②　http://news.bbc.co.uk/chinese/simp/hi/newsid_1030000/newsid_1031800/1031858.stm，登录时间：2016 年 6 月 1 日。

30%，但已向国际社会提供了 50% 的人道主义援助和 60% 的发展援助①，这些援助主要用于地区治理，配合欧洲大国的外交政策。

第六，向热点地区派出特使。欧洲大国积极向热点地区派出特使，利用特使机制协调各方立场，使特使成为联系欧盟及其成员、热点地区各方和非政府组织之间的纽带，并通过特使管道，鼓励非政府组织向热点地区提供援助资金。② 科索沃、伊核危机和叙利亚危机爆发后，欧洲大国都派出特使协调各方立场。近年来，欧盟负责外交和安全政策的高级代表索拉纳、阿什顿和莫盖里尼，便以欧盟特使的身份多次在谈判中取得建设性进展，为英、法、德联合行动奠定了基础。叙利亚危机爆发后，欧盟各国也相继派出特使，代表国家元首进行谈判。

第七，派出观察员，以维护热点地区秩序，监督各派力量执行有关协议。2008 年 8 月俄罗斯同格鲁吉亚爆发冲突后，欧盟于 9 月中旬召开了紧急外长会议，欧盟负责外交和安全政策的高级代表索拉纳 9 月 30 日宣布向靠近阿布哈兹及南奥塞梯冲突地区派出观察员。欧盟观察团成员约 200 人，来自欧盟 20 多个成员国。乌克兰危机、叙利亚危机和也门危机爆发后，欧洲大国也派出观察员，开展穿梭外交。

第八，加强欧盟成员国情报部门的整合和交流。欧洲大国在地区治理中的情报交流，包括双边与多边合作两个层面，其也有两个目的，一是运用经济、外交和军事手段阻止热点问题的升级；二是在热点问题出现后加强危机管理。③

不过，欧洲大国地区治理模式也存在一些不足，主要表现在各成员之间难以协调立场，达成共识。当欧盟成员国立场出现不一致时，欧洲大国作为一个整体开展地区治理便会面临诸多难题，最终难以"发出同一种声音"。例如，1994 年卢旺达发生种族清洗时，欧盟中只有法国起劲，其他成员国均反应冷淡。1996 年，希腊和土耳其因塞浦路斯问题发生外交纠纷，

---

① Hans-Christian Hagman, *European Crisis Management and Defence: The Search for Capabilities*, Oxford: Oxford University Press, 2002, p. 52.

② Knud Erik Jrgensen, ed., *European Approaches to Crisis Management*, Hague: Kluwer Law International, 1997, p. 10.

③ Hans-Christian Hagman, *European Crisis Management and Defence: The Search for Capabilities*, Oxford: Oxford University Press, 2002, p. 75.

导致两国关系全面恶化。欧洲大国对于冲突束手无策。[1] 1999 年以来，欧盟制订的共同外交与安全政策（CFSP）为加强成员国之间的协调定下了基调，但在具体地区治理层面，欧盟要达成共识仍需经过多轮磋商和沟通。

2015 年，随着数十万中东难民的涌入，欧洲大国被迫加强中东的治理。首先，西亚和北非地区是欧洲大国维护南部侧翼安全的重要屏障，是欧洲大国"柔软的下腹部"，也是欧盟成员国阻止伊斯兰激进势力发动恐怖袭击和打击非法移民的重要前线；其次，中东关系到欧洲大国的能源利益，每年欧盟约 15% 的石油进口来自中东地区，欧盟从中东进口石油有助于在乌克兰危机后减轻对俄能源的过度依赖；再次，中东在地缘上靠近欧盟，被视为欧盟的"后院"，是欧洲大国拓展政治影响力和文化软实力的重要舞台[2]；最后，中东是欧盟输出"自由""民主""人权"等所谓"普世价值观"的试验场，是欧盟在发展中国家推动"民主治理"的试验田。

欧洲大国参与中东地区治理，在军事上实施双重标准，重点打击利比亚和叙利亚等反西方国家，推行政权更迭；政治上利用多边舞台凝聚共识，肩负在中东推广西方价值观的特殊使命；经济上采取经济制裁与经济援助两手政策，推动所谓中东民主化；文化上通过大众传媒渲染"人道主义干涉"的强者逻辑；在伊朗核问题上与美国步调一致，寻求大国协调；在叙利亚问题上继续孤立巴沙尔政权、空袭"伊斯兰国"组织，同时参与叙利亚问题的维也纳会议；在难民问题上，以"人道主义援助"为旗帜，向中东难民提供援助，彰显欧洲大国对人道主义事业的关注。欧洲大国参与中东地区治理的战略与政策既有一致性，又有差异性。

1. 英国

在英国退出欧盟前，美英特殊关系、欧盟和北约成为英国参与中东热点问题的三大平台，构成了英国参与中东地区治理的"三重"机制。在外交理念上，卡梅伦奉行自由的保守主义（Liberal Conservatism）政策，即一

① Hans-Christian Hagman, *European Crisis Management and Defence: The Search for Capabilities*, Oxford: Oxford University Press, 2002, p. 52. Knud Erik Jrgensen, ed., *European Approaches to Crisis Management*, Hague: Kluwer Law International, 1997, pp. 10, 4.

② Savas Michael-Matsas, "The Arab Spring: The Revolution at the Doors of Europe," *Critique: Journal of Socialist Theory*, Vol. 39, No. 3, 2011, pp. 421 – 432.

方面追求自由、民主和人权等所谓"普世价值"，另一方面在外交政策上与善变的美国和法国外交政策不同，具有更加谨慎、耐心和因循传统的保守主义趋向。2016 年 7 月特雷莎·梅（Theresa May）就任英国首相后，英国政府中东政策的保守主义倾向更加明显。

首先，在海湾地区，英国谋求重新建立军事存在。2015 年 8 月，英国宣布重开驻伊朗使馆，谋求借伊核缓和大势重返伊朗。在缓和与伊朗关系的同时，英国也在为重拾其在海湾地区的影响而努力。2014 年底，英国和巴林达成共识，重返在巴林的军事基地，以扩大在海湾地区的影响力。根据双方达成的协议，两国将斥资 1500 万英镑在美国军事基地附近的米纳·苏尔曼港（Mina Salman Port）建立军事基地，以储存设备、增加部署 4 艘扫雷艇。英国国防大臣法隆（Michael Fallon）指出："这一新的军事基地将为英国皇家海军扩大影响提供永久性落脚点，确保英国派驻更多和更大的战舰以维护海湾地区稳定。"英国参谋长尼古拉斯·霍顿（Nicholas Houghton）上将指出，该基地具有战略意义，而不仅仅是临时军事部署，因为英国的利益与海湾地区稳定息息相关。[①]

其次，在巴以问题上，英国采取向双方施压的政策。英国在巴以问题上长期执行平衡政策。民意测验显示，2/3 的英国民众和 57% 左右的保守人士认为，以色列在 2014 年加沙冲突中犯了战争罪。[②]英国政府尽管对以色列滥用武力提出了批评，呼吁巴以立即停火，但是也谴责哈马斯对危机的爆发负有不可推卸的责任，这一政策取向与美国的巴以政策具有一定的差异。

最后，在打击中东恐怖主义问题上，英国采取既追随美国又保持适度超脱的政策。一方面，卡梅伦针对"伊斯兰国"组织发表讲话指出，英国政府将积极应对外部威胁，使用一切手段，包括采取军事手段；同时卡梅伦政府又强调要保持耐心，不能仓促行事。[③] 不过，英国在野党认为，2003

---

① "Britain to Open New Military Base in Bahrain," *The Peninsula*, December 7, 2014.

② "Warsi's Resignation Exposes Tory Divisions, Middle East Policy Failure," August 11, 2014, http://www.caabu.org/news/news/warsi-s-resignation-exposes-tory-divisions-middle-east-policy-failure-caabus-director-chri，登录时间：2015 年 11 月 7 日。

③ "The Observer View on David Cameron's Middle East Policy: Time for Leadership, Not Idle Threats," *The Guardian*, August 23, 2014.

年英美一道推翻了萨达姆政权，才导致了如今"伊斯兰国"和其他恐怖组织的崛起；英国政府向沙特提供军火，而沙特却向极端组织提供了大量援助，助长了中东恐怖主义势力。2014 年美国空袭"伊斯兰国"组织后，英国卡梅伦政府也迅速跟进，但是其空袭范围主要在伊拉克境内。

2. 法国

与英国卡梅伦和特雷莎·梅政府相比，奥朗德政府参与中东地区事务更加积极主动。法国长期介入中东事务，强调法国是在地缘上最接近中东的欧洲大国——既是大西洋强国，又是地中海强国。2015 年以来，法国参与中东地区事务既有延续性，又有明显变化。其延续性主要表现为法国紧随美国，在中东积极推行所谓的"政治民主化"和"市场自由化"，呼吁美国、欧盟、海合会与土耳其积极协调和配合，向中东转型国家提供援助；而变化主要表现为政策与行为更加激进，以实际行动回应法国和欧盟内部有关法国政府"不作为"的批评。奥朗德不仅追随美国、宣扬"普世价值观"、强调推动中东民主化进程，而且更加积极主动，对中东事务的介入程度更高，如率先承认叙利亚全国委员会、召开"叙利亚之友"国际大会、开展对中东转型国家的外交攻势、率先空袭叙利亚境内的"伊斯兰国"组织等。[1] 奥朗德政府比萨科齐政府的政策更加咄咄逼人。如法国外长洛朗·法比尤斯在接受《世界报》采访时公开指责叙利亚巴沙尔政府屠杀本国平民，强调"阿拉伯之春"开启了中东国家历史的新篇章，法国作为有影响力的大国，有责任向阿拉伯人民提供必要的援助，并发展双方的新伙伴关系。[2]

首先，在伊朗核问题上，加强与美、英、德等西方大国之间的政策协调，积极推动和参与伊核谈判。2014 年 9 月，在联大会议期间，奥朗德与伊朗总统鲁哈尼举行双边会谈，并敦促伊核问题六方拿出诚意，促使 2015 年 7 月伊核框架性协议的达成。

其次，在巴以问题上，支持以色列对哈马斯的军事打击行动。为缓解巴以之间的矛盾，奥朗德还与巴勒斯坦总统阿巴斯、时任土耳其总理埃尔

---

[1] Rachel Utley, "France and the Arab Upheavals," *The RUSI Journal*, Vol. 158, No. 2, 2013, p. 68.

[2] Rachel Utley, "France and the Arab Upheavals," *The RUSI Journal*, Vol. 158, No. 2, 2013, p. 73.

多安以及突尼斯总统蒙塞夫·马尔祖基（Moncef Marzouki）分别举行双边磋商，共同探讨解决巴以冲突的方案。①

再次，积极构建打击"伊斯兰国"的国际联盟。目前打击中东恐怖组织有三大机制，即美国发起的国际反恐联盟，俄罗斯发起的反恐情报联盟和沙特发起的、由34个伊斯兰国家组成的反恐联盟。2015年法国《查理周刊》事件后，奥朗德政府加大了打击恐怖主义的力度，并与美国、土耳其、约旦等一道加强打击"伊斯兰国"组织的情报交流。2015年11月和2016年7月，法国巴黎和尼斯先后发生严重恐袭，法国随即进一步加大了对"伊斯兰国"组织的打击力度。

最后，积极发展与中东国家的战略合作关系。2013年7月，法国与阿联酋签订了10亿欧元的军售合同；8月，法国获沙特逾10亿欧元的战舰升级项目订单。2014年9月，时任沙特副首相萨勒曼访问法国，双方就打击"伊斯兰国"组织、拒绝承认叙利亚巴沙尔政府等问题形成共识。沙特政府同意向黎巴嫩政府提供数十亿美元的援助，专门购置法国的军火，以提高黎巴嫩政府抵御"伊斯兰国"和什叶派武装攻击的能力。② 2017年5月马克龙当选法国总统以来，法国参与中东事务的主动性更强。在反恐问题上，法国与美国一道加大对叙利亚"伊斯兰国"的打击力度，并最终与盟国一道解放被"伊斯兰国"占领3年的拉卡；11月黎巴嫩总理哈里里在沙特突然宣布辞职，马克龙从阿联酋飞往沙特，并邀请哈里里访问法国，在沙特和黎巴嫩之间开展外交斡旋；为缓和海湾地区紧张局势，马克龙还在沙特和卡塔尔、沙特和伊朗之间开展外交斡旋，防止海湾地区的冲突升级。

3. 德国

德国在中东一直奉行"总体超脱、经贸为先"的外交理念，在政治和安全上奉行"不介入"政策，在经贸上加强与中东国家的合作与交流。德国默克尔政府参与中东事务总体上不积极，主要表现为支持欧盟的决议，利用欧盟首脑会议、七国集团、二十国集团、联大会议等多边舞台同英法协调立场。但是，与法国咄咄逼人的中东政策相比，默克尔政府倾向于通

---

① "Hollande Urges Middle East Diplomacy after Pro-Palestinian Protest in Paris," *The Guardian*, July 14, 2014.

② "Crown Prince and Hollande to Discuss Middle East Security," http://www.arabnews.com/news/622226，登录时间：2016年1月10日。

过政治与外交手段解决叙利亚危机，不赞成通过"利比亚模式"解决叙利亚危机，同时主张西方国家向转型阿拉伯国家提供各种援助、帮助其实现平稳过渡。2013~2017年，默克尔政府主要在军事、反恐、中东和平进程等领域参与中东地区事务。

首先，加大对中东国家的军售。根据斯德哥尔摩和平研究所的统计数据，在2009~2013年，德国是世界第三大军火出口国，占世界军火出口总额的7%。2013年，德国向欧盟和北约以外国家出口了价值36亿欧元的军火，其主要买家是阿尔及利亚、卡塔尔、沙特、以色列、阿联酋、约旦、科威特和阿曼等。①

其次，在中东反恐问题上谨慎用兵。2014年9月，默克尔总理宣布向伊拉克库尔德人提供价值9200万美元的军火，以帮助伊拉克库尔德人抵御"伊斯兰国"组织的进攻。德国提供的武器装备包括8000杆步枪、40挺机关枪、8000把手枪、30组反坦克火箭发射器以及500枚火箭弹等，足以武装4000人的军队。②2014年底，美国国务卿克里到访德国，与德国总理默克尔和外长施泰因迈尔举行会谈，感谢德国在打击中东恐怖主义等问题上给予美国的协助。

最后，积极参与巴以问题的解决。根据德以两国政府达成的协议，自2008年以来，德国和以色列每年都举行两国政府内阁成员的联席会议。2014年2月，德国总理默克尔访问以色列，出席德以两国第五次内阁成员会议，高度赞赏两国间关系。但默克尔同时也指出，唯有"两国方案"，即在以色列建立犹太人国家和在巴勒斯坦建立阿拉伯人国家，才能解决巴以之间的矛盾与冲突。③

未来，欧洲大国及欧盟参与中东地区事务的政策走向主要包括：第一，联合海湾阿拉伯国家、土耳其、约旦和美国，促进叙利亚反对派的整合，

---

① "Merkel under Fire for Arms Exports to Mideast," October 3, 2014, https://www.middleeastmonitor.com/news/middle-east/14509-merkel-under-fire-for-arms-exports-to-mideast，登录时间：2015年12月11日。

② Bryan R. Gibson, "German Arms to Kurds Reflects Major Shift in Middle East Policy," *The Middle East Eye*, September 4, 2014. http://www.middleeasteye.net/columns/german-arms-kurds-reflects-major-shift-middle-east-policy-2059430729，登录时间：2015年12月11日。

③ "German Chancellor Angela Merkel Visits Israel with Cabinet," *The Independent*, February 24, 2014.

在叙利亚问题上采取施压与谈判政策；第二，配合美国，联合所谓温和国家如土耳其、海合会成员国、约旦等，加大对"伊斯兰国"组织的打击力度，扶植叙利亚和伊拉克库尔德人，以反恐为抓手，继续介入中东事务；第三，增强与中、俄、印、巴西等新兴大国的合作，借助联合国、阿盟、非盟等国际和地区组织的力量，增强在中东人道主义干预的合法性；第四，参与中东地区经济治理、难民治理与防扩散治理。

第三节　俄罗斯参与中东地区治理的基本模式

俄罗斯是个正在谋求重新崛起的大国，对关系到俄战略利益的东欧地区、巴尔干地区、高加索地区、中东地区、中亚地区和东北亚地区的热点问题，均十分关注。它参与地区治理具有独特的模式，带有明显的军事大国色彩。

第一，外交核心决策机制与辅助性决策机制相结合。总统对外政策局是俄罗斯地区治理最重要的决策机制。1995 年 12 月 26 日，叶利钦签署总统令，正式成立由他领导的总统对外政策委员会。该委员会是隶属于总统的协调性机构，成员包括外交部、国防部、对外经济联系部、独联体合作部、财政部部长，联邦安全局局长、对外情报局局长和总统对外政策助理，每月至少举行一次会议。1997 年 9 月 19 日，叶利钦签署总统令，将总统对外政策委员会和总统办公厅独联体机构协调处合并，组建为总统对外政策局，其任务包括热点问题出现后转呈和分析对外政策情报，拟定总统对外政策决策方案等。①俄罗斯联邦安全会议下属的安全会议国际跨部门委员会，也积极参与地区治理。该机构作为俄地区治理决策机制的参与部门，在热点问题出现时，即着手分析国际安全状况，确定俄国家利益，分析国际安全状况的情报。其主席由总统任命，设副主席一名，成员包括外交部部长、外交部副部长、联邦委员会国际事务委员会主席、国家杜马国际事务委员会主席、总统办公厅副主任、安全会议副秘书、对外情报局副局长、紧急情况部副部长、司法部副部长、副总参谋长、安全会议机关主任、财政部副部长、俄战略研究所所长等人。② 安全会议国际跨部门委员会实际上涵盖

---

① 冯玉军：《俄罗斯外交决策机制》，时事出版社，2002，第 121～126 页。
② 冯玉军：《俄罗斯外交决策机制》，时事出版社，2002，第 132～133 页。

了俄罗斯各主要职能部门，使总统能够在国际热点问题出现后获得充分的资源配置，开展地区治理。

第二，多元化的地区治理执行部门。俄地区治理的执行机构包括国防部、总参谋部、外交局、安全局、对外情报局、通信与信息局、边防局、紧急情况部等。① 其中，紧急情况部下属的危机事态管理中心，包括搜寻救援部、民防部队、空中机动救援中心和高危救援行动中心，都负责国内热点问题的处理，也是国际热点问题处理的辅助机构。

第三，重视在联合国的框架内协调同中国的立场。中国和俄罗斯同属崛起中的新兴大国，在朝核、伊核、伊拉克重建、缅甸、苏丹达尔富尔和叙利亚等热点问题上，中俄立场较为接近，双方都坚持主张遵守《联合国宪章》，主张在尊重当事国主权和领土完整的前提下，国际社会通过协商与谈判解决热点问题，反对西方国家动辄使用武力侵犯当事国主权。在关系到安全、主权和领土完整问题上，中俄具有重要的共识。中俄在上海合作组织框架内开展危机管理、协调立场，既有利于维护欧亚发展中国家的利益，也有利于维护欧亚大陆的权力平衡。

第四，在关系俄战略安全与利益时，不惜动用武力解决热点问题。2008年8月8日，格鲁吉亚在西方势力的唆使下对南奥塞梯采取了军事行动。梅德韦杰夫总统果断做出决定，打击格鲁吉亚军队，并正式承认南奥塞梯与阿布哈兹独立。这是出于维护俄在高加索的战略利益和树立大国形象的需要，对美、欧均产生了一定的震慑力。随后，为展示和平姿态，俄罗斯外长拉夫罗夫呼吁在《联合国宪章》的基础上，制定第二个类似于《赫尔辛基协议》的"欧洲安全协议"，并建议召开由所有欧洲国家及该地区国际组织参加的泛欧首脑会议，讨论建立欧洲集体安全体系问题。② 2015年叙利亚危机升级后，俄罗斯突然宣布向叙利亚增兵1000多人，并"激活"俄在叙利亚塔尔图斯海军基地和拉塔基亚附近的赫梅明空军基地，使之成为空袭"伊斯兰国"组织的重要平台。③

① 冯玉军：《俄罗斯国家安全决策机制》，时事出版社，2007，第 171～173 页。
② http://finance.ce.cn/macro/gdxw/200809/29/t20080929_ 13676111.shtml，登录时间：2015年12月11日。
③ Adam Justice, "Russia Intensifies Its Air Strikes against Isis in Syria," *International Business Times*, November 19, 2015.

俄罗斯参与地区治理的最大特点是决策机制健全，能够迅速做出反应，不乏大国外交风范。俄罗斯参与地区治理的基本原则是，在关系国家安全与核心价值观时不惜使用武力；在无关国家核心利益与价值观的热点问题上，主张通过和平谈判方式解决。俄参与地区治理虽有果断一面，但也有粗疏之处，较少展示俄地区治理中富有弹性的一面等。这些都有损于俄在国际社会中的和平正义形象。

中东是俄"大周边地区"，关系到俄国家利益，重要性仅次于独联体、欧洲和东北亚地区。俄参与中东地区治理的特点是：以军事和外交手段为主，以经济和文化手段为辅，积极应对伊斯兰势力上升对俄高加索等伊斯兰地区的冲击；外交上重申不干涉内政原则，同时根据俄利益相关度决定介入中东事务的深度；与西方既合作，又斗争，斗而不破；不惧怕"光荣孤立"，积极加强与中国等金砖国家的合作，坚决捍卫俄在叙利亚的核心利益。

2014～2015年，俄罗斯为缓解在乌克兰危机问题上西方对其施加的压力，努力在中东热点问题上寻找突破口。在叙利亚，俄支持巴沙尔政权恢复国内秩序；在伊核问题上，俄寻求与西方大国和中国建立合作关系；在经贸合作问题上，俄寻求与埃及、沙特、土耳其等支点国家建立战略关系。俄参与中东地区事务，体现了普京实用主义的外交政策，其首要目标是保护俄在中东的地缘政治利益。俄采取了军事、政治、外交和文化等综合战略，旨在积极维护俄在中东的利益。俄"重返中东"战略推出后一直在叙利亚问题和伊核问题上拥有重要发言权。俄罗斯积极参与中东地区治理，强化了在中东地区的存在感。

（一）空袭"伊斯兰国"组织：改变叙利亚危机的走向

在叙利亚问题上，俄一直支持巴沙尔政权，这与欧美支持叙利亚反对派的立场截然对立。俄坚决反对针对叙利亚的国际制裁，称制裁会妨碍叙利亚问题的政治解决，并在安理会与中国一道四次动用否决权。俄之所以全力支持巴沙尔政权，在于其在叙利亚有重要政治、经济和军事利益。[①] 叙利亚是俄

---

① 孙德刚：《苏（俄）在叙利亚军事基地部署的动因分析》，《俄罗斯研究》2013年第5期，第87页。

黑海舰队南下地中海的"不沉的航空母舰",重要性不亚于苏联时期的古巴,如果俄失去叙利亚这个中东地区盟友,就会失去立足点。叙塔尔图斯港是俄在地中海和中东地区的唯一海军基地。叙利亚还是俄重要贸易伙伴,俄目前对叙利亚投资总额达 200 亿美元;双方近年来签订的军售总额达 40 亿美元。

2014 年 9 月,美国空袭叙利亚境内的"伊斯兰国"目标,俄总统新闻局指出,空袭叙利亚境内的"伊斯兰国"目标需要获得叙政府同意,国际社会应与叙利亚政府协同打击"伊斯兰国"。他还强调指出,在未经叙利亚政府同意的情况下空袭叙境内的"伊斯兰国"目标是非法的。[1] 同时,2015 年 9 月开始,俄在叙利亚政府的要求下,也加入空袭"伊斯兰国"的行动中,其由外交被动转向军事主动,迫使西方大国于 2015 年 10 月在维也纳会议上立场出现松动,甚至考虑建立包括巴沙尔在内的包容性政府。

(二) 未雨绸缪:经营新的战略支点埃及

2013 年,俄黑海舰队的巡洋舰"莫斯科"号开始在地中海执行任务。2014 年,普京在俄南方城市索契与埃及总统塞西举行会谈,宣布向埃及提供武器。埃及此后宣布购买俄各式武器总额达 35 亿美元,合同涉及防空系统、武装直升机、米格 29 战斗机和反坦克系统。俄联邦军事技术合作局宣布,俄方将向埃及提供原先为叙利亚生产的 S - 300 导弹。[2] 俄罗斯"阿尔马兹 - 安泰"公司将执行埃及的订单,向其提供作为 S - 300 导弹出口系列之一的 S - 300VM("安泰 2500")防空导弹系统,使埃及成为继委内瑞拉之后第二个获得该系统的国家。[3] 2015 年 1 月,普京访问埃及,进一步密切了两国关系。

(三) 多领域拓展:进一步巩固与伊朗的关系

2014 年 8 月,俄外长拉夫罗夫与伊朗外长扎里夫讨论了伊朗核谈判进程

---

[1] 《Телефонный разговор с Генеральным секретарём ООН Пан Ги Муном》, http://www.kremlin.ru/news/46661, 登录时间: 2015 年 12 月 20 日。

[2] 《С 300, предназначавшийся Сирии, будет доработан и поставлен Египту》, http://www.arms - expo.ru/news/cooperation/s_300_ prednaznachavshiysya_ sirii_ budet_ dorabotan _ i_ postavlen_ egiptu/, 登录时间: 2015 年 12 月 20 日。

[3] 《Россия поставила Египту систему ПВО "С - 300 ВМ"》, http://newsland.com/news/detail/id/1457934/, 登录时间: 2015 年 12 月 20 日。

和双边关系问题。双方表示莫斯科和德黑兰的关系久经考验。2015 年伊核协议达成后，俄紧紧抓住战略机遇，进一步改善与伊朗关系。目前，俄罗斯已开始采购伊朗石油，预期的合同价值为 200 亿美元。在能源领域，根据合同，伊朗每天向俄方交付 50 万桶原油（约 6.85 万吨），俄方无须用货币支付，可用俄罗斯生产的商品和装备交换，尤其是冶金、机械制造、能源设备行业的产品；在核电领域，2014 年 9 月，伊朗能源部部长契特契安表示，俄罗斯方面将在 1 个月内向伊朗提交 8 座电站的建议书，其中 4 座电站将位于南部阿巴斯港附近，2 座在东部城市塔巴斯，2 座在西北部城市萨汉；① 在农业领域，2014 年度伊朗小麦进口量可能高达 600 万吨，而俄罗斯是全球最大的小麦出口国之一，2014/2015 年度俄罗斯小麦出口可能达到 2200 万吨。②

（四）出其不意：扩大与伊拉克合作

2014 年，伊拉克政府向俄购买的首批 5 架战机运抵巴格达，俄军事顾问还为伊拉克空军提供指导，为伊拉克安全部队打击极端武装提供支持。除苏 - 25 外，伊拉克还购买了 10 架苏 - 27 和苏 - 30。③ 目前俄最大的武器出口对象国是印度、委内瑞拉、越南和阿尔及利亚，而对伊拉克武器出口将使其再次成为俄制武器的消费大国。2014 年 9 月，伊拉克和平与安全国际会议在巴黎召开，俄表示支持伊政府打击"伊斯兰国"组织。9 月，在第 69 届联大会议期间，俄外长拉夫罗夫强调，俄罗斯对伊拉克独立、主权和领土完整的支持不会改变。④

（五）注重实际：与土耳其加强商业合作

2014 年 3 月克里米亚入俄，导致西方国家对俄的制裁不断加重，俄与

---

① 《Россия готова построить в Иране восемь электростанций》，http：//www.newsru.com/world/14sep2014/irannrg.html，登录时间：2015 年 12 月 22 日。

② 《Распродажа по дешевке》，http：//www.rg.ru/2014/05/06/zerno.html，登录时间：2015 年 12 月 20 日。

③ 《Контракты на поставку российской артиллерии в Ирак подтверждены》，http：//vpk.name/news/114619_ kontraktyi_ na_ postavku_ rossiiskoi_ artillerii_ v_ irak_ podtverzhdenyi.html，登录时间：2015 年 12 月 22 日。

④ 《Лавров：Россия готова помочь Ираку в борьбе с ИГ》，http：//www.vestikavkaza.ru/news/Lavrov-Rossiya-gotova-pomoch-Iraku-v-borbe-s-IG.html，登录时间：2015 年 12 月 22 日。

西方的矛盾不断加深。土耳其是黑海地区的重要国家，改善与土耳其的关系有利于俄罗斯摆脱外交孤立。从土耳其方面看，土耳其申请加入欧盟遭遇严重挫折，促使土耳其开始推行"向东看"战略。在此背景下，俄罗斯和土耳其的关系也开始升温。特别是在欧美制裁俄罗斯后，俄土两国的商业合作不断扩大。俄罗斯是土耳其第二大贸易伙伴国，仅次于欧盟；2014年12月，普京对土耳其进行国事访问，意在打破欧盟对俄制裁。双方签署了八项合作协议，并在安卡拉举行了俄土高级合作理事会第五次会议。2016年7月，土耳其发生未遂军事政变，普京政府提供了重要军事情报，帮助埃尔多安政府迅速掌控局势，俄土关系进一步密切。

俄参与中东地区治理的特点是：第一，确保俄地缘政治利益，不惧在国际上"光荣孤立"。第二，有选择性地参与中东地区事务。俄奉行"摸着石头过河"政策，不断进行策略调适，这是俄应对阿拉伯剧变的鲜明特点。迄今为止，俄缺乏一套系统的应对阿拉伯剧变的外交战略，而是奉行务实的外交方针，不断进行调适。第三，在参与中东地区治理过程中重视伊斯兰因素。俄总人口中大约10%是穆斯林，与南俄相邻的国家基本上又都是伊斯兰国家，车臣极端分子在国外伊斯兰极端主义组织的支持下，不断制造恐怖活动。出于国家安全的考虑，俄十分重视伊斯兰因素对俄安全的影响，俄发展与伊朗、土耳其、埃及、哈马斯和真主党的关系，空袭"伊斯兰国"，都与伊斯兰因素有关。第四，参与中东地区治理彰显普京的强硬路线。随着俄领导人大国意识增强，俄战略文化的强硬性一面进一步凸显，阻止西方大国主导中东事务、发出俄强烈声音日益成为普京在中东的重要追求目标；阻止西方大国垄断中东事务、维护中东战略均势是普京政府应对阿拉伯剧变的政治考量。

俄参与中东地区治理既有成功之处，也有明显不足。其成功之处在于：第一，始终维持外交灵活性；第二，根据国家利益的相关度决定介入的深度，目标明确；第三，参与伊朗、叙利亚等国事务取得了成功，增强了在中东的政治影响力；第四，善于在国际舞台上借重中国、印度、巴西、南非等新兴大国及土耳其和伊朗等，利用上合组织、金砖国家领导人峰会、二十国集团等平台，摆脱孤立局面。然而，俄参与中东地区治理也显不足：首先，外交政策变化无常、缺乏原则性；其次，俄参与中东地区治理主要局限于军事和外交手段，缺乏经济援助和公共外交等其他"柔性"手段的配合；最后，与美、欧相比，俄通过非政府组织等社会力量渗透中东国家的能力较弱，对转型中东国家的社会影响力局限于单一的官方层面，缺少民间力量的有效支撑。

第四节　日本参与中东地区治理的基本模式

日本地区治理模式具有明显的经济色彩。日本是经济大国，又是资源贫乏的国家。日本参与地区治理常与经济外交、人道主义救援、官方发展援助（ODA）等联系在一起，以维护本国的安全利益、经济利益，追求拓展政治影响力。其主要特点如下。

第一，在低级政治问题上开展地区治理。日本开展地区治理具有选择性。日本不是政治大国和军事大国，但十分热衷于拓展国际影响力，竭力谋求成为安理会常任理事国。日本目前对国际上的政治类、传统安全类热点问题仍缺乏参与解决的意愿、能力与资源。除朝核问题外，日本基本不在国际热点问题的解决方之列，但在经济和救灾等非传统安全方面，日本的地区作用较为活跃。如20世纪80年代拉美债务危机、1994～1995年墨西哥经济危机、1997年亚洲金融危机和2008年的国际金融危机等国际经济热点问题出现后，日本都积极利用自身的经济优势，向债务国和政局动荡的国家提供经济援助，仅1997年便向泰国提供了172亿美元的援助；[1] 2008年9月美国出现金融风暴后，日本再次成为第一个宣布向美国金融机构提供大规模援助的国家。日本利用经济手段提供援助的政策，旨在树立经济大国形象，博取国际舆论好评，进而谋求成为政治大国。

第二，重视同美国协调政策。作为美国在东亚最重要的盟国，日本在地区治理中十分重视配合美国的全球战略。例如，1990年海湾危机爆发后，日本的资助金额高达130亿美元，主要向以美国为首的多国部队、约旦、土耳其和埃及提供援助，成为名副其实的援助大国。2008年，在朝核、伊核、苏丹达尔富尔、缅甸、津巴布韦、格鲁吉亚等热点问题上，日本对美国亦步亦趋。2005年朝核危机恶化后，日本同美国一道对朝鲜采取经济制裁。2015年，日本首相安倍访问中东时，宣布为美国等西方国家打击"伊斯兰国"组织提供2亿美元的援助。

---

① Saori N. Katada, *Banking on Stability: Japan and the Cross-Pacific Dynamics of International Financial Crisis Management*, Ann Arbor: University of Michigan Press, 2001, p. 4.

第三，注意协调外交部门与国防和情报部门。近年来，日本在开展地区治理时重视推动自卫队和情报部门发挥作用。"9·11"以来，日本即通过修宪使自卫队走出国门合法化。2003年伊拉克战争爆发后，日本又派出750名自卫队员前往伊拉克"维持秩序"；2004年印度洋海啸发生后，日本自卫队以搜救为由，再次走出国门。日本政府在地区治理中动用自卫队的做法已引起东亚和东南亚国家的高度关注。

第四，面对热点问题迅速制定预案。为防止热点问题威胁到本国安全，日本政府常在矛盾激化之前制定相应预案。如2003年伊拉克战争爆发后，日本召开临时内阁会议，决定成立伊拉克问题对策本部，并通过了"关于国内恐怖事件发生的对应措施"，以防止热点地区矛盾尖锐化，危及自身。[①]朝鲜2006年10月9日进行核试验后，日本也制定了类似预案。

安倍担任日本首相以来，日本参与中东地区治理的主要特点如下。

第一，推动安倍"地球仪外交"，扩大政治存在感。安倍担任首相以来，中东和非洲成为日本外交的"新边疆"，是安倍"地球仪外交"的重要组成部分，是所谓日本入常的"票仓"。2013年以来，安倍已经访问过十多个中东国家。2013年4～5月，安倍先后访问沙特、阿联酋和土耳其；8月，安倍访问吉布提、巴林、科威特和卡塔尔四国；2014年1月，安倍访问科特迪瓦、莫桑比克和埃塞俄比亚；2015年1月，安倍访问埃及、约旦、以色列和巴勒斯坦。安倍对中东和非洲的一系列访问旨在扩大日本在中东和非洲的影响力和存在感。

第二，以吉布提军事基地为据点，扩大军事影响力。日本的海洋战略长期以西太平洋为重点区域，防范中国的军事现代化以及朝鲜可能采取的军事行动。21世纪初以来，日本政府以参与国际维和、维护日本商船不受侵扰为由，向西印度洋拓展影响力。2008年索马里海盗猖獗，国际社会发起的反海盗联合行动为日本军事力量借船出海提供了"契机"，也为日本在吉布提部署二战后首个海外军事基地提供了机会。日本在吉布提的军事基地是美国、北约和日本反海盗与反恐合作的重要平台，也是日本与新兴大国争夺非洲市场的桥头堡，具有地缘政治和地缘经济的双重意义。

---

① 薛澜、张强、钟开斌：《危机管理：转型期中国面临的挑战》，清华大学出版社，2003，第241页。

日本将反海盗视为拓展军事实力的"良机",并依托中东和非洲平台宣示日本军事的存在感。2013 年 8 月 24 日,日本首相安倍晋三对海湾巴林、科威特、卡塔尔三国及非洲之角吉布提进行国事访问。在吉布提访问期间,安倍视察了日本自卫队在该国的军事基地,并竭力宣扬自卫队在反海盗及维护地区稳定中的贡献,以凸显日本军事存在的重要性。[①] 2014 财政年,日本向阿尔及利亚、吉布提、埃塞俄比亚、肯尼亚、摩洛哥、尼日利亚和南非 7 个非洲国家派遣自卫队,承担不同任务。在赢得参议院选举巩固执政基础后,安倍开始大力推动自卫队走出国门。[②] 2015 年 1 月,日本防卫大臣中谷元视察日本在吉布提的军事基地,强调今后该基地的功能除反海盗外,还包括反恐。安倍宣布将继续奉行"积极和平主义"政策,承诺出资 2 亿美元支持国际社会打击"伊斯兰国"组织,同时向中东派出更多武官,这意味着未来日本在吉布提军事基地的主要任务恐将从反海盗向参与安全事务的多项功能转变。

第三,以承担国际责任为由,与美国协调立场。安倍政府强调,日本是世界大国,每年承担了约 10% 的联合国费用;官方发展援助也是日本承担国际责任的一部分,为包括中东国家在内的发展中国家加强国家治理提供了重要资金。日本在吉布提的军事基地深化了日美军事同盟的内涵,整合了日本国内安全机构的资源。吉布提的军事基地显示出美日军事同盟的战略协作在地域上得以广泛延伸,同时更凸显日本在军事同盟中的任务有所增进。日本前防卫大臣小野寺五典在其撰写的《修改自卫队法以直面新威胁》一文中,突出强调日本必须深化日美同盟合作和修改自卫队相关"约束性"法律的必要性和重要性(集体自卫权就是其中之一)。[③] 为积极迎合其军事战略演进,日本更是实施了国家安全决策机制的重大内部改革。2013 年 11 月 27 日,日本参议院召开全体会议,自民党、公明党、民主党等通过法案,批准创建"国家安全保障会议",使其成为日本外交和安全政策的"指挥部"。国家安全保障会议以首相、外相、防卫相和内阁官房长官"四大臣会议"为核心,首相亲自出任主席。此外,由国家公安委员长、国土交通相等阁僚参与的"九大臣会议",以及首相根据需要召集相应阁僚参

---

① 「内外記者会見」、首相官邸,2013 年 8 月 28 日。

② 张凤坡:《自卫队走出国门"卫"什么?》,《解放军报》2013 年 8 月 28 日,第 5 版。

③ 小野寺五典:「新たなる脅威に自衛隊法改正で立ち向かう」『Voice』,2013 年 4 月号,第 54~59 頁。

加的"紧急事态大臣会议",与"国家安全保障会议"一道,成为影响未来日本安全战略制定的重要机构。[①] 更为重要的是,国家安全保障会议的组建标志着在首相官邸直接领导下的安全防卫体制业已形成,导致首相个人在日本军事发展、国家安全等相关问题上的权力不断膨胀。据此,联系日本在海外修建军事基地,"违宪"扩展军事存在等一系列举动,日本所谓的"积极和平主义"应引起足够重视。

尽管日本在吉布提的基地部署在短期内具有目标单一性和任务导向性,但中长期的战略目标仍不明确。日本防卫省白皮书《2012 保卫日本》指出:"美日同盟是日本国防政策的支柱。"[②] 日本在吉布提的军事基地具有同中国争夺非洲大陆、锻炼日本自卫队远洋作战能力、增强日本军事大国意志、扩大日本自卫队与美国、西欧大国军事合作平台的地缘政治含义。

第四,以官方发展援助为抓手,扩大在中东的经济影响力。截至 2014 年,中国成为全球 120 多个国家的第一大贸易伙伴,在国际贸易体系中处于重要地位。中国是阿拉伯世界第二大贸易伙伴,是 10 个阿拉伯国家和伊朗的第一大贸易伙伴。自 2009 年以来,中国已经连续五年成为非洲第一大贸易伙伴,2013 年中非双边贸易额达 2102 亿美元,而非洲与日本的贸易额仅 300 多亿美元。从经贸层面来看,中日在吉布提、非洲之角乃至整个非洲都存在一定的竞争关系。中国在吉布提的邻国埃塞俄比亚投资额达 25 亿美元;中国在南北苏丹投资额则超过了 200 亿美元。随着中国在中东和非洲之角的经济影响力不断提升,其在该地区的政治和军事影响力也在不断提高,引起日本的不安。2012 年以来,中国承建埃塞俄比亚首都亚的斯亚贝巴至吉布提港口的电气化铁路,总投资 40 亿美元,其中约 70% 由中国进出口银行提供优惠贷款,已于 2016 年建成通车。[③] 除中国外,近年来印度、巴西等也加强了与中东和非洲经贸合作,更增强了日本的紧迫感。

2013 年,第五届非洲开发会议在日本横滨召开,50 多个非洲国家和国

① 《日本国会批准创建国家安全保障会议》,http://world.huanqiu.com/exclusive/2013 - 11/4609101.html。

② Japanese Ministry of Defense, *Defense of Japan 2012*, Tokyo, Japan, White Paper, 2012, p.1.

③ "The Potential Regional Effects of Japan's Djibouti Base," *APIOR*, July 22, 2011, http://apiorfocus.wordpress.com/2011/07/22/the-potential-regional-effects-of-japans-djibouti-base,登录时间:2015 年 12 月 22 日。

际组织出席会议。安倍提出 3.2 万亿日元的对非援助，其中包括 1.4 万亿日元的政府开发援助。若按 5 年平均计算，每年日本政府给予非洲的政府开发援助将达 28 亿美元，远远超出现有的日本对非援助水平。[①] 2014 年，日本首相安倍率领丰田等 30 余位日本大企业总裁访问科特迪瓦、莫桑比克和埃塞俄比亚三国；2014 年日本《外交蓝皮书》进一步提出了中东和非洲在日本对外战略中的地位，强调在进口来源、投资基地、消费市场等方面，非洲拥有巨大潜力，有助于日本经济恢复活力。[②]

日本参与中东事务，既具有维持其在中东和非洲能源与贸易利益的地缘经济意义，又有地缘政治意义。日本在吉布提的军事基地出发点是反海盗。在维护海外经济利益过程中，日本船东协会是日本在吉布提部署军事基地的重要国内游说集团，是日本部署军事基地、反海盗、提供护航任务的最大推动力量。

第五，拓展首相权力，健全危机管理机制。二战后日本形成的政治文化传统一般奉"不出头"为美德，排斥独断型的政治领袖和决策主体，注重协调和自下而上的决策模式。这实际上扩大了内阁权限而限制了首相权限，日本《内阁法》和《国家政府组织法》使首相的权限在某种程度上类似于其他部门的总管职位，重要信息和情报通常不会在第一时间送达首相办公室。职能部门垄断信息，造成日本参与中东事务比美国和其他大国显得缓慢。但自 2001 年后，日本首相以"有事立法"为依据，试图增强首相在热点问题出现后的决策能力。显然，日本立法与行政部门之间的博弈，正在强化首相在地区治理中的主导作用。

日本在应对国内突发事件和灾难问题方面，已有一套成熟完备的危机管理体系。但在地区治理方面，日本的应急机制仍有欠缺，这与日本将国内经济与周边安全放在首位不无关系。首先，前首相福田提出的国家安全委员会制度，因日本国内政治动荡而搁浅；目前内阁官房长官、外相和防卫相之间试图加强协商，履行国家安全委员会的职能，但在地区治理中尚

---

① 苏杭：《基于 TICAD 视角的日本对非洲经济外交的新发展》，《现代日本经济》2014 年第 4 期，第 22 页。

② 胡令远、王盈：《日本对非外交的新理念、新动向及新挑战——以 2005 年入常受挫为起点》，《东北亚论坛》2014 年第 6 期，第 73~80 页；外务省：《平成 26 年版外交青书》（要旨），http://www.mofa.go.jp/mofaj/files/000034502.pdf，登录时间：2015 年 12 月 22 日。

很难及时整合各部门资源。从类别上看，日本的地区治理主要集中在经济和环境外交，而不是政治和安全外交；从地域上看，日本参与地区治理主要集中在亚太地区，如朝核危机和东南亚问题，对中东、高加索和非洲等热点问题参与度仍较有限；从手段上看，日本的地区治理主要表现为经济援助和在政治上协同美国立场。由于日本常以一种居高临下的心态提供援助，并将开展地区治理作为提高其政治大国地位、成为安理会常任理事国的工具，利益驱动色彩明显，缺乏平等意识和向热点地区提供公共物品的主动性，因此其中东治理模式具有局限性。

其次，日本参与中东地区治理缺乏联合国安理会、金砖国家领导人峰会等多边平台，加上日本长期忽视对中东的双边和多边外交，其参与中东地区治理广度和深度远不及美、欧、俄、中。

再次，日本参与中东地区治理受美日同盟的结构性影响，日本在中东事务中始终不能形成独立的一极，而是在战略和政策上依附美国，甚至盲目依附美国，影响了其参与中东地区治理的能力建设。在叙利亚危机问题、伊朗核问题、打击"伊斯兰国"组织等中东热点问题上，日本不顾国家的现实利益，与美国亦步亦趋，站在叙利亚政府、俄罗斯和伊朗的对立面，损害了日本的中立立场，也影响了日本在中东地区治理中的回旋余地。

最后，日本在反对伊斯兰极端主义势力过程中常常"引火烧身"，留下败笔。安倍在埃及访问时宣称要和西方大国一起，高调反恐。2015 年 1 月安倍访问中东时，甚至提出将出资 2 亿美元用于打击"伊斯兰国"组织，结果引火烧身，日本的两名记者随后遭绑架，"伊斯兰国"组织要求日本提供 2 亿美元的赎金，并最终导致人质被害。

小　结

除联合国、国际原子能机构、国际货币基金组织和世界银行等国际组织外，美、欧、俄、日等也是参与中东地区治理的重要主体。在域外大国中，美国主导地区治理模式的全球性和战略性色彩鲜明，应急机制健全，应对危机的手段多样，但具有强加于人、滥用武力的霸权主义和单边主义特征，常忽视国际道义制高点；日本、欧洲大国和俄罗斯的中东地区治理模式，则带有区域性和策略性，主要服务于自身的国家利益与区域利益。欧洲参与中东地区治理往往突出道义因素，如推广自由和民主价值观；俄罗斯参与中东地区治理凸显地缘政治的诉求；日本参与中东地区治理主要受美日特殊关系的影响。美、欧、俄、日参与中东地区治理对冷战后中国参与中东地区治理具有一定的启示意义。

第三章　中国参与中东地区治理的理论框架

2010 年以来，中国成为世界上第二大经济体和进出口贸易第一大国，综合国力和国际影响力不断上升。2014 年，中国实际对外投资达 1400 亿美元，超出中国利用外资（1200 亿美元）达 200 亿美元，首次成为资本净输出国。① 在此背景下，广大发展中国家对中国更加积极参与全球治理、分享国家治理成功经验的期望值不断提高。

对于中国是否应积极参与全球治理，国内长期存在积极派（国际主义"责任论"）和消极派（低调保守的"搭车论"）两种截然不同的观点，但中国参与全球治理的必然性这一历史潮流始终未发生改变。② 中国参与地区冲突解决是中国参与全球治理的重要一环，也是中国推进"一带一路"建设必须面对的现实问题。实际上，"一带一路"建设、"亚投行"、丝路基金、特使机制、互联互通、统筹国内国际两个大局本身就是中国参与全球治理的重要实践。

第一节　中国参与中东地区治理的领域与条件

中东地区问题尽管纷繁复杂，但归纳起来主要是两大问题——和平问题与发展问题，其治理大体分为安全型、经济型和社会型三大类。由于中东地区国家在对外战略上的依附性，美、欧、俄、中、日、印等域外大国和集团以及联合国、国际原子能机构等国际组织在中东地区和平与发展中扮演重要角色。中国通过与中东对象国关系互动、与大国战略互动以及与国际组织的互动三个层面参与中东地区治理。

---

① 张德勇：《中国成为资本净输出国意味着什么》，《决策探索》2015 年第 3 期。

② 徐进、刘畅：《中国学者关于全球治理的研究》，《国际政治科学》2013 年第 1 期，第 117 页。

一 中国参与中东地区治理的领域

中东地区治理与其他地区既有相似性，又有特殊性。相似性主要体现在经济治理层面，中东是全球经济体系密不可分的一部分，也是全球贸易、金融和能源治理的参与者和合作者，如中东国家参与国际货币基金组织、世界银行、二十国集团、世界贸易组织、国际能源署、石油输出国组织、阿拉伯石油输出国组织等事务。特殊性主要表现在：迄今为止中东地区是全球政治和安全一体化程度最低的地区，阿盟、海合会、马格里布组织、地中海联盟等一体化程度低，且未能覆盖中东所有成员国，安全治理面临繁重的任务，地区冲突爆发的危险较大。

如前所述，中东地区冲突对国际秩序和地区稳定往往产生联动冲击。世界主要行为体参与全球治理的重要任务是解决国际冲突，它是国际危机管理的重要范畴。中东是大国参与地区治理的重要舞台。彼得·沃勒斯坦（Peter Wallensteen）将西亚北非地区称作"地区冲突复合体"，认为地方化的地区冲突会使中东各国相互影响、相互关联。[①] 如前所述，按照行为主体不同，中东地区冲突大致可分为以下四种类型：一是中东地区国家与域外国家之间的冲突，如伊朗核问题（美国和伊朗是矛盾的焦点）、叙利亚危机（西方、海湾国家、土耳其与巴沙尔政府是矛盾的焦点）等；二是地区国家之间的领土、边界、教派和民族冲突，如巴以冲突（以色列与巴勒斯坦）、西撒哈拉问题（摩洛哥、西撒哈拉人民阵线与阿尔及利亚等）、南北苏丹冲突（苏丹与南苏丹边界冲突）、也门冲突（胡塞武装、萨利赫支持者、逊尼派、哈迪支持者，沙特等海湾国家、伊朗）等；三是主权国家内部不同派别、族群、部落之间的冲突，如苏丹达尔富尔问题、2014 年以来阿富汗政府与塔利班冲突、黎巴嫩教派冲突（黎巴嫩真主党、逊尼派与马龙派）、利比亚冲突（利比亚国民代表大会与利比亚议会）等；四是跨国性地区冲突，如国际社会同"伊斯兰国"组织的斗争（波及叙利亚、伊拉克、也门、阿富汗、利比亚等国[②]）以及国际社会同"基地"组织分支机构（包括阿富

---

① Peter Wallensteen, *The Crisis of Governance in the Middle East: Understanding Conflict Resolution*, London: Sage Publications Ltd., 2007, p. 194.

② 2015 年 3 月 8 日，"博科圣地"宣布效忠"伊斯兰国"组织。

汗、也门、阿尔及利亚和索马里等）之间的斗争。随着中国综合实力的提高和中东利益的拓展，中国恐将难以维持超脱和不介入政策；中国参与中东地区治理的能力和意愿逐渐增强。

表 3－1　国际社会参与中东地区治理的主要热点问题

中东危机	冲突方	冲突性质	治理主体	中国参与治理的程度
苏丹问题	南北苏丹的矛盾，达尔富尔地区游牧阿拉伯人与农业定居的黑人的矛盾	南苏丹独立、南北双方的边界与石油利益之争；喀土穆政府与西部达尔富尔黑人基督徒的矛盾	联合国、非盟、美国、欧盟和中国等	高
伊朗核问题	伊朗、西方等	伊朗与西方的敌对关系	联合国、国际原子能机构、美国、英国、法国、德国、俄罗斯、中国	中
巴以问题	巴勒斯坦与以色列	巴勒斯坦建国、巴以边界、难民回归、耶路撒冷归属问题	联合国、美国、欧盟、俄罗斯、中国等	高
利比亚问题	卡扎菲政府被推翻后，以的黎波里和图卜鲁格为代表的利比亚各派之间的矛盾与冲突	利比亚政权之争	联合国、美国、英国、法国、俄罗斯、中国、阿盟、非盟等	低
叙利亚危机	叙利亚巴沙尔政府、叙利亚自由军、叙利亚库尔德人、"胜利阵线"；美欧与俄罗斯；沙特与伊朗	叙利亚地缘政治之争	联合国、阿盟、俄罗斯、中国等	高
索马里问题	索马里各武装派别与政治势力	如何建立索马里联合政府	联合国、非盟、美国、欧盟等	中
塞浦路斯问题	塞浦路斯南北双方	塞浦路斯如何实现南北和解	联合国、欧盟、美国等	高

续表

中东危机	冲突方	冲突性质	治理主体	中国参与治理的程度
西撒哈拉问题	摩洛哥与阿尔及利亚	西撒哈拉的地位问题	联合国、欧盟、非盟等	高
海湾岛屿争端	伊朗与阿联酋	阿布穆萨岛、大通布岛和小通布岛主权之争	沙特、卡塔尔、阿曼组成的三方委员会	中
黎巴嫩问题	黎巴嫩逊尼派、什叶派真主党和马龙派	政治权力之争	联合国、美国、欧盟、卡塔尔等	低
也门危机	也门哈迪政府与反对派；逊尼派与胡塞武装；伊朗与沙特	也门政权之争	联合国、海湾合作委员会	低
巴林危机	巴林现政府与反对派	巴林政治改革方向	海湾合作委员会等	低
阿富汗危机	阿富汗政府与塔利班；美国与塔利班	阿富汗国内权力斗争	美国、印度、卡塔尔、巴基斯坦、俄罗斯、中国	中
中东恐怖主义	打击"伊斯兰国"与"基地"组织	世俗主义同宗教极端主义斗争	叙利亚、伊拉克、土耳其、伊朗、海合会、美国、俄罗斯、欧盟、中国等	中

注：表格作者自制。中国参与治理的程度高低主要取决于以下指标：第一，中国领导人有关中东冲突问题的立场与政策宣示的级别与频率；第二，中国领导人参与中东冲突解决的级别与频率；第三，中方提出中东冲突解决倡议和动议的频率。

中国参与中东地区治理大体可分为四个领域：（1）传统安全治理，如中国参与巴以外交斡旋，参与联合国在南苏丹、黎巴嫩、苏丹达尔富尔等地区的维和行动，中国参与叙利亚的危机解决，在联合国支持也门危机通过和平与对话的方式解决，参与伊朗核问题等核扩散治理。联合国维和机制是中国参与中东地区治理的重要机制。1988 年，中国加入联合国维和行动特别委员会，参与联合国维和行动的审议工作。1990 年，中国首次向中东地区派遣了军事观察员，并向联合国停战监督组织、联合国伊拉克—科威特观察团等派出军事观察员、军事联络官、顾问与工程兵部队等。[①]《2013 年中国的国防》白皮书指出：截至 2012 年底，中国在全球 9 个热点地区执行联合国维和任务，其中在联合国框架下派往黎巴嫩临时部队工兵、医疗分队 335 人，赴联合国南苏丹特派团工兵、医疗分队 338 人，赴联合国/非盟达尔富尔特派团工兵 315 人等。[②]

（2）非传统安全治理，如中国在联合国框架下与国际社会一道参与国际反恐合作，在安理会支持国际社会打击"伊斯兰国"组织，向亚丁湾海域派出护航编队、参与索马里海盗治理；中国以北斗卫星导航系统为抓手，参与中东地区的航空航天治理等。

（3）经济治理，如中东地区近 10 个国家成为"亚投行"的创始会员国；埃及、土耳其、伊朗等中东主要国家成为中国"一带一路"的重要支点国家。在国际货币基金组织、世界银行、二十国集团等国际多边金融组织改革中，中国和中东国家互动频繁；中国与中东国家还在全球贸易和经济治理中发挥重要作用；推动金砖国家与海合会之间的合作，在中东推动人民币国际化；把"一带一路"和丝路基金与中东国家主权财富基金相对接。

（4）社会治理，如中国参与西亚和非洲地区的难民治理，包括向阿富汗、伊拉克、巴勒斯坦、叙利亚、索马里等地区的难民提供人道主义援助，参与战后阿富汗、伊拉克和加沙重建等。2015 年 10 月，中国宣布向叙利亚、约旦和黎巴嫩提供 1 亿元人民币的人道主义援助。2016 年 1 月，习近平主席在阿盟总部演说时宣布，为改善巴勒斯坦民生，中国决定向巴方提供 5000 万元人民币的无偿援助，并将为巴勒斯坦太阳能电站建设项目提供支持；2016 年中方再向叙利亚、约旦、黎巴嫩、利比亚、也门人民提供 2.3 亿元人道主义援助。[③]

---

① 张慧玉：《试析中国参与联合国维和机制对世界的影响》，《国际论坛》2009 年第 5 期，第 26 页。
② 孙德刚：《论冷战后中国在中东的柔性军事存在》，《世界经济与政治》2014 年第 8 期，第 23 页。
③ 《习近平在阿拉伯国家联盟总部发表重要演讲：共同开创中阿关系发展美好未来，推动中阿民族复兴形成更多交汇》，《人民日报》2016 年 1 月 22 日，第 1 版。

　　中东地区的冲突主要发生在陆上和海上丝绸之路的沿线国家，有的直接关系到中国国家安全和边疆地区稳定，如阿富汗各派冲突等；有的关系到中国能源、投资和贸易利益，如伊朗核问题、南北苏丹冲突、苏丹达尔富尔问题以及美国、海合会国家在叙利亚和伊拉克打击"伊斯兰国"组织等；有的关系到中国作为负责任大国应尽的国际责任，如中国参与叙利亚、伊拉克和也门危机的解决。作为安理会常任理事国中唯一的亚非拉南方国家，中国参与地区冲突的解决不仅是中国维护海外利益的重要保障，而且是中国树立负责任大国形象、推动地区热点问题降温的重要手段，更是构建合作、稳定的新型大国关系如中美、中俄、中欧关系的重要抓手。

　　冷战后，中国加大参与中东地区治理的力度具有一定的必然性。第一，中东地区自然资源丰富，但领土、民族和教派矛盾尖锐，中东各国面临着国内社会转型、中东格局转型和国际体系转型三重挑战，各种危机频发，矛盾与冲突不断，中国作为安理会常任理事国肩负着独特的责任；第二，中国长期奉行和平、中立和不结盟政策，不与中东任何国家建立战略联盟关系，不寻求代理人，不谋求势力范围，同各方均保持友好往来，有益于成为冲突各方之间公正的调解人；[①] 第三，中东地区多极化特征明显，美国、欧盟、日本、俄罗斯和印度等传统大国和新兴大国都无法将中东完全纳入自己的战略轨道，中东作为一个整体长期游离于国际体系之外，不是任何大国的"后院"或"势力范围"，而中国参与中东地区治理不仅有助于推动中东地区治理，而且有益于构筑新型大国合作关系；第四，阿拉伯剧变以来，中东国家普遍奉行大国平衡战略，欢迎崛起的中国积极参与中东事务，为中国参与中东地区治理提供了良好的外部条件；[②] 第五，近年来，中国在苏丹达尔富尔问题、巴以问题、伊朗核问题、利比亚和叙利亚国内冲突等问题上已初步积累了一些经验，为今后形成中国特色的中东地区治理模式奠定了基础。

二　中国参与中东地区治理的条件

　　随着中国综合实力的提高和海外利益的拓展，中国对中东地区事务难以

---

① 孙德刚：《论中阿战略合作关系》，《阿拉伯世界研究》2010 年第 6 期，第 30 页。

② Bahgat Korany and Ali E. Dessouki, *The Foreign Policies of Arab States*, Cairo and New York: The American University in Cairo Press, 2008, pp. 545 – 596.

继续维持以往的超脱和不介入政策。中东是中国大周边战略的重要组成部分，是中国建立"丝绸之路经济带"和"21世纪海上丝绸之路"的汇合点，也是中国参与全球治理、输出劳务和商品、获得稳定能源供应的重要地区，更是中国海外利益与领事保护相对薄弱的地区。大国中东战略的调整，中东国家对中国期望值的不断提高，为中国在中东拓展政治影响力、经济活力和文化软实力带来了机遇，更为中国参与中东地区治理提供了良好条件。

第一，中东地区格局的变化为中国参与中东地区治理带来了战略机遇。与亚太和欧洲地区相比，阿拉伯剧变后美国对中东的主导能力下降，西方大国依靠军事手段的治理模式面临困难；联合国安理会、中美峰会、中欧峰会、二十国集团峰会等成为中国参与中东地区治理的重要平台；俄罗斯、印度和巴西等金砖国家集体意识增强，中国参与中东地区治理的能力和意愿提高。

在群雄并立的背景下，中东地区已初步形成多极化格局：全球层面的美、英、法、俄、中等域外大国形成了一组权力平衡；地区层面的沙特、土耳其、伊朗、以色列、埃及等则形成了第二组平衡。大国和中东国家联盟关系经历调整，大国在中东获利的成本增加，均为中国开展外交工作创造了机遇。

第二，各国政府中东政策的变化有利于中国参与中东地区治理。五年多来，中东局势动荡已经给当地民众造成严重的人道主义危机，不仅未给阿拉伯世界带来真正的所谓民主政治，而且国家认同弱化，族群认同强化，教派矛盾激化。以"什叶派新月地带"、"库尔德人新月地带"和"穆兄会新月地带"为代表的中东政治势力争夺公开化。在逊尼派内部，沙特、埃及、土耳其和卡塔尔也存在某种竞争关系，利雅得、开罗、安卡拉和多哈均希望成为伊斯兰世界的中心①，因而均借重国内伊斯兰势力。② 面对中东政治力量日益多元化、伊斯兰激进势力甚至是恐怖组织抢占"街头革命"胜利果实的现实，美、欧的中东政策已陷入进退两难的困境。随着中东转型阿拉伯国家伊斯兰势力的上升和经济改革陷入困境，美国的主导能力下

---

① Walter Russell Mead, "The Failed Grand Strategy in the Middle East," *Wall Street Journal*, August 24, 2013.

② John R. Bradley, *After the Arab Spring: How Islamists Hijacked The Middle East Revolts*, London: Palgrave Macmillan, 2012, pp. 199 – 218.

降，中东转型国家的社会发展已经偏离了美国预先设置的发展轨道（即自由、民主、人权、法治、市场经济、公民社会等），阿拉伯剧变损害了美国的现实利益，导致奥巴马在第二任期对中东所谓的"民主转型"失去热心，开始奉行更加务实、更加超脱的外交政策，在伊朗核问题、叙利亚危机、也门冲突、难民治理等问题上开始接受中国的理念，被迫欢迎中、俄、伊朗、埃及等域内外国家的参与。

第三，多边舞台和多边机制的增加有利于中国参与中东地区治理。近年来，中国参与中东地区治理的多边舞台和多边机制开始增多，如联合国、国际原子能机构等国际组织，中阿合作论坛、中非合作论坛、上海合作组织（伊朗是观察员国、土耳其是对话伙伴国）、亚信峰会机制（土耳其、伊朗、卡塔尔、埃及、以色列是成员国）、二十国集团（土耳其和沙特是成员国）、亚洲基础设施投资银行（土耳其、以色列、阿联酋、伊朗、科威特、阿曼、卡塔尔、沙特阿拉伯、约旦等是会员国）和丝路基金等非正式机制；伊朗核问题"P5＋1"谈判机制和叙利亚问题维也纳谈判机制等。

第四，中国在中东利益的内涵不断丰富推动了中国参与中东地区治理。中国中东利益的内涵不断拓展，由单一利益向复合利益拓展，中国介入中东事务的深度增加。（1）在贸易上，中国是越来越多中东国家的第一大和第二大贸易伙伴，也是重要投资国；（2）在能源合作上，伊朗、沙特、伊拉克、科威特、阿联酋、卡塔尔、阿曼等成为中国重要能源进口来源地；（3）在政治上，中国劝和促谈的力度增大，包括伊核问题、巴以问题和苏丹问题等；（4）在安全上，中国通过亚丁湾护航、派出维和部队等，成为中东安全产品的供应者；（5）在军事上，中国通过与伊朗（在海湾）、俄罗斯（在地中海）、土耳其（在地中海）等国联合军演、军售，丰富了双边军事交流与合作的内涵；（6）在文化上，中国通过"友好年"、友好城市、孔子学院、"文化月"等，扩大了在中东的文化影响力。

第五，新一代领导集体在外交事务上更加主动、敢于创新，推动了中国中东地区治理。2015年10月中共十八届五中全会通过的"十三五"规划纲要建议，提出要在今后五年里更加积极参与全球经济治理，提高国际制度设计能力，使中国从边缘化的"看客"和"局外人"变成了向中心位置靠近的中东事务的参与者和建设者；中国从所谓的"重商主义者"变成政治议程塑造者。如果说在中共十八大以前中国经常等待机遇，十八大之后我们在中东则寻求"创造机遇"，对改革国际治理体系的信心和决心增强。中国提出构建新型大国关系后，中东实际成为中国运筹大国关系（中美、中俄、中欧）的重要舞台。

第六，中东冲突方和地区国家的欢迎态度有助于中国参与中东地区治理。中东冲突当事方已认识到，引入中国的力量有助于平衡矛盾与实现热点问题的公正解决。例如，在伊朗核问题"P5＋1"谈判机制中，伊朗自始至终欢迎中国的参加、平衡美欧的压力；包括沙特在内的海合会国家也欢迎中国在中东地区发挥积极作用，以平衡美国和欧洲强迫其推动民主改革的压力。

第七，中国与中东国家的伙伴关系网为中国参与中东地区治理提供了客观基础。如前所述，中国与埃及（1999 年）、沙特（2006 年）、阿尔及利亚（2014 年）、土耳其（2010 年）、阿联酋（2012 年）、卡塔尔（2014 年）、约旦（2015 年）、伊朗（2016 年）、摩洛哥（2016 年）等分别建立了战略伙伴关系或全面战略伙伴关系，并与阿盟和海合会两个地区组织建立了战略伙伴关系，为中国参与中东地区治理做好了外交准备。[①] 2013 年以色列总理内塔尼亚胡和巴勒斯坦总统阿巴斯几乎同时访问北京；2014 年，时任沙特王储萨勒曼访问北京；2014 年 5 月，伊朗总统鲁哈尼访问上海，参加亚信峰会；2014 年 11 月，全国政协主席俞正声成功访问摩洛哥、阿尔及利亚、约旦和巴林；2014 年 12 月和 2015 年 9 月，埃及总统塞西访问北京；2015 年 4 月，阿尔及利亚总理萨拉勒访华；2016 年 1 月习近平主席成功访问沙特、埃及和伊朗三国，并与上述三国建立或巩固了全面战略伙伴关系。[②] 这一系列高层互访都表明：当前中东国家有的奉行"向东看"政策，重视中、日、韩、印、东南亚等新兴市场；有的在战略上实行"东西方并重"政策，如摩洛哥和沙特，这两类国家均欢迎中国在中东地区冲突解决与治理中发挥积极作用。

① 吴磊：《构建"新丝绸之路"：中国与中东关系发展的新内涵》，《西亚非洲》2014 年第 3 期，第 9 页。

② 《习近平离京抵沙特进行国事访问》，《人民日报》2016 年 1 月 20 日，第 1 版。

第二节　中国参与中东地区治理的动因与机制

中国参与中东地区治理的动因包括利益相关度、权力影响度、国际关注度和危机解决难度，这四要素决定了中国参与中东地区治理的能力与意愿；中国参与中东地区治理的机制主要包括国内各部委的机制、域外大国双边协调机制、中国与中东国家的双边和多边合作机制，以及联合国与国际组织的多边合作机制。

一　中国参与中东地区治理的动因

中国参与中东地区治理的能力与意愿以及参与中东地区治理的深度，主要受四个因素的影响：利益相关度、权力影响度、国际关注度和危机解决难度，这四要素决定了中国参与中东地区治理的能力与意愿。

第一，利益相关度：中东热点问题与中国现实利益关联度越强，中国参与中东地区治理的程度越深。

一般认为，第三方参与斡旋在很大程度上是出于自身利益的考量。俄罗斯对叙利亚事务的关注程度超过了对也门事务的关注程度，主要是因为俄在叙有战略利益。当前，中国在中东主要存在四个层面的利益，一是确保能源正常供应、维持能源价格稳定和提升经贸利益；二是确保中东地区保持力量平衡，避免任何地区或外部大国垄断中东事务、谋求中东霸权；三是预防中东地区出现反华政府，破坏与中国良好的外交关系；四是争取中东地区的和平与稳定，避免中东地区出现政局动荡。在上述四个层面的利益中，第一个层面主要是中国的现实利益，更直接也更有实际意义，当这种现实利益受到威胁时，中国投入外交资源、参与中东地区治理的可能性就会增大。例如，伊朗核危机爆发后，中国积极参加"P5＋1"谈判机制，积极推动伊朗核问题的和平解决，一方面是因为伊朗石油关系到中国国民经济的发展与能源供应安全，且伊朗是中国的重要贸易伙伴，双方在能源、基础设施投资、经贸等领域的合作项目多，合作潜力大；[①] 另一方

[①] Lounas Djallil, "China and the Iranian Nuclear Crisis: Between Ambiguities and Interests," *European Journal of East Asian Studies*, Vol. 10, Issue 2, 2011, p. 227.

面，中国作为安理会常任理事国，需要为全球安全和防扩散治理做出贡献，展示负责任大国形象。相比之下，中国在西撒哈拉和黎巴嫩的现实利益较少，大国在这些问题上互动的现实需求不强，因而中国投入的外交资源有限。由于西撒哈拉问题和黎巴嫩问题近年来有所"降温"，中国虽在联合国框架内参与西撒哈拉维和行动，但尚未开展密集的外交斡旋。

第二，权力影响度：中国对中东热点问题的影响能力越强，参与中东地区治理的程度越深。

中东地区治理不仅与第三方的问题解决意愿有关，而且与其问题解决能力也存在关联。当中立的第三方能够胁迫冲突方，并具有影响双方行为的能力和资源时，其参与中东地区治理的可能性就会增大。[①] 例如，美国卡特政府之所以能够参与中东地区治理，推动埃及与以色列之间的戴维营和谈，很重要原因在于，美国是世界上唯一能够压服埃及和以色列均做出让步的大国（以援助和安全保证为诱饵）。[②] 同样，中国和苏丹各派均保持建设性合作关系，中国对南北苏丹的影响力都很大，这种影响力因军售、援助和经贸合作关系而进一步得到强化。当南北苏丹局势紧张后，中国国家主席亲自访问苏丹，并派出特使刘贵今斡旋苏丹南北两派。在中国的积极斡旋下，2013 年南苏丹副总统马查尔（Riek Machar）访问喀土穆，与苏丹第一副总统塔哈（Ali Osman Taha）举行会晤。2015 年 9 月，苏丹总统巴希尔访华。相比之下，中国对塞浦路斯南北双方（南部的塞浦路斯政府和北塞浦路斯土耳其共和国）的影响力有限，因而在塞浦路斯问题上，中国尚未参与斡旋。

第三，国际关注度：国际社会对中东热点问题的关注度越高，中国参与中东地区治理的程度越深。

中国参与中东地区治理，不仅出于对现实利益的考虑，也与履行国际责任的需要密切相关。近年来，随着中国综合实力的提高，国际社会对中国的期望值也不断增大，希望中国承担国际责任、提供公共产品、维护国际秩序。作为安理会常任理事国和发展中大国，中国肩负着维护中东地区

---

① Oran R. Young, *The Intermediaries: Third Parties in International Crises*, Princeton: Princeton University Press, 1967, pp. 80 – 90.

② Marieke Kleiboer, *The Multiple Realities of International Mediation*, Boulder and London: Lynne Rienner Publishers, 1998, pp. 89 – 118.

稳定、加强中东危机管理、促进中东冲突解决的特殊责任。在中东地区，没有任何热点问题能够像巴以问题那样牵动整个地区的神经，成为影响中东政治生态的"晴雨表"。由于认识到国际社会对巴以问题的关注度较高，也由于巴以问题事关中东的全局，故2002年以来，中国以巴以问题特使机制为抓手，积极在阿拉伯和以色列之间劝和促谈，有力地推动了巴以和平进程。中国在巴以地区的现实利益较为有限，中国劝和促谈主要出于履行国际责任，而不是对现实利益的考量。2013年，巴勒斯坦总统阿巴斯和以色列总理内塔尼亚胡访华，习主席提出了解决巴以问题的四点主张；中国外长和副外长也多次提议以"两国方案"解决巴勒斯坦问题，支持巴勒斯坦以东耶路撒冷为首都独立建国，都是中国斡旋巴以问题的具体体现。相比之下，冷战后国际社会对西撒哈拉问题、塞浦路斯问题的关注度较低，该问题也一直处于可控范围内，故中国尚未参与斡旋。

第四，危机解决难度：中东热点问题取得阶段性成果的可能性越大，中国参与中东地区治理的程度越深。

过去十年里，中国参与中东热点问题的解决，还与中国政府对危机的解决难度的大小判断有关。一般而言，问题越难解决，中国投入外交资源、参与中东地区治理的可能性越小，反之亦然。例如，南北苏丹爆发危机后，喀土穆中央政府同意南方以全民公决的方式决定是否独立，使中国参与中东地区治理取得成功的概率增大，刘贵今特使开展了频繁的外交斡旋；相比之下，中国未能参与伊朗与阿联酋在大小通布岛和阿布穆萨岛屿争端中的斡旋，也未能在索马里和黎巴嫩各派武装之间开展斡旋，主要是因为这两处危机的解决难度较大，冲突方短期内达成妥协的可能性小，中国不愿冒太多的外交风险。

从以上四点可以看出，冷战后中国参与中东地区治理具有选择性与差异性，综合考虑了利益关联度、自身影响力因素、国际期望值和热点问题本身的解决难易程度等四要素，针对不同时间、不同空间、不同性质的热点问题，投入外交资源的多寡也不一样。

中东地区是世界上热点问题较为突出的地区，成为全球治理的重点和难点，包括阿以和平进程问题、领土争端问题、大规模杀伤性武器扩散问题、民族与教派冲突问题等。2010年底以来的阿拉伯剧变进一步加深了中东国家的社会、教派与族群矛盾，利比亚乱局、叙利亚战争、也门危机、中东难民问题和"伊斯兰国"组织等成为中东新的热点问题。因此，美、欧、俄、联合国、阿盟、非盟和海湾合作委员会等大国和国际组织以及中东地区国家纷纷参与中东地区治理，既维护了中东局势稳定，避免热点问题升级，又使中东危机国际化和复杂化，使中东问题事实上成为各方运筹大国关系的重要抓手。当然，由于各方的利益取向和价值理念各不相同，中东地区治理面临的矛盾和问题也十分复杂，并导致中东地区治理的效果总体不佳。

二　中国参与中东地区治理的机制

"特使"在我国并非新生事物。早在春秋时期，各诸侯国的聘使就频繁往来；张骞、甘英、玄奘等受命于帝王的使者身上都有特使的影子；1956年，时任国务院副总理贺龙作为中国特使参加巴基斯坦伊斯兰共和国总统伊斯坎德尔·米尔扎的就职典礼，新中国特使外交正式起步。① 中国参与全球治理是不断机制化的过程。2002 年 9 月，中国政府首次设立巴以问题特使机制，中国在中东地区治理从此拉开序幕。

2011 年以来，随着"阿拉伯之春"的后续效应继续扩展，中东地区冲突日益成为一种"新常态"，特使机制不断完善。中国是安理会常任理事国，理应对地区冲突和热点问题的解决贡献自己的智慧和力量、提供国际公共产品。冷战后中国参与中东地区治理实践丰富，范围广，并已形成了中国特色，成为中国参与全球治理的重要组成部分，维护了中国在中东的能源、投资和贸易利益，提升了中国的国际话语权，巩固了中国的国际地位，改善了国家形象，成为冷战后中国以地区冲突解决为抓手，扩大政治影响力、外交亲和力和道义感召力的重要手段。

域外大国参与地区治理一般以正式和非正式机制为载体。21 世纪初以来，中国参与地区治理以国内机制、地区机制和全球机制为抓手，稳定推进，慎重选择，突出重点。从国内机制来看，中国外交是内外统筹的大外交，中国往往通过国内各部委的统筹参与全球治理。例如，在全球艾滋病治理问题上，中国卫生部、公安部、司法部、教育部、国家广播电影电视

---

① 《从象征到常设：中国"特使外交"渐入佳境》，《新华每日电讯》2014 年 8 月 1 日，第 5 版。

总局、全国妇联、共青团中央、国家计生委等与联合国艾滋病规划署等通力合作，形成合力。①

归纳起来，中国参与中东地区治理的动因包括：（1）中国在中东冲突当事国不断增长的能源、投资和贸易利益的驱动，以维护当前中国现实利益为目标；（2）中国推动中东热点问题降温、扩大外交话语权和推动全球治理民主化的驱动，以阻止西方大国垄断中东地区事务、促进国际关系民主化为目标；（3）中国参与中东地区治理受到构建合作共赢、和平稳定的新型大国关系的驱动，以建立中俄、中美和中欧战略合作关系为目标；（4）中国参与中东地区治理，意在国际上展示公正、和平的国家形象，以提升中国外交亲和力和文化软实力为目标。中国参与中东地区治理的国内机制包括以下几个方面。

第一，外交部分管的特使机制。2002 年 9 月，中国政府首次设立巴以问题特使机制，中国参与地区冲突解决的机制化建设从此拉开序幕。经过十年的发展，中国参与地区治理的国内机制从无到有，由浅入深，在实践中不断摸索，开辟了一条新道路，机制涉及的领域不断拓展，包括巴以问题、苏丹问题、伊朗核问题、索马里问题、利比亚和叙利亚内部冲突问题等。截至 2016 年，中国分别设立了朝鲜半岛事务特使（武大伟）、非洲事务特别代表（钟建华）、中东事务特使（宫小生）、阿富汗事务特使（孙玉玺）、叙利亚问题特使（解晓岩）等，其中涉及伊斯兰国家问题的特使就占了四席。2013 年，在安理会成员国的共同努力下，销毁叙利亚化学武器的第 2118 号决议在安理会获得通过。中国派出"盐城舰"与俄罗斯、挪威、丹麦等国密切配合，执行叙化武海运护航任务。这是中国首次派军舰执行此类任务，是响应联合国和禁止化学武器组织呼吁、解决叙利亚危机采取的实质性行为；中国邀请叙利亚反对派"全国对话联盟"访问北京；中国外长王毅还提出了解决叙利亚危机的"五个坚持"倡议。② 自 2016 年 3 月任叙利亚问题特使后，解晓岩赴日内瓦参加了叙问题和谈相关活动，先后访问叙利亚、沙特、伊朗、俄罗斯、埃及、土耳其和以色列等国，并代表

---

① 蔡拓：《全球治理的中国视角与实践》，《中国社会科学》2004 年第 1 期，第 102 页。
② 姚匡乙：《中国在中东热点问题上的新外交》，《国际问题研究》2014 年第 6 期，第 8 页。

王毅外长赴维也纳出席叙国际支持小组第五次外长会。①

第二，国防部分管的国际维和机制和索马里护航机制。西亚和非洲地区是中国参与联合国维和行动的重点地区，尤其是中国能源和投资利益较集中的南北苏丹等。中国的国际维和部队一方面有展示中国负责任大国形象、提升政治影响力的考虑，另一方面也有维护中国在冲突地区现实利益的考量。1990年，中国首次参加联合国在中东的维和行动，向"联合国停战监督组织"（UN Truce Supervision Organization，总部设在耶路撒冷）派出5名观察员。此后，在20多次国际维和行动中，中国累计派出了3万多名维和人员。2013年，中国向联合国维和行动提供的资金位居世界第六位，位于发展中国家首位。截至2015年底，中国有3000余名维和人员在联合国框架内执行国际维和任务。②

近年来，中国参与联合国在中东冲突地区的维和行动包括五处，即：耶路撒冷的"联合国停战监督组织"；黎巴嫩南部哈尼亚的"联合国驻黎巴嫩临时部队"③；南苏丹的"联合国苏丹特派团"；联合国在苏丹达尔富尔地区的"联合国—非盟苏丹达尔富尔混合行动"；西撒哈拉的"联合国西撒哈拉公民投票特派团"等。

第三，商务部分管的中国国际援建项目和经济援助机制。中国迄今已经在南苏丹投资了200多亿美元，该国也成为中国在西亚和非洲重要的利益区。在提供援建项目和人道主义救援方面，商务部积极参与中东地区治理（与外交部协调配合）。2013年南苏丹各派陷入冲突后，中国与美国、英国和挪威等国一道，说服冲突各方坐到谈判桌前，并向国际监督机制提供100万美元用于监督南苏丹各派停火情况，又拿出200万美元用于联合国安置南苏丹难民。④ 2014年10月，加沙重建大会在埃及开罗召开，中国特使宫小生出席大会，中国政府声明将向巴勒斯坦提供500万美元的援助。西方大国

① 《以"中医的哲学"处理难民危机和国际问题——访中国叙利亚问题特使解晓岩》，新华网，http://news.xinhuanet.com/world/2016-07/03/c_1119154983.htm，登录时间：2016年7月3日。
② Lars Erslev Andersen and Yang Jiang, *Oil, Security and Politics：Is China Challenging the US in the Persian Gulf*? Copenhagen：Danish Institute for International Studies, 2015, pp. 38-39.
③ Bonny Ling, "China's Peacekeeping Diplomacy," *China Rights Forum*, No. 1, 2007, p. 2.
④ Lars Erslev Andersen and Yang Jiang, *Oil, Security and Politics：Is China Challenging the US in the Persian Gulf*? Copenhagen：Danish Institute for International Studies, 2014, p. 31.

和沙特、约旦等空袭"伊斯兰国"组织后，伊拉克和叙利亚难民生活状况恶化，出现了人道主义危机。2014 年 12 月，中国政府向伊拉克库尔德人地区提供了 3000 万元人民币的紧急人道主义救援物资，包括医药品、帐篷等。① 中国还向阿富汗、叙利亚、伊拉克、南北苏丹等国难民提供了力所能及的人道主义援助。

除国内机制外，中国参与地区治理的地区机制包括中国与海合会、阿盟、非盟成员国等签订的一系列双边和多边机制（如中阿合作论坛框架下的高官会议磋商机制、中非合作论坛机制及与之相关的其他机制等）；中、美、俄、欧等在联合国和其他国际组织形成的永久性和临时性合作机制，如伊核问题"P5＋1"会谈机制等，也是冷战后中国参与中东地区治理的重要机制；联合国则是中国参与中东地区治理的最重要国际多边机制。

第三节　中国参与中东地区治理的经验与不足

21 世纪初以来，全球治理的主体由西方发达国家（以西方七国集团为核心）向着发达国家与发展中国家并进、主权国家与国际组织并存、政府与社会力量并举的方向演变，金砖国家、二十国集团等新兴力量成为全球治理的新成员，治理的主体日益多元化。中国参与中东地区治理是冷战后新兴大国参与全球治理的重要标志。随着中国经济实力的提高、话语权和议题设置能力增强，尤其是随着中国在中东利益的增加，中国参与中东地区治理的意愿也不断增强。2016 年 1 月，习近平主席在阿盟总部演说中指出："我们要确立和平、创新、引领、治理、交融的行动理念，作中东和平的建设者、中东发展的推动者、中东工业化的助推者、中东稳定的支持者、中东民心交融的合作伙伴。"② 中国以参与中东地区治理为载体，提升大国地位，巩固新型大国关系。作为安理会常任理事国，中国在地区冲突解决上日益扮演积极角色，中国参与地区治理使中国在冲突各方之间，以及在斡旋者之间扮演桥梁和纽带作用。冷战后中国参与中东地区治理既维护了各方正当利益，又

---

① 《中国救援物资运抵伊拉克库尔德》，《人民日报·海外版》2014 年 12 月 11 日，第 1 版。

② 《习近平在阿拉伯国家联盟总部发表重要演讲：共同开创中阿关系发展美好未来，推动中阿民族复兴形成更多交汇》，《人民日报》2016 年 1 月 22 日，第 1 版。

维护了国际正义，取得初步成效，其主要原因有两点。

中国在参与中东地区治理时注意在美、欧、俄之间保持战略平衡。2012年5月，中美在第四轮战略与经济对话期间达成共识，决定就中东事务进行磋商，同年8月双方在北京举行了首轮中东问题对话。2013年6月，中美双方在华盛顿举行了第二轮中东问题对话，表明中美双方已经在中东地区冲突问题上建立了对话与磋商机制，中东地区冲突解决已成为中美构建新型大国关系、推动地区治理的重要任务。同时，近年来中俄全面战略协作伙伴关系内涵也不断丰富。① 2013年3月，习近平就任国家主席后首次国事访问选择了俄罗斯，双方在伊朗核问题、叙利亚危机、利比亚和阿富汗问题上的协调，促进了新兴大国参与中东地区治理的能力。在中东地区治理中运筹大国关系，体现了冷战后中国的外交智慧。

当然，在认识到中国参与中东地区治理优势的同时，也应看到其不足的一面。

第一，迄今为止，中东在中国外交全局中的地位仍然偏低，中国对中东外交的资源投入有所不足。2015年11月15日，习近平主席出席在土耳其安塔利亚举行的二十国集团峰会，这是其担任国家元首以来第一次在中东出席多边会议。2015年下半年至2016年上半年，中国高层抓住了西方与伊朗关系尚未完全改善的战略机遇，多次访问中东，提升中东在中国外交布局中的地位。中共十八大以来，巴勒斯坦、以色列、伊朗、埃及、沙特、卡塔尔、土耳其、约旦等政要相继访华，中方除政治局常委俞正声2014年出访摩洛哥、阿尔及利亚、约旦和巴林及习近平主席2016年1月访问沙特、埃及和伊朗外，其他领导人出访中东偏少，而中东国家领导人一直期待中国元首回访；中东国家媒体和智库专家均期待习近平主席早日访问中东，使中东国家能够学习中国的国家治理新经验。从现实意义来看，高层领导出访中东有助于全面推进习近平主席在2014年6月中阿合作论坛第六届部长级会议中提出的"1+2+3"的战略构想，推动"一带一路"倡议在土耳其、伊朗和阿拉伯国家的推广。多年来，中东国家领导人访华频率远超过中国高层领导人出访中东的频率，而中东国家对尊严、公正和对等的期望值很高。某些中东国家官员和智库研究人员认为，中东在中国新一届政府

---

① 吴冰冰：《中东战略格局失衡与中国的中东战略》，《外交评论》2013年第6期，第48页。

对外战略中的地位有所下降，不利于双方关系的发展。因此，中国高层出访中东国家，有助于消除中东国家政府与民众的误解。

第二，从国内舆论来看，学界和媒体对中国参与中东地区治理的必要性与紧迫性存在认知分歧。中国学界和媒体有观点认为，中国无须在伊朗核问题、叙利亚危机等关系到西方切身利益又与中国无直接利益的地区冲突问题上为西方解套。这种观点实际上忽视了参与地区冲突解决往往成为大国间战略合作的新领域，有助于美、欧、俄、中等建立更加稳定的合作关系，也符合中国的现实利益。阿拉伯剧变发生后，中国在认知中东利益时，往往首先想到的是能源安全、商品市场、工程承包和劳务市场等相对狭隘的物质利益，未能从中国参与全球治理的战略角度审视中国参与中东事务的中长期意义。[1]

第三，从知识储备来看，中国参与中东地区治理的信息库和人才库建设有待加强。中国参与中东地区治理经历了发言人（所谓的旁观者）—传话人（被动参与者）—调解人（积极斡旋者）的角色变化。作为一名后来者，中国自身国力仍处于将强未强的"战略爬坡"阶段，中国在中东利益的延伸与维护利益的能力和话语权有限之间的矛盾，在短期内难以得到根本解决。[2] 当前中国智库和学界关注的重点仍然是西方大国以及日、韩、俄等，忽视了地区冲突的高发地带——"一带一路"沿线国家尤其是西亚北非地区的深度区域与国别研究，导致中国在参与重大突发事件的问题解决过程中，自身知识、信息和人才储备不足，影响了冷战后中国参与地区治理的能力。

第四，中国中东政策缺乏明晰的宣示。2006 年和 2008 年，中国政府相继发布《中国政府对非洲政策文件》和《中国对拉丁美洲和加勒比政策文件》，确立了 21 世纪中国对非洲和拉美的基本外交政策、原则及战略目标；2016 年 1 月，习近平主席访问中东沙特、埃及和伊朗三国前夕，中国公布了首份《中国对阿拉伯国家政策文件》，全面阐释了中国对 22 个阿拉伯国家、阿盟、巴勒斯坦和阿拉伯地区热点问题的政策主张[3]，但迄今中国政府

---

① 李伟建：《中东政治转型及中国中东外交》，《西亚非洲》2012 年第 4 期，第 13 页。

② 华黎明：《伊朗核问题与中国中东外交》，《阿拉伯世界研究》2014 年第 6 期，第 9 页。

③ 《中国政府发布首份对阿拉伯国家政策文件》，《人民日报·海外版》2016 年 1 月 14 日，第 1 版。

尚未发布对中东战略与政策白皮书或文件，中国参与中东地区冲突至今缺乏顶层设计，外界对中国在中东热点问题上的立场和关切的全貌了解不够。外交部俟条件成熟时应发布《中国中东外交政策》白皮书，以确定中国对阿拉伯国家、以色列、伊朗和土耳其四大力量整体外交的基调。

第五，从外交机制来看，中国应对中东突发事件的国际危机管理能力仍有待增强。中国应对中东突发事件时，在把握时机方面反应尚不够迅速、主动；在制度建设方面仍需提高创新能力，并推动构建外交统筹的保障机制；在热点问题上的利益、角色、作用等定位不够清晰等。迄今为止，在地区冲突爆发后，外交部各司局内部，以及外交部和其他部委之间的统筹、协调与沟通能力相对较弱；一线外交官参与冲突解决的授权有限，对突发事件的反应不够及时主动，在关键时刻提出中国方案和中国主张的主动性仍不够强。以叙利亚危机为例，2013 年叙利亚化学武器危机爆发后，俄罗斯提出了"以化武换和平"的主张；2015 年初，俄政府又将叙利亚巴沙尔政府和反对派的代表请到了莫斯科，双方发表了《莫斯科宣言》；2015 年 4 月，面对沙特率领的十国空袭也门胡塞武装、造成人道主义危机的局面，俄罗斯请求安理会举行紧急磋商，要求沙特等国暂停对也门胡塞武装的空袭；2015 年 9 月，俄应叙利亚政府的要求空袭"伊斯兰国"组织，成为主导叙利亚政治和谈进程的筹码。① 俄罗斯在中东地区治理中创造性介入的经验与做法值得中国借鉴。

小　结

中国参与中东地区治理是冷战后中国参与全球治理的重要内容。随着新兴大国群体的崛起与不平衡发展，全球治理的主体日益呈现多元化，尤其是金砖国家、欧盟、东盟、非盟、南方共同市场、上海合作组织、海湾合作委员会等地区组织成为全球治理的新主体；二十国集团的影响力上升，人民币的国际影响力增加，使中国观察世界的角度从亚太地区扩大到全球。中国参与全球治理是冷战后全球权力中心和治理体系变革的重要体现；中国参与中东地区治理则是冷战后新兴大国影响力上升的重要标志。与历史

① 《安理会就也门局势紧急磋商》，《新民晚报》2015 年 4 月 5 日。

上通过暴力促进国际权力转移不同，冷战后中国参与中东地区治理是一种"包容性治理"，它强调全球治理的主体应具有广泛代表性，包括美国、欧盟、俄罗斯、土耳其、沙特、伊朗等全球和地区大国。

中东地区治理大体可分为"两场"，"上半场"是大国围绕中东地区冲突的博弈，"下半场"是地区冲突解决后的国家经济社会重建。冷战结束以来，中国善于在中东地区治理的"下半场"发挥积极作用，而在"上半场"冲突解决中相对消极。中国参与伊朗和叙利亚等中东问题治理，增强了中国在"上半场"的治理能力与参与度；使中国作为世界经济与政治强国能够在冲突解决、议程设计和国际话语权构建等方面发挥有效作用。

第四章　中国参与中东地区的传统安全治理

冷战结束以来，美、欧、俄、联合国、阿盟和非盟等大国和国际组织针对中东传统与新型热点问题，开展了不同形式和不同特征的治理。本章以中东为考察范围，分析冷战后中国在中东传统安全领域参与地区治理的实践，认为中国在中东的治理表现出四种不同形态——深度介入型、主动参与型、有限介入型和总体超脱型。中国参与中东传统安全治理，如冲突治理、核问题治理和维和行动有助于中国参与全球治理，提升中国在中东的政治影响力、议程设置能力和外交话语权，也有助于构筑更加稳定的大国间合作关系。

第一节　中国参与中东的冲突治理

随着中国海外利益的不断拓展和国际地位的持续提高，中东地区日益成为中国的"大周边"，参与中东热点问题的解决是中国维护国家利益、履行国际责任的重要手段。中东对中国更具有战略意义——它是中国运筹与其他大国关系的支点，是大国合作与竞争的重要舞台，直接关系到冷战后中国的战略机遇期。[①] 从1991年冷战结束到2010年底"阿拉伯革命"的爆发，中国实际上获得两次战略机遇期。这两次战略机遇期总体上以十年为一个周期，均以西方和中东伊斯兰国家爆发的重大冲突为起点和终点。冷战结束20年来，中国经济和社会的快速发展得益于对这两次战略机遇期的准确把握，参与中东地区治理是中国参与中东安全治理的重中之重。第一次战略机遇期是指1989年"六四"风波后，西方对华采取制裁措施，但1991年以美国为首的多国部队发动海湾战争后，中国紧紧抓住战略机遇期，

---

① 徐坚：《国际环境与中国的战略机遇期》，人民出版社，2004。

大大提升综合国力；第二次战略机遇期是指"9·11"事件后，中国再次抓住美国长达十年的"全球反恐"和发动阿富汗战争与伊拉克战争的时机，同其他大国再次找到了战略合作的平台、提升了综合国力。①

一　中东地区冲突治理的现状

2011 年以来，以西方衰弱、新兴大国崛起、区域中小国家联合自强、发展中国家分化为主要特征的世界多极化趋势进一步发展。中东剧变发生后，长期受到打压的反以、反美势力恐将在今后的中东伊斯兰国内政治中发挥重要作用，伊朗核问题与中东剧变恐将再次在战略上牵制美国，使之难以在短期内将军事战略重心转向亚太，中国势必将迎来冷战结束后的第三次战略机遇期。积极参与中东热点问题解决，提升中国在中东的政治话语权，使中东热点问题朝着有利于中国国家利益的方向发展，需要中国积极介入中东事务，其重要手段之一就是实施政治斡旋。关于冷战后中国在中东的冲突治理，有两个问题至今仍缺乏深入的学理探讨。

第一，中国参与中东地区冲突治理的动因是什么？是基于利益的驱动，还是基于国际责任的考量？中国参与中东热点问题的解决是否与国际社会的期望和关切存在一定的关联？中国对中东问题解决难度的认知是否也影响中国在中东斡旋的深度？

第二，为什么中国参与中东地区冲突治理的程度存在差异？众所周知，中东问题大体可分为传统热点问题（如巴以问题、西撒哈拉问题、塞浦路斯问题、伊朗核问题等）与非传统热点问题（索马里海盗问题、巴林内部冲突等）两类，亦可分为内部型（一国内部矛盾，如也门政府与胡塞武装的矛盾）、区域型（中东国家之间的矛盾，如巴以冲突、西撒哈拉问题等）和跨区域型（中东国家与地区外国家的矛盾，如伊朗核问题背后的美伊矛盾）等三类。

中国参与中东地区冲突治理的重要手段是开展外交斡旋。作为安理会常任理事国，中国承担重要国际义务。中东冲突问题在中国外交中的地位不同，中国投入的外交资源不同，中国外交斡旋的形态和目标也不一样，其差异性背后的原因是什么？该问题迄今无专门的论述。

---

① 孙德刚：《论冷战后中国的准联盟外交》，《世界经济与政治》2012 年第 3 期，第 74 页。

　　斡旋也叫调解，普遍存在于社会、商贸、民族、政治和国家间关系中，涉及心理学、社会学、经济学、管理学、法学、外交学、民族学和政治学等多个学科，属于跨学科研究议题。[①] 斡旋是指第三方以非强制和中立的方式介入冲突，以和平手段管理和化解冲突的行为，其直接影响是将原来的双边关系变成了三方关系。[②] 20 世纪以来，世界上许多重要的多边与双边国际条约都把国家诉诸斡旋解决争端的义务载于有关条款之中，如 1907 年的《海牙和平解决国际争端公约》和 1948 年的《美洲和平解决国际争端公约》等。[③] 虽然斡旋是一种古老的外交行为，但国内外学界关于国际斡旋的研究成果并不丰富，其学术探索大体可分为以下四类。

　　第一类成果主要考察斡旋的概念和理论。这类成果主要以西方学者的研究专著和论文为主，探讨斡旋的定义、类型、动因、机制和绩效，通常运用定性和定量研究方法，彰显了西方的斡旋理论与实践。[④]

[①] 对斡旋模式的跨学科研究最成功的要数 2006 年出版的《斡旋：实践、政策与伦理》一书，参见 Carrie Menkel-Meadow, Lela Porter Love, and Andrea Kupfer Schneider, *Mediation: Practice, Policy, and Ethics*, New York: ASPEN, 2006。

[②] Jacob Bercovitch, ed., *Studies in International Mediation*, New York: Palgrave Macmillan, 2002, p. 5. 在英文语境中，与斡旋（Mediation）相似的术语有 "good office（第三方提供谈判场所但不介入谈判）、conciliation（调解）、arbitration（临时机构的裁决）、adjudication（正式裁决）、message-carrying（传递信息）、shuttle diplomacy（穿梭外交）" 等。

[③] 叶兴平：《国际争端解决中的斡旋与调停剖析》，《武汉大学学报》（哲社版）1997 年第 2 期，第 18 页。

[④] 参见 Jacob Bercovitch, ed., *Studies in International Mediation*, New York: Palgrave Macmillan, 2002; Jacob Bercovitch and Scott Sigmund Gartner, eds., *International Conflict Mediation: New approaches and findings*, London and New York: Routledge, 2009; Jacob Bercovitch, etc., *The SAGE Handbook of Conflict Resolution*, Los Angeles: SAGE, 2009; Eileen Carroll and Karl Machie, *International Mediation—The Art of Business Diplomacy*, The Hague, London and Boston: Kluwer Law International, 2000; Folberg Golam, *Lawyer Negotiation: Theory, Practice, and Law*, New York: Aspen Publishers, 2006; Carrie Menkel-Meadow, Lela Porter Love, and Andrea Kupfer Schneider, *Mediation: Practice, Policy, and Ethics*, New York: ASPEN, 2006; Carrie Menkel-Meadow, ed., *Mediation: Theory, Policy and Practice*, Aldershot: Ashgate, 2001; Marieke Kleiboer, *The Multiple Realities of International Mediation*, Boulder and London: Lynne Rienner Publishers, 1998; Burcu Savun, "Information, Bias, and Mediation Success," *International Studies Quarterly*, Vol, 52, No. 1, 2008; Saadia Touval and William Zartman, eds., *International Mediation in Theory and Practice*, Boulder: Westview Press, 1985; Dennis J. Sandole, etc., *Handbook of Conflict Analysis and Resolution*, London and New York: Routledge, 2009; 叶兴平：《国际争端解决中的斡旋与调停剖析》，《武汉大学学报》1997 年第 2 期；漆海霞：《国际斡旋的成败分析》，《国际政治科学》2005 年第 4 期；等等。

第二类成果主要分析主权国家和国际组织的斡旋实例,包括美国、以色列、卡塔尔、联合国等在中东的斡旋实践,通常运用历史研究方法和案例分析方法。①

第三类成果主要从外交学和谈判学角度研究斡旋,视其为一类特殊的模型,认为斡旋是危机管理和冲突预防的一种手段,是第三方介入的一种行为方式。②

第四类主要研究冷战后中国的中东外交,如上海外国语大学刘中民教授在分析冷战后中国在中东的热点外交时探讨了其中的一种模式——特使机制(包括 2002 年 9 月设立的巴以问题特使机制),特使机制实际上也是斡旋的方式之一;朱锋教授关于朝核问题六方会谈机制的探讨,也主要是从斡旋的角度展开的。③

归纳起来,目前学界对斡旋的研究大体从三个层面展开。第一个层面是从外交学层面探讨斡旋理论,包括从危机管理、冲突解决和预防性防御的角度探讨斡旋的基本理论;第二个层面是从大国和中东地区国家在中东

① 参见 Jeffrey Z. Rubin, *Dynamics of Third Party Intervention: Kissinger in the Middle East*, New York: Praeger, 1981; Dale Bagshaw and Elisabeth Porter eds., *Mediation in the Asia-Pacific Region: Transforming Conflicts and Building Peace*, London and New York: Routledge, 2009; K. Venkata Raman ed., *Dispute Settlement Through the United Nations*, New York: Oceana Publications, 1977; Kenneth W. Stein, *Heroic Diplomacy: Sadat, Kissinger, Carter, Begin and the Quest for Arab-Israeli Peace*, London: Routledge, 1999; Mordechai Gazit, *Israeli Diplomacy and the Quest for Peace*, London: Frank Cass, 2002; 孙德刚:《1973 年第四次中东战争与美国的斡旋外交》,《美国问题研究》2010 年第 1 辑;刘玉堂等:《楚国的奉使外交略议》,《外交学院学报》1996 年第 1 期;丁隆、赵元昊:《卡塔尔的外交政策及其实践》,《阿拉伯世界研究》2010 年第 1 期。

② Howard Raiffa, *The Art and Science of Negotiation*, Cambridge, Massachusetts and London: Harvard University Press, 1982; Michael Greig and Patrick M. Regan, "When Do They Say Yes? An Analysis of Willingness to Offer and Accept Mediation in Civil Wars," *International Studies Quarterly*, Vol. 52, No. 4, 2008; Francois Debrix, *Rituals Of Mediation: International Politics And Social Meaning*, New York: University of Minnesota Press, 2003; Oran R. Young, *The Intermediaries: Third Parties in International Crises*, Princeton: Princeton University Press, 1967; Howard Raiffa, *Negotiation Analysis: The Science and Art of Collaborative Decision Making*, Cambridge, Mass.: The Belknap Press of Harvard University Press, 2002.

③ 参见刘长敏著《论朝鲜核问题解决中的国际斡旋与调停》,中国政法大学出版社,2007;刘中民:《中国的热点外交研究——特点、理念与意义》,《东北亚论坛》2009 年第 3 期,第 5 页;孙昉、禚柏红:《晚清中国在巨文岛事件中的外交斡旋》,《淮阴工学院学报》2006 年第 2 期;姜宅九:《中国参与六方会谈:斡旋角色与前景》,《当代亚太》2007 年第 2 期;朱锋:《中国的外交斡旋与朝核问题六方会谈》,《外交评论》2006 年第 2 期。

斡旋实践的角度，比较分析联合国、阿盟、非盟、海合会、美国、俄罗斯、欧盟、日本、卡塔尔、埃及、阿尔及利亚、沙特、土耳其等国斡旋实践的特点，分析其开展斡旋的理念、动因、机制、资源配置、议题设置和具体策略等；第三个层面研究中国中东外交的主要手段、目标、机制、资源（包括双边和多边斡旋）等。以上研究成果具有研究议题的多元性、研究方法的创新性、研究视角的新颖性等特点，但也存在明显的不足之处。首先，从理论角度来看，学界大多关注斡旋的绩效问题，将分析的重点放在是否多边斡旋比单边斡旋更有效、实力对称国家是否比实力悬殊国家更有助于第三方开展斡旋等诸多方面，忽视了作为中立的第三方参与斡旋的动因分析。其次，目前的研究成果大多考察西方国家以及卡塔尔、阿尔及利亚、联合国、阿盟与非盟等国和国际、地区组织的斡旋模式与经验，忽视了近年来中国的斡旋实践，特别是缺乏对中国在中东斡旋实践的理论梳理。

二　地区冲突与中国的治理

本书从外交类型学的视角尝试提出中东冲突治理中"外交斡旋"这一概念，即"主权国家或国际组织作为中立的第三方，主动以非强制方式介入冲突，以和平方式管理危机和化解冲突的行为"。作为一种特殊的外交类型，外交斡旋具有以下几个基本要素：第一，实施斡旋的主体必须是外交行为体，即主权国家、国际组织及其代表，而不是家庭、企业和社会纠纷的民事调停者；第二，斡旋的主体作为中立的第三方调停冲突，主观上有化解危机、解决矛盾的愿望；第三，斡旋的主体主动介入冲突，并通过与冲突各方建立信任关系，提出折中方案，该折中方案被认为符合双方的共同利益，但不具有强制性；第四，斡旋方试图以和平手段管理危机和化解冲突，而不是以暴力手段解决问题，不包括人道主义干涉。从图 4 – 1 可以看出，外交斡旋将原来的敌我双方零和博弈，变成了三方基于冲突管理的互赢合作，即由双边关系变成了三方关系，由冲突关系变成了合作关系，由安全竞争变成了政治妥协，由国际政治变成了国内—国际政治互动。

地区冲突爆发后，外交斡旋是外交活动中的一种"劝和促谈"的行为。在国际关系领域，外交斡旋的例子比比皆是。统计数据显示，1945 ~ 1974年，世界上爆发了 310 起较大规模的国际冲突。冲突爆发后，第三方主动提议斡旋的例子占 82%，而霍尔斯蒂（Kal Holsti）的研究表明，在二战后发

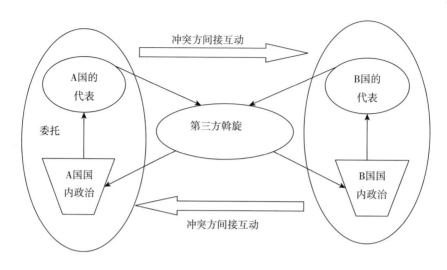

图 4 - 1 外交斡旋

生的 94 起国家间冲突中，有第三方主动斡旋的占 45%。[1] 无论是 82% 还是
45% 都表明：外交斡旋是普遍存在的现象。当然，外交斡旋尽管比较普遍，
但绩效千差万别，如 1962 年中印爆发边界冲突后，当年 12 月锡兰（斯里兰
卡）等亚非六国提出斡旋方案，但最终以失败告终；1973 年第四次中东战
争爆发、以色列包围西奈半岛上的埃及第三军后，基辛格通过开展外交斡
旋，史无前例地让两国坐到了谈判桌前，并最终实现了埃以和平，美国的
外交斡旋以胜利告终。[2] 一方面，外交斡旋的实施者需要有硬实力作支撑，
通过施压敦促冲突方达成共识；另一方面，某些中小国家有时利用与冲突
方之间的特殊关系，发挥"四两拨千斤"的作用，如 1979 年伊朗伊斯兰革
命爆发后，美国与伊朗围绕人质危机剑拔弩张，后在阿尔及利亚的斡旋下，
局势化险为夷，阿尔及利亚的积极形象得到充分彰显。[3]

---

① Jacob Bercovitch, "Mediation in International Conflict," in William I. Zartman, I. and J. Lewis
Rasmussen eds., *Peacemaking in International Conflict: Methods and Techniques*, Washington:
U. S. Institute of Peace Press, 1997, p. 131.

② Memcon between Kissinger, Meir and Party, 2 November 1973, 10：00 p. m. - 12：45 a. m.,
NPMP, RG59, SN70 - 73, POL Israel - US, box 3.

③ Saadia Touval and William Zartman eds., *International Mediation in Theory and Practice*, Boulder:
Westview Press, 1985, pp. 22 - 23.

中国的外交斡旋历史悠久，可上溯到古代。尤其是春秋时期，许多思想家和战略家奔走于各诸侯国之间，外交斡旋十分频繁。近代以来，中国政府的外交斡旋也比较活跃，如1885年4月15日，英国的亚洲舰队突然占领朝鲜的巨文岛，控制了俄国远东军舰自日本海南下出入黄海的通道。作为宗主国，清廷本着维护中国对朝鲜的宗主权，利用英俄两国的矛盾，使两国争端得以缓和，最终以俄国承诺不侵占朝鲜领土和英国撤出巨文岛结束，中国的外交斡旋取得了阶段性胜利。[①] 2003年8月以来，中国发起的朝核问题六方会谈机制进一步展现了中国外交斡旋的活力；[②] 在中东，中国参与苏丹问题、伊朗核问题、巴以和平进程问题、利比亚和叙利亚危机等问题的和平解决，也凸显了中国外交斡旋的风格。

三　中国参与中东冲突治理的类型分析

大国参与中东地区治理的重要手段就是开展外交斡旋，外交斡旋的主体不仅包括世界大国和国际组织[③]，而且包括中东国家如卡塔尔、沙特等。中国参与中东热点问题的解决的深度不同，具有选择性。下文根据中国参与中东热点问题的深度，将冷战后中国在中东冲突治理中的外交斡旋分为四个层次：深度介入型、主动参与型、有限介入型和总体超脱型。

1. 深度介入型

深度介入型是指中国在中东冲突治理中投入很多外交资源，包括派出特使参与热点问题的解决。这些热点问题与中国的现实利益直接相关；中国与冲突各方之间保持良好的互信关系；国际社会对热点问题的解决寄予厚望；热点问题的可控性较强。在此类斡旋过程中，中国政府高度重视，高层领导人包括国家主席、总理、部长等常常直接参与斡旋，设计谈判议程，使争端各方能够在较短时间内达成妥协，至少避免危机的升级。在冲突管理过程中，中国常常利用援助和施压两种办法。一方面，中国向谈判各方提供必要的经济援助、贸易倾斜、减免进口商品关税、邀请谈判方领

---

① 孙昉、裘柏红：《晚清中国在巨文岛事件中的外交斡旋（1885～1886）》，《淮阴工学院学报》2006年第2期，第78页。
② 刘长敏著《论朝鲜核问题解决中的国际斡旋与调停》，中国政法大学出版社，2007。
③ 其中以联合国为代表。关于联合国斡旋外交的模式与机制可参见论文集 K. Venkata Raman ed., *Dispute Settlement Through the United Nations*, New York：Oceana Publications, 1977。

导人访华、提供军事援助和军事训练项目等，促使冲突方达成共识；另一方面，中国会以减少经济援助和限制高层往来等为杠杆，向谈判各方施压，使谈判尽可能在短期内取得进展。例如，据统计，2006 年，中石油在苏丹的利润总额达 258 亿美元，净利润 146.9 亿美元，而苏丹当年的 GDP 才 380 亿美元①，中苏两国成为事实上的利益共同体，这是中国开展外交斡旋的现实利益基础。中国在南北苏丹谈判过程中积极运用了援助和施压两手政策，并积极提供解决方案，为双方的和平分手积极开展外交斡旋，避免双方爆发大规模的军事冲突。中国在苏丹达尔富尔问题上也积极斡旋，提出建设性意见，为达尔富尔地区的和平与稳定也贡献了智慧。2007 年 2 月，胡锦涛主席访问苏丹，与巴希尔总统举行了会谈，并会见第一副总统马亚尔迪特和副总统阿里·塔哈。② 2007 年 5 月，中国设立了达尔富尔问题特使机制，刘贵今大使多次出访苏丹南部、其他非洲国家、欧洲与美国，积极与联合国、非盟、阿盟和欧盟沟通，并利用 2007 年 7 月中方担任安理会轮值主席的机会，推动安理会通过第 1769 号决议，促成了联合国、非盟与苏丹政府关于在达尔富尔地区部署非盟—联合国 "混合行动" 问题上达成一致，并向该地区派出了 315 人的多功能工兵连。③ 中国在苏丹的外交斡旋就属于深度介入型。

2. 主动参与型

主动参与型是指中国在中东冲突治理中投入较多外交资源，包括派出特使参与热点问题的解决，中国国家领导人也时常参与斡旋。与深度介入型不同的是，中国一般不主导谈判节奏，不提供议程设置，不通过援助和施压两手办法去影响谈判的进程。中国乐见热点问题的解决，但是主观上无意通过外交资源的投入来加快谈判进程，不期望在短期内见到谈判效果。例如，中国中东特使在巴以问题上一直开展穿梭外交，王世杰、孙必干和吴思科等前任特使和现任特使宫小生经常穿梭于巴勒斯坦、以色列、埃及和约旦之间，劝和促谈；中国在伊朗核问题上也积极参与，通过 "P5 + 1"

---

① 刘鸿武、李新烽主编《全球视野下的达尔富尔问题研究》，世界知识出版社，2008，第 119、246 页。

② 外交部政研司：《中国外交/2008 年版》，世界知识出版社，2008，第 173 页。

③ 刘鸿武、李新烽主编《全球视野下的达尔富尔问题研究》，世界知识出版社，2008，第 21～22 页。

机制积极敦促伊朗核问题通过对话和谈判方式解决，在联合国主导下的多边机制中寻求解决办法，如 2006 年 4 月 18 日，六国副外长在莫斯科举行闭门会；2006 年 6 月 1 日，六国外长在维也纳举行会议并达成共识，提出了一项旨在解决伊核问题的新方案，即"六国方案"；2008 年 4 月 16 日，六国外交部政治总司长及欧盟理事会对外关系总司长在上海举行会议，讨论伊核问题复谈方案；2012 年 4 月，伊朗核问题新一轮"P5＋1"会谈在土耳其伊斯坦布尔举行，中国再次提出在联合国框架内，通过外交手段解决伊核问题。[①] 2015 年 7 月，伊核谈判六方与伊朗达成了协议，中国发挥了积极作用。如同在巴以问题上一样，中国主动参与斡旋，但一般不寻求主导议程设置。

3. 有限介入型

有限介入型是指中国在中东冲突治理中投入较少外交资源，要么临时参与外交斡旋，要么斡旋停留在浅层次。一般而言，这些热点问题与中国的现实利益关联度不大，中国对冲突各方的影响能力有限，国际社会的关注度不高，或者热点问题在短期内难以找到有效的和平解决方案。在此情况下，中国即使派出特使也是临时性的和象征性的，如 2012 年叙利亚危机进一步升级后，2 月 9 日，叙利亚反对派应邀访问北京；2 月 17 日，中国政府特使、外交部副部长翟隽一行 6 人抵达大马士革，开始对叙利亚进行为期两天的访问。翟隽表示，将通过此访接触叙利亚领导人和叙利亚各政治派别，为妥善解决叙利亚问题"做些贡献"，"发挥一些建设性的作用"。[②] 在有限介入型外交斡旋中，中国高层领导人一般不会亲自参与斡旋，而常常委托驻外使馆官员或低级别官员参与斡旋，或者通过邀请冲突各方访华，如 2011 年 6 月 21～22 日，利比亚"国家过渡委员会"执行局主席马哈茂德·吉卜里勒访问北京，中国在利比亚卡扎菲政府与"全国过渡委员会"之间开展有限的外交斡旋。[③] 2015 年 10 月，叙利亚总统政治与新闻顾问夏班访华，受到王毅部长和张明副部长的接见。在这类外交斡旋中，中

① Steven Erlanger, "As Nuclear Talks with Iran Restart, New Hopes for Deal," *New York Times*, April 12, 2012.

② 《中国政府特使抵达大马士革》，《人民日报·海外版》2012 年 2 月 18 日，第 4 版。

③ 《利反对派领导人 21 日起访华，外媒称中国扮演调停者角色》，《环球时报》2011 年 6 月 21 日。

方主要阐明立场与谈判原则，但并不主动设置谈判议程和机制。有限介入型治理模式往往是在问题不具备解决条件和成熟机制的情况下，中国表明立场、施加影响的一种方式，同时也为更深入地参与了解情况创造条件。在这类外交斡旋中，中方阐明立场与谈判原则，但不主动设置谈判时间和地点。

4. 总体超脱型

总体超脱型为"间接参与治理"，是指中国在中东冲突治理中不去主动参与斡旋，而是通过国际组织如联合国，间接参与中东地区危机的解决。这些热点问题一般与中国的现实利益关联度较低，中国与冲突各方缺乏战略互信，不具备影响冲突各方的能力，国际社会尤其是大国对其关注度不高，或者长期以来该问题一直是热点问题，难以在短期内找到解决方案。例如，在黎巴嫩问题、索马里问题、也门教派冲突、巴林政府与反对派矛盾、西撒哈拉问题、伊朗与阿联酋岛屿争端等问题上，中国并未主动参与斡旋，而是通过联合国发挥间接作用，属于总体超脱型。

从表4－1可以发现以下三个基本规律：第一，中国在中东的外交斡旋具有差异性；第二，中国在中东外交斡旋的深度主要受利益相关度、权力影响度、国际关注度、危机解决难度四个要素的综合影响，利益相关度越强，权力影响度越大，国际关注度越高，解决难度越小，中国实施外交斡旋的动机就越强烈，反之亦然；第三，中国在中东外交斡旋的介入深度不是静态的，而是动态的，在不同历史阶段、不同背景和不同领导人任期内，中国的外交斡旋投入的资源和介入的深度不同。

表4－1　中国参与中东地区冲突治理的四种类型

中东危机	中东地区治理类型	利益相关度	权力影响度	国际关注度	危机解决难度
苏丹问题	深度介入型	强	大	高	一般
阿富汗问题	深度介入型	强	大	高	大
伊朗核问题	主动参与型	强	中	高	大
巴以问题	主动参与型	强	中	高	大
利比亚内战	有限介入型	中	小	高	大
叙利亚危机	有限介入型	中	小	高	大

续表

中东危机	中东地区治理类型	利益相关度	权力影响度	国际关注度	危机解决难度
索马里问题	总体超脱型	中	小	中	大
塞浦路斯问题	总体超脱型	弱	小	低	大
西撒哈拉问题	总体超脱型	弱	小	低	大
海湾岛屿争端	总体超脱型	中	中	中	大
黎巴嫩问题	总体超脱型	弱	小	低	大
也门危机	总体超脱型	中	小	高	小
巴林国内危机	总体超脱型	弱	小	高	一般
打击"伊斯兰国"组织	总体超脱型	中	小	高	大
伊朗与沙特断交	总体超脱型	中	中	中	大

注：包括南苏丹独立问题与苏丹达尔富尔问题。

四　结语

随着中国综合国力的进一步提升，中东地区成为中国"大周边"外交的重要组成部分，也是中国和平崛起的重要战略依托点。中国在中东冲突治理中的外交斡旋是全方位外交的重要内容，对于中国维护海外利益、树立负责任大国形象、提升软实力、协调与大国关系具有积极意义。

中国在中东的外交斡旋主要针对以下几种性质的热点问题：其一，在中东主权国家内部不同派系和族群之间开展外交斡旋，如在苏丹达尔富尔问题、利比亚和叙利亚的政府与反对派之间的外交斡旋，今后不排除在多边组织的框架内中国参与黎巴嫩、也门、索马里等国内部冲突的解决；其二，在中东国家之间开展外交斡旋，解决其彼此间领土、资源等争端，包括以色列与巴勒斯坦之间、伊朗与阿联酋之间等；其三，在中东以外大国与中东国家之间开展外交斡旋，如伊朗核问题等。研究发现，中国在中东开展的外交斡旋具有轻重缓急的层次性，其外交斡旋的深度主要取决于四个因素——利益相关度、权力影响度、国际关注和危机解决难度，这四个要素的综合影响决定了冷战后中国在中东外交斡旋的四种形态——深度介入型、主动参与型、有限介入型和总体超脱型。

总之，中国在中东外交斡旋从无到有、由浅入深，将有助于提升中国在国际上的政治影响力、道义感召力和文化亲和力，也丰富了中国特色外交理论与实践的内涵。

第二节　中国参与伊朗核问题治理

冷战结束后，核扩散治理成为全球治理的重要议题，以色列、伊拉克、利比亚、叙利亚、沙特和伊朗等中东国家纷纷提出自己的核计划，使中东地区建立"无核区"的目标面临挑战。中国积极参与中东核扩散治理，尤其以伊朗核问题为抓手，构建新型大国关系，参与中东地区治理。本节从动因分析、路径选择和机制运用三个层面探讨冷战后中国参与中东核扩散治理的理论与实践，并以中国参与伊朗核问题治理为例考察上述三个层面的具体表现。研究发现，冷战后中国以多边外交斡旋为路径，其参与中东核扩散治理主要基于能源利益驱动、构建大国形象驱动、战略利益驱动和捍卫主权至上外交原则驱动等四个因素的考量，其多边机制是国际原子能机构和伊核问题六方会谈机制；其双边机制是中美战略与经济对话机制和中俄战略磋商机制。

一　中国与中东核扩散治理

冷战结束以来，全球安全治理发生了重大变化，从原有的传统安全治理转变到冷战后的传统和非传统安全治理并存的局面。在非传统安全治理中，核扩散不仅仅是世界各大国长期关注的热点，而且事实上已成为威胁世界安全的潜在挑战，特别是由核武器发展导致的地区核竞赛进而为核战争埋下隐患；核材料、核技术的扩散也导致核恐怖主义对人类构成新挑战，如 2014 年"伊斯兰国"组织占领摩苏尔后，夺取了摩苏尔大学中的核材料，伊拉克常驻联合国代表哈金姆（Mohamed Ali Alhakim）致信潘基文指出，这些核材料可用于研制大规模杀伤性武器。① 由于近年来全球恐怖主义

---

① 国际原子能机构发言人认为，"伊斯兰国"组织获取的这些低等级核材料暂不会构成严重威胁。参见 Alan Cowell, "Low-Grade Nuclear Material Is Seized by Rebels in Iraq, U. N. Says," *The New York Times*, July 10, 2014。

猖獗，如若核武器落入恐怖主义分子之手，全球安全形势将面临极大挑战。基于以上安全形势的判断，全球核扩散治理已成为全球乃至各国迫在眉睫的议题，尤其是安理会常任理事国在阻止核扩散层面已经形成了重要共识，特别是在横向核扩散领域更是如此。

中国作为安理会常任理事国和发展中大国，近年来积极参与全球以及地区核扩散治理。从全球层面看，中国于 1984 年加入国际原子能机构，主动将其民用核设施置于该机构的监督之下；1992 年，中国正式签署并批准加入《核不扩散条约》（NPT）；1996 年，中国积极参加《全面禁止核试验条约》的谈判并于当年签署该条约；1997 年，中国成为致力于核武器出口管制的"桑戈委员会"（Zangger Committee，ZAC）成员国之一；1998 年中国又签署了附加议定书。① 从地区层面看，中国积极参与地区的无核武器区（Nuclear-Weapon Free Zones）的建设。目前，世界上已有五个无核区，分别是东南亚、中亚、非洲、拉丁美洲和加勒比、南太平洋等；蒙古国则作为独立的无核区。

中国参与全球核扩散治理的时间并不长。从历史的维度来看，中国参与全球和地区核扩散治理的程度与新中国成立以来核不扩散政策的演变息息相关。从新中国成立初期至 60 年代初，中国并没有将核不扩散纳入外交原则中，反而强调作为主权国家应当具有发展核武器的权利。毛泽东甚至认为，如果中小国家都获得了核武器，就能形成核平衡，有利于维护世界和平。1964 年至 1983 年，美、苏、英等国倡导并建立了一系列的全球核不扩散机制。由于处在特殊的历史环境中，当时的中国将由美苏主导的核不扩散治理规则视为一种"歧视性安排"，所以长期以来对这些规则持有一种敌意的态度。1983 年到 1992 年，中国开始逐步推进经济改革，不仅逐步融入国际经济体系，而且也逐步融入国际政治体系。中国从国际体系的"革命者"和"挑战者"变成了国际体系的"参与者"和"建设者"。② 同时，中国对国际核扩散治理的认知和态度也发生了变化，开始选择性地参与国际核不扩散机制。1992 年后，随着冷战的结束以及国际形势的变化，中国

---

① Pan Zhengqiang, "China's Non-proliferation Policy and Practices," http：//www. kas. de/china/en/publications/3917/.

② 孙德刚：《中国参与中东地区冲突治理的理论与实践》，《西亚非洲》2015 年第 4 期，第 79～81 页。

开始全面接受和有步骤地参与主导全球核扩散治理的准则以及各个层面的机制建设。① 近十年来，中国在全球和地区核扩散治理中开始主动扮演积极角色，如发起朝核问题"六方会谈"，并在中东积极参与解决伊朗核问题的六方谈判等。

中东核扩散是全球核扩散的重点地区。尤其是冷战结束后，以色列成为中东地区唯一的拥核国家，卡扎菲领导下的利比亚、萨达姆领导下的伊拉克、阿萨德领导下的叙利亚、哈梅内伊领导下的伊朗等纷纷提出了自己的核计划。从 2003 年伊拉克战争、2011 年利比亚战争到 2011 年以来的叙利亚内战，中东反美国家的核计划经受挫折，中东地区的核扩散问题，特别是伊朗核问题，成为全球最为瞩目的热点问题之一。

目前学界对伊朗核问题的研究主要集中在三个领域，一是伊朗核问题的来源和主要症结；② 二是美国对伊朗核问题的政策选择；③ 三是中国应对伊朗核问题的政策与策略。④ 从前期研究文献来看，大多数成果都是智库研究报告和媒体评论，对冷战后中国参与伊朗核治理的研究成果较少。

中东地区国家内部关于中东核不扩散问题一直争论不休，尤其是伊朗、以色列、沙特、土耳其等立场相左。2010 年《核不扩散条约》审议大会通

---

① Mingjiang Li, ed., *China Joins Global Governance*: *Cooperation and Contentions*, Lanham: Lexington Books, 2012, p. 193.

② 李国富:《伊朗核问题的症结与中国的立场》,《当代世界》2007 年第 10 期, 第 23~26 页; 金良祥:《伊核问题及其对地区和大国关系的影响》,《国际展望》2011 年第 2 期, 第 60~65 页; Henry A. Kissinger and George P. Shultz, "What a Final Iran Deal Must Do," *The Wall Street Journal*, December 2, 2013。

③ 参见熊谦、田野《国际合作的法律化与金融制裁的有效性: 解释伊朗核问题的演变》,《当代亚太》2015 年第 1 期, 第 98~130 页; 牛新春:《试析美国与伊朗在伊核问题上的政策选择》,《现代国际关系》2012 年第 7 期, 第 40 页; 赵建明:《伊朗核问题上的美伊战略互动与日内瓦协定》,《国际关系研究》2014 年第 3 期, 第 72~86 页; 岳汉景、周凤梅:《美国在伊朗核权利上的渐次让步与伊核问题初步破局》,《江南社会学院学报》2015 年第 4 期, 第 42~47 页; Michael Jacobson, "Sanctions against Iran: A Promising Struggle," *Washington Quarterly*, Vol. 31, No. 3, 2008, pp. 69 - 88; Dina Esfandiary and Mark Fitzpatrick, "Sanctions on Iran: Defining and Enabling 'Success,'" *Survival*, Vol. 53, No. 5, 2011, pp. 143 - 156。

④ 华黎明:《伊朗核问题与中国外交的选择》,《国际问题研究》2007 年第 1 期, 第 58~62 页; 华黎明:《伊朗核问题与中国中东外交》,《阿拉伯世界研究》2014 年第 6 期, 第 4~16 页; 汪力平、夏仕:《核安全背景下的伊朗核问题与中国外交战略选择》,《领导科学》2010 年 6 月 (中), 第 58~60 页; John W. Garver, *China and Iran: Ancient Partners in a Post-Imperial World*, Washington: The University of Washington Press, 2005。

过的最后决议提及了建立"中东无核区"的提议，但后来遭到了以色列的强烈指责，以方认为该项提议单指以色列而不讨论伊朗核问题，完全是"虚伪"的举措。事实上，在 1995 年的审议大会上，与会代表就首次倡议建立中东无核区，但二十几年来，该倡议裹足不前。① 中东地区，除了以色列已经是事实上拥有核武器的国家外，伊朗被西方认为是正在开发核武器的国家，沙特、卡塔尔等海湾国家也曾寻求发展核技术，埃及、伊拉克和叙利亚在发展核技术方面也一度引起了国际社会的密切关注。由此可见，中东地区不仅仅是核扩散问题较为集中的地区，而且核问题在短时期内也无法得到彻底解决。

从当前全球范围内参与中东核扩散治理的主体来看，主要有以联合国、国际原子能机构为代表的国际组织、以埃及和海湾国家代表的区域内国家以及以欧美为主体的域外大国，其中域外大国（安理会常任理事国和德国）发挥主要作用。然而多年来，欧美国家，特别是美国在中东核扩散治理方面采取多重标准。总结起来，就是对以色列的核计划采取暧昧和偏袒的政策，对利比亚、伊拉克、伊朗和叙利亚等反美国家核计划采取遏制和打压政策，对埃及、海合会等亲美的所谓温和国家和组织采取积极介入和控制政策。②

除欧美国家外，作为新兴大国的中国和俄罗斯也在中东核扩散治理方面积极作为，两国均在该问题上采取务实的做法。就伊朗核问题而言，虽然俄罗斯是唯一与伊朗进行民用核技术合作的国家，且两国互为重要的经贸和政治伙伴，但由于两国实力悬殊，这样的一种不对称性伙伴关系使得俄在处理伊核问题上回旋余地较大。对于中国来说，中东地区既是其重要的市场，又是重要的能源进口来源地，还是伊朗第一大贸易伙伴。多年来，中国积极参与中东核扩散的治理出于多重因素的考虑。下文试图探讨中国参与中东核扩散治理的动因、路径、机制、类型等，并以中国参与处理伊朗核问题为例，力图对冷战后中国参与中东核扩散治理的特点加以梳理。

---

① 《〈不扩散核武器条约〉审议大会通过最后决议 2012 年讨论建立中东无核区》，http://jrzb.zjol.com.cn/html/2010–05/30/content_391087.htm? div = –1，登录时间：2015 年 12 月 22 日。

② 周士新：《中东国家核选择动因比较》，《阿拉伯世界研究》2009 年第 3 期，第 48~49 页。

二 中国参与伊核治理的动因分析

冷战后中国参与伊核治理的动因主要包括四个方面，即确保能源利益、构建大国形象、维护战略利益和捍卫中国主权至上的外交原则。

（一）能源利益驱动

中国在中东地区拥有重要的地缘经济利益。近年来，中国政府提出"一带一路"倡议，更是将中东地区列为丝绸之路经济带建设的重要区域之一。从习近平主席在中阿合作论坛第六届部长级会议开幕式的讲话中关于共建"一带一路"的倡议可以看出，中东地区是中国维护能源供应安全、扩大海外市场和加大对外投资的重点区域之一。改革开放 30 多年来，随着中国经济的飞速发展，中国对外部能源的需求量也大大提升。1980 年中国的石油总消费大约只有 9200 万吨，到了 2008 年这个数字已上升至 3.86 亿吨。由于巨大的石油需求，到了 1993 年，中国成为石油净进口国。在同一时间内，中国的石油公司开始进行海外石油开采和生产的投资。在此情况下，中东作为世界上最大的产油区和出口区，逐渐成为中国发展能源关系的重要合作伙伴。[①] 另据中国海关总署公布的数据，2014 年中国进口原油 3.1 亿吨，《每日经济新闻》据此推算，中国原油对外依存度高达 59.6%，较 2013 年的 57% 上升了 2.7 个百分点。[②] 由此可以看出，中国在中东的能源利益和经济利益都是不容忽视的。一般来说，中国在中东的能源利益涉及能源投资利益和能源供应利益两方面。在概念界定方面，中东能源确切地讲指的是"中东油气"，即石油和天然气。而中国的能源安全指的是"中国的石油供应安全"。因为从资源角度来讲，中国是个"缺油少气富煤"的国家，是结构性短缺。为了保障经济安全，中国必须首先保障石油的安全供应。另外，由于受资源条件和生产能力限制，国内的石油生产已达上限（2 亿吨），而石油消费还因经济的快速发展而不断增长，因此中国的石油对

---

① Zhao Hongtu, "China's Energy Interest and Security in the Middle East," *China's Growing Role in the Middle East：Implications for the Region and Beyond*, Washington D. C. : The Nixon Center, 2010, p. 57.

② 《中国 2014 年进口石油 3 亿吨 对外依存度逼近六成》，http://finance. huanqiu. com/chanjing/2015 - 01/5405448. html，登录时间：2015 年 10 月 22 日。

外依存度将迅速攀高。

中国参与伊核治理的重要动因是以 "能源利益为首要"。近 10 年来，中国从中东国家进口的石油已超过世界上其他任何区域。2011 年，中国从中东地区进口的原油总量占总进口的 60%，到了 2014 年虽有所下降，但仍保持在 50% 以上的水平。[①] 从具体的石油进口国来看，与中国合作的有沙特、伊朗、阿曼、科威特、阿联酋、也门、伊拉克和卡塔尔等，其中伊朗是中国在全球的第一大石油进口国，且伊朗控制着中东地区重要的石油运输通道——霍尔木兹海峡，直接影响中国的能源利益。就伊朗核问题而言，从能源利益角度来看，中国参与伊朗核问题的动因有以下几个方面：第一，确保中国和伊朗之间保持正常的能源合作和经贸关系；第二，确保石油通道——霍尔木兹海峡正常通行；第三，确保中东的总体和平稳定，为中国能源合作创造必要的安全环境。这些因素不仅对中国重要，也有利于保持国际能源市场的稳定。以上三点动因可以从中国参与的历次伊朗核谈判中得到印证。自伊朗核问题于 2002 年爆发以来，美、欧等国发起了数轮制裁，但中国并没有追随美国发起对伊朗的经济制裁，特别是中国坚决反对对伊朗石油禁运。中国外交部发言人也多次强调，中国同伊朗开展的经贸和能源合作是正常、公开和透明的，不违反安理会有关决议，不影响中方在防扩散问题上的立场。在制裁伊朗的近 8 年里，每次安理会通过的涉伊决议都很好地顾及了中国的能源利益关切，中国的石油供应并没有受到限制或严重影响。[②] 因为欧盟的禁运，中国与伊朗在石油价格谈判中占据优势，尤其是中国三大石油公司在伊朗拥有重要能源利益。2004 年，中石化与伊朗就亚达瓦兰油气田开发达成一致，根据协议，中方提供 1000 亿美元，并获得该油气田 51% 的股权，中石化还帮助伊朗扩建阿拉克炼油厂；伊朗南帕尔斯（South Pars）天然气田则向中石油供气；2006 年，中海油与伊朗达成开发北帕尔斯天然气田的协议，总投资 160 亿美元，中海油获得 50% 的股份。[③] 2010 年在美国提交联合国安理会关于制裁伊朗的草案中，提出将禁止

① Erica S. Downs, "China-Middle East Energy Relations," http://www.brookings.edu/research/testimony/2013/06/06-china-middle-east-energy-downs，登录时间：2015 年 10 月 22 日。

② 彭博社：《中国成为伊朗石油禁运最大受益者》，http://finance.ifeng.com/news/hqcj/20120113/5451272.shtml，登录时间：2015 年 10 月 22 日。

③ 华黎明：《伊朗核问题与中国中东外交》，《阿拉伯世界研究》2014 年第 6 期，第 7~8 页。

外国投资伊朗债券，由于伊朗国家银行宣布出售价值 10 亿欧元的债券以开发南帕尔斯天然气田，这关系到中国中石油的利益，因此在中国的努力下，新草案并未提及禁止购买伊朗债券。① 中国通过伊核治理，维护了自身合法能源权益。2014 年前 11 个月共从伊朗进口了 2490 万吨原油；② 据中国海关总署统计，2015 年中国从伊朗石油进口达 2660 万吨。

（二）构建大国形象驱动

从传播学的角度来看，国家形象指的是在世界各国的媒介宣传报道中，媒介所呈现出来的一个国家形象。③ 进入 21 世纪以来，中国军事、经济、文化等实力都发生了飞速发展，中国已经成为名副其实的大国。在具体国际事务中，构建中国特色的大国形象成为冷战后中国外交的重要考量。构建大国形象的路径有多种，如提高国际话语权、充分利用传播手段宣传中国、提升软实力、提高综合实力等。然而，在当前国际形势极其复杂和全球公共问题涌现的时代里，积极有为地参与全球公共事务的治理，更加能够彰显一个大国应有的负责任形象。全球核扩散一直以来都是国际事务中最为棘手的问题之一，目前最突出的核热点问题有朝鲜核问题和伊朗核问题。伊朗核问题更是事关整个中东地区的安全形势，以色列已为伊朗核问题划定出兵的"红线"，以沙特为首的海湾国家在伊朗核问题上也保持强硬姿态。作为联合国安理会常任理事国中的发展中大国，中国一方面承载着第三世界国家的"期望"，另一方面面临着欧美等国的施压和拉拢。因此，在伊朗核问题上，中国需彰显负责任的大国形象，力图推动伊朗核问题的和平解决，构建中美、中俄、中欧等稳定的新型大国关系。2016 年 4 月，习近平主席在出席华盛顿伊朗核问题六国机制领导人会议时指出，对话谈判、大国协作、公平公正是六国机制解决伊核问题的主要原则。中国是伊核问题解决的"积极参与者、推动者、贡献者。我们愿同

① 熊谦、田野：《国际合作的法律化与金融制裁的有效性：解释伊朗核问题的演变》，《当代亚太》2015 年第 1 期，第 119 页。
② 《11 月份中国从伊朗进口石油增加 53%》，http://www.cnstock.com/v_news/sns_bwkx/201412/3291826.htm，登录时间：2016 年 6 月 30 日。
③ 徐小鸽：《国际新闻传播中的国家形象问题》，载刘继南主编《国际传播——现代传播论文集》，北京广播学院出版社，2000，第 27 页。

各方一道，为推进全面协议后续执行不懈努力，为促进全球安全治理做出新的贡献"①。

（三）战略利益驱动

参与中东的伊核治理，战略利益是中国的又一考量。从战略利益的角度来讲，中国参与伊核问题谈判主要有以下三点动因。

第一，加强同主要大国在中东核不扩散问题上的合作，中国和俄罗斯参与伊核问题的解决有助于促进国际关系的民主化，建立更加平衡的关系。中东地区一直以来都是大国博弈的场所，又由于该地区传统热点问题和新热点问题频频涌现，各大国更是想通过处理中东热点问题来提升其在中东地区的话语权，进而加强自身的国际影响力。中国作为后发国家更是要利用每一次机会来增强国际危机解决能力，扩展自身的影响力，为中国在中东地区的整体利益打下良好的基础。伊朗核问题牵动着世界各大国的神经。实际上，伊朗核问题也是中美、中俄、中欧战略合作的重要组成部分。②

第二，平衡与美国和伊朗的关系。中国战略文化与西方不同。西方的战略文化强调"分"，中国与各方均保持"零问题"，奉行平衡战略。一方面体现冷战后中美新型大国关系，另一方面保持与伊朗的关系，从而避免中国在华盛顿和伊朗之间选边站。③

第三，中国在中东地区的安全利益。2011 年《中国的和平发展》白皮书指出："在伊朗核问题上，中国以多种方式劝和促谈，寻求在国际原子能机构框架内妥善和平解决伊朗核问题。"④ 中国政府多次强调反对任何国家研制和发展核武器，因为中国现正处于经济高速发展阶段，需要一个安全稳定的国际环境，而核武器的出现可能会导致中东核战争的发生，更可能会对全球生态环境造成一定的影响；同时中国和俄罗斯一道多次谴责美国和西方单方面制裁伊朗的做法。

---

① 《习近平出席伊朗核问题六国机制领导人会议》，《人民日报》2016 年 4 月 2 日，第 2 版。

② Lounas Djallil, "China and the Iranian Nuclear Crisis: Between Ambiguities and Interests," *European Journal of East Asian Studies*, Vol. 10, 2011, p. 227.

③ Dingli Shen, "Iran's Nuclear Ambitions Test China's Wisdom," *Washington Quarterly*, Vol. 20, No. 2, 2006, p. 63.

④ 国务院新闻办公室：《中国的和平发展》（白皮书），http://www.fmprc.gov.cn/ce/cedk/chn/xwdt/t856978.htm，登录时间：2015 年 10 月 22 日。

（四）捍卫主权至上外交原则的驱动

在伊朗核问题上，中国参与伊核问题六方会谈机制，还出于中俄与西方大国之间的治理理念博弈的考虑，即中国和俄罗斯一样，强调伊朗有权掌握核技术，伊朗的主权和领土完整必须得到尊重，中国反对西方动辄对伊朗实施军事遏制和以武力相威胁。2015 年，《中国的军事战略》白皮书指出："作为一个发展中大国，中国仍然面临多元复杂的安全威胁，遇到的外部阻力和挑战逐步增多，生存安全问题和发展安全问题、传统安全威胁和非传统安全威胁相互交织，维护国家统一、维护领土完整、维护发展利益的任务艰巨繁重。"[①] 自新中国成立以来，中国政府一直将国家主权放在国家核心利益的首位，强烈反对外部势力干涉本国事务。所以，在对待伊朗核问题上，从维护主权的外交原则角度来看，中国政府认为，在遵守《核不扩散武器条约》的前提下，伊朗有和平利用与开发核能的权利。核不扩散领域的国际法和规则也未禁止一国民用核能的权利。正如复旦大学沈丁立教授所认为的："即使伊朗尚未加入《核不扩散武器条约》，中国仍然没有理由反对伊朗使用民用核能的权利。"[②] 从意识形态的层面来看，美国不认同伊朗政教合一的政治制度，伊朗的什叶派政权也决不能接受美国和西方的价值观念，更不允许美国向伊朗输出西方式的民主。[③] 从国家主权的角度来看，开发民用核技术是一国主权范围内的事务，与他国无关，他国也不得干涉。由于美国与伊朗自 1979 年伊朗伊斯兰革命后就一直缺少政治互信，美国始终认为伊朗以开发民用核技术为借口来发展核武器。从 2006 年开始，安理会已经针对伊朗核问题通过 6 项决议，其中包括 4 个制裁决议，中国虽然在每轮的投票中都投了赞成票，但中国只支持在安理会范围内的制裁，且一直声称尊重伊朗和平发展民用核技术的权利。简而言之，从参与动机的角度来看，国家主权至上的外交原则是中国在处理各类外交事务中不可忽视的考量因素之一，特别是事关本国重大利益的情况下，如关于核技术开发等权利。

---

① 参见国务院新闻办《中国的军事战略》，人民出版社，2015。

② Dingli Shen, "Iran's Nuclear Ambitions Test China's Wisdom," *Washington Quarterly*, Vol. 20, No. 2, 2006, p. 58.

③ 华黎明：《伊朗核问题与中国外交的选择》，《国际问题研究》2007 年第 1 期，第 62 页。

三　中国参与伊核治理的路径选择

路径选择系指一国运用何种外交手段来达到积极有为的参与目的。中国在参与伊朗核问题的解决过程中采用的是一种弹性的外交方式——外交斡旋，也称"穿梭式外交"。2014 年 11 月 24 日，中国外长王毅在维也纳接受中外记者采访时，强调中方提出解决伊朗核问题的新思路，即"中方秉持客观公正立场，在各方之间，特别是在美国和伊朗之间进行多次斡旋，推动各方缩小分歧，增进共识。"[①] 从效果来看，中方在伊朗核问题上的斡旋成效显著。事实上，这种"新思路"在中国首次参与六方会谈机制（P5 + 1）的谈判中就被中国外交人员运用到实践中。2009 年 10 月 1 日，六方会谈机制六国首次与伊朗进行了会谈，时任中国外长杨洁篪就公开呼吁各谈判方致力于增强各方的政治互信，相向而行，从而为谈判营造良好的氛围。

外交斡旋是一种主权国家或国际组织作为中立的第三方，主动以非强制性方式介入冲突，以和平方式管理和化解冲突的行为。在中国参与的伊朗核问题的治理中，中国属于六国谈判中的"第三方"与"中间人"，在各种场合均主张通过劝和的方式、与谈判各方建立信任关系、提出折中方案，力求以和平的手段管理危机和打破僵局。从中国官方的话语来看，中国主张以和平对话谈判的手段解决问题，且一贯以一种中立的态度，但这并不意味着中国无所作为，相反，中国选择外交斡旋的路径正是基于有所作为的理念。

自 2002 年 8 月伊朗被怀疑正在进行核相关活动开始，伊朗核问题就开始浮出水面。截至 2015 年 5 月 1 日，中国就伊朗核问题进行的穿梭外交大致可以分为三个阶段。

第一个阶段：2002 年至 2006 年，这一阶段也是伊朗核问题的初始阶段，涉及的谈判方并不多，主要有伊朗、国际原子能机构和美、英、法、德四国。中国当时并没有作为单独一方参与伊朗核问题的解决，也不赞成将伊核问题提交联合国安理会讨论，认为伊核问题的国际化恐将导致联合

[①] 《中方提出解决伊朗核问题焦点新思路》，http://www.gov.cn/xinwen/2014 - 11/24/content _ 2782855. htm，登录时间：2015 年 10 月 22 日。

国安理会的分裂。由于中国是国际原子能机构的成员国，中国的穿梭外交从这一时期就开始得以运用，但是中国的参与具有间接性和非连续性。如2003 年 6 月 18 日，常驻维也纳联合国和其他国际组织代表张炎大使对各方表示，中国主张以务实和稳妥的方式处理伊朗核问题，以便为有关问题的妥善解决提供建设性的合作气氛和正确导向；[①] 同年的 9 月 12 日，在国际原子能机构理事会议上，张炎大使再次向各方陈述中国政府关于伊朗核问题的立场，提出唯有对话才能增进了解，唯有合作才能建立信任。[②] 2005 年8 月 10 日，当国际原子能机构考虑将伊朗核问题移交至联合国安理会时，中国常驻联合国代表在纽约表示，将伊朗核问题提交联合国安理会无助于该问题的解决。王光亚说，安理会并不是解决伊朗核问题的合适场所，各方应该坚持在国际原子能机构框架内解决伊朗核问题。他表示，欧盟和伊朗都没有放弃通过谈判解决问题的途径，相信双方能够通过外交努力找到和平解决伊朗核问题的方法。[③] 2005 年 9 月 24 日，在国际原子能机构关于伊朗核问题是否移交联合国安理会的投票大会上，中国代表吴海龙投了弃权票，并做了阐释性发言，他说："中方一直在以自己的方式为推动伊朗核问题早日在机构框架内妥善解决进行不懈努力，支持伊朗与欧盟谈判一项长期解决方案"。[④] 从第一阶段的参与情况来看，中国所投入的外交资源主要是驻联合国代表（大使），主要以国际原子能机构和联合国为主。在双边层面，中方也做了不少劝和促谈工作。主要方式是通过向各方阐述中方的立场来达到穿梭外交的目的，从而与各方建立信任关系。

第二个阶段：2006 年至 2013 年 6 月。伊朗核问题升温的标志是伊朗提炼出低浓度铀，再加上 2005 年新上任的伊朗总统艾哈迈德·内贾德（Mahmoud Ahmadi-Nejad）是一位强硬派，本来就复杂的伊朗核问题变得更加难以预测。中国在这一时期的外交斡旋非常频繁，积极穿梭于有关各方之间，寻求和平解决伊朗核问题。2006 年 1 月底，英、法、美、俄、中、德六国

---

① 《我代表处主张稳妥处理核问题》，《人民日报》2003 年 6 月 20 日。
② 《原子能机构理事会通过伊朗核问题决议，伊朗对决议予以抨击，我主张通过对话解决》，《人民日报》2003 年 9 月 14 日。
③ 《关于伊朗核问题，中国不赞成提交安理会》，《人民日报》2005 年 8 月 12 日。
④ 《就国际原子能机构通过伊朗核问题决议，中国代表投弃权票后作解释性发言》，《人民日报》2005 年 9 月 26 日。

就伊朗核问题举行磋商，时任中国外长李肇星强调不应放弃通过对话和谈
判方式寻求出路的努力；① 进入 2006 年 4 月，伊朗核问题逐渐升温。美国
小布什政府已经放出狠话："将采取一切手段推动联合国实施对伊制裁"，
而伊朗方面则声称："已经做好反击的准备，并威胁将用'人弹'部队进行
报复。"在此情况下，中国紧急派出外长助理崔天凯于 2006 年 4 月 14 ~ 18
日前往伊朗和俄罗斯进行磋商，寻求和平解决伊朗核问题。② 在随后几个月
中，中国常驻联合国代表王光亚、中国外长李肇星和中央军委副主席曹刚
川分别在联合国、六国外长会议、上海合作组织国防部长级会议上向各方
代表阐述中国关于核问题的立场以及解决方法。由于欧美等国与伊朗仍然
缺乏互信，六国外长遂在维也纳举行了磋商会议并达成共识，提出"六国
解决方案"。2006 年 7 月 31 日，联合国安理会针对伊朗核问题发布第一份
决议——1696 决议。到了 2007 年 3 月 24 日，联合国安理会已经对伊朗实施
了第三份决议——1747 决议，该决议增加了对伊朗的制裁。虽然中国在安
理会投票中（包括后面三次决议）均投了赞成票，但中国仍然积极穿梭各
方寻求谈判解决伊朗核问题。如中国在 1747 决议的投票后表示："制裁和
施压不可能从根本上解决伊核问题，外交谈判仍是最佳选择。当务之急是
创造性地寻求重启谈判的办法。"③ 从 2008 年到 2013 年 6 月，中国外交部
官员参与各个级别关于解决伊朗核问题的会议，如 2008 年 5 月 2 日，何亚
非部长助理参加在伦敦举行的中、美、俄、英、法、德外长会议，2012 年 4
月和 5 月，六国与伊朗在伊斯坦布尔举行的两次磋商会议等。这一阶段，中
国投入大量外交资源，其中直接的参与方是中国外交部，也包括其他部门，
如国防部和商务部等，其主要配合外交部的斡旋行动。2013 年，伊朗议长
拉夫桑贾尼访问中国，同中国签署 220 亿美元的欠款转为投资协定④；中国
则利用与伊朗的经贸关系施加一定的压力，鼓励伊朗重新回到谈判桌旁，
推动伊核问题的实质性解决。

---

① 《六国讨论伊朗核问题》，《人民日报》2006 年 2 月 1 日。
② 《中国派代表赴俄斡旋伊朗核问题》，http://news.sina.com.cn/w/2006 - 04 - 19/
13308738198s.shtml，登录时间：2015 年 10 月 22 日。
③ 《伊朗核问题增加制裁措施，重申外交解决；安理会通过新决议，伊朗称该决议"非法"》，
《人民日报》2007 年 3 月 26 日。
④ 赵建明：《伊朗核问题上的美伊战略互动与日内瓦协定》，《国际关系研究》2014 年第 3 期，
第 85 页。

第三个阶段：2013 年 6 月 14 日至今。2013 年 6 月 14 日，温和派的哈桑·鲁哈尼（Hasan Rouhani）成为伊朗新总统后，伊朗核问题出现了新的转机。作为伊朗的前核谈判代表，鲁哈尼上台后积极重启与"P5 + 1"的核谈判。作为"P5 + 1"机制的谈判方，中国参与了大大小小的数十次会谈，并作为中立方斡旋于英、法、德、美、俄和伊朗之间。根据美国的《军控协会》（Arms Control Association）最新统计，从 2013 年 9 月 26 日起至 2014 年 11 月 14 日，伊朗和"P5 + 1"六国共进行了 17 次各个级别会议，其中中国参与了所有的会议。[①] 2013 年 11 月 11 日双方在维也纳举行会议后，达成了共识，并在随后 24 日会谈中，形成了"联合行动方案"（Joint Plan of Action）的合作框架。根据联合行动方案，[②] 从 2013 年 11 月开始的半年时间里，伊朗不得从事纯度为 5% 以上的铀浓缩，不得扩建或新建铀浓缩设施，停止建设阿拉克重水反应堆，允许国际原子能机构核查人员检查更多设施。作为交换，国际社会不再对伊朗追加制裁；暂停对伊贵金属、汽车零部件和石化制品的禁运；允许少量伊朗石油出口；解冻伊朗留学生资金；放宽对伊食品和药品进口限制。[③] 该方案计划在 2014 年 7 月 20 前达成全面协议，为此六国举行了六轮正式谈判。但由于在核心问题上美伊双方存在较大分歧，遂决定延长至 11 月 20 日，后又进行了 4 轮正式谈判。在这 10 轮谈判中，中国均派出了级别较高的政府官员参与会谈，如 2014 年 2 月 20 日举行的第一轮谈判，中方派出了外交部副部长李保东参与会谈；2014 年 11 月 24 日举行第十轮谈判，中方派出了王毅外长亲自参与会谈。中国外交部军控司长王群等高级官员从 2014 年 2 月起参加了 30 余轮谈判。此外，中国也积极斡旋各方并向有关各方发表中方立场以及主张，如根据中国外交部网站报道，2012 年 4 月 14 日，中国代表团团长马朝旭在土耳其伊斯坦布尔参与新一轮会谈前，"同各方秘密接触，呼吁各方坚持外交解决方向，

---

① "Timeline of Nuclear Diplomacy with Iran," http：//www. armscontrol. org/factsheet/Timeline-of-Nuclear-Diplomacy-With-Iran，登录时间：2015 年 10 月 25 日。

② Anne Gearan and Joby Warrick，"Iran，World Powers Reach Historic Nuclear Deal with Iran," *The Washington Post*，November 24，2013；"Obama Declares Iran Deal 'Important First Step'," *Boston Herald*，November 24，2013.

③ 陈立希：《伊朗核问题达成初步协议》，《广州日报》2013 年 11 月 25 日，第 A5 版；John Kerry，"Iranian Nuclear Deal Still Is Possible，But Time Is Running Out," *The Washington Post*，June 30，2014。

致力于尽早取得进展；会谈期间，中方推动各方本着向前看的精神，重视彼此关切，体现灵活和诚意，使对话取得积极成果。"① 中国在第三阶段的十轮谈判中，积极寻找外交空间并与各方斡旋，使整个会谈过程少了一分"冲突"，多了一分"谅解"。2015 年 4 月初，伊朗核问题六方与伊朗政府达成了框架协议。② 4 月 23 日，习近平在会见参加万隆会议六十周年纪念活动的伊朗总统鲁哈尼时指出："伊朗和六国在伊朗核问题谈判中达成共识，是各方朝着达成全面协议方向迈出的积极一步。中方愿继续同包括伊朗在内有关各方保持沟通，继续在谈判中发挥建设性作用，推动尽早达成一项公正平衡、互利共赢的全面协议。"③

　　伊核谈判的症结，一是核查范围。伊朗最高精神领袖哈梅内伊此前强调，决不允许国际原子能机构核查小组检查伊朗的军事基地，而奥巴马宣称，如果伊朗核设施不能受到全面监控，美国将终止核谈判，双方均坚持强硬立场，最终伊朗方面做出让步，允许国际社会在拥有充分理由的条件下核查伊朗军事基地。二是如何取消对伊朗的制裁。伊朗要求西方立即全面解除对伊朗的制裁，包括解除武器禁运。而西方则倾向于根据伊朗对国际社会的履约情况分步解除制裁，如果伊朗不履约将恢复制裁。三是双方就如何处置伊朗现有的低浓度浓缩铀，以及伊朗应保留多少离心机等也存在分歧。伊朗核问题会谈六方与伊朗于 2015 年 7 月 14 日在维也纳达成全面协议，预示着在推迟了 6 次后，僵持了 13 年的伊朗核问题终于出现了和平解决的曙光。正如中国外长王毅所指出的，中方建设性参与了全面协议谈判全过程，为推动解决铀浓缩和制裁解除等难点问题提出了有益的方案和思路。全面协议达成后，在阿拉克重水堆改造问题上，中国同美、伊等各方开展了斡旋，推动达成"官方文件"和"谅解备忘录"，还为国际原子能机构 2015 年度和 2016 年度执行全面协议相关对伊核查任务捐款 400 万元人民币。④

---

① 《伊朗核问题对话取得积极成果》，http：//www. fmprc. gov. cn/mfa_ chn/wjbxw_ 602253/ t922964. shtml，登录时间：2015 年 10 月 25 日。

② Scott Horsley，"President Obama Praises Tentative Iranian Nuclear Deal," *NPR*，April 2, 2015.

③ 《习近平会见鲁哈尼》，《新华每日电讯》2015 年 4 月 24 日，第 1 版。

④ 《伊朗核问题全面协议执行　王毅外长阐述"中国作用"》，《新华每日电讯》2016 年 1 月 18 日。

四 中国参与伊核治理的机制

全球问题的治理离不开主权国家的参与，更不离开国际机制的运用，核扩散治理也不例外，大致可分为多边机制和双边机制。一般来说，当前关于核扩散治理有两大类多边机制，一类是用于事前防止核武器的扩散[①]，这类机制又分为正式机制和非正式机制，正式机制一般是指成员国之间建立了有法律约束力的权利与义务关系，如《核不扩散条约》和《全面禁止核试验条约》，而非正式机制就是成员国之间没有建立有法律约束力的权力与义务关系，如关于核出口管控的非正式安排。[②] 另一类是旨在解决某一国可能或者已经发生核武器扩散而建立的正式或者非正式机制，如旨在解决朝核问题的"六方会谈"机制以及联合国主导下的大国协调机制等。冷战后，中国主要通过以下三种方式来参与伊朗核问题的治理。

第一，国际原子能机构框架下的外交斡旋机制。国际原子能机构作为致力于推进核武器的安全与和平使用的国际组织成立于1957年，它由大会（General Conference）、秘书组和理事会组成。中国于1984年加入该机构，并在此后与该机构保持了积极而高效的合作。2002年8月，伊朗被曝出正在开发核武器后，伊朗核问题随即成为国际热点话题。2002年12月，国际原子能机构理事会通过一项决议，要求伊朗中止所有铀浓缩的活动。[③] 伊朗核问题浮出水面后，中国迅速行动，并于2003上半年分别在国际原子能机构的大会和理事会上向各国表达和平解决伊朗核问题的愿望。从2002年至2006年，伊朗核问题主要是在国际原子能机构的主导下进行磋商，中国作为该机构的理事国发挥了应有的作用。

第二，联合国主导下的大国协调机制，即"P5+1"机制，又称"六方会谈机制"。伊朗核问题的关键是美伊紧张关系的问题。自1979年伊朗伊斯兰革命以来，美国一直将伊朗视为"敌国"，伊朗也视美国为"眼中钉、肉中刺"，所以伊朗和美国关系的发展直接影响伊朗核问题能否顺利解

---

① 核武器的扩散分为横向扩散和纵向扩散，横向扩散一般是指有新的国家拥有了核武器；而纵向扩散是指一个国家增加核武器的种类和数量。

② 刘宏松：《非正式国际机制的形式选择》，《世界经济与政治》2010年第10期，第74页。

③ "Timeline of Nuclear Diplomacy with Iran," http://www.armscontrol.org/factsheet/Timeline-of-Nuclear-Diplomacy-With-Iran，登录时间：2015年10月25日。

决。换句话说，如果能够解决好伊朗和美国的互信问题，那么伊朗核问题也将迎刃而解。事实上，2004 年 11 月，英、法、德三国加上伊朗就建立了欧盟三国—伊朗（EU3-Iran）的协商机制，但并没有取得成效。2006 年初，伊朗核问题进一步恶化，在联合国的引导下，中、美、俄三国加入原来的欧盟三国—伊朗协调机制，从而形成新的磋商机制——"P 5 ＋ 1"机制。起初，伊朗并没有参与该机制的会谈，对"P 5 ＋ 1"机制所提出的议案也予以回绝，伊朗实际上处于"缺席审判"的地位。① 2008 年 4 月，美、俄、中、英、法、德六国外交部政治总司长及欧盟理事会对外关系总司长在上海举行会谈，达成了全面、长期和妥善解决伊核问题的复谈方案。该方案增加了诸多鼓励性措施，但要求伊朗暂停铀浓缩活动。② 2009 年，打着改革旗号的奥巴马入主白宫后，试图在外交领域取得一定成就，更是将解决伊朗核问题作为其外交突破口之一。由于美国政府有意愿解决伊朗核问题（受以色列政府和美国犹太人院外集团势力的影响，美国国会并不热心），2009 年 10 月 1 日，在奥巴马政府的倡导下，"P 5 ＋ 1"六国与伊朗首次在"原则上"达成了首份协议。这也是自"P 5 ＋ 1"机制成立以来，双方首次能够"坐在一起"进行会谈。但由于伊朗总统内贾德一直对发展核计划持强硬态度，双方并没有建立起基本的信任关系。2013 年温和派的鲁哈尼上台后，双方解决问题的意愿得到大幅度意愿上升。2013 年 2 月 26 日，"P 5 ＋ 1"六国与伊朗在哈萨克斯坦的首都阿拉木图重启了核谈判。从 2013 年 2 月 26 日至 2014 年 11 月 24 日进行的所有核谈判，都是在"P 5 ＋ 1"机制框架内进行的，由此可以看出，该机制近年来在伊朗核问题的解决中发挥了至关重要的作用。在伊朗核问题谈判过程中，中国多次提出了伊核问题的新思路和新倡议。2015 年 3 月 31 日，外交部部长王毅在伊朗核问题外长会结束前，就伊朗核问题谈判提出四点主张：一、坚持政治引领；二、坚持相向而行；三、坚持分步对等；四、坚持一揽子解决。③ 2015 年 7 月 14 日，伊朗核问题六方与伊朗达成伊核问题全面协议。王毅外长表示："中国作为安

---

① "History of Official Proposals on the Iranian Nuclear Issue," http：//www. armscontrol. org/factsheets/Iran_ Nuclear_ Proposals，登录时间：2015 年 10 月 25 日。

② 熊谦、田野：《国际合作的法律化与金融制裁的有效性：解释伊朗核问题的演变》，《当代亚太》2015 年第 1 期，第 118 页。

③ 刘宝莱：《艰难"核谈"何以"破冰"？》，《解放日报》2015 年 4 月 4 日。

理会常任理事国，意识到对国际和平与安全承担的责任和义务，始终以建设性姿态参与了伊核谈判全过程。中国并不是矛盾焦点，这可以使中方以更为公正、客观的立场积极开展斡旋。特别是在谈判的一些重要节点，包括谈判遇到困难、陷入僵局时，中方总是从各方共同利益出发，积极寻求解决问题的思路和途径，提出中国的方案。可以说，中国发挥了独特的建设性作用，得到各方高度赞赏和肯定。"①

第三，中国与美国和俄罗斯等大国的双边战略对话与合作机制。2006年5月30日，时任国家主席胡锦涛主动致电时任美国总统布什，交换了关于中美战略合作的意见，其中就包括关于伊朗核问题的立场与意见。② 2012年5月，中美在第四轮战略与经济对话期间，决定就中东事务进行磋商；同年8月，双方在北京举行了首轮中东问题对话。2013年6月，中美双方在华盛顿举行了第二轮中东问题对话，中美双方在伊朗核问题上建立了对话与磋商机制，中东地区冲突解决已成为中美构建新型大国关系的重要手段。③ 2015年7月21日，奥巴马在与习近平主席通电话中感谢中方为达成这一历史性协议所做贡献。美方希望同中方继续协调合作、共同努力，确保全面协议得到实施。美中在伊朗核问题上的合作表明，只要双方合作努力，就能够共同应对气候变化、经济发展、公共卫生等全球性挑战。习近平强调，在伊朗核问题谈判过程中，中美双方开展了密切沟通和协调，这是两国共同构建新型大国关系的又一重要体现。中方将继续同包括美方在内的有关各方保持建设性合作，确保全面协议和安理会决议得到实施。④

中国还同俄罗斯就加强在伊核问题上的磋商与协调达成共识。2011年6月，时任国家主席胡锦涛访问俄罗斯，两国元首签署《中俄关于当前国际形势和重大国际问题的联合声明》，伊核问题成为联合声明中的重要内容。⑤

---

① 《伊核问题终达成全面协议，中国发挥了独特的建设性作用》，《人民日报》2015年7月15日；《王毅：中国为达成伊核全面协议发挥了独特的建设性作用》，http://finance.ifeng.com/a/20150714/13839811_0.shtml，登录时间：2015年10月28日。

② 《胡锦涛主席与布什总统电话，双方就中美关系和伊朗核问题等交换意见》，《人民日报》2006年6月2日。

③ 吴冰冰：《中东战略格局失衡与中国的中东战略》，《外交评论》2013年第6期，第48页。

④ 《习近平同美国总统奥巴马通电话》，新华网，http://news.xinhuanet.com/politics/2015-07/21/c_1115990400.htm，登录时间：2015年10月28日。

⑤ 《胡锦涛主席出访成果丰硕》，《人民日报·海外版》2011年6月22日，第1版。

2013 年以来，中俄全面战略协作伙伴关系中，中俄通过上海合作组织、金砖国家领导人峰会以及双边领导人会谈等多个场合，就伊朗核问题举行战略磋商与协调；中俄双边合作机制也是中国参与伊核治理的重要平台。2015 年 5 月，习近平在出访俄罗斯时，两国发表《中华人民共和国和俄罗斯联邦关于深化全面战略协作伙伴关系、倡导合作共赢的联合声明》，双方积极评价两国在推动政治外交解决伊朗核问题中的协作，呼吁谈判各方抓住历史机遇，加大外交努力，达成公正平衡、互利共赢的全面协议。[①]

五 结语

20 世纪 60 年代，以色列在美国的默许下成为有核国家，伊拉克、利比亚、叙利亚等阿拉伯国家都曾经有自己的核计划。伊朗核危机爆发后，沙特等海湾国家也提出要发展自己的核计划，中东地区核扩散形势严峻。2015 年 7 月，伊朗核协议的达成，有助于抑制沙特等阿拉伯国家发展核计划，客观上有利于中东地区的和平与稳定。

本节以中东热点问题——伊朗核问题为案例，详细地考察了冷战后中国参与中东核扩散问题解决的动因、路径选择和机制运用。从中国参与中东核扩散治理的动因层面来看，主要有四个动因。第一，能源利益驱动，这是中国参与核扩散治理的最重要动因。近年来，中国作为世界上最大的石油进口国，对外部的石油依存度超过了 50%，使得中国对于石油出口大国伊朗所引发的热点问题非常敏感。伊朗作为世界上第四大石油出口国且拥有中东地区重要的石油通道——霍尔木兹海峡的控制权，无论从能源投资还是从能源供应的角度来看，对于中国在中东的能源利益都尤为重要。而中国作为伊朗出口石油的最大买家，需要保证石油的正常供应和石油通道的畅通。从这一点来看，中国无论如何都要参与伊朗核问题的解决。第二，构建大国形象的驱动，这也是 21 世纪以来中国参与伊朗核问题解决的重要动因之一。中国无论是作为发展中大国还是作为联合国安理会常任理事国，都在国际事务中塑造负责任大国形象。伊朗核问题是近十年来最为棘手的热点问题之一，中国是否参与其中不仅决定该问题能否顺利解决，

而且也影响中国负责任大国形象。第三，战略利益驱动，中国在伊朗核问题的治理上具有三方面的战略利益：阻止以美国为首的西方大国垄断中东地区事务、平衡与美国和伊朗的关系和扩大中国在中东的议题设置能力。第四，捍卫主权至上外交原则的驱动。中国向来将国家主权视为最重要的核心利益之一。在近代史上，中国曾遭遇外部势力的干涉甚至侵略；新中国成立以后，西方国家粗暴侵犯中国国家主权，这都使得中国在主权问题上异常敏感。所以，根据主权至上的原则，中国没有理由反对伊朗和平开发核技术的权利，认为这是作为一个主权国家应有的基本权利。因此，在伊朗核问题上，中国并没有盲目跟随西方国家一味指责伊朗，而是强调中国支持伊朗和平开发核技术的权利。这是中国的外交原则，也是中国作为发展中国家的治理理念。

从路径选择层面来看，中国运用了外交类型学中常见的手段——斡旋。中国基于利益相关度运用外交斡旋这种方式，在伊朗核问题上，寻找富有弹性的外交空间。外交斡旋贯穿于中国参与伊朗核问题治理的每个阶段。从机制运用的层面来看，中国主要通过两种多边机制来寻求解决伊朗核问题，分别是国际原子能机构和联合国主导下大国协调机制——"P5+1"机制，前者主要是在伊朗核问题被移交联合国安理会之前，而后者是在移交安理会之后。通过对中国参与伊朗核问题治理的路径选择和机制运用的分析可以看出，中国参与中东核治理的类型属于主动参与型。这种类型是指中国投入较多外交资源，包括派出特使参与热点问题的解决，中国国家领导人也时常参与问题的解决。[①] 在伊朗核问题的治理上，中国先后派出外交部高层（部长助理、副部长和部长）和军控司司长等高级官员参与伊朗核问题的谈判，中国国家领导人也在各种国际会议上与各方就伊朗核问题进行磋商，提出中方的立场以及倡议。除多边协调机制外，中美战略与经济对话机制和金砖国家领导人峰会机制以及双边领导人会谈机制，都是中国参与伊朗核问题解决的重要双边机制。

冷战后中国参与中东核扩散治理，特别是在伊朗核问题上面临以下挑战：第一，中国如何更好地平衡在西方国家的利益与在伊朗的利益关系。中国的发展离不开石油出口大国，但也更离不开欧美等发达国家。第二，

---

① 孙德刚：《中国在中东开展斡旋外交的动因分析》，《国际展望》2012年第6期，第27页。

如何平衡伊朗与海合会国家的关系。伊朗、沙特、阿联酋等都是中国在海湾重要的合作方，而伊朗与海合会国家尤其是沙特长期处于对立状态，特别是在 2015 年也门危机爆发后，伊朗和沙特各支持也门一方，增加了中国在中东奉行"平衡外交"的难度。第三，中国如何平衡自身利益和与发展对伊朗的关系。中国无论参与何种问题的治理，都不能不考虑本国的利益，如获得优惠石油价格和稳定的能源供应。但从另一方面讲，如果一味地追求本国利益而无视有关各方的利益，反而可能会削弱与伊朗的关系。因此，中国不得不平衡自己的现实利益与道义利益。如何平衡好上述的三重挑战，是冷战后中国参与中东乃至参与全球核扩散治理的主要课题之一。中国在伊核治理实践中取得的经验能否在中国参与全球治理中可复制可推广，仍需做进一步的跟踪研究。

第三节　中国参与中东的维和行动

维和行动和向中东部署军事力量是国际社会在联合国框架内和基于双边军事合作向中东地区提供公共安全产品的一种重要手段。然而，大国在中东地区加强军事存在的动机不同，主要包括地缘经济和地缘政治的考量。

一　域外大国在中东的军事部署

21 世纪初以来，美、英、法、俄、中、日、印等域外大国在中东部署了不同形式和规模的军事存在。与中国在中东部署的柔性军事存在不同，目前美国在中东八国、英国在塞浦路斯、法国在吉布提和阿联酋、俄罗斯在叙利亚、日本在吉布提等均部署了军事基地。美国虽在地缘上距离中东最远，但其克服了地缘上的劣势，在中东地区大约部署了 5.5 万人、数十处军事基地，军事影响力处于第一层级；英法分别在中东部署了 3000 人和 3400 人左右（不含两国在北约框架下在阿富汗的驻军）、数处军事基地，军事影响力处于第二层级；俄罗斯和日本在叙利亚和吉布提分别部署了 200 人以内的军事力量、各 1 处军事基地，军事影响力处于第三层级；中、印、韩尚未在中东建立军事基地，但在联合国框架下向中东派驻维和部队并向索马里海域派出护航编队，军事影响力处于第四层级。

表 4 - 2　冷战后域外大国在中东的军事部署

军事基地部署国	军事基地东道国	驻军人数	主要军事基地
美国	土耳其	1780	因切尔利克（Incirlik AB）、伊斯梅尔（Izmir）等
美国	科威特	14000	比林兵营（Camp Buehring）、阿瑞坎兵营（Camp Arifjan）、阿里·萨雷姆（Ali Al Salem）等
美国	卡塔尔	10000	萨利亚（Al-Saliyah）兵营、乌代德空军基地（al-Udeid）、乌姆萨义德（Umm Said）等
美国	巴林	1496	谢赫·伊萨（Sheikh Isa）空军基地、巴林港等
美国	阿联酋	546	杰布·阿里港（Jabel Ali）、富查伊拉港（Fujayrah）等
美国	阿曼	200	锡卜（Seeb）、马西拉和塞迈里特空军基地（Al Thumrait）等
美国	阿富汗	15000	巴格拉姆基地（Bagram）、坎大哈机场和信丹德机场（Shindand）等
美国	吉布提	2000	雷蒙尼尔（Camp Lemonier）军事基地、安布利国际机场（Ambouli）等
英国	塞浦路斯	3500	亚克罗提利（Akrotiri）和德凯利亚（Dikelya）基地
法国	阿联酋	500	阿布扎比扎耶德（Zayed）港、扎耶德兵营和宰夫拉空军基地（Al-Dhafra）等
法国	吉布提	2900	雷蒙尼尔（Camp Lemonier）军事基地、阿尔塔训练中心（Arta）等
俄罗斯	叙利亚	150～180①	塔尔图斯（Tartus）海军基地、赫梅明空军基地
日本	吉布提	180	吉布提国际机场东北部基地、吉布提港

---

①　2015 年 9 月以来，俄罗斯在叙利亚临时部署了约 5000 人。

续表

军事基地部署国	军事基地东道国	驻军人数	主要军事基地
中国	无		护航编队、补给站、维和部队等柔性军事存在
印度	无		护航编队、补给站、维和部队等柔性军事存在
韩国	无		护航编队、补给站、维和部队等柔性军事存在

资料来源：Donna Cassata, "US Plans Significant Military Presence in Kuwait," *Times of Israel*, June 19, 2012; Kenneth Katzman, "Oman: Reform, Security, and U. S. Policy," Congressional Research Service Report for Congress, June 29, 2009, p. 9, http://fas. org/sgp/crs/mideast/RS21534. pdf, 登录时间：2014 年 7 月 20 日；U. S. Department of Defense, *Report on Progress Toward Security and Stability in Afghanistan*, Report to Congress, November 2013, pp. 11 - 13, www. defense. gov/pubs/October_ 1230_ Report_ Master_ Nov7. pdf, 登录时间：2014 年 7 月 19 日；Joint Force Command, *British Forces Cyprus Pre-arrivals Guide*, London: Military of Defence, 2011, https://www. gov. uk/government/uploads/system/uploads/attachment_ data/file/319700/BFC_ PRE_ ARRIVALS_ GUIDE_ V9_ 6_ NOV_ 2013. pdf, 登录时间：2014 年 7 月 20 日；Andrew E. Kramer, "Russian Warships Said to Be Going to Naval Base in Syria," *New York Times*, June 18, 2012; Alex Martin, "First Overseas Military Base since WWⅡ to Open in Djibouti," *Japanese Times*, July 2, 2011。此外，截至 2017 年 9 月，驻伊拉克和叙利亚的美军人数分别为 8992 人和 1720 人。

　　捍卫国家利益是大国海外军事部署的出发点与归宿。按照类型不同，国家利益可分为地缘政治利益与地缘经济利益。各国所处的历史发展阶段、综合实力和地缘环境不同，对这些利益的排序也不一样。以地缘政治利益为首要追求目标的国家奉行地缘政治主导型战略；以地缘经济为首要追求目标的国家奉行地缘经济主导型战略。

　　中国、印度和韩国等新兴大国是地缘经济主导型战略的重要实施者。2008 年全球金融危机爆发后，中国、日本、韩国、印度、沙特和土耳其纷纷跻身二十国集团（G20）行列，中国、印度、韩国等分别成为全球重要经济体。卡内基基金会预测，到 2050 年，西方大国与新兴大国之间的经济总量对比将发生重要变化。西方七国集团（G7）在二十国集团 GDP 中所占的比例将从 2012 年的 72.3% 下降至 2050 年的 40.5%。① 这些新兴大国对外战略的关键是通过经济总量的增长和财富的增加撬动国际权力格局的调整。

二　中国在中东维和行动与地缘经济利益

　　中国是地缘经济主导型大国的典范。自冷战结束至今，中国海外贸易

---

① Jamie Gaskarth, *British Foreign Policy*, Cambridge: Polity, 2013, p. 182.

线没有遭受直接的威胁，中国在亚太地区的海权状况虽面临挑战，但尚未阻碍中国的和平崛起，奉行地缘经济主导型对外战略一直是中国外交的基石。中国崛起依赖海外贸易和市场，摆脱了殖民时代所强调的，本土繁荣必须在海外保持军事基地的滥觞。2013 年以来，中国政府提出的"丝绸之路经济带"和"21 世纪海上丝绸之路"都是从地缘经济发展的逻辑出发而提出的。2014 年 6 月，中国国家主席习近平在出席中国—阿拉伯合作论坛第六届部长级会议上提出构建"1 + 2 + 3"的合作格局，即中阿经济合作应以能源合作为主轴，以基础设施建设、贸易和投资便利化为两翼，以核能、航天卫星、新能源三大高新领域为新的突破口。[1] 这一战略设计也是从地缘经济的角度出发的。

因此，冷战后中国的中东战略主要从低政治领域的地缘经济考量出发，将维护在中东的经济利益尤其是能源、贸易与投资利益作为制定中东政策的出发点和归宿。新中国成立后，中国在中东的利益不断发展和变化，大体可分为三个阶段：1949 ~ 1979 年为第一阶段，获得中东伊斯兰国家的外交承认、扩大中国在的影响力是中国在中东的首要利益。从新中国成立到 1979 年约 30 年时间里，中东并不是中国外交的重点，中国缺乏影响中东格局走向的重要手段和筹码。正如国外学者所言，新中国成立后 30 年里，中国对中东以及中东对中国都不重要。[2] 中国领导人始终从意识形态的角度审视中东，将中东视为美苏争霸的主战场之一，[3] 并从"中间地带"和"三个世界理论"的高度审视中东在牵制美苏超级大国中的战略地位。1979 ~ 1990 年为第二阶段，地缘经济成为中国制定中东外交政策的主要考量。双边经贸利益成为中国开展对中东外交的重要诉求。但是与中国对美、欧、日的经济外交相比，该阶段中国与中东国家的经贸往来有限。当时中国是石油净出口国，在能源上对中东国家的依存度较低，吸引西方发达国家来华投资、增加对西方发达国家出口成为中国经济外交的主要任务。1991 年以来为第三阶段，经济外交成为中国中东外交的主旋律，中国和中东双方

---

① 习近平：《弘扬丝路精神，深化中阿合作——在中阿合作论坛第六届部长级会议开幕式上的讲话》，《人民日报》2014 年 6 月 5 日。

② 参见 Yitzhak Shichor, *The Middle East in China's Foreign Policy, 1949 – 1977*, Cambridge: Cambridge University Press, 1979。

③ John Calabrese, *China's Changing Relations with the Middle East*, London: Pinter, 1991, p. 3.

开始在更高层次上探索双边和多边经济、贸易、投资和能源合作，地缘经济利益诉求进一步增加。①

从表 4 - 3 可以看出，冷战后中国中东政策以满足经济、贸易和能源利益为主，对于中东安全和政治发展关注度相对较低。② 中国在中东的军事存在主要是国内经济发展驱动的结果，是地缘经济主导型战略的产物；美、英、法在中东的军事基地部署是国际安全战略驱动的结果，是地缘政治主导型战略的产物。首先，21 世纪初以来，中国在中东建立了以海军护航编队、后勤补给基地和参与联合国在中东维和为主要形式的柔性军事存在，与美、英、法建立正式军事基地、确立势力范围和战略利益区存在类别上的差异。其次，同韩国和印度一样，中国高度依赖中东能源进口，中国在中东的军事部署处于低水平，出于保护自己在中东不断增长却又相对脆弱的地缘经济利益，与西方大国极力维护其地缘政治利益不同。最后，中国在中东的柔性军事存在在功能上具有单一性，在任务上具有临时性，仅限于维护低级政治领域的经贸和能源利益；西方大国在中东的军事基地具有作战、推广西方民主和价值观、反恐、反大规模杀伤性武器扩散、人道主义干涉、保卫盟友等多种功能，主要维护高级政治领域的军事与安全利益。

表 4 - 3　地缘政治主导型与地缘经济主导型国家的对比分析

	地缘政治主导型	地缘经济主导型
代表性国家	美国、英国、法国	中国、印度、韩国
战略态势	进攻性战略	防御性战略
战略目标	关注本国在国际安全事务中的相对位置	关注本国在国际经济事务中的相对位置
战略任务	维护国际安全秩序	解决国内发展问题
战略追求	安全利益优先	经济利益优先
对待主权的立场	超越主权	尊重主权
战略手段	以军事促民主	以发展促民生
政策推动力量	国内军工集团	国内商业企业

① Polur Raman Kumaraswamy, *China and the Middle East: the Quest for Influence*, New Delhi and London: Sage Publications, 1999, pp. 12 - 19.

② Volker Perthes, "Europe and the Arab Spring," *Survival: Global Politics and Strategy*, Vol. 53, No. 6, 2011, p. 75.

续表

	地缘政治主导型	地缘经济主导型
势力范围思想	有	无
国际安全博弈	零和性	合作共赢
海外利益构成	复合性	单一性
海外利益要素	谋求地区主导权、反恐、防扩散、拓展民主、保卫盟友、维护侨民和能源供应安全等	维护投资、贸易和能源等现实利益
海外军事部署	军事基地	柔性军事存在

注：俄罗斯、德国和日本介于地缘政治和地缘经济主导型国家之间，在国家发展战略上既追求地缘政治利益又追求地缘经济利益，属于"混合型"。三国分别在叙利亚、阿富汗（北约框架下）和吉布提建立了军事基地。限于篇幅，本节不讨论"混合型"国家海外军事部署的偏好。

三 柔性军事存在：中国在中东的维和部队

中国在中东建立柔性军事存在的重要形式是在联合国框架内派出维和部队、参与联合国维和行动。1971 年新中国恢复在联合国合法席位前，中国对国际维和的评价基本是负面的，认为这是大国干涉小国内政的工具。20世纪 90 年代初以来，中国的国际维和行动范围不断拓展，20 多年来先后执行了 22 次维和行动，参与维和官兵达 1 万余人。[1] 2000 年，维和警察培训中心在河北省廊坊市成立，一次可培训 200 名维和官兵。2001 年，中国成立国防部维和事务办公室；2002 年，中国加入联合国一级维和待命安排机制（UN Stand-by Arrangements System）。[2] 截至 2010 年 12 月，中国共有 1955 名官兵在 9 个联合国任务区执行维和任务，先后参加 19 项联合国维和行动，累计派出维和官兵 17390 人次。20 余年来，中国的维和人员共修建桥梁 230 处，道路 8000 公里，清理地雷和爆炸装置 8700 余处，运送商品 430 万吨，救治当地平民 6 万多人。[3] 截至 2011 年 8 月，中国承担联合国维和任务的人

---

[1] Nina Hachigian, Winny Chen and Christopher Beddor, "China's New Engagement in the International System," *Center for American Progress*, November 2009, p. 13.

[2] David Gosset, "China: A Trustworthy Peacekeeper," *China Daily*, October 27, 2012.

[3] Bernardo Mariani, "Starting to Build? China's Role in UN Peacekeeping Operations," *Saferworld*, October 10, 2011, p. 2; Kossi Ayenagbo, et al., "China's Peacekeeping Operations in Africa: From Unwilling Participation to Resonsible Contribution," *African Journal of Political Science and International Relations*, Vol. 6, No. 2, 2012, p. 30.

数为 1925 人，承担 12 项维和任务，维和人数在联合国成员国中居第 15 位，在安理会常任理事国中超过法国居首位，承担的维和费用在世界上居第 7 位。① 《2013 年中国的国防》（白皮书）透露："截至 2012 年 12 月，人民解放军有 1842 名官兵在 9 个联合国任务区执行维和任务。其中，军事观察员和参谋军官 78 人，赴联合国刚果（金）稳定特派团工兵、医疗分队共 218 人，赴联合国利比里亚特派团工兵、运输和医疗分队共 558 人，赴联合国驻黎巴嫩临时部队工兵、医疗分队共 335 人，赴联合国南苏丹特派团工兵、医疗分队共 338 人，赴联合国/非盟达尔富尔特派团工兵分队 315 人。"② 此外，中国参与国际维和的制度化水平不断提高，继 2000 年 8 月中国在河北廊坊成立首个中国维和警察培训中心后，2009 年 11 月又在怀柔成立了中国维和部队培训中心。③

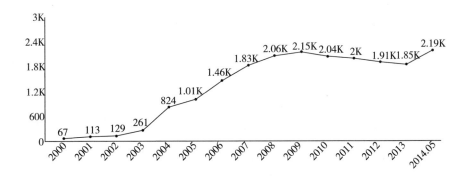

图 4 - 2　中国参与联合国维和行动的人数变化（2000 年至 2014 年 5 月，K = 1000 人）

资料来源：http：//www. un. org/en/peacekeeping/resources/statistics/contributors. shtml，登录时间：2014 年 7 月 20 日。

---

① Bernardo Mariani, "Starting to Build? China's Role in UN Peacekeeping Operations," *Saferworld*, October 10, 2011, p. 2; Kossi Ayenagbo, et al., "China's Peacekeeping Operations in Africa: From Unwilling Participation to Resonsible Contribution," *African Journal of Political Science and International Relations*, Vol. 6, No. 2, 2012, p. 2.
② 中华人民共和国国务院新闻办公室：《2013 年中国的国防：中国武装力量的多样化运用》，第 21 ~ 22 页。
③ Bernardo Mariani, "Starting to Build? China's Role in UN Peacekeeping Operations," *Saferworld*, October 10, 2011, p. 2; Kossi Ayenagbo, et al., "China's Peacekeeping Operations in Africa: From Unwilling Participation to Resonsible Contribution," *African Journal of Political Science and International Relations*, Vol. 6, No. 2, 2012, p. 2.

中东是中国参与联合国维和行动的重点地区，尤其是中国能源和投资利益较集中的南北苏丹。一方面，中国在中东的维和部队有展示中国负责任大国形象、提升政治影响力的考虑；另一方面，也有维护中国在周边地区现实利益的考虑。1990 年，中国首次参加联合国在中东的维和行动，向"联合国停战监督组织"（UN Truce Supervision Organization，总部设在耶路撒冷）派出 4 名观察员。自 2005~2006 年开始，中国参加联合国在中东维和部队的人数大幅度增加。2006 年 3 月，中国向黎巴嫩南部的哈尼亚派出 1 个扫雷连、1 个工兵连、1 个保障连和 1 家医院，共 182 人。2006 年 5 月，中国向联合国在苏丹的维和行动派出 435 人的后勤部队，包括 275 人的工兵连、100 人的运输连，拥有 60 人医疗分队的医院。[①] 中国在苏丹达尔富尔的维和部队随后调整为 3 个工兵排、1 个打井排、1 个警卫排和 1 个医疗分队。[②] 近年来，中国共参与联合国在中东的五项维和行动，分别是：（1）位于耶路撒冷的"联合国停战监督组织"（派出 2 名观察员）；（2）位于黎巴嫩南部哈尼亚的"联合国驻黎巴嫩临时部队"（派出 343 名军人）[③]；（3）位于南苏丹的"联合国苏丹特派团"（派出 444 名军人、18 名警察和 12 名军事观察员）；（4）位于联合国在苏丹达尔富尔地区的"联合国—非盟苏丹达尔富尔混合行动"（派出 321 名军人）；（5）位于西撒哈拉的"联合国西撒哈拉公民投票特派团"（派出 12 名军事观察员），[④] 共 1152 人。

中国在联合国框架下参与中东维和行动也有利于冷战后中国在中东开展军事外交。一方面，中国的维和人员一般是参与联合国维和行动的后勤部队，包括工兵、警察等。通过参与联合国维和行动，中国不仅掌握了基本的军事管理与后勤保障技术，而且可以检测通信设备和提高战术能力，增强对突发事件的应急反应能力。[⑤] 另一方面，中国在联合国框架下参与中东的上述五项维和行动也促进了中国与中东国家以及域外大国维和人员的军事交流与合作。

---

① Yin He, "China's Changing Policy on UN Peacekeeping Operations," *Asia Paper*, Institute for Security & Development Policy, Sweden, July 2007, p. 34.
② 赵国忠：《中国与中东的军事外交》，《阿拉伯世界研究》2010 年第 2 期，第 8 页。
③ Bonny Ling, "China's Peacekeeping Diplomacy," *China Rights Forum*, No. 1, 2007, p. 2.
④ Xulio Ríos, "China and the United Nations Peace Missions," *FRIDE*, October 2008, p. 1.
⑤ International Crisis Group, "China's Growing Role in UN Peacekeeping," *Asia Report*, No. 166, April 17, 2009, p. 15.

2012 年以前，中国参与联合国在中东五项维和行动的力量主要以工兵为主，也包括一定数量的军事观察员、警察、医护与后勤人员。2012 年 1 月，中国首次向联合国维和部队派出作战部队，其主要任务是给中国参与南苏丹地区维和行动的中国工兵和医护人员提供安全保护。这支作战部队隶属济南军区第 54 集团军的第 162 摩托化步兵师。[①] 第 162 摩托化步兵师是中国一类应急机动作战部队和快速反应部队，其向南苏丹共和国派出作战维和部队不仅有助于维护中国工兵和医护人员在南苏丹共和国执行维和任务的安全，也有助于中国进一步扩大执行联合国维和任务的范围，增强了中国在中东柔性军事存在的内涵。中国在中东的维和行动不仅彰显了中国负责任大国形象，也维护了中国的地缘经济利益，如中国在苏丹达尔富尔和南苏丹共和国的维和部队间接维护了中国在南北苏丹的石油利益。

冷战后，中国在中东国家建立的军事代表处、中国在中东的军事培训和援助项目等也是柔性军事存在的重要组成部分。随着中国与世界各国的军事交流不断拓展，中国与 150 个国家建立了军事联系，在 100 多个国家建立了军事代表处，85 个国家在中国建立了军事代表处。2009～2011 年，中国人民解放军高级军事代表团出访 40 多个国家，有 60 多个国家的国防部长、总参谋长访华。[②] 由于中国长期奉行近海防御政策，军事投射能力有限，实战经验不足，亚丁湾护航、建立海外后勤补给站以及参与联合国在中东的维和行动有助于中国积累实践经验，促进中国在中东的军事外交，提升中国的中东军事战略。[③]

中国在中东建立柔性军事存在，既与中国传统外交原则——不在海外部署军事基地相兼容，又是中国对中东现实利益保护的实际需要，更是冷战后中国构建新型大国关系的基础。《五角大楼的新地图：21 世纪的战争与和平》一书指出，21 世纪，美国、西欧和日本组成了"传统核心区"，中国、印度、巴西等形成了"新核心区"，这两大核心区均具有较高程度的全球化进程，成为人类发展与进步的发动机。相比之下，中东、部分亚洲国家、南美、加勒比和大部分非洲地区则是边缘地带，对核心区构成了严重

---

① Daniel M. Hartnett, "China's First Deployment of Combat Forces to a UN Peacekeeping Mission-South Sudan," p. 3.

② 中华人民共和国国务院新闻办公室：《2010 年中国的国防》，人民出版社，2011。

③ Bernardo Mariani, "Starting to Build? China's Role in UN Peacekeeping Operations," p. 3.

的威胁和挑战，成为全球治理的重点地区。① 美、英、法以军事基地为依托，在中东谋求地缘政治利益；中、印、韩以柔性军事存在为依托，在中东谋求地缘经济利益。西方军事强国主导的地缘政治权力中心与亚洲经济强国主导的地缘经济权力中心使两大力量板块错位竞争，形成中东的二元权力结构。实现东西方大国、传统大国与新兴大国之间在中东的战略协调，对中国的经济发展、参与中东地区治理、海外利益保护和构建稳定的新型大国关系将起到重要作用。

小　结

本章主要考察了冷战后中国参与中东地区传统安全治理的主要经验和做法。中东地区国际关系更具不确定性与易变性，领土争端、民族恩怨、宗教矛盾、恐怖主义和大规模杀伤性武器扩散等传统与非传统安全问题突出。二战结束以来，美国、欧盟、俄罗斯（苏联）、中国、阿盟、非盟和联合国等主权国家和国际组织纷纷参与中东热点问题的解决，通过政治斡旋参与中东地区治理，拓展政治影响力，如1973年第四次中东战争结束后基辛格的穿梭外交最终使美国在美苏博弈中处于明显的上风。② 中国参与中东地区冲突治理、伊朗核问题治理与联合国在中东的维和行动是冷战后中国参与中东地区传统安全治理的三类主要形式，它是中国提升在中东安全事务发言权、保护海外利益和构建新型大国关系的重要手段。中国在参与中东地区传统安全治理中较好地处理了国际责任与国家利益、不干涉他国内政与创造性介入、双边会谈与多边机制之间的关系。

---

① 参见 Thomas P. M. Barnett, *The Pentagon's New Map: War and Peace in the Twenty-first Century*, New York: G. P. Putnam's Sons, 2004。
② 参见 William Burr ed., *The October War and U. S. Policy*, The National Security Archive, October 7, 2003; Jeffrey Z. Rubin, *Dynamics of Third Party Intervention: Kissinger in the Middle East*, New York: Praeger, 1981; pp. 197 – 225。

第五章　中国参与中东地区的非传统安全治理

21 世纪初以来，与国与国之间军事冲突相关的传统安全相比，非传统安全的内涵与外延发生了重大变化。中国参与中东地区非传统安全治理包括恐怖主义治理、海盗问题治理和航空航天治理三大类型。

第一节　中国参与中东的恐怖主义治理

一　导言

中东恐怖主义是全球治理的难题之一。当前"基地"组织在全球的频繁活动及极端组织"伊斯兰国"的迅速崛起使这一治理难题愈加突出。作为安理会常任理事国，中国在中东恐怖主义治理问题上一直有着明确的原则立场和积极的务实行动。2014 年 9 月，中国外长王毅在联合国安理会反恐峰会发言中表示，中国坚定支持中东国家的反恐努力和反恐能力建设。[①]十八届四中全会决议又进一步指出，中国将积极参与执法安全国际合作，共同打击暴力恐怖势力、民族分裂势力、宗教极端势力和贩毒走私、跨国有组织犯罪。[②] 2016 年 1 月，习近平主席在阿盟总部演说中指出："我们要在中阿合作论坛框架下召开文明对话与去极端化圆桌会议，组织 100 名宗教界知名人士互访；加强中阿网络安全合作，切断暴力恐怖音视频网络传播渠道，共同参与制定网络空间国际反恐公约；提供 3 亿美元援助用于执法合

---

① 《共同应对恐怖主义威胁——王毅在联合国安理会反恐峰会上的发言》，外交部网站，2014年 9 月 24 日，http://www.fmprc.gov.cn/mfa_ chn/zyxw_ 602251/t1194518. shtml，登录时间：2014 年 12 月 20 日。

② 《中共中央关于全面推进依法治国若干重大问题的决定》，http://news.xinhuanet.com/politics/2014 - 10/28/c_ 1113015330. htm，登录时间：2015 年 1 月 12 日。

作、警察培训等项目，帮助地区国家加强维护稳定能力建设。"① 由于对中国的地位、政策与行为的不同认知，国内外政学界人士对于冷战后中国参与中东恐怖主义治理及其所起的作用存在各种不同的态度和认知。当前，对于该议题的讨论主要集中于：中国该如何参与中东恐怖主义治理？

表 5 - 1　各大国对中东恐怖组织定性差异一览 *

组织名称 ＼ 国别	美国	欧盟	俄罗斯	联合国
阿布·尼达尔组织（巴勒斯坦）	是	是	—	是
亚丁 - 阿比扬伊斯兰军（也门）	是	—	—	
伊斯兰"圣战"组织（埃及）	是	是	—	
伊斯兰联盟（索马里）	是	—	—	是
哈拉梅因慈善机构（沙特）	是	—	是	
伊斯兰武装组织（阿尔及利亚）	是	—	—	
阿克萨烈士旅（巴勒斯坦）	是	是	—	是
安萨尔伊斯兰（伊拉克）	是	—	—	是
"伊斯兰国"组织（全球性组织）	是	是	是	
"基地"组织（全球性组织）	是	是	是	是
安萨尔联盟（黎巴嫩）	是	—	是	是
伊拉克"基地"组织	是	—	—	是
埃及伊斯兰圣战组织	是	—	是	
伊斯兰法塔赫（黎巴嫩）	是	—	—	
大东伊斯兰袭击者阵线（土耳其）	是	是	—	
伊斯兰抵抗运动哈马斯（巴勒斯坦）	是	是	—	是
圣战者组织（巴基斯坦）	是	—	是	
伊斯兰党（阿富汗）	—	—	—	
伊斯兰解放党（全球性组织）	是	—	是	
圣战者党（巴基斯坦）	是	—	—	
伊斯兰遗产复兴协会	是	—	是	

① 《习近平在阿拉伯国家联盟总部发表重要演讲：共同开创中阿关系发展美好未来，推动中阿民族复兴形成更多交汇》，《人民日报》2016 年 1 月 22 日，第 1 版。

续表

组织名称＼国别	美国	欧盟	俄罗斯	联合国
伊斯兰"圣战"集团	是	—	—	
巴基斯坦穆罕默德军	是	—	—	
伊拉克安萨尔逊尼军	是	—	—	是
沙姆战士（巴勒斯坦）	是	—	是	
强格维军（巴基斯坦）	是	—	—	
利比亚伊斯兰战斗组织	是	—	—	是
摩洛哥伊斯兰战斗组织	是	—	—	是
穆斯林兄弟会（埃及）	—	—	是	
巴勒斯坦伊斯兰圣战组织	是	是	—	
巴勒斯坦解放阵线－阿布·阿拔斯派	是	—	—	是
解放巴勒斯坦人民阵线	是	是	—	是
解放巴勒斯坦人民阵线总指挥	是	是	—	是
巴基斯坦塔利班运动	是	—	—	
人民圣战者组织（伊朗、伊拉克）	是	是	—	是
阿尔及利亚萨拉菲宣教与战斗组织	是	是	—	是
社会改革协会（科威特）	—	—	是	
定叛与迁徙组织（苏丹，阿尔及利亚）	—	是	—	
土耳其真主党	是	—	—	
黎巴嫩真主党	是	—	—	是
双圣宫组织（沙特）	—	—	是	
大叙利亚军（黎巴嫩）	—	—	是	
伊斯兰团伙（埃及）	—	是	是	
库尔德工人党（伊拉克、土耳其）	是	是	—	
圣地救助与发展基金会	—	是	—	

注：* US Country Reports on Terrorism 2014，http：//www. state. gov/s/ct/rls/crt/2014/index. htm；《俄罗斯认定的恐怖组织》（2006），http：//news. ifeng. com/mil/special/kongbu/doc/200807/0720_4117_663287. shtml；涂龙德、周华著《伊斯兰激进组织》，时事出版社，2010；《欧洲联盟执委会恐怖主义名单》（2004），European Council Common Position 2005/847/CfSP，Official Journal of the European Union，30/11/2005。另注：中国官方仅公开对中国境内活动的伊斯兰激进组织进行定性，并未出台外国恐怖组织名单，故未列出。

有的学者主张，中国应该深度参与中东恐怖主义治理，包括直接出兵，并认为中国如果出兵打击"伊斯兰国"，有五大好处，即有利于保护国家安全、军队获得作战经验、中国借此机会深入中东地区事务、提升中国全球形象以及改善中美关系。① 这种主张无疑是一种纯粹理想主义的阐释。另一种主张依据美国在中东地区的反恐经验，认为中国可以在相当程度上参与中东恐怖主义治理，但底线是不直接参与武力打击"伊斯兰国"等中东恐怖组织，以免引火烧身。② 还有一种观点认为，在中东恐怖主义治理问题上，中国应该在道义和经济上支持国际反恐合作，但由于中国奉行不结盟政策，不能加入美国主导的反恐军事同盟。③ 上述分歧的存在反映出人们对于中国在中东恐怖主义治理中的角色的认识具有复杂性和多样性。这些观点不仅受到中国政府的实际政策及行动的影响，而且也深受他们各自认知偏好和价值取向的左右。因此，为了更好地认识中国在中东恐怖主义治理中的作用，我们应该考察中国政府参与中东恐怖主义治理的动因、所采取的政策和行动、分析其受到的牵制，由此才能全面理解中国参与中东恐怖主义治理的本质意义。

二 中国参与中东恐怖主义治理的动因

冷战后中国参与中东恐怖主义治理的原因是多方面的，既有外部原因，也有内部原因；既有主观原因，也有客观因素；既有历史原因，也有现实考量；既有战略判定的使然，也有策略应对的需要。综合来看，可归纳为以下几个方面。

第一，中东恐怖主义已在一定程度上或直接或间接地威胁到中国的核心利益，这是中国参与中东恐怖主义治理最直接和最根本的现实原因。《中国的和平发展》白皮书中指出，中国的核心利益包括：国家主权、国家安全、领土完整和国家统一，以及中国宪法确定的国家制度和社会大局稳定、

---

① Dingding Chen, "China Should Send Troops to Flight ISIL," *The Diplomat*, September 12, 2014, http：//thediplomat. com/2014/09/china – should – send – troops – to – fight – isis/，登录时间：2015 年 1 月 12 日。

② 梅新育：《中国不宜直接参与打击 ISIS》，《环球时报》2014 年 9 月 10 日。

③ 《中国是否该参与打击"伊斯兰国"》，http：//blog. ifeng. com/article/34366519. html，登录时间：2015 年 1 月 24 日。

经济和社会可持续发展的基本保障。① 当前中东恐怖主义对于上述利益有着不同程度地直接或间接的威胁，这种威胁已经呈现常态化，主要表现在四个方面：一是源于中东地区的伊斯兰极端主义思想不断渗入中国西部地区，使党的政策有效落实的空间不断受到挤压，使中国的政治经济安全受到威胁。自20世纪90年代中期，泛伊斯兰主义和泛突厥主义的渗透与传播蔓延后，新疆社会极端化思潮开始泛滥。当前，来自中东地区的伊斯兰极端思想，借助网络，在新疆一些地方大行其道，尤其是宣讲伊斯兰极端思想的视频，影响较大，不少视频的主讲人是埃及、沙特和土耳其的知名大阿訇，他们使用维吾尔族语、土耳其语或阿拉伯语（通常有维语字幕）。这些极端思想的受众人群大有扩展趋势，致使党的政策难以落实，严重影响地方社会安定与经济发展。② 二是中东恐怖主义势力公开支持中国境内外"三股"势力进行反政府和分裂国家的活动。中东地区是宗教极端势力、民族分裂势力和暴力恐怖势力等三股势力的国际集散中心。"基地"组织从20世纪90年代中期就给在中国境内外的"东突"分子提供必要的人员训练和所需资金，并最终被基地组织纳入麾下。2014年7月，"东突"分子受"基地"组织指派，入境叙利亚，接受相关极端组织提供的体能训练，重点是冲锋枪、步枪射击以及路边炸弹制造的训练，最终目的是使受到战争洗礼的暴恐分子打回中国。③ "基地"领导人扎瓦赫里（Ayman al-Zawahiri）在其他"圣战"战场上，经常提到并称赞"东突"分子。④ 三是中东恐怖势力直接或间接地策划针对中国的暴恐活动，公开向中国政府宣战，并形成一套分裂中国的谬论及实施攻击的路线图。有证据表明，2013年以来中国境内发生的昆明暴恐案、乌鲁木齐车站爆炸案、广州火车站砍人案、乌鲁木齐市场爆炸案等15起影响较大的暴恐事件均与中东恐怖组织牵扯较深，这些暴

---

① 中华人民共和国国务院新闻办公室：《中国的和平发展》（白皮书），2011年9月6日，http://news. xinhuanet. com/politics/2011 – 09/06/c_ 121982103. htm，登录时间：2015年1月20日。

② 张弛：《互联网"圣战"视频调查》，《凤凰周刊》2014年第14期，总第508期。

③ 邱永峥、邢晓婧：《"东突"投奔"伊斯兰国"路线图：从南方打回中国》，《环球时报》2014年9月22日，第7版。

④ Shirley A. Kan, *U. S. – China Counterterrorism Cooperation*: *Issues for U. S. Policy*, CRS for Congress, May 7, 2010.

恐事件均由境外伊斯兰圣战组织负责策划实施。① 2015 年 1 月，"伊斯兰国"宣布将投资 7000 万美元，用以在中亚开辟第二战场，进而进军新疆。② 四是中东恐怖主义对中国在中东地区的海外利益构成一定的威胁，对中国经济和社会可持续发展产生潜在的负面影响。因中东恐怖主义的泛滥，中国在人员安全和财产安全等方面都受到了一定的威胁，被绑架和袭击的次数逐年增多，不时成为中东恐怖主义组织或带有恐怖性质的极端主义团体，以及境外的"东突"分裂势力的袭击目标。③ 尤其在能源供应方面，中东的能源供应与中国的核心利益紧密相关，有效的能源供应是中国经济和社会可持续发展的基本保证。伊拉克恐怖主义泛滥已经直接威胁到中国在伊拉克的石油进口和相关投资，虽然并未从根本上影响到中国石油安全供应，但是如果伊拉克局势动荡外溢，造成海湾地区动荡，势必将会对中国的经济发展产生重要影响。

第二，借助参与中东恐怖主义治理，树立并展示负责任大国形象，这是中国参与中东恐怖主义治理的重要战略考量。中东恐怖主义不仅困扰着全世界，也在不同程度地上困扰着中国。如何对待中东恐怖主义，是考量大国在人类共同问题责任性的标准之一。中国当前的国际地位举足轻重，但是中国的和平崛起与民族复兴以及中国梦的实现需要充分调动国内外两种资源。而良好的国际形象有助于获得上述资源。因此，中国积极参与中东恐怖主义治理，一方面履行了作为安理会常任理事国赋予的职责，另一方面是树立中国国家良好形象的重要机会。这也符合十八大和十九大精神的要求，即中国将以更加积极的姿态参与国际事务，发挥负责任大国作用，共同应对全球性挑战。

三 中国参与中东恐怖主义治理的政策与机制

中国参与中东恐怖主义治理是中国对外战略的有机组成部分。冷战结

---

① Jacob Zenn, "Beijing, Kuming, Urumqi, Guangzhou: The Changing Landscape of Anti-Chinese Jahidists, Jameston Foundation," *China Brief*, Vol. 14, Issue 10, 2014.

② 《基地组织向中国宣战 声援 ISIS 插手新疆》，中商情报网，http://mil. askci. com/military/2014/10/24/1054524nxi. shtml，登录时间：2015 年 1 月 15 日。

③ 王琼：《当前中东恐怖主义的影响》，http://www. 21ccom. net/articles/qqsw/qqgc/article_20140721109773. html，登录时间：2015 年 5 月 7 日。

束至今，中国的对外战略目标是维护世界的和平与安全，以便为中国实现国家利益创造良好的外部环境。这一核心目标同样适用于中国的中东恐怖主义治理。因此，尽管中国政府在参与中东恐怖主义治理方面至今缺乏一个清晰而又明确的战略表述，但中国政府所采取的实际政策及其参与路径已经传递出相关的战略取向。

冷战后中国政府对于恐怖主义有着明确的原则立场表态和清晰的政策表述。主要内容可归纳为：原则立场上，中国政府反对一切形式的恐怖主义；最终目标上，中国政府坚持打击恐怖主义要标本兼治；恐怖主义定性上，中国政府反对将恐怖主义与特定的民族和宗教挂钩，反对在反恐问题上搞"双重标准"；治理主体上，中国要求充分发挥联合国在国际反恐斗争中的主导作用；理念上，中国政府倡导新安全观，加强国际合作。[①] 在上述政策指导下，中国在中东恐怖主义治理问题上形成了以下参与路径。

第一，参与国际多边正式机制。在应对中东恐怖主义问题上，中国积极参与国际多边机制，严格遵守机制规则，集中表现为加入联合国反恐公约。截至2014年底，联合国出台13项关于反恐的国际公约，除了某些公约中的个别条款外，中国已经全部通过（见表5-2）。当前，中国正积极推动联合国就"关于国际恐怖主义的全面公约草案"的相关协商工作。

表5-2　中国加入的联合国反恐公约一览

条约名称	中国加入时间	备注
1963年《飞机公约》	1978年	1979年生效
1970年《关于制止非法劫持航空器的公约》	1980年	
1971年《关于制止危害民用航空安全的非法行为的公约》	1974年	
1973年《关于防止和惩处侵害应受国际保护人员包括外交代表罪行的公约》	1987年	不接受第13条第1款
1979年《反对劫持人质国际公约》	1993年	
1980年《关于核材料的实物保护公约》	1989年	不接受公约第17条第2款

① 李湛军：《恐怖主义与国际治理》，中国经济出版社，2006；朱威烈：《中东恐怖主义、全球治理与中国的反恐政策》，《阿拉伯世界研究》2011年第2期，第4～6页。

续表

条约名称	中国加入时间	备注
1988 年《蒙特利尔公约补充议定书》	1988 年	
1988 年《制止危害航海安全的非法行为公约》	1991 年	保留第 16 条第 1 款
1988 年《制止危害大陆架固定平台安全非法行为议定书》	1991 年	
1991 年《关于在可塑炸药中添加识别剂以便探测的公约》	1991 年	
1997 年《制止恐怖主义爆炸事件的国际公约》	2001 年	
1999 年《制止向恐怖主义提供资助的国际公约》	2006 年	
2005 年《制止核恐怖主义行为国际公约》	2010 年	

资料来源：表格自制。

第二，参加多边或双边非正式机制，将中东恐怖主义治理作为发展和构建与中东国家关系的一个重要议题。首先，中国通过与中东地区国家和国际组织建立合作关系，将反恐议题作为重要合作内容。截至 2016 年初，中国和中东地区建立的多边或双边合作机制有中阿合作论坛、中国—沙特全面战略伙伴关系、中国—埃及全面战略伙伴关系、中国—伊朗全面战略伙伴关系、中国—阿尔及利亚全面战略伙伴关系、中国—苏丹战略伙伴关系、中国—土耳其战略合作关系以及中国—阿联酋战略伙伴关系等。其次，除了参加联合国相关的反恐大会外，中国还积极参加和主办针对中东恐怖主义治理的国际反恐会议。2007 年 11 月，中国代表参加了由联合国、伊斯兰会议组织和伊斯兰教科文组织联合举办的突尼斯国际反恐会议。2013 年10 月，有 47 个国家的代表参加的由欧洲委员会和土耳其政府主办的伊斯坦布尔国际反恐会议。2014 年 3 月和 12 月，中国代表分别参加了巴格达第一届国际反恐会议和叙利亚主办的国际反恐会议。2016 年 10 月，中国外交部主办"全球反恐论坛"。

第三，与中东国家进行实际的反恐合作。中国当前已经与多个中东国家在打击恐怖主义进行了双边实质性的合作，包括反恐演习、交流情报、经济援助、人员培训、派遣维和人员等。中国与巴基斯坦进行了多年的反恐合作，共同打击三股势力，尤其在防控中东极端分子渗入中国方面进行了有效合作，这些深度合作已经成为双边反恐合作的典范。以色列作为备受中东恐怖主义侵扰的国家，其在恐怖主义治理的经验较为丰富。2012 年12 月，中国武警代表团在以色列进行为期一个月的反恐课程训练，双方于当月以色列防长甘茨访问北京时签署中国武警赴以色列培训计划，目的是增强中国武警反恐防暴的实战能力。① 2014 年 10 月，中国向伊拉克包括库尔德地区提供 6000 万元人民币的紧急人道援助。2014 年 12 月，中国派遣一个 700 人的维和步兵营赴南苏丹执行维和任务。另外，中国与中东国家在反恐问题上保持着高层交往。2014 年 11 月，中国公安部部长孟建柱作为习近平主席的特使前往伊朗、土耳其和埃及三国进行访问，深入交流和交换了反恐和执法安全合作意见，深化了彼此间战略合作关系的内涵。②

四　中国参与中东恐怖主义治理的优势与制约因素

由上述不难看出，中国参与中东恐怖主义治理政策鲜明，强调多边机制的作用，同时注重双边机制的发展和拓展。尽管硬性参与不足，但软性优势明显。

第一，中国在中东恐怖主义治理中恪守机制规则，注重合法性，从而占据道义优势。中国在参与中东恐怖主义治理过程中，原则性立场鲜明，不使用双重标准，以事实为依据进行相关事件的判断与表态。这种方式已得到中东国家和社会以及国际社会的普遍认同。中国参与国际反恐始终坚持两项原则，一是反恐行动必须遵循国际法和国际关系准则，尊重联合国及其安理会发挥主导作用；二是不能搞反恐双重标准，不能与民族与宗教问题挂钩。中国政府公开支持中东国家反恐行动，并对中东地区恐怖主义事件进行鲜明的表态，对世界各地由中东恐怖分子制造的恐怖袭击进行公开谴责，涉及伊拉克、埃及、阿尔及利亚、阿富汗、巴基斯坦、英国、法国、俄罗斯等国家遭到的恐怖袭击。③

第二，中国在中东地区拥有良好的形象优势。历史上，中国和大多数

---

① 张喆：《中国力推与阿拉伯、以色列关系》，http://www.dfdaily.com/html/51/2012/5/26/797780.shtml，登录时间：2015 年 7 月 20 日。

② 《孟建柱出访中东：有助于反恐合作深入》，《新京报》2014 年 11 月 25 日。

③ 具体参见中国外交部网站《发言人表态和电话问答》，http://www.fmprc.gov.cn/mfa_chn/fyrbt_602243/dhdw_602249/default_26.shtml，登录时间：2015 年 12 月 1 日。

中东国家有着良好的传统关系，中国在绝大多数中东地区国家层面和社会层面的正面形象占据绝对主流。近年来，中国政府加大对中东地区政治事务的参与力度，并在斡旋那些滋生恐怖主义的中东核心事务中已经积累了一定的经验。① 这也是中国参与中东问题治理的一大重要突破。当前，中国在斡旋苏丹和南苏丹和解、调节巴勒斯坦问题的巴以双方、与阿富汗塔利班的接触等诸多事务中的角色可视为是中国参与中东恐怖主义治理的前奏。

第三，中国拥有灵活的机制优势。与美国相比，中国参与中东恐怖主义治理机制主要是联合国授权的合法性多边正式机制与双边反恐合作非正式机制。这两种机制得到当事国的认同度较高，灵活性较强。

尽管中国政府已经较为积极地参与中东恐怖主义治理进程，但从参与程度来看，还不是很深入，软性优势有余，硬性优势严重不足。

第一，受参与中东恐怖主义治理多样化行为主体的制约。参与中东恐怖主义治理的行为主体众多，既有国家行为体，又有各类非国家行为体，各种行为主体的利益牵扯各异，分歧严重，对中国有效参与中东恐怖主义治理形成严重束缚。首先是美国的制约。以美国为首的西方国家作为中东恐怖主义治理的主导者，不仅在对中东恐怖主义的价值判断上，而且在治理方式上均与中国难以形成无缝对接，歧见甚巨，对中国深怀戒心。美国因政治之需，在中东恐怖主义治理问题上一直执行双重标准，包括恐怖主义概念界定、恐怖组织的划定、反恐联盟的组建等，政治目的性和排他性十分明显。对于中国当前积极参与中东恐怖主义治理的姿态，美国国内政见不一，主流观点仍是以抨击中国为主，治理行动则以排挤中国先行。2014年8月，奥巴马在接受《纽约时报》专栏作家托马斯·弗里德曼专访时，认为中国在中东地区不负责任，只会"搭便车"。② 9月，美国前国务卿赖斯访问中国，试图邀请中国参与打击"伊斯兰国"组织，而在随后发布的新反恐联盟名单，中国榜上无名。2014年8月美国新安全研究中心研究员埃米·常（Amy Chang）在美国著名期刊《国家利益》上发表文章，极尽歪曲中国的反恐行动，认为"'9·11'事件后，中国利用美国面对恐怖主义的

---

① 参见孙德刚《中国在中东开展斡旋外交的动因分析》，《国际展望》2012 年第 6 期。

② 《奥巴马：中国搭 30 年便车 没人指望他们做任何事情》，http://news.ifeng.com/a/20140810/41515927_0.shtml，登录时间：2015 年 12 月 25 日。

脆弱心理，将国内的民族宗教问题披上实质性恐怖主义问题的外衣"。① 美国这种典型的双重标准和门户之见严重制约着国际恐怖主义的有效治理。另外，2014 年 11 月，中国斡旋阿富汗国内各派别，与塔利班进行了友好接触。但是，美国、日本等西方媒体开始抹黑中国，认为中国在阿富汗问题上已经开始逐渐代替美国，耸言中国意图深度介入中东事务，进而赶走美国。美国白宫发言人在 2015 年 1 月的一次记者招待会上，改变了一贯的立场，宣称"塔利班"不是恐怖组织，大有与中国争夺之势。由此可见，美国在中国参与中东恐怖主义治理进程中，会千方百计阻挠而难有真正的合作。其次，某些中东国家与中国在"三股势力"上的分歧也是一种制约因素。中东国家对与中东恐怖主义联系紧密的分离主义、恐怖主义和宗教极端主义等"三股"势力提供庇护。土耳其前政府高官热扎·贝根将军出任"世维会"名誉主席，土政府给"东突"分子发放入境签证。当前在土耳其活跃的"东突"组织有 20 余个。② 在"伊斯兰国"崛起期间，土耳其主动收容非法出境中国公民，土耳其驻中国使馆给"东突"嫌犯发空白护照让其入境，尤其是"东突"分子得以在土耳其、叙利亚和伊拉克三国之间自由来往。这些分歧对中国参与中东恐怖主义治理产生重要的负面作用。最后，中东国家内部在中东恐怖主义问题上的严重分歧也对中国参与该问题治理有一定的制约。因中东问题的复杂性，阿拉伯国家、伊朗、土耳其和以色列等国在恐怖主义的界定问题上因国家利益、民族利益和宗教教派利益不同等存在根本分歧。③ "你眼中的恐怖分子是我眼中的英雄"的观念在中东地区颇为流行，无形中制约着中国参与这一问题的有效性。

　　第二，受中国自身国际威望和自身意愿的制约。当前新兴国家群体性崛起改变了国际力量对比，中国的国际地位也不断提高，但在物质优势和意识形态影响力方面并不具有绝对压倒性优势。自中国政府宣布要积极参与并推动全球治理机制的变革以来，中国在全球治理中的话语权还是有限

①　Amy Chang，"Why Washington Should Avoid Cooperation With Beijing for Cooperation's Sake，" *The National Interest*，August 18，2014，http：//quelquefois. net/toujours/，登录时间：2016 年 1 月 5 日。

②　苏力伟、金丰：《土耳其为何成东突庇护所？》，http：//www. china. com. cn/military/2013 - 07/24/content_ 29514812_ 2. htm，登录时间：2015 年 1 月 20 日。

③　赵军：《中东恐怖主义治理及其发展前景》，《阿拉伯世界研究》2013 年第 3 期，第 51 ~ 61 页。

的。根据华东政法大学 2014 年 11 月公布的《国家参与全球治理指数》，中国名列第五，排在美国、法国、俄罗斯和英国之后。[①] 这一点集中反映在国际恐怖主义治理这一重大问题上，中国绝非中东恐怖主义治理的主导者，这也表明中国政治亲和力、经济实力和文化影响力还相对有限，其参与治理的认可度还有待提升。

另外，中国经济实力的增长直接促使积极参与全球治理的雄心增强，但事实上，中国本身为中东恐怖主义治理提供公共产品和国际公益的意愿相对较低。虽然它是出于对国际公益的关注，没有明显的排他性和利己性，但它所能够提供的公共产品有限，尤其是军事能力。这也是中国一直坚持联合国应当主导中东恐怖主义治理的原因所在。

第三，受中国在中东地区有限的影响力制约。经贸方面，当前中国是中东最大的贸易伙伴、中东石油最大的进口国，中东是中国最大的石油来源地。但是，中国向中东出口以家电、电子、机器设备、食品、轻工业产品为主，替代供应方随时可能出现。因此，中东对中国出口产品依赖的敏感性和脆弱性比较低，中国难以借此形成对中东的影响力。另外，中国对中东的直接投资额及其技术含量都不高，难以转化成有效影响力。2003 ~ 2011 年在中东吸引的外部直接投资中，欧洲占 24%，北美占 18%，中国只占 1.8%。[②] 特别是，中国还没有能力获得高端技术合同，极少得到能源投资的上游项目，投资的可替代性强。中国对外援助的总额越来越大，但是对中东援助份额不大，不足以产生巨大影响力，至今影响微弱。同经济影响力相比，由于中国与中东国家在政治制度、历史境遇、经济制度以及政治意识形态所处境遇等相似，以及中国在中东尤其在联合国对中东伊斯兰国家的政治支持等，受到中东国家的普遍赞赏，在中东的政治影响力相对较大。同经济资源和政治资源相比，从中国在中东的军事存在、军事盟国、军售、军事演习和军事交流等方面来看，中国的军事资源在中东地区较少，有学者甚至认为，"无论从哪个角度看，中国在中东的军事影响完全可以忽略不计"[③]。

---

① 汪闽燕：《国家参与全球治理指数发布》，《法制日报》2014 年 11 月 25 日，第 10 版。
② 牛新春：《中国在中东的利益与影响力分析》，《现代国际关系》2013 年第 10 期，第 52 页。
③ 牛新春：《中国在中东的利益与影响力分析》，《现代国际关系》2013 年第 10 期，第 52 页。

第四，受残缺的治理机制的制约。现存的中东恐怖主义治理机制缺乏一致性和协调性，治理方式"硬性"有余，软性不足。在中东恐怖主义治理上，国际社会缺乏一套协调一致的有效治理机制，即使在较为重要的机制中，中国也是有限的参与者，这也是制约中国参与中东恐怖主义治理有效性的又一重要制约因素。① 全球层面，联合国框架下的恐怖主义治理机制在中东地区恐怖主义治理中基本上被美国及其盟友所抛弃。地区层面，中东地区至今没有有效的泛地区反恐机制，次区域反恐机制亦不发达，亟待提升。在双边层面，中国虽然与以色列、埃及、沙特、土耳其等中东地区主要国家有一些实质性的合作机制，但这些机制在真正触及合作对象国利益和政治意识形态时，往往被这些障碍所代替。

五　中国参与中东恐怖主义治理的经验总结

需要指出的是，尽管中东恐怖主义对中国各类国家利益有着不同程度的威胁，但是中国仍然是"基地"或"伊斯兰国"等中东恐怖组织全球圣战的次要目标，且在参与该问题治理的主体中，中国绝非主导者，甚至是边缘参与者。因此，中国需要对中东恐怖主义的威胁进行客观清晰的评估后，才能参与其中。同时，应当采取着眼长远、保护自我、现实可行且能够为其他国际行为体所接受和分享的双赢政策，能够在理论上阐述中国对于解决中东恐怖主义问题的世界观，在实践上提出中国解决中东恐怖主义问题的方案。基于此，笔者认为未来中国参与中东恐怖主义治理进程时，应该把握以下几点。

第一，中国应在中东恐怖主义治理问题上继续保持已有优势，拓展合作范围，继续在联合国授权范围内开展行动。在复杂多变的国际恐怖主义活动中，由于参与中东恐怖主义治理的行为体众多，利益牵扯错综复杂，各方往往将恐怖主义作为实现自身国际政治的目的。在此情况下，中国仍然需要继续占据道义高地，如要深度参与其中，仍要坚持联合国授权。此外，中国应加强与中东及中东域外区域和次区域组织的合作，将与中东国家、（次）区域组织的双边或多边反恐合作做实。中国不仅仅要与沙特、土耳其、以色列、伊朗和埃及等中东主要国家建立反恐合作机制。由于中东

---

① 赵军：《中东恐怖治理的现状与前景》，《阿拉伯世界研究》2013 年第 3 期，第 55 页。

区域组织在中东恐怖主义治理中的重要角色得到中东国家的普遍认同，中国也要进一步提升与中东区域或次区域组织实质性合作，应与非盟、阿盟、海合会和马格里布联盟等（次）区域组织提升合作层次。

第二，在参与中东恐怖主义治理进程中，中国需要创新性思维。首先，中国参与国际治理经验不足。在参与中东恐怖主义治理过程中，需要加强对相关治理理论的研究，在学习西方域外治理经验的同时，发展现有的西方对中东恐怖主义治理理念。其次，规则制定。中国参与中东恐怖主义治理的条件之一是其能否在治理的规则制定中发挥应有的作用。目前，以"基地"组织扩散和"伊斯兰国"组织崛起等为标志，联合国将会迎来全新的恐怖主义治理国际规则制定期。这一判断的前提是："伊斯兰国"组织为国际反恐合作方式塑造新的国际规则提供机遇。在此过程中，为了更为有效地参与中东恐怖主义治理，中国必须准备在新的国际规则制定中发挥作用。再次，中国应尝试建立全新的中东恐怖主义的治理方式。以美国为首的西式治理方式不管是在现实中还是在价值目标上均陷入了安全困境之中，而中东国家在恐怖主义问题上追随美国，致使最终伤害自身。当前，中国正尝试另辟蹊径，并恪守双赢底线，将建立新型大国关系的外交经验进一步拓展到与某些中东国家的交流之中。当然，直到今天，还不能说中国的这种方式获得成功，但是这种包容性接触的治理尝试，无疑具有长远的意义和价值。

第三，中国在参与中东恐怖主义治理进程中，应该重在传递中国的有效经验。客观而言，中东诸多恐怖组织在性质上和中国传统社会中的土匪、流寇或帮会相似，但政治动机更加明确。众所周知，新中国成立后，中国政府在很短的时间内将上述数千年流弊的社会负能量彻底消除，至今使之难以死灰复燃。中国治本的主要经验就是发动群众，彻底消除滋生土壤，这条经验在中国政府国内反恐中也初见成效。中国当前形成的各界群众自发组织巡逻、围堵恐怖分子、提供价值线索等全民反恐态势让不少恐怖袭击计划胎死腹中。因此，不管是当前还是未来，中国参与中东恐怖主义治理并不在于像美国那样硬性的深度参与，更重要的是中国能否将已有的经验有效传递给这些深受恐怖主义蹂躏的中东国家并实施之。如果这些国家能够接受并深入发动群众，那么中东恐怖主义就会失去群众基础，失去生存的土壤，继而消失也就不是神话了。

六　结语

综上所述，冷战后中国参与中东恐怖主义治理是基于国家核心利益受到威胁和影响的情况下做出的战略选择。中国参与中东恐怖主义治理在战略上定位不够明晰，但在策略上已经通过多种方式参与其中，并具有道义优势、形象优势和机制灵活的优势。当然中国在参与中东恐怖主义治理过程中，受到参与治理的各类行为主体、自身意愿和威望、在中东的影响力以及残缺的合作机制等因素不同程度的制约，这些制约因素决定着中国当前在中东恐怖主义治理中只能有限参与。在未来的中东恐怖主义治理过程中，中国一方面需要继续保持自身优势，传授中国经验；另一方面需要创造性介入，方能实践中国特色治理方式。

第二节　中国参与索马里海盗问题治理

索马里海盗问题的治理过程本质上是美国、俄罗斯、中国、英国、法国、德国、日本、印度等大国以及联合国、北约、欧盟、非盟、阿盟、国际海事组织等国际组织向索马里提供公共产品的过程。索马里海盗问题的全球治理范式具有二元性：从策略层面来看，其问题的解决，依靠国际社会设计一套较为完善的国际机制，增强各成员之间的协调与互信，避免公共产品供给过程中某些成员奉行"搭便车"的机会主义政策，也应避免有些成员将公共产品"私有化"的做法，实现索马里海盗的打击手段由"各自护航"转向"共同遏制和分区巡逻"；从战略层面来看，海盗问题的本质是索马里问题，国际社会应向过渡联邦政府提供尽可能多的人道主义援助，维护联邦政府的权威，加强索马里社会枪支管理，完善海盗惩罚的司法程序。迄今，以美国为首的西方在索马里海盗问题的治理中更强调使用武力，追求"立竿见影"，其治理理念具有"西医"的显著特征；以中国为首的东方国家则强调索马里海盗问题的社会根源，其治理理念具有"中医"的某些特征。今后索马里海盗问题的全球治理应兼顾策略与战略两个层面，吸收东西方治理理念中的有益成分，在公共产品的供给过程中充分发挥"西医治标"、"中医治本"的互补优势。

一　索马里海盗对中东安全秩序的挑战

海盗是人类社会的共同敌人，打击海盗是国际社会的共同责任。目前，马六甲海峡、亚丁湾和几内亚湾是世界上较为繁忙的海域，也是海盗较为猖獗的三大地区。尤其自 2008 年以来，亚丁湾索马里海盗成为吸引世界媒体关注的焦点，对各国海外利益构成了前所未有的挑战，也给联合国执行向索马里提供人道主义粮食援助增添了不少麻烦。据国际海事局（IMB）统计，仅从 2010 年 4 月 1 日至 4 月 6 日共 6 天的时间里，世界各地新增报道海盗袭击事件 11 起，其中有 7 起发生在索马里海域。① 索马里海盗问题成为影响中东和非洲局势走向、引发大国关系互动的重要因素。索马里海盗问题是索马里乱局的外溢，本质上属于全球治理问题，它是国际社会长期对索马里乱局漠视、全球公共产品供应"赤字"的必然结果。②

索马里环抱海上交通要道——亚丁湾，每年全球约 2 万艘货船经此航道，为索马里海盗的兴起提供了外部条件。③ 2008 年，在全球各海域中，海盗成功劫持货船 49 起，其中多达 42~44 起发生在索马里海域。2008 年 9 月 25 日，乌克兰"法伊尼"号（MV Faina）军火船载有 33 辆 T-72 坦克、火箭发射器和小型武器，计划前往肯尼亚港口，结果也遭索马里海盗劫持，

---

① International Piracy Bureau, "Live Piracy Report," http://www.icc-ccs.org/index.php?option=com_fabrik&view=table&tableid=534&calculations=0&Itemid=82, 登录时间：2015 年 10 月 25 日。

② 目前学界对索马里海盗问题的研究主要有三个路径，一是从国际法角度探讨各国打击海盗的合法性问题，如李文沛著《国际海洋法之海盗问题研究》，法律出版社，2010；黄莉娜：《国际法视角下的索马里海盗问题》，《法学评论》2010 年第 2 期；何学明、逄金雷著《透视索马里海盗》，海洋出版社，2009。二是从非传统安全的国际政治角度探讨打击索马里海盗问题，如孙国著《索马里海盗》，人民武警出版社，2009；肖洋、柳思思：《警惕与应对：海盗行为"恐怖主义化"——以索马里海盗为分析对象》，《国际论坛》2010 年第 2 期。三是从热点外交的角度探讨索马里海盗问题的危机管理，如 Martin N. Murphy, *Contemporary Piracy and Maritime Terrorism: the Threat to International Security*, New York: Routledge for the International Institute for Strategic Studies, 2007; Christopher Spearin, "Private Security, Somali Piracy, and the Impolications for Europe," *European Security and Defence Forum Workshop*, No.2, November 2009; 刘军：《索马里海盗问题探析》，《现代国际关系》2008 年第 1 期等。

③ 张家栋：《世界海盗活动状况与国际反海盗机制建设》，《现代国际关系》2009 年第 1 期，第 35 页。

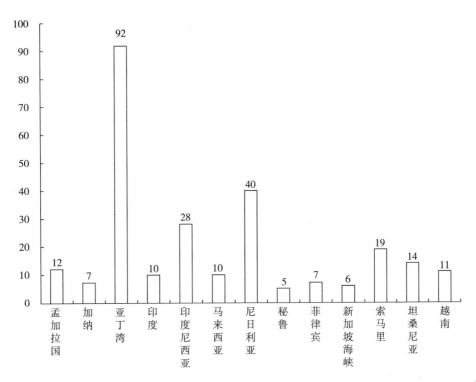

图 5 - 1　2008 年世界主要国家和地区发生的海盗袭击次数

资料来源：ICC International Maritime Bureau, *Piracy and Armed Robbery Against Ships*, *Annual Report 2008*, London, January 2009, p. 7。

最终被迫于 2009 年 2 月 4 日支付 320 万美元的赎金。[①] 索马里海盗对国际航道通行自由构成了巨大挑战，增加了商船的运营成本，仅 2008 年世界各国商船就向索马里海盗支付赎金 1.2 亿美元，每年给国际社会造成的经济损失达 150 亿美元左右。如果商船绕道好望角，其运费就会增加 20%～30%，保险公司对于过往索马里海域船只收取的保险费也一度翻一番。

面对日益严峻的索马里海盗危机，2008 年 2 月 27 日，索马里驻联合国代表乌尔德 - 阿卜杜拉致信安理会，强调过渡联邦政府请求国际社会提供紧急援助，在索马里领海和国际海域采取一切必要行动，确保国际航道安全畅通。9 月 1 日，索马里过渡联邦政府总统优素福·艾哈迈德致信联合国

---

① Christopher Joyner, "Navigating Troubled Waters: Somalia, Piracy, and Maritime Terrorism," *Law & Ethics*, Winter/ Spring 2009, pp. 83 - 86.

秘书长潘基文，重声政府愿意同国际社会通力合作，严厉打击索马里海盗和武装抢劫行为。[①] 国际海事组织（IMO）秘书长米乔普勒斯（Efthimios E. Mitropoulos）于 2008 年 11 月 20 日致信联合国秘书长潘基文，要求安理会和国际社会采取高度协调，打击索马里海岸日益猖獗的海盗行为，并建议在亚丁湾和索马里附近海域采取护航行动。[②] 该组织还指出，仅 2009 年 12 月一个月内，国际海事组织新增海盗和武装抢劫事件报告 27 起[③]，其中大部分发生在红海—亚丁湾—西印度洋一线索马里附近海域。

二 索马里海盗问题与公共产品供应"赤字"

索马里海盗问题的根源是什么？国际社会应当采取怎样的应对措施？本书认为，该问题本质上是全球治理问题[④]，它从一个层面反映了索马里因长期处于无政府的战乱状态，国内公共产品供应出现了严重"赤字"，国际社会尤其是大国必须在全球治理过程中向其提供必要的公共产品，从而弥补其国内公共产品供应之不足。正如巴利特（Scott Barrett）所言："当一国缺乏有效的政府，特别是那些虚弱的、脆弱的、失败的和遭到毁灭的国家，通常难以提供最基本的公共产品，包括个人安全与公共安全。"[⑤] 索马里海盗问题在一定程度上体现了其国内公共产品供应不足而出现的国内问题国际化现象，解决索马里海盗问题的过程主要就是国际社会向其提供公共产品的过程。

公共产品理论（Public Goods Theory）成长于 20 世纪 60～70 年代，兴盛于 80 年代，该学派试图采用经济学的研究方法，分析国际政治中的国家

---

① "United States Joins International Response to Somani Pirates," *The American Journal of International Law*, Vol. 103, No. 1, 2009, p. 147.

② "Briefing 54," International Maritime Organization, 21 November, 2008.

③ "Reports on Acts of Piracy and Armed Robbery Against Ships," International Maritime Organization, 5 January 2010, p. 2, http://www.imo.org/en/pages/Default.aspx.

④ 全球治理的主体具有多元性，包括国家、社会、非政府组织和国际组织等，它强调在多边合作的范围内解决成员面临的共同关切，这在索马里海盗问题上表现得较为明显。参见 Andrew F. Cooper, Brian Hocking, and William Maley, *Global Governance and Diplomacy: World Apart?*, London: Palgrave Macmillan, 2008, pp. 2–3。

⑤ Scott Barrett, *Why Cooperate? The Incentive to Supply Global Public Goods*, Oxford: Oxford University Press, 2007, p. 190.

行为模式。^① 公共产品的最大特点是：它在使用上具有非排他性（non-excludability）和非竞争性，公共产品的提供者（多为联盟的发起者或主导者）不能排斥其他成员享受公共产品带来的好处。奥尔森（Mancur Olson, Jr.）和泽克豪瑟（Richard Zechhauser）首次系统提出并分析了公共产品理论。他们以北约为研究个案，发现北约成立的初衷是防范苏联的军事进攻，但由于西欧处于苏联威胁的最前沿，理应贡献比美国更多的军费开支，但事实上美国承担了北约防御的主要费用。这一现象引起他们的浓厚兴趣。1966年，这两位经济学家共同发表了一篇题为《联盟的经济理论》的文章，系统阐述了非对称性联盟——北约在防务费用分担方面面临的问题。^② 公共产品理论学派一改传统现实主义从权力平衡理论的视角分析联盟理论的习惯性做法，试图从经济学的角度，通过科学的方法和缜密的计算来揭示集体行动的规律，并提出下列观点。

第一，安全合作所带来的收益好比是公路和街灯等公共产品，由于公共产品不可分隔（indivisibility），即使没有提供防御费用的国家也能享受其他国家参与安全合作所带来的集体福利。这一假设解释了为什么集体行动当中一些小国选择"搭便车"（free-riding）政策，并指出了大国在集体行动中承担更多的责任就是向盟国提供"公共产品"，结果造成多边军事联盟在防御费用支出方面出现严重的不平衡性，导致内部经常会在军费分摊问题上讨价还价。

第二，由于制度约束机制的缺失，集体行动中成员体在安全合作问题上多采取搭便车政策，所以联合体成员之间的防御经费的使用不可能达到优化（optimal）和高效（efficient）的程度。^③

第三，机会主义行为的倾向性与成员数量的多少呈正比，参与集体行

---

① 公共产品理论的前期研究成果可参见 Mancur Olson, *The Logic of Collective Action: Public Goods and the Theory of Groups*, New York: Schocken Books, 1971; Robert O. Keohane, *After Hegemony: Cooperation and Discord in the World Political Economy*, Pincetion: Princeton University Press, 1984; 苏长和：《全球公共问题与国际合作：一种制度的分析》，上海人民出版社，2009。

② Todd Sandler, "The Economic Theory of Alliances: A Survey," *Journal of Conflict Resolution*, Vol. 37, No. 3, September 1993, p. 446.

③ Todd Sandler, "The Economic Theory of Alliances: A Survey," *Journal of Conflict Resolution*, Vol. 37, No. 3, September 1993, p. 446.

动的成员越多,各成员就越有可能采取推卸责任的"搭便车"政策,或者说机会主义政策。

第四,从收益最大化、成本最小化的理性思维逻辑出发,仅依靠完全自愿的行为无法使公共产品被生产出来,即使在规模相当有限的集体中,个人也可能表现出大规模群体下的行为模式。[①] 公共产品理论利用科学行为主义方法,假定联盟内部是非等级制的,透析了联盟管理的一般规律,并有力地解释了集体行动的难题和大国承担更多义务的原因。

如果将大国维护国际秩序的行为视为提供公共产品,索马里海盗危机的爆发则表明国际公共产品的供应不足,体现了集体行动的难题。冷战时期,美、欧、苏等国家和国家集团为索马里提供了重要的国际公共产品,索马里政府也提供了主要的国内公共产品。特别是在国际经济层面,英国、苏联、联邦德国、日本、瑞典、丹麦和伊拉克等国为索马里的渔业发展提供了重要支持;在安全层面,苏联曾经在索马里和也门建立军事基地,美国也在亚丁湾——海湾地区部署了重要军事存在,大国的军舰频繁在亚丁湾和索马里附近海域巡逻,对海盗形成了强大威慑力。美苏尽管在非洲之角一度竞争激烈,但客观上也为该地区提供了公共安全产品,维护了地区稳定。冷战结束后,苏联不复存在,并从亚丁湾和海湾地区撤出了军事基地,美国也逐步减少了在该地区的军事存在,加上索马里于1991年起陷入无休止的内战,大国和索马里在该地区的公共产品供给出现了严重"赤字"。

冷战后,为解决索马里公共产品的"赤字"问题,以美国为首的西方国家曾试图帮助索马里恢复秩序和稳定。1993年10月,维和部队同当地军阀武装爆发激烈冲突,美国一架"黑鹰"直升机因遭到地面火力的攻击而坠毁,12名美军士兵死亡,78人受伤,6人被劫持为人质。随后,另一架直升机也被索马里军队击落,美国士兵尸体曾在摩加迪沙马路上遭到"游街",成为各大媒体和报刊的头条新闻。1994年3月31日,美军最后一批作战部队撤离索马里,宣告了军事干预索人道主义危机的失败[②],也宣告了联合国在该国维和行动的阶段性失败。国际社会撤出维和力量后,索马里

---

① 詹姆斯·M. 布坎南著《公共物品的需求与供给》,马珺译,上海人民出版社,2009,第84~85页。

② John P. Murthaand John Plashal, *From Vietnam to 9/11: On the Front Lines of National Security*, Pennsylvania: The Pennsylvania State University Press, 2006, p. 167.

乱局不仅没有改变，反而进一步向失控的方向发展——没有国际承认的政治组织，没有管理事务的中央政府，没有司法体系，没有国家银行和保险业务，没有国家电信和邮政业务，没有国家教育和卫生体系，没有全国警察和公共安全体系，也没有可靠的电力与饮用水供应体系。整个索马里似乎回到了19世纪。[①]

由于1993年以来美国对索马里采取撒手不管的政策，加上其国内军阀割据，索马里逐步成为"烫手的山芋"，没有一个国家愿意继续向其提供"公共产品"。索马里海盗危机从一个侧面反映出国际社会尚未找到治理索马里问题的有效范式，其公共产品的缺失导致其国内政治危机和社会矛盾出现"外溢"现象，索马里海盗危机就是典型的例子。

解决索马里海盗问题，必须解决公共产品供应中的"集体行动难题"，减少国际社会成员"搭便车"现象，其有效途径主要有三个：第一，设计一套较为完善的索马里海盗问题国际安全合作机制，并通过安理会赋予这种安全合作机制一定的权威性和强制力[②]；第二，给予公共产品主要供应方一定的声誉和领导权。与小国相比，由于大国更注重声誉、形象和国际道义因素，因此选择"搭便车"的可能性更小一些，[③] 在解决索马里海盗问题上，国际社会应充分尊重公共产品供给者的上述诉求，鼓励其发挥负责任大国的作用，使之成为提供公共产品的动力；第三，在解决索马里海盗问题过程中，应加强国际成员之间的互动，使参与方在与其他成员的协商中体会到人格化关系的影响，使之更加愿意提供公共产品。[④] 要实现这三点，必须加强索马里海盗问题的全球治理，即海上治理与陆上治理，在全球治理中提供公共产品。

三　中国参与索马里海盗问题的海上治理

索马里海盗问题不是索马里一国的问题，而是影响国际贸易与安全

---

① Taisier M. Ali and Robert O. Matthews eds. , *Durable Peace: Challenges for Peacebuilding in Africa*, Toronto: University of Toronto Press, 2004, p. 254.

② Scott Barrett, *Why Cooperate? The Incentive to Supply Global Public Goods*, Oxford: Oxford University Press, 2007, p. 190

③ 熊安邦：《法经济学视阈下的索马里海盗问题研究》，《法商研究》2009年第5期，第8页。

④ 詹姆斯·M. 布坎南著《公共物品的需求与供给》，马珺译，上海人民出版社，2009，第84~85页。

秩序的全球性问题，国际社会因此也做出了积极反应。索马里海盗问题的海上治理，主要依靠两种手段：加强反海盗多边合作和建立国际协商机制。

首先，为打击索马里海盗，国际组织和主权国家纷纷采取亚丁湾护航和巡逻行动，1958 年《公海公约》、1982 年《联合国海洋法公约》和 2008 年安理会通过的一系列决议成为国际社会向索马里海域派出驱逐舰和护卫舰打击索马里海盗的法律基础。如 "9·11" 事件后，美国为打击全球恐怖主义，发起了 "永久自由行动" 计划，成立了 150 联合特遣队（Task Force 150），以遏制中东地区海上恐怖主义，打击范围涵盖索马里海域约 300 万平方公里的海域。近年来，参与 150 特遣队行动的国家有澳大利亚、法国、德国、意大利、巴基斯坦、英国和美国等，成员国旨在加强彼此间的协调与配合，维护国际航道安全。① 2006 年，150 特遣队中的美军曾经将抓获的索马里海盗嫌犯押往肯尼亚审判；2008 年底，150 特遣队中的丹麦军队也曾抓获并释放了数名索马里海盗分子。②

2007 年 8 月，联合国安理会通过第 1772 号决议，请求国际社会为联合国向索马里提供粮食援助的船队提供护航。随后，法国、丹麦、加拿大和荷兰等国主动提出为联合国粮食援助船队提供护航任务。北约也于 2008 年 9 月宣布为联合国粮食援助项目的船队提供护航任务。2008 年 12 月 8 日，欧洲议会做出一项决定，命令欧洲海军力量（ENF）前往索马里海域，参与索马里海盗的威慑、制止和打击行动，即 "阿塔兰塔行动计划"（Atalanta）。欧洲海军力量不仅为联合国粮食援助项目船队提供护航任务，而且也向其他国家的商船提供护航任务。2009 年 5 月 16 日，西班牙军舰在护航过程中，向肯尼亚当局移交了抓捕的 13 名海盗嫌犯。③

除西方国家外，阿盟、非盟等地区组织也纷纷投入打击索马里海盗的行动中。2008 年，埃及商船以及沙特 "天狼星" 号巨型油轮相继遭索马里

---

① "Continued U. S. Navy Operations Against Pirates off Somalia," *The American Journal of International Law*, Vol. 102, No. 1, 2008, p. 170.

② M. D. Fink and R. J. Galvin, "Combating Pirates off the Coast of Somalia: Current Legal Challenges," *Netherlands International Law Review*, LVI, 2009, p. 383.

③ M. D. Fink and R. J. Galvin, "Combating Pirates off the Coast of Somalia: Current Legal Challenges," *Netherlands International Law Review*, LVI, 2009, p. 383.

海盗劫持后，阿盟在开罗总部召开紧急会议，埃及、沙特、苏丹、索马里、约旦、吉布提和也门等泛红海沿岸国家的代表一致要求采取共同努力，确保国际航线的安全。① 中国海军在亚丁湾护航是中国向世界提供公共产品、探索全球治理新模式的一种有益尝试。

由上文可见，目前索马里海盗问题海上治理的主体繁杂，行动混乱，缺乏必要的协调机制。面对各国采取的护航行动，索马里海盗调整了策略，将劫持商船的地点从以往的亚丁湾（约 18 万平方公里）扩展至索马里以东、以南甚至是肯尼亚海域（约 300 万平方公里），这给国际护航和巡逻工作增添了麻烦，使成员国单独行动的成本不断增加。如 2009 年 4 月 4 日，德国一艘集装箱货轮是在距索马里南部港口城市基斯马尤约 700 公里处的印度洋海域遭海盗劫持。② 以上劫持事件足以表明当前国际社会采取的"各自护航"战略存在明显的漏洞。

表 5-3　各国在索马里附近海域护航和巡逻情况一览

护航主体	参与护航人数	参与护航舰只	护航起始时间	护航结束时间
澳大利亚皇家海军	约 250	1	2009 年 6 月	不详
保加利亚海军	130	2	不详	不详
加拿大海军	240	1	2009 年 11 月	不详
中国海军	约 800	3③	2008 年 12 月 26 日	至今
丹麦皇家海军	300	2	2007 年 2 月	2009 年 4 月
法国海军	不详	5	不详	不详
德国海军	1400	1	2008 年 12 月 8 日	2009 年 12 月 12 日
希腊海军	176~196	1	不详	不详
印度海军	540	2	2008 年 10 月	至今
伊朗海军	不详	不详	不详	不详
意大利海军	240	1	不详	至今

① "Arab League Anti-piracy Meeting," http：//english. aljazeera. net/ programmes/ insidestory/ 2008/ 11/ 20081120113657918575. html，登录时间：2012 年 8 月 9 日。

② 赵虎敬、赵东：《索马里海盗问题解决"瓶颈"探析》，《学理论》2009 年第 20 期，第 10 页。

③ 中国负责索马里护航任务的主要是东海舰队和南海舰队，一般每次派出两艘驱逐舰和一艘综合补给舰。

续表

护航主体	参与护航人数	参与护航舰只	护航起始时间	护航结束时间
日本海上自卫队	400	4	2009 年 3 月	至今
韩国海军	300	1	2009 年 4 月 16 日	至今
马来西亚皇家海军	136	1	不详	不详
荷兰皇家海军	174~202	2	2009 年 3 月 26 日	不详
巴基斯坦海军	不详	不详	不详	不详
葡萄牙海军	不详	不详	不详	2009 年 4 月 20~26 日
沙特皇家海军	不详	不详	不详	不详
俄罗斯海军	350	3 艘驱逐舰和若干补给舰	2009 年 4 月	至今
新加坡海军	240	1	2009 年 4 月 24 日	不详
西班牙海军	423	2	不详	至今
瑞典海军	152	3	2009 年 5 月 15 日	2009 年 9 月 15 日
土耳其海军	503	2	不详	不详
英国皇家海军	250	1	不详	至今
美国海军	不详	来自第五舰队的十多艘	不详	至今

资料来源："Piracy in Somalia", http://en.wikipedia.org/wiki/Piracy_in_Somalia。

目前，各国在索马里附近海域虽采取不同形式的护航行动，但西方国家的军事整合程度较高，而非西方国家内部以及西方与非西方国家之间的整合程度较低。例如，2007 年 12 月，美国与德国海军一道成功解救了悬挂巴拿马国旗的日本化学材料运输船①，但是中国、俄罗斯、印度、伊朗等国基本采取单独护航行动。国际社会分区护航、协调行动、统一指挥、及时沟通海盗情报、采取联合军事演习、甚至采取联合军事行动越来越具有必要性。为应对索马里海盗的新策略，2009 年 11 月 18 日，中国常驻联合国副代表刘振民大使在安理会有关索马里问题的会议上发言，强调为更有效阻止海盗袭击事件的发生，中国有关部门建议参与护航的各国海军力量实行"分区护航"（Areas of Responsibility），以期提高护航效率，降低海盗得

---

① "Pirates Release Tanker Crew Unharmed," *Washington Post*, December 12, 2007.

手概率。① 为此，美国发起了多边反海盗联合行动倡议，即"151 联合特遣队"（CTF151），旨在联合 20 个国家的海军，共同打击索马里海盗，巡逻范围扩展至亚丁湾、阿拉伯海、印度洋和红海，并向中、俄、印发出了邀请。2009 年 1 月至 3 月，151 联合特遣队联合行动，共抓获 117 名海盗嫌犯，其中绝大部分被送往肯尼亚进行司法处理。② 中国护航编队指挥员杜景臣少将表示，中国将严格依据我军对外军事合作原则，独立自主地执行护航任务，不接受其他国家和地区性组织的指挥，不参加其他国家主导的联合护航或打击海盗行动，但会与他国护航舰艇开展信息交流，必要时提供人道主义救助。③ 客观地看，"单干式"的护航成本高，效率低，难以有效遏制索马里海盗，只有国际社会采取联合行动才能增加国际公共产品供给，但设计出一套完善的反海盗国际机制、克服集体行动的难题，需要更多时间。

因此，从北约、欧盟、澳大利亚、韩国、日本、中国、沙特、巴基斯坦、印度、俄罗斯等国和组织在索马里海域的护航实践可以看出，以美国为首的西方国家之间在巡逻和护航方面互动频繁，彼此分工与协作默契，但是中国、俄罗斯、印度、伊朗等国并未与西方国家采取联合行动，索马里海盗问题的综合治理范式一直处于探索阶段，集体行动的难题至今未能解决。这主要是因为大国和大国集团之间尽管在公共产品的供给方面存在共同的安全需要和利益诉求，但是在扩大地区政治影响力方面又存在较明显的竞争关系，特别是大国对于公共产品的供给方式、供给比例存在不同看法，对各自在索马里海域巡逻和护航的政治意图也存在不同的看法。例如，长期以来，美国一直担心中国从中东攫取石油资源，从而和美国形成能源竞争关系；④ 日本自卫队打着反索马里海盗的旗号，在吉布提建立首个海外军事基地引起了部分亚洲国家的不安；中国在索马里附近海域护航，也被许多西方媒体渲染为寻求建立海外军事存在的"信号弹"。即便如此，

---

① 《中国在安理会建议在索马里沿海实施"分区护航"》，http://www.un.org/chinese/focus/somalia/pirates.shtml，登录时间：2015 年 7 月 5 日。
② John Heilprin, "UN Group Charts New Course Against Somalia Piracy," *Yahoo Finance*, January 1, 2009; M. D. Fink and R. J. Galvin, "Combating Pirates off the Coast of Somalia: Current Legal Challenges," *Netherlands International Law Review*, LVI, 2009, p.386.
③ 杜朝平：《美想邀中国参加"反海盗舰队"》，《中国国防报》2009 年 1 月 13 日，第 3 版。
④ Michael Klare and Daniel Volman, "America, China & the Scramble for Africa's Oil," *Review of African Political Economy*, Vol.33, No.108, 2006, pp.297–309.

大国在索马里海盗问题的解决上已建立了初步的交流关系，中国在联合国和多边会议舞台上同其他成员形成良性互动关系。反索马里海盗多边合作和国际机制的完善，必将拓展中国外交的新领域。

其次，除军事手段外，国际社会还通过外交手段，探索解决索马里海盗问题的政治途径。2008 年 12 月，关于索马里附近水域海盗问题的国际会议在肯尼亚首都内罗毕召开，来自 40 多个国家、国际组织和地区组织的代表就索马里海盗问题的解决方案举行了磋商；2009 年 1 月，在国际海事组织的邀请下，17 个国家和国际组织的代表齐聚吉布提，召开了索马里海盗问题国际会议。与会代表承诺将加强海盗信息交流，增强成员国威慑、抓捕和审判海盗的能力，提高成员国海洋安全意识，增强红海沿岸国家海防能力。与会代表还发表了《打击索马里海盗与海上武装抢劫行为守则》，随后有 9 个成员体签署了此《行为守则》。会后，肯尼亚的海洋救援协调中心（Maritime Rescue Coordination Centre）、坦桑尼亚的次区域协调中心（Sub-Regional Coordination Centre）以及地区海洋信息中心（Regional Maritime Information Centre）承诺今后将加强协调与合作，分享海盗情报。①

继 2008 年 12 月 16 日安理会通过第 1851 号决议后，打击索马里海域海盗联络小组（Contact Group on Piracy off the Coast of Somalia，CGPCS）于 2009 年 1 月成立，成员包括澳大利亚、中国、丹麦、吉布提、埃及、法国、德国、希腊、印度、意大利、日本、肯尼亚、韩国、荷兰、阿曼、俄罗斯、沙特、索马里过渡联邦政府、西班牙、土耳其、阿联酋、英国、美国和也门等 24 个国家和非盟、欧盟、北约、联合国和国际海事组织等 5 个国际组织，会议组织者还向比利时、挪威、瑞典和阿盟发出邀请。截至 2010 年 3 月 20 日，已经有 47 个国家和 10 个国际与地区组织成为该联络小组的成员。② 打击索马里海域海盗联络小组下设军事行动协调与信息共享、对海盗的司法审判、航运者自身防范能力、对外宣传等 4 个工作组，致力于改进对反海盗行动的情报支持，建立反海盗协调机制，加强逮捕、拘押、起诉海

---

① Santiago Iglesias Baniela, "Piracy at Sea: Somalia an Area of Great Concern," *The Journal of Navigation*, Vol. 63, 2010, p. 200.

② "Steady Progress Against Somali Piracy," http://www.america.gov/st/peacesec-english/2010/March/20100322131130WCyeroC0.5743219.html, 登录时间：2012 年 8 月 31 日。

盗的司法框架；追踪与海盗有关的资金流向。① 国际海事机构秘书长米乔普勒斯于 2009 年 2 月 24 日组织召开工作组第一次全体会议。在各国海军打击索马里海盗的大背景下，此次会议强调资源和信息共享，审议设置区域协调中心的可能性，讨论区域发展问题。②

联合国也成为国际社会通过外交途径解决索马里海盗问题的平台。2009 年 1 月 28 日，索马里沿海海盗问题联络小组在纽约联合国总部举行会议。主管政治事务的助理秘书长查尔斯·皮特里（Charles Petrie）在代表副秘书长帕斯科所发表的讲话中指出，由于国际社会强化了对索马里海盗的打击，海盗在其出没海域袭击得手的比例有所下降。

索马里海盗猖獗不仅成为威胁地区安全的热点问题和危害国际航道自由通行的隐患，而且牵动大国关系和国际政治的神经。2008 年 12 月以来，中国向索马里和亚丁湾海域派出的护航编队既有海军作战部队，又有特别行动部队，③ 是郑和下西洋 600 多年来中国海军首次向西印度洋派出护航编队。中国向亚丁湾海域派出护航编队主要是从保护中国和其他国家商船不受海盗侵扰的经济角度出发，因为中国是 1982 年《联合国海洋法公约》和 1988 年《制止危及海上航行安全非法行为公约》的缔约国。这足以表明：中国向亚丁湾派出护航编队是从中国地缘经济利益保护的需要出发而实施的临时性军事部署，而不是从地缘政治争夺的需要出发，争夺势力范围。

《2013 年中国的国防》（白皮书）指出："截至 2012 年 12 月，（中国）共派出 13 批 34 艘次舰艇、28 架次直升机、910 名特战队员，完成 532 批 4984 艘中外船舶护航任务，其中中国大陆 1510 艘、香港地区 940 艘、台湾地区 74 艘、澳门地区 1 艘；营救遭海盗登船袭击的中国船舶 2 艘，解救被海盗追击的中国船舶 22 艘。"④ 未来，随着反海盗多边合作和国际机制的完

---

① 杨凯：《亚丁湾海上非传统安全合作与机制建设》，《东南亚纵横》2009 年第 4 期，第 9 页。

② 《IMO 主持召开打击索马里海域海盗联络小组会议》，http://imcrc.dlmu.edu.cn/n865c8.aspx，登录时间：2015 年 3 月 2 日。

③ Daniel M. Hartnett, "China's First Deployment of Combat Forces to a UN Peacekeeping Mission-South Sudan," U.S. - China Economic and Security Review Commission, March 13, 2012, p. 3, http://origin.www.uscc.gov/sites/default/files/Research/MEMO-PLA-PKO _ final.pdf，登录时间：2014 年 7 月 19 日。

④ 中华人民共和国国务院新闻办公室：《2013 年中国的国防：中国武装力量的多样化运用》，2013 年 4 月，第 20 页，http://news.xinhuanet.com/politics/2013 - 04/16/c_ 115403491.htm，登录时间：2014 年 7 月 20 日。

善，中国必将拓展中东军事存在的新领域。

中国海军第 17 批护航编队曾成功处置 5 批疑似海盗船的袭扰。2014 年 4 月 28 日，常州舰在执行第 711 批护航任务期间，发现两批可疑海盗母船拖带小艇向商船机动，连续发射闪光弹和信号弹进行了驱离。当月 14 日，执行第 716 批护航任务的常州舰先后发现 3 艘小船拖带小艇向被护商船机动，编队采取转向和高速机动的方法，成功摆脱可疑目标。2014 年 5 月 6 日，中国海军第 17 批护航编队成功营救了遇险的意大利籍商船"阿拉蒂娜"号，将 16 名船员安全营救到巢湖舰，并对他们进行体检，对一名呼吸困难的船员实施救治。经中国国家海上搜救中心与意大利海岸警卫队沟通，意方指令在遇险船只附近的意大利籍商船"吉亚曼蒂"号负责将遇险船员接回。[①] 截至 5 月 15 日，第 17 批护航编队已成功执行 10 批 29 艘船舶的护航任务，发现疑似海盗船 5 批 21 艘，成功驱离 2 批共 9 艘疑似海盗小艇的袭扰。[②]

中国在亚丁湾护航同西方大国在中东建立的军事基地存在本质不同：西方在中东的军事基地主要出于地缘政治的考虑，出发点是打击反西方、反以色列的伊斯兰极端主义和激进主义势力，是西方国家的单独或集体安全行动；中国在索马里护航行动从地缘经济的角度出发，按照安理会决议采取护航行动，不谋求建立永久性军事基地，不侵犯索马里或其他国家的主权，不谋求政治势力范围，不输出自己的政治制度和价值观。

表 5 - 4　中国派出的索马里护航编队

护航编队	主力舰艇 A	主力舰艇 B	综合补给舰	主力舰艇所属舰队	起航时间
第一批	武汉 169	海口 171	微山湖 887	南海舰队	2008. 12. 26
第二批	深圳 167	黄山 570	微山湖 887	南海舰队	2009. 4. 2
第三批	舟山 529	徐州 530	千岛湖 886	东海舰队	2009. 7. 16

[①] 《中国海军第 17 批护航编队营救意大利遇险商船船员》，新华网，http：//news. xinhua-net. com/mil/2014 - 05/07/c_ 1110585182. htm，登录时间：2014 年 6 月 20 日。

[②] 《亚丁湾：乱云飞度仍从容——点击海军第 17 批护航编队执行任务中的几个关键词》，中国国防部网站，http：//news. mod. gov. cn/action/2014 - 05/20/content_ 4510262. htm，登录时间：2014 年 6 月 19 日。

续表

护航编队	主力舰艇 A	主力舰艇 B	综合补给舰	主力舰艇所属舰队	起航时间
第四批	马鞍山 525	温州 526	千岛湖 886	东海舰队	2009.10.30
第五批	广州 168	衡阳 568[3]	微山湖 887	南海舰队	2010.3.4
第六批	昆仑山 998	兰州 170	微山湖 887	南海舰队	2010.6.30
第七批	舟山 529	徐州 530	千岛湖 886	东海舰队	2010.11.2
第八批	马鞍山 525	温州 526	千岛湖 886	东海舰队	2011.2.21
第九批	武汉 169	玉林 569	青海湖 885	南海舰队	2011.7.2
第十批	海口 171	运城 571	青海湖 885	南海舰队	2011.11.2
第十一批	青岛 113	烟台 538	微山湖 887	北海舰队	2012.2.27
第十二批	益阳 548	常州 549	千岛湖 886	东海舰队	2012.7.3
第十三批	衡阳 568	黄山 570	青海湖 885	南海舰队	2012.11.9
第十四批	哈尔滨 112	绵阳 528	微山湖 887	北海舰队	2013.2.16
第十五批	井冈山 999	衡水 572	太湖 889	南海舰队	2013.8.8
第十六批	盐城 546	洛阳 527	太湖 889	北海舰队	2013.11.30
第十七批	长春 150	常州 549	巢湖 890	东海舰队	2014.3.24
第十八批	长白山 989	运城 571	巢湖 890	南海舰队	2014.8.1[4]
第十九批	潍坊 550	临沂 547	微山湖 887	北海舰队	2014.12.2
第二十批	济南 152	益阳 548	千岛湖 886	东海舰队	2015.4.3
第二十一批	柳州 573	三亚 574	青海湖 885	南海舰队	2015.8.4
第二十二批	青岛 113	大庆 576	太湖 889	北海舰队	2015.12.6
第二十三批	湘潭 531	舟山 529	巢湖 890	东海舰队	2016.4.7

　　资料来源：《中国海军护航编队》，http://baike.baidu.com/link?url=9EdNnSkAH_hesazsPS_Aq1YddF9t_p4vDzeUKDAQERYkNfMXQDfmqgT5xU5GJzZAyywpe0WN0R0LznA0jAnjtK，登录时间：2016 年 6 月 20 日。

四　中国参与索马里海盗问题的陆上治理

　　索马里海盗问题具有内生性，本质上是索马里内部问题，其解决还需依靠陆上治理。一位索马里海盗坦言："我们宁愿打劫船只也不愿意生活在陆地上，因为只有这样我们才能养活自己。在索马里目前这种无政府状态下，对我们来说，没有比当海盗更好的工作。这样得来的钱，是我们赖以生存的唯一出路。"① 要从根本上解决海盗问题，国际社会还必须在陆上采取联合行动，维护索马里国内稳定，加快索马里过渡联邦政府政治解决国内危机的进程，实现民族和解，增强索马里民众的国家认同，强化国家机器，加快索马里经济和社会建设。②

20 年来，面对索马里出现严重的经济发展问题，国际社会已向其提供了一定的人道主义援助，但难以向其提供足够的公共产品。以美国为例，早在 1990 财政年，美国就曾承诺向索马里提供 2000 万美元经济支持资金（ESF）、120 万美元国际军事教育项目资金（IMETP）和 2000 万美元军火（FMS），③ 索马里一度成为非洲接受美援最多的国家之一。但此后索马里每天有 1000～3000 人死于战争或饥荒，当年有 30 万～35 万人死亡。④ 面对索马里出现的人道主义危机，联合国安理会随后通过了第 794 号决议，认为索安全受到了威胁，因此决定授权联合国秘书长和安理会成员国采取必要措施，在索马里执行人道主义救援任务。美国于 1992 年宣布派兵索马里，以拯救这个濒临破产的国家。1993 年，索马里发生了严重饥荒和派系冲突，大约 50 万人死于战乱和饥荒，100 万人逃往肯尼亚和埃塞俄比亚，另有 100 万人在死亡线上挣扎。⑤ 随后美国、巴基斯坦、法国等联合国维和部队先后进驻索马里维和，美国派出了 1300 名海军陆战队队员；数周后美军在索马里的作战部队人数达 2.5 万人，联合国维和部队在索马里最多的时候驻守了 3.7 万人，共有 20 个国家派出了部队，49 个人道主义救援机构参与了协调与合作工作。⑥ 但是，如前所述，1993 年美国从索马里撤出维和人员后，索

---

① 檀有志：《索马里海盗问题的由来及其应对之道》，《国际问题研究》2009 年第 2 期，第 58～59 页。

② Christopher Joyner, "Navigating Troubled Waters: Somalia, Piracy, and Maritime Terrorism," *Law & Ethics*, Winter/ Spring 2009, p. 89.

③ Jeffrey A. Lefebvre, *Arms for the Horn: U. S. Security Policy in Ethiopia and Somalia, 1953 - 1991*, London: University of Pittsburgh Press, 1991, p. 243.

④ Dominic D. P. Johnson and Dominic Tierney, *Failing to Win: Perception of Victory and Defeat in International Politics*, London: Harvard University Press, 2006, p. 206.

⑤ Peter Huchthausen, *America's Splendid Little Wars: A Short History of U. S. Military Engagement, 1975 - 2000*, New York: Viking, 2003, p. 170；孙德刚：《危机管理中的国家安全战略》，上海人民出版社，2010，第 259 页。

⑥ Thomas Rid, *War and Media Operations: The U. S. Military and the Press from Vietnam to Iraq*, London and New York: Routledge, 2007, p. 90.

马里公共产品供给"赤字"进一步明显。

索马里海盗问题是其民族矛盾激化的外在表现，是索马里国内政治生态失衡的"外化"。如果不从国内政治和社会矛盾的解决出发，向索马里社会提供必要的公共产品，索马里海盗问题光靠外部打压只能是治标不治本。① 就国内问题而言，索马里目前面临的最大任务是如何实现不同政治派系的和解。2008 年 10 月，索马里政府和"索马里再解放联盟"在吉布提达成和平协议。按照此协议，双方实行停火；11 月，双方达成权力分享协议；12 月 29 日，时任索马里总统优素福·艾哈迈德由于同总理奴尔·哈桑·侯赛因在索马里和平进程、内阁部长人选等问题上存在严重分歧，宣布辞职。2009 年 1 月 30 日，过渡议会在吉布提举行了总统选举。"索马里再解放联盟"领导人谢赫·艾哈迈德在选举中获胜，但索马里政治重建步伐步履蹒跚。②

除政治重建外，索马里还面临着经济和社会重建的重任。联合国世界粮食计划署 2008 年的统计数据显示，索马里多达 260 万人处于饥荒状态，350 万人以上依靠人道主义粮食援助。③ 2009 年 4 月 23 日，联合国召开索马里援助大会，国际社会承诺将提供 2.5 亿美元的援助，其中 1.34 亿美元用于非盟在索马里的维和行动，使维和人员从 4350 人增至 8000 人。2011 年 8 月，联合国世界粮食计划署宣布，中国政府向该机构提供迄今单笔最大额度捐款 1600 万美元，支持其在索马里的饥荒救援行动。世界粮食计划署副执行干事阿米尔·阿卜杜拉说："中国逐渐成为世界粮食计划署世界各地项目的重要捐助国，我们也很荣幸能够获得这样慷慨的捐赠。更令人印象深刻的是，中国在继续大力解决自身发展挑战的同时，还做出如此贡献，充分体现了中国人民对于他国人民的真诚关心。"④

联合国秘书长潘基文发表讲话指出："海盗是无政府状态的象征，是陆

---

① 刘乃亚：《从总统辞职看索马里海盗现象的政治与社会成因》，《西亚非洲》2009 年第 7 期，第 13 页。

② 《关注索马里局势》，http：//www.un.org/chinese/focus/somalia/，登录时间：2011 年 9 月 10 日。

③ 刘军：《索马里海盗问题探析》，《现代国际关系》2009 年第 1 期，第 27 页。

④ 《为救援索马里饥荒 中国向联合国世界粮食计划署提供最大规模捐赠》，《海南日报》2011 年 8 月 22 日，第 5 版。

上不安全的标志。只有陆上安全了，海上的海盗袭击才会少一些。"[1] 2010年1月28日，安理会一致通过决议，授权将非盟驻索马里特派团的任期延长一年，至2011年1月31日。未来，国际社会需要向过渡联邦政府提供重要的国家重建支持，加强索马里国内枪支管理[2]，逐步建立现代司法体制，恢复索马里经济产业，完善教育、卫生、通信等基础设施，建立现代法治社会，强化索马里民众的国家认同，弱化其族群认同。当然，这些任务不可能一蹴而就，至少需要几十年的努力。

索马里海盗问题的解决，需要加强对索陆上恐怖主义蔓延问题的治理。中国外交部部长王毅2013年8月在外交部同来华进行正式访问的索马里副总理兼外长福西娅·优素福·哈吉·阿丹举行会谈，表示中国支持索政府维护国内政局稳定的努力。为支持索马里政府稳定国内局势、提振信心，2014年10月，中国驻索马里大使馆在索马里首都摩加迪沙正式恢复。近年来索马里青年党异军突起，成为"基地"组织和"伊斯兰国"组织争相拉拢的对象。2015年7月26日，索马里首都摩加迪沙"半岛皇宫"酒店遭到自杀式汽车炸弹袭击，造成15人死亡多人受伤，其中包括1名中国武警身亡，3名外交人员受伤。索马里青年党宣称对此负责。事发后，外交部立即紧急开展应急处置工作，使馆工作人员已全部转移至安全地区。[3]

表 5 – 5　索马里海盗问题治理中的公共产品供给

	军事手段		政治手段	
	单边行动	多边行动	单边行动	多边行动
海上治理（第一层次）	澳大利亚、韩国、日本、中国、沙特、巴基斯坦、印度、俄罗斯等国在索马里海域的护航	150联合特遣队、"151联合特遣队"、北约为联合国粮食援助项目的船队提供护航任务、欧盟"阿塔兰塔行动计划"		阿盟、非盟、联合国、打击索马里海域海盗联络小组、索马里海盗问题国际会议（吉布提和肯尼亚）、肯尼亚的海洋救援协调中心、坦桑尼亚的次区域协调中心

---

[1]　"Donors Pledge over ＄250 million for Somalia," *USA Today*, April 23, 2009.

[2]　因长期军阀混战，索马里目前枪支泛滥，几乎人手一枪，成为严重的社会问题，也为海盗问题的解决设置了难题。

[3]　《索马里恐怖袭击致我一死三伤，中方提出交涉，索方表示确保安全》，《人民日报·海外版》2015年7月28日，第4版。

续表

	军事手段		政治手段	
	单边行动	多边行动	单边行动	多边行动
陆上治理 (第二层次)		打击国内非法武装、加强枪支管理	提供经济援助、开展外交斡旋	联合国索马里援助大会、非盟在索马里维和行动

从表 5 - 5 可见,索马里海盗问题的全球治理实际上考验了国际社会各方的经验和能力。目前向索马里提供公共产品的主体具有多元性,包括联合国、非盟、阿盟、欧盟、北约和国际海事组织等国际和地区组织,也包括中国、俄罗斯、印度和巴基斯坦等主权国家;既包括军事手段,又包括政治手段;既包括海上治理,又包括陆上治理。其面临的最大的难题是如何整合上述不同主体、不同力量和不同类型的公共产品供给者,建立有效的协调机制。其在制度设计上需注意以下几点。

第一,国际社会围绕索马里海盗问题开展的合作所带来的收益是全球公共产品,由于公共产品不可分隔,即使没有提供防御费用的国家也能享受合作。因此,应尽可能鼓励国际社会成员充分承担经济、政治、军事和道义责任,包括发达国家和发展中国家,特别是索马里的邻国。第二,由于制度约束机制的缺失,在向索马里提供援助、应对索马里海盗行动中成员体在安全合作问题上多采取搭便车政策,所以为了使联合行动达到优化和高效的程度,应尽力避免打击海盗行动中的"单干"做法。第三,由于参与者机会主义行为的倾向性与成员数量的多寡呈正比,参与集体行动的成员越多,各成员就越有可能采取推卸责任的"搭便车"政策,因此必须强调联合国在军事打击和政治斡旋行动中的核心地位。第四,建立索马里海盗问题解决中的激励机制,使各方在联合国的框架下,确保在经济援助、议题设置和军事力量投入贡献大的国家获得更多的声誉和领导权,赋予其一定的政治地位。

只有做到以上四点,才能够根本上解决索马里海盗问题解决中的"集体行动难题",也才能使各方通过多边合作获得的收益与成本之比大于"单干"的收益与成本。当然,要做到这一点并非易事,特别是当各成员对彼此战略意图不确定时,这种合作的深度和广度势必大打折扣。

五 结语

众所周知，西方在全球治理过程中强调国际制度建设和危机预防，这是它们的优点。但是，西方的全球治理理念往往强加于人，甚至采取暴力手段，动辄使用武力，以期在短期内取得立竿见影的效果。例如，2008 年 11 月，英国皇家海军在解救被海盗控制的商船时使用武力，导致数名索马里海盗伤亡；[①] 2009 年 4 月 12 日，美国海军武装人员在索马里海域解救悬挂美国国旗的丹麦货船和被劫持的人质理查德·菲利普斯（Richard Philips）时，以人质安全受到了迫在眉睫的威胁为由，向海盗发动了先发制人的打击，结果 3 名海盗被打死，1 名海盗被迫投降。[②] 索马里海盗头目阿卜杜拉希·拉米此后扬言将以同样的方式报复美国，让美国生活在"悲恸和嚎哭"之中。两天后，索马里海盗用火箭弹和自动武器袭击了美国"自由太阳"号货船，国际社会普遍认为这是对美军打死 3 名海盗的报复。[③] 国际海事局公布的 2015 年度报告显示，索马里海域 2015 年未发生任何海盗袭击事件，但潜在风险并未完全消失。近些年来，包括中国在内的诸多国家在索马里海域等地持续打击海盗、开展护航行动；与此同时，索马里东北部地区局势趋向稳定，经济有所恢复，这些因素使猖獗一时的索马里海盗日渐式微。仅在 2011 年 1 月就有 736 名船员被扣为人质，32 艘船只被索要赎金。截至 2015 年，虽有 26 名人质仍未获释，但已没有船只遭扣押。[④]

由此可见，西方的全球治理模式具有"西医"的某些特点，具有天生的"治标不治本"的缺陷，而中国提出的东方治理模式在一定程度上可以弥补这些缺陷。例如，中国政府在全球治理问题上更强调平衡、协商、不武和中庸，表现出极大的东方式的宽容精神和耐心，这与中医的理念存在某些相通之处。中国在索马里海域执行护航任务，更强调解决索马里海盗问题的国内政治和社会矛盾，而不是诉诸武力、对海盗"大开杀戒"，但其

---

① "United States Joins International Response to Somani Pirates," *The American Journal of International Law*, Vol. 103, No. 1, 2009, p. 147.

② "Piracy in Somalia," http：//en. wikipedia. org/wiki/Piracy_ in_ Somalia，登录时间：2014 年 5 月 3 日。

③ 周峰：《美军与索马里海盗交锋余波难平》，《解放军报》2009 年 4 月 17 日，第 3 版。

④ 丁小溪、王守宝：《联合打击行动中国海军功不可没，索马里海盗式微隐患犹存》，《解放军报》2016 年 2 月 21 日，第 8 版。

缺点是效率低下，缺乏国际合作精神，时间成本较高。索马里海盗问题实际上为东西方治理理念的碰撞、协调和磨合提供了良好的"试验场"。各国在索马里附近海域的护航和巡逻以及对于海盗的不同态度，已经彰显出东西方治理理念的差异。未来，全球治理需要"中西医结合"，只有对东西方治理理念采取兼收并蓄的态度，才能够汲取东方人和西方人的共同智慧，为提供国际公共产品、从根本上解决索马里海盗问题，进而彻底解决索马里问题找到良方。

第三节　中国参与中东的航空航天治理

航空航天产业既关系到国计民生，又是国家安全的重要组成部分，还与大国梦和大国情怀息息相关。卫星导航系统是大国硬实力的重要标志，是科技外交的载体。冷战后，大国在卫星导航系统领域已经形成了"一超"（美国的 GPS 系统）、"多强"（欧盟的伽利略、俄罗斯的格洛纳斯与中国的北斗系统）和"多中心"（印度区域导航卫星系统和日本准天顶卫星导航系统）的格局。本节以冷战后中国参与阿拉伯国家航空航天治理为例，提出北斗卫星导航系统在阿拉伯世界的推广是"一带一路"战略的重要内容，是深化中国与阿盟战略合作伙伴关系、实现"互联互通"的重要举措，也是北斗系统"走出去"战略和未来十年加快全球布局的重要一步。北斗系统落户阿拉伯世界涉及安全、政治、经济和技术四个维度的问题，其在阿拉伯世界推广面临政治风险、安全风险、法律风险和社会文化风险四类挑战。北斗系统在阿拉伯世界的推广应坚持循序渐进的原则，在海湾地区、东地中海地区和北非地区应分别确立支点国家，通过支点国家形成示范与辐射效应，为今后北斗系统全面打开中东和非洲市场奠定基础。

一　阿拉伯世界在北斗系统海外推广中的战略地位

北斗卫星导航系统（以下简称"北斗系统"）海外推广主要执行"三步走"战略。第一步从 2000 年到 2003 年，中国发射了 3 颗北斗导航试验卫星，成为继美、俄之后第三个拥有自主卫星导航系统的国家；第二步于 2012 年实现，北斗系统提供覆盖亚太地区的定位、导航、授时和短报文通信服务；第三步将于 2020 年实现，建成由 5 颗静止轨道卫星和 30 颗非静止轨道卫星组成的覆盖全球的北斗系统。① 届时，北斗系统将覆盖全球，实现全球授时、定位和通信功能。伴随北斗系统"走出去"步伐不断加快，北斗系统的经济效益正在凸显，成为中国海外利益的重要组成部分。2011 年中国北斗系统卫星导航产业规模达 85.96 亿元，2013 年达 100 亿元，2020 年将达到 4000 亿元，成为国民经济的支柱产业。②

伊斯兰合作组织成员国是中国重要的大周边地区，其拥有 57 个成员，是全球新兴市场的主体，也是中国"一带一路"战略的主要参与者和建设者。现阶段北斗系统海外推广的重要市场是伊斯兰大国，包括东南亚的印度尼西亚和马来西亚；南亚的巴基斯坦和孟加拉国；中亚的哈萨克斯坦、吉尔吉斯斯坦、塔吉克斯坦和乌兹别克斯坦；西亚的伊朗、伊拉克、阿联酋、卡塔尔和沙特；北非的埃及、阿尔及利亚和摩洛哥等。其中 22 个阿拉伯国家是伊斯兰世界的"核心区"，其主要分布在西亚、北非地区，包括巴勒斯坦、约旦、叙利亚、黎巴嫩、沙特阿拉伯、伊拉克、也门、科威特、阿联酋、卡塔尔、巴林、阿曼等 12 个西亚阿拉伯国家；阿尔及利亚、摩洛哥、突尼斯、利比亚、毛里塔尼亚、埃及等 6 个北非国家；非洲东部的吉布提、索马里；印度洋上的岛国科摩罗。

2014 年 6 月，国家主席习近平在出席中阿合作论坛第六届部长级会议上提出中阿"1 + 2 + 3"的战略构想，其中"3"包括核能、航天卫星和新能源。习主席明确提出要"研究中国北斗卫星导航系统落地阿拉伯项目"。③ 北斗系统落地阿盟是中国冷战后向西开放、实施"一带一路"战略和构建中国与阿盟全面战略合作伙伴关系的重要战略支撑和外交资源。阿盟拥有 4 亿人口、22 个成员，以沙特、阿联酋、卡塔尔和科威特为代表的海湾阿拉伯国家石油资源充足，以埃及、阿尔及利亚和摩洛哥为代表的阿拉伯国家人口众多、市场潜力大，为北斗系统在阿盟推广创造了良好的外部条件。

从内部条件来看，北斗系统在阿拉伯世界推广获得了重要政策支持。

---

① 郭善琪：《北斗国际化战略探讨》，《导航天地》2011 年第 4 期，第 86 页。

② 《GPS 垄断中国 95% 导航产业，北斗欲争食 5000 亿市场》，《中国经济周刊》2013 年 1 月 8 日。

③ 习近平：《弘扬丝路精神，深化中阿合作——在中阿合作论坛第六届部长级会议开幕式上的讲话》，《人民日报》2014 年 6 月 5 日，第 2 版。

2012 年 6 月，国家发改委、财政部下发有关通知，实施卫星及应用产业发展专项工作，重点支持北斗系统兼容导航位置服务等板块。7 月，国务院印发《"十二五"国家战略性新兴产业发展规划》，卫星导航被列入"十二五"规划战略性新兴产业之一，北斗系统立足国内、走向世界的条件已经基本成熟。[①]

从外部条件来看，随着美、欧、中、俄卫星导航技术不断更新，大国争夺阿盟市场的竞争也日趋激烈。美、欧、俄、中、日、印等传统大国和新兴大国在卫星导航系统所处的发展阶段不同，大国在卫星导航系统领域已经形成了"一超"（美国的 GPS）、"多强"（欧洲的伽利略、俄罗斯的格洛纳斯与中国的北斗系统）和"多中心"（印度区域导航卫星系统和日本准天顶卫星导航系统）的格局。按照中国目前北斗系统的发展速度，2020 年后，天空将有 30 颗 GPS 卫星（3 个频率信号），24 颗格洛纳斯卫星（3 个频率信号），30 颗伽利略卫星（4 个频率信号），35 颗北斗卫星（3 个频率信号），3 颗 QZSS 卫星（4 个频率信号）和 7 颗 IRNSS 卫星（2 个频率信号）。[②]

2015～2020 年是北斗系统落地阿拉伯世界的重要战略机遇期。北斗系统虽然与美国的 GPS 相比起步较晚，但也有自身后发优势，发展速度更快。现阶段，北斗系统首先要培育周边国家市场，因为目前北斗的区域性系统的覆盖面主要在周边地区。[③] 同时，按照北斗系统"三步走"战略部署，为了在卫星导航系统站稳脚跟、拥有阿拉伯世界的一席之地，中国需着眼于未来，加大北斗系统技术升级步伐，通过海外市场的培育和开发倒逼北斗系统技术的升级。随着北斗系统覆盖面的扩大，阿拉伯世界将成为北斗系统海外推广的"新边疆"，提前做好研究、可行性论证工作，对于北斗系统的国际化发展具有重要意义。

从技术的角度来看，北斗系统走向阿拉伯世界的技术条件和政策条件在不断成熟。例如，作为北斗系统地基增强系统工程的总体研制单位，中

---

① 刘晓敏：《北斗导航应用产业近年发展现状》，《国际太空》2014 年第 4 期，第 15～16 页。
② 杨元喜等：《中国北斗卫星导航系统对全球 PNT 用户的贡献》，《科学通报》2011 年第 21 期，第 1734 页。
③ 杨剑：《伽利略与 GPS 竞争案和我北斗系统参与商用竞争》，《国际展望》2012 年第 4 期，第 24 页。

国兵器工业集团将在 2015 年底前建成框架网和部分区域加密网基准站网络并投入运行，提供米级精度的定位服务，2018 年底前建成全国范围区域加密网基准站网络，提供更高精度位置服务。[①] 2013 年以来，随着 "一带一路" 战略逐步实施，拥有 22 个成员的阿盟将成为北斗系统走向世界、落户亚非国家的重要市场，也将成为陆上和海上丝绸之路建设的交汇点。

表 5－6　阿盟主要成员人均 GDP

单位：美元

排名	国家	GDP 总量	排名	国家	GDP 总量
1	卡塔尔	103900	6	利比亚	12300
2	阿联酋	49800	7	阿尔及利亚	7600
3	科威特	40500	8	伊拉克	7200
4	沙特	31800	9	埃及	6700
5	阿曼	29600	10	摩洛哥	5400

资料来源：The World Bank, "List of Arab League Countries by GDP," http://en. wikipedia. org/wiki/List_ of_ Arab_ League_ countries_ by_ GDP_ （nominal），登录时间：2015 年 10 月 25 日。

　　阿拉伯世界虽然从西亚延伸到北非，在地域上连成一片，但在政治制度、经济总量、人口规模、发展水平、产业结构以及与中国的关系等方面差异较大，中国北斗系统落地阿盟需要区分支点（重点）国家和一般国家。从政治制度来看，沙特、科威特、阿联酋、卡塔尔、巴林、阿曼属于阿拉伯君主制，其上层建筑建立在伊斯兰教义与王室（家族）统治之上；约旦和摩洛哥属于君主立宪制，但国王仍然拥有绝对权威；阿尔及利亚、毛里塔尼亚、苏丹、吉布提、科摩罗等属于世俗的威权共和制；突尼斯、埃及、也门、巴勒斯坦等国借用了西方民主政治概念，但均出现了不同程度的转型困难、教派纷争和内部冲突；伊拉克、索马里、叙利亚、也门、利比亚等强人政权被推翻或削弱后，陷入长期的内战和教派冲突之中，至今仍未恢复社会秩序和政治稳定，甚至今后不排除国家分裂的可能。

---

① 《中国有望在 2020 年左右实现全球导航定位》，http://news. xinhuanet. com/fortune/2014 －12/09/c_ 1113576706. htm，登录时间：2015 年 3 月 21 日。

二　北斗系统落地阿拉伯世界的战略机遇

近年来，随着北斗系统在海外市场的不断扩大，国际社会对中国这个第二大经济体的认识也发生了变化。中国文化已经不再限于中国结、京剧、书法、瓷器、剪纸、皮影戏等这些传统元素；中国高科技领域的突飞猛进为中国文化增添了现代元素，如高铁、核电站、航空航天技术和北斗系统等。中国从科技大国向科技强国迈进，为中国外交带来了丰富资源和内涵；中国外交不断走向成熟也有助于北斗系统在阿拉伯世界的推广。

第一，阿拉伯世界面积广阔，人口众多，市场潜力大。作为伊斯兰合作组织的重要群体，22 个阿拉伯国家面积 1426 万平方公里，占世界面积的9.5%；阿拉伯国家人口增长迅速，近 4 亿，占世界总人口的 5%，其中埃及人口已接近 9000 万。30 岁以下的青年占阿拉伯世界总人口的 60%～70%，沙特、阿曼、阿联酋、阿尔及利亚和摩洛哥等都是地区人口大国，在水文、气象、农业、渔业、基础设施、交通运输等领域，对北斗系统的需求量较大。

表 5 - 7　阿拉伯世界人口规模排名（截至 2013 年）

单位：个人

排名	国家	人口总数	占阿拉伯世界人口比例（%）	年均增长率（%）	年均净增人口
1	埃及	84605000	22.81	2.29	1893000
2	阿尔及利亚	38295000	10.32	2.11	792000
3	伊拉克	35404000	9.54	3.06	1051000
4	苏丹	35150000	9.47	2.52	863000
5	摩洛哥	32950000	8.88	1.08	353000
6	沙特	30193000	8.14	3.41	997000
7	也门	25252000	6.81	2.96	725000
8	叙利亚	22169000	5.98	2.45	531000
9	突尼斯	10889000	2.94	1.03	111000
10	索马里	9662000	2.60	1.17	112000
	阿盟总计	370989000	100.00	2.42	8763000

资料来源：The World Bank，"List of Arab countries by population," http：//en. wikipedia. org/wiki/ List_ of_ Arab_ countries_ by_ population#cite_ note -1#cite_ note -1，登录时间：2015 年 6 月 10 日。

第二，北斗系统对阿拉伯世界产业发展具有重要意义。阿拉伯国家具有以下几个共同点：官方语言为阿拉伯语，主体民族均为阿拉伯族，但各国在政治制度、发展道路、经济发展水平和与域外大国关系等方面差异较大；伊斯兰教大多为国教，但是不少国家局势动荡，面临严峻的教派纷争和恐怖主义威胁，反恐任务艰巨；均支持巴勒斯坦，反对以色列对巴勒斯坦地区的占领；阿拉伯世界连接欧、亚、非，是东西方贸易航线的中转站，均有出海口、港口和海岸线；海合会成员国、伊拉克、利比亚、阿尔及利亚等拥有丰富的油气资源，探明石油储量占全球的57.5%；在卫星导航等高科技领域技术相对落后，资金投入不足，人才缺乏，但市场需求大，为中资企业打开阿拉伯国家市场提供了重要机遇。近年来，东方联星、和芯星通、国腾电子、华力创通、北斗天汇等公司相继推出了能同时兼容北斗系统、美国GPS、俄罗斯格洛纳斯和欧盟伽利略四个导航系统兼容定位，为中国卫星导航市场提供了自己的芯片[1]，也为中国打开阿拉伯市场提供了重要基础。

第三，"阿拉伯革命"的深刻教训使阿拉伯国家痛定思痛，重新将战略重心转向国内经济和社会建设，为北斗系统落户阿拉伯世界创造了条件。21世纪初以来，阿拉伯国家威权的世俗统治政权均受到不同程度的冲击，其挑战者一是西方推行的"大中东民主计划"，二是伊斯兰复兴运动下宗教力量的崛起。受此影响，阿拉伯国家成为中东局势动荡的主要地区，加上以色列、伊朗和土耳其三个非阿拉伯国家插手阿拉伯内部事务，以及域外大国（美、欧、俄）的地缘政治争夺，阿拉伯世界陷入长期分裂状态。叙利亚、哈马斯等与俄罗斯长期保持战略合作关系；海合会成员国长期与美国保持安全合作关系；土耳其和卡塔尔曾支持埃及穆斯林兄弟会，而沙特和阿联酋支持以塞西为代表的埃及世俗政府等。2013年，阿盟终止叙利亚巴沙尔政府在阿盟组织中的成员资格，进一步加剧了阿拉伯世界内部的不和。就与外部大国关系而言，君主制国家与西方大国的安全合作更加密切，而共和制阿拉伯国家与俄罗斯关系更加密切。

西方推动的"阿拉伯革命"并没有给中东带来民主和自由，而是带来了更多的混乱、冲突和人道主义危机，使转型的阿拉伯国家和未发生动荡的阿拉伯国家已回归理性，意识到改善民生、发展经济的重要性，为北斗

---

① 《北斗卫星导航为国家安全保驾护航》，《卫星与网络》2011年第4期，第56页。

系统进入阿盟国家创造了条件。阿拉伯国家近年来对北斗系统也表现出极大兴趣。2014 年 6 月习主席提出"北斗卫星导航系统早日落地阿拉伯国家"的倡议后，阿拉伯国家政府积极响应。如 2014 年 10 月，阿拉伯驻华使团团长、安曼驻华大使阿卜杜拉 – 萨阿迪（Abudullah Al-Sardi）、约旦大使叶海亚 – 卡拉里（Yehaiya Qarrally）等阿拉伯国家驻华使馆代表团一行 14 人参观"北斗数谷·数字城市"秦皇岛科技示范工程，并就北斗系统在阿拉伯国家推广进行了初步探讨。①

第四，域外大国与阿拉伯世界关系的性质为北斗系统落地阿拉伯国家创造了条件。2011 年中东剧变发生前，美国 GPS 在中东的应用范围最广，基本上垄断了阿拉伯世界特别是沙特、阿联酋、卡塔尔、阿曼、巴林、科威特、埃及、摩洛哥等美国盟国的市场，美国以提供免费公共产品为由，占领了阿拉伯近一半国家的军用和民用卫星导航市场。此外，欧洲的伽利略系统虽起步较晚，但发展势头强劲，近年来占领了埃及市场，并向海湾阿拉伯国家推进。

"阿拉伯革命"爆发后，西方大国对中东的经济、能源、投资和贸易依存度下降，其在中东的影响力也下降。奥巴马政府奉行从中东的脱身战略，通过从伊拉克和阿富汗撤军等配合美国全球战略重心东移亚太地区。受此影响，阿拉伯国家开始在政治上和经济上奉行"向东看"政策。② 无论是君主制还是共和制阿拉伯国家，绝大多数成员国一方面在安全上依靠美国和欧洲大国，另一方面在经济上依靠中国、印度、韩国和日本等亚洲大国。由于美国和欧盟大国奉行亲以色列政策，这些阿拉伯世界反以、反美、反西方势力强大，特别是在 2014 年以色列进攻加沙，导致上千巴勒斯坦平民伤亡的人道主义灾难爆发后，希望中国能够成为平衡西方和美国的重要政治力量，这为中国北斗系统进入阿拉伯世界提供了重要机遇。

第五，新一代领导集体提出的"一带一路"建设为北斗系统打开阿拉伯市场创造了条件。中共十八大以来，中国改变了几十年来向东开放、向西方大国开放的战略思路，实施了"西进"战略。习主席于 2013 年提出了

---

① 《阿拉伯国家驻华外交团参观秦皇岛北斗卫星科技示范工程》，http：//blog. sina. com. cn/s/blog_ a6b308ca0102v1t6. html，登录时间：2015 年 3 月 12 日。

② Lars Erslev Andersen and Yang Jiang, *Oil, Security and Politics: Is China Challenging the US in the Persian Gulf?* Copenhagen: Danish Institute for International Studies, 2014, p. 31.

"一带一路"的建设目标,中国的"向西看"战略日益凸显,北斗系统在阿盟推广是新一届政府提出的"互联互通"、向西开放战略的重要组成部分。中国和阿拉伯国家在对方总体外交中的战略地位从边缘走向中心,尤其是双方都开始从战略的高度审视对方的地位。

从上述条件可以看出,冷战后中国北斗系统向阿拉伯世界推广具有明显优势。第一,世界大国卫星导航系统形成的多极化格局为北斗系统拓展阿盟市场创造了战略优势。21世纪初,世界权力处于多极化状态。各大国都在努力扩大在阿拉伯世界的影响力,包括美、欧、日、俄、印,甚至包括拉美大国巴西。北约东扩及美日、美澳同盟进一步强化后,中国在东亚和东南亚的发展受到挤压,印度近年来迅速崛起。大国均高度重视卫星导航系统的技术升级与海外推广,把卫星导航系统的国际市场占有率视为科技强国建设的标志性成果。2013年3月,日本内阁府宣布"准天顶"卫星系统的卫星将由3颗扩增为4颗。日本政府与三菱电机合作,预定在2017年结束前建造和发射三颗卫星。[1] 2014年10月,印度发射了"印度区域导航卫星系统"中的第三颗——代号为IRNSS – 1C卫星。按照计划,印度将在2015年内完成7颗导航卫星的发射,跻身世界卫星导航大国的地位。[2]乌克兰危机爆发后,俄罗斯也呈再度军事崛起之势,加快了格洛纳斯海外推广的步伐。美国和欧盟则利用自己的技术优势,试图继续拉大与其他大国在卫星导航领域的"代沟"。冷战后,围绕卫星导航系统的国际化发展,大国在安全上的协调增加。国际卫星导航系统的国际化发展,为北斗系统在阿盟的推广创造了机遇。

第二,中阿双方在文化、近代历史遭遇、发展阶段和国情的相似性为北斗系统向阿拉伯世界推广提供了政治优势。"中阿合作论坛"成立后,双方的政治交往日益频繁。在反对外来势力颠覆和强权政治、促进政治多极化和文明多样化等诸多方面,中阿存在共识。在制衡美国霸权、建立多极化格局、恢复大国均势方面,中阿双方有共同的战略目标。阿拉伯世界具有独特的阿拉伯—伊斯兰体系观,未被西方国际体系所主导,发展道路具

---

[1] "Japan to Build Fleet of Navigation Satellites," http：//www. spaceflightnow. com/news/n1304/04qzss/,登录时间：2013年4月4日。

[2] 《印度：成功发射导航卫星,区域导航系统逐渐成形》,http：//mil. huanqiu. com/world/2014 – 10/5169578. html,登录时间：2013年4月4日。

有鲜明的独立性。与东亚、东南亚和欧洲相比，美国和其他大国在该地区的控制力较弱。

中国和阿拉伯国家都属于东方，在国际秩序、民主与人权等问题上存在许多相似的看法，如民主不能输出，也不能靠外部世界强加；民主必须与本国的价值观相适应，必须是中国特色的社会主义民主或伊斯兰民主；世界是丰富多彩的，各国文化和发展模式的多样性更能促进世界的和谐共存；应通过对话和谈判解决分歧，反对动辄使用武力。近年来，中国和阿拉伯国家共同探索适合发展中国家的经济和社会发展道路。阿拉伯国家尤其是海湾国家近年来纷纷提出阿拉伯版本的"东方主义"，强调要与中国、日本、韩国、印度开展积极的外交关系，开展"大国间等距离外交"——安全上依靠西方，经济上依靠亚洲大国，客观上也有借重中国、维护大国平衡的需要。

中国与阿拉伯世界同属发展中国家，没有根本的利害冲突，在国际事务中向来相互同情、相互支持。阿拉伯国家对中国在国际舞台上开展反"台独"、"东突分裂势力"和"达赖集团分裂势力"的行动和维护南海权益具有重要意义。22 个阿拉伯国家没有一个与台湾当局保持官方往来，没有一个政府公开支持"台独"、"东突分裂势力"或"达赖集团分裂势力"。中国在联合国安理会一贯支持巴勒斯坦人民的正义事业，也赢得了阿拉伯世界的广泛赞赏，为北斗系统向阿拉伯世界推广营造了良好的政治环境。①

第三，冷战后中阿经贸关系的迅速发展为北斗系统打开阿盟市场创造了经济优势。近年来，中国代替美国，成为阿盟第二大贸易伙伴，仅次于欧盟。2013 年，中阿贸易额达 2400 亿美元，其中中国从阿拉伯国家进口商品 1400 亿美元。截至 2013 年，中国是九个阿拉伯国家的第一大贸易伙伴。②2014 年 6 月，习近平主席在出席"中阿合作论坛"第六届部长级会议期间，提出了构建中阿"1+2+3"合作格局。中方将鼓励中国企业自阿方进口更多非石油产品，优化贸易结构，争取中阿贸易额从 2013 年的 2400 亿美元增

① Degang Sun and Yahia Zoubir, "China-Arab States Strategic Partnership: Myth or Reality?" *Journal of Middle Eastern and Islamic Studies* (in Asia), Vol. 8, No. 3, 2014, p. 87.
② 习近平：《弘扬丝路精神，深化中阿合作——在中阿合作论坛第六届部长级会议开幕式上的讲话》，《人民日报》2014 年 6 月 5 日，第 1 版。

加至 2023 年的 6000 亿美元。中方将鼓励中资企业投资阿拉伯国家能源、石化、农业、制造业、服务业等领域，争取中国对阿非金融类投资存量从 2013 年的 100 亿美元在未来 10 年增至 600 亿美元以上。双方探讨设立中阿技术转移中心，共建阿拉伯和平利用核能培训中心，研究中国北斗卫星导航系统落地阿拉伯项目。[①]

表 5-8　2003 年以来中国与阿拉伯国家的贸易额

单位：亿美元

年份	中国对阿拉伯国家出口	中国自阿拉伯国家进口	中阿进出口总额
2003	123.78	130.56	254.34
2004	176.27	190.81	367.08
2005	276.6	236.4	513.0
2006	315.0	339.7	654.7
2007	409.7	454.3	864.0
2008	702.6	625.8	1328.4
2009	559.63	522.76	1082.39
2010	649	805	1454
2011	779	1180	1959
2012	913	1311	2224
2013	1000	1400	2400
2014	1139	1373	2512

数据来源：Ministry of Commerce, PRC, http://www.people.com.cn/24hour/n/2013/0514/c25408-21467980.html, 登录时间：2015 年 10 月 25 日；http://xyf.mofcom.gov.cn/, 登录日期：2015 年 10 月 25 日；Degang Sun & Yahia Zoubir, "China-Arab States Strategic Partnership: Myth or Reality?" *Middle Eastern and Islamic Studies*, Vol. 8, No. 3, 2014, pp. 70-101。

第四，中国卫星导航技术的发展为北斗系统打开阿盟市场创造了技术优势。目前中国北斗系统完成了 1 个主控站、2 个时间同步/注入站、17 个监测站研制建设；美国 GPS 现代化改造工作正在稳步推进，俄罗斯格洛纳斯正在加紧实施"恢复"，欧洲伽利略系统在与美国 GPS 就 L1 和 L5 信号兼容上取得进展后，已于 2012 年前投入运营。在广域与局域导航增强系统建设方面，美国、欧盟、俄罗斯以及中国的广域增强系统建设都取得了重大

[①] 习近平：《弘扬丝路精神，深化中阿合作——在中阿合作论坛第六届部长级会议开幕式上的讲话》，《人民日报》2014 年 6 月 5 日，第 2 版。

的研究成果，日本也加紧了 QZSS 和 MSAS 建设的步伐，印度 IRNSS 和
GAGAN 的建设也在逐步推进。① 未来十年，域外大国在阿拉伯世界的竞争
将进一步增加，为北斗系统开拓中东市场带来了机遇。

第五，冷战后阿拉伯世界成立的航空航天局等机构为北斗系统打开阿
盟市场创造了对口合作的优势。中国与阿盟主要成员国在卫星导航领域的
合作已经可以确立对口部门。迄今为止，阿尔及利亚、埃及、摩洛哥和突
尼斯均成立了国家航天局；阿联酋于 2006 年成立阿联酋高科技研究所，相
继发射迪拜 1 型和迪拜 2 型卫星，并计划于 2017 年发射自主研制的迪拜 3
型卫星；连处于战乱之中的叙利亚巴沙尔政府也于 2014 年宣布成立叙利亚
航天局。② 阿拉伯国家近年来在卫星通信技术方面尽管起步较晚，但发展潜
力较大，为中国北斗系统运用遥感技术，找准对口部门，开展定点培训，
打开阿拉伯农业、测绘、铁路和海上交通、集装箱等市场奠定了基础。例
如中国在摩洛哥空间技术研究中心举办的技术培训，与阿联酋高等技术研
究院的合作等，都形成了重要双边合作关系。

根据美国天空网——固定通信卫星公司统计的数据，2012 年全球国家
和地区固定通信卫星前十五强公司中，阿拉伯世界占了两家，它们将成为
未来中资企业的重要合作伙伴。

表 5 - 9　2012 年全球国家和地区固定通信卫星

租金单位：亿美元

排名	公司	地点	2012 年租金	在轨卫星（个）	订购卫星（个）
1	Intelsat 国际通信卫星	卢森堡	26.99	64	5
2	SES 全球公司 SES Global	卢森堡	24.1	53	6
3	Eutelsat 欧洲通信有限公司	法国	16.6	31	6
4	Telesat 公司	加拿大	8.46	14	0
5	Sky Perfect JSAT 公司	日本	6.594	16	1
6	Sing Tel Optus 新电信澳都斯公司	澳大利亚	3.41	5	1

---

① 朱筱虹、李喜来、杨元喜：《从国际卫星导航系统发展谈加速中国北斗卫星导航系统建
设》，《测绘通报》2011 年第 8 期，第 1 页。
② Sonya Shaykhoun, "Pan-Arab Space Agency: Pipe Dream or Real Possibility?" *Via Satellite Maga-
zine*, August 26, 2014.

排名	公司	地点	2012 年租金	在轨卫星（个）	订购卫星（个）
7	Star One 公司	巴西	3.15	7	2
8	Arabstat 阿拉伯卫星通信公司	沙特阿拉伯	3.005	5	2
9	HispSat 公司	西班牙	2.644	6	3
10	AsiaSat 亚洲卫星公司	中国香港	2.432	4	2
11	Thaicom 泰国通信卫星公司	泰国	2.397	2	2
12	Russia Satellite Communications 俄罗斯卫星通信公司	俄罗斯	2.09	11	8
13	China Satellite Communications 中国卫星通信公司	中国	2.05	11	3
14	Telenor Satellite Broadcasting 挪威电信卫星广播	挪威	1.754	3	1
15	NileSat 尼罗河卫星通信公司	埃及	1.658	2	0

资料来源：《固定通信卫星公司 2012 年排行榜》，美国天空网；夏冰：《全球卫星通信发展现状及趋势》，《卫星与网络》2014 年第 4 期，第 74 页。

三 北斗系统参与中东国家航空航天治理的问题与挑战

北斗系统在阿拉伯世界的推广涉及战略与策略、军用与民用、安全与经济、双边与多边等不同层面的问题，也涵盖中国与域外大国、中国与阿拉伯国家关系等诸多领域的系统性问题。归纳起来，北斗系统在阿拉伯世界的推广涉及四个维度。

1. 安全维度的问题

科技是国家硬实力和软实力的重要组成部分，北斗系统是国家 16 个重大专项之一，是中国"集中力量办大事"的重要标志。该项目在阿拉伯世界的推广涉及安全领域的问题，一方面是因为伴随北斗系统在阿拉伯世界推广，西方发达国家如美国、欧盟和俄罗斯势必担心中国在科技领域推行"去美国化"和"去俄罗斯化"。例如 2004 年美国政府通过的《天基定位、导航与授时政策》指出："不论空间及其增强系统是否设计军用能力，定位、导航和授时信号提供的固有能力都可以被敌方所用，包括敌方的军事力量和恐怖分子。新兴的国外天基定位、导航和授时服务系统可能会增强或削弱 GPS 的未来应用……我们必须不断提高拒绝与阻断敌方使用天基定位、导航和授时服务的能力，尤其包括敌方和/或恐怖分子易于使用并威胁美国安全的开放服务。"[1]

近年来，一方面，美国全球战略重心向亚太转移，奥巴马政府对中国填补中东权力真空、排挤美国在阿拉伯世界的影响力充满疑虑。另一方面，北斗系统海外推广、建立北斗系统海外基准站，还面临对象国政治、法律、民粹主义的影响，如有些阿拉伯国家宪法和法律反对任何国家在其境内建立基地站或部署军事力量，北斗系统落户阿盟，一旦引起当地民众的误解，或者受到当地和西方媒体的炒作，必将产生一定的政治后果，甚至为极端势力袭击中国在这些国家的基础设施、承包项目和绑架海外中国公民提供借口，影响北斗系统在海外其他国家推广的进程。因此，为打消西方大国、俄罗斯和对象国的疑虑，中国北斗系统海外推广既需要从国家安全的高度加强顶层设计，又要在操作层面淡化北斗系统的政府背景和安全因素，在推广过程中"去政治化"，凸显其企业和商业属性。

2. 政治维度的问题

近代，英法等西欧大国曾经在中东推行殖民统治；冷战时期，美苏在中东分别建立势力范围、加强地缘政治争夺。中国在安理会五个常任理事国中情况不同，因为中国从未在中东谋求势力范围，中国一贯支持阿拉伯民族的独立和民族自强，"历史记录"比美、欧、俄更加"清白"，有利于现阶段北斗系统在阿拉伯世界的推广。从现实政治来看，在全体阿拉伯国家的最大关切——巴勒斯坦问题上，中国政府秉持公正，支持巴勒斯坦以东耶路撒冷为首都独立建国，赢得了阿拉伯世界政府的赞赏，并与中东国家各方均保持友好合作关系，这在域外大国中是很少有的。中国与阿盟在北斗系统海外推广领域的合作有望成为"南南合作"的重要典范。

北斗系统海外推广是中国对阿拉伯世界科技外交的重要内容，是中国大外交、大外事的有机组成部分。

3. 利益维度的问题

北斗系统在阿拉伯世界的推广需要理顺政府与企业的关系。中国北斗办公室应发挥积极协调作用，基于"扶上马、送一程"的原则，整合外交部、商务部、发改委、国防部等国内各部委和各种资源，视其为中国海外整体利

---

[1]　刘春保、廖春发：《美国天基定位、导航与授时政策》，《卫星应用》2005年第1期。

益拓展的重要组成部分。既要对北斗系统在阿盟推广的法律风险（包括伊斯兰教法）、社会文化风险（文化价值观差异）等有充分的认识和把握，又要与习总书记提出的"正确义利观"（先予后取）相结合；必须统筹国际、国内两个大局，兼顾短期商业利益与中长期战略利益。海外利益往往是中国企业利益在境外的再分配，在推广过程中，政府应发挥引导作用，及时发布阿盟投资风险报告，避免中资企业在阿拉伯世界"一哄而上、一哄而散"的局面，尽可能消除国内企业在阿拉伯国家恶性竞争的消极因素。

4. 技术维度问题

阿拉伯世界政治制度差异较大，经济发展水平参差不齐，政治稳定程度低，人口规模大，经济总量和社会治理水平也各不相同，对北斗系统的需求也不一样。2011 年"阿拉伯革命"以来，除海湾阿拉伯国家如沙特、阿联酋、卡塔尔和科威特外，绝大多数阿拉伯国家财政收入匮乏，高科技人才流向欧美现象严重，只有埃及、摩洛哥、阿尔及利亚等不多的几个国家成立了航空航天局。阿拉伯卫星通信组织（Arab Satellite Communications Organization）是阿拉伯世界最重要的卫星通信组织之一，成立于 1976 年，总部位于沙特首都利雅得，主要服务范围是西亚和北非的阿拉伯国家。除科摩罗外，其他 21 个阿拉伯国家均占有该组织的股份，其中沙特最大，占 36.7%，科威特占 14.6%，利比亚占 11.3%，卡塔尔占 9.8%，阿联酋占 4.7%。[①] 阿拉伯卫星通信组织虽在中东地区具有一定影响力，但是与美、欧、俄、中等世界大国和大国集团相比，22 个阿拉伯国家在卫星导航技术上至今仍处于落后水平。

为改变这一现状、促进阿盟内部的高科技创新，使阿盟成为全球卫星导航系统独树一帜的重要一极，2008 年，阿联酋政府提出一项倡议，呼吁在阿盟组织内部成立统一的"泛阿拉伯航空局"（Pan-Arab Space Agency），试图发挥阿盟的集体优势，特别是海湾合作委员会六国的资金优势，"抱团取暖"、减少成本，促进阿拉伯航空业的发展。"泛阿拉伯航空局"主要任务是帮助阿拉伯国家打击恐怖主义、促进航运、警务、污染防治和环境保护等事业的发展。根据阿拉伯主要成员国的构想，未来的阿拉伯航空局将

---

① "Arab Satellite Communications Organization," http：//www.arabsat.com/pages/history.aspxhidalogo，登录时间：2013 年 4 月 4 日。

走欧洲宇航局的民用化道路，而不是美国航空航天局（NASA）的军事化道路。①

阿盟的这一构想，为北斗系统加强与阿盟合作提供了重要机遇。中国应根据对象国实际需要和国情灵活处理；北斗系统在阿拉伯世界的推广过程中要推动技术升级与品牌建设，发射更先进的导航卫星，提供有保障的服务，不断实现技术、管理和产业的创新，打破与GPS、伽利略、格洛纳斯等"零和博弈"的惯性思维，寻求互利共存，促进大国在阿拉伯国家高科技领域的合作共赢。

阿拉伯世界面临的政治、安全、法律和文化风险类型和程度各不相同，与中国关联度也不一样，北斗系统在阿拉伯各国的需求度也存在差异。这就决定了冷战后中国在该地区推广北斗系统项目需要确立支点国家，选择先行试验区和试验项目。从试点国家来看，西亚的沙特和阿联酋、北非的埃及、摩洛哥和阿尔及利亚，宜作为北斗系统在阿拉伯世界推广的首批支点国家。首先，这些国家对北斗系统的需求度高。西亚的沙特阿拉伯和阿联酋、北非的埃及、摩洛哥和阿尔及利亚，都是本地区有较强影响力的关键国家，2014年以来经济发展势头良好，人口规模和经济总量相对较大，各行业对北斗系统的需求量大。其次，这些国家的局势相对稳定。无论是沙特、阿联酋，还是埃及、摩洛哥和阿尔及利亚近年来政治局势稳定，面临的教派争端、恐怖主义威胁、政局动荡的风险相对较小，具备北斗系统推广的外部条件。再次，这些国家对华友好度高。上述五国与中国国情相似，均把经济社会建设放在国家建设首位，长期对华持友好政策，奉行"向东看"战略，沙特国王萨勒曼、埃及总统塞西等曾经访华，受到习主席的接见。中国也与上述国家建立了伙伴关系，长期高度重视这些国家。最后，这些国家分管部门与中国职能部门的合作基础好。中国相关部门近年来已经与摩洛哥、阿尔及利亚、阿联酋等对应部门建立了初步的合作关系，具有共同研发和技术推广的基础。

四 结语

中国参与中东国家航空航天治理是其非传统安全治理的发展与延伸。

---

① Sonya Shaykhoun，"Pan-Arab Space Agency：Pipe Dream or Real Possibility?"，*Satellite Magazine*，August 26，2014.

目前，中国北斗导航系统落地阿拉伯国家的相关行政法规已经初步形成，如 2013 年发布的《国家卫星导航产业中长期发展规划》；2014 年 1 月发布的《国务院办公厅关于促进地理信息产业发展的意见》；2014 年 3 月国家测绘地理信息局发布的《关于北斗卫星导航系统推广应用的若干意见》等，但是北斗系统国际化发展的顶层设计仍显不足。北斗系统在中东推广过程中需要根据已有的规划，从以下几点出发循序渐进，稳步推动北斗系统落地。

首先，以中阿合作论坛为平台，深化中阿在北斗系统领域的合作。在阿拉伯世界推广过程中，应将北斗系统纳入"中阿合作论坛"多边机制和中国与阿拉伯国家双边战略合作关系的双重框架下，使之成为中国对阿技术援助的一部分。应在"中阿合作论坛"的多边舞台，成立任务导向型"分论坛"和"工作组"，形成高效的工作机制，在阿拉伯重要国家建立卫星导航系统的教育基地和培训基地，为北斗系统落地生根铺平道路。

其次，在冷战后中国科技外交中，增加北斗系统在中东推广的内容。北斗系统是中国国际空间基础设施的重要研究成果，对带动"走出去"战略的实施和加快测绘强国建设意义重大。把北斗系统作为中国对中东一揽子技术援助的重要内容，使之成为中国向中东提供的公共产品。在中东公共事务管理、公安、警务、渔业、水文、航运、交通、农林水利、气象、国土资源、环保、防灾减灾和紧急救援等领域，发挥北斗系统产品与服务的积极作用。①

航天事业的发展除满足军事和安全需要外，最终目的还是要为国民经济服务，为社会进步服务。中国北斗系统发展起来后，必然要考虑怎样深入整个经济建设领域这个问题。这无疑给北斗系统提供了发展机遇；所以要把产品质量搞好，运控系统要把空间段管好，给用户服务好②，成为中东国家重要的基础设施建设项目。（1）继续强化"中阿合作论坛"的政治合作功能，使论坛向地区组织的方向发展；（2）建立稳定的能源供应关系，

---

① 《国家测绘地理信息局关于北斗卫星导航系统推广应用的若干意见》，《卫星导航信息》2014 年第 1 期，第 36 页。
② 孙家栋：《加快北斗卫星导航系统产业发展》，《中国科技投资》2012 年第 23 期，第 24 页。

开展互利经贸合作；（3）在政治上相互支持，包括中国在联合国、亚投行、"丝路基金"、二十国集团、国际货币基金组织等机构中积极维护中东国家的发展权，中东国家则积极维护中国的领土完整和在中东的利益；（4）加强军事交流，包括中国训练中东国家的军官、开展联合反恐军事演习、建立柔性军事存在等；①（5）加强高层领导人互访，增加双方民间往来和互派留学生的规模；（6）在制度上规范中国与中东战略合作关系，建立各领域的对话与合作渠道。外交部亚非司与北斗系统相关单位应建立更加密切的合作关系，共同推动北斗系统落地中东国家。

再次，加强人文交流，为北斗系统在中东推广营造良好气氛。中阿双方决定把 2014 年和 2015 年定为中阿友好年，并在这一框架内举办一系列友好交流活动。中方也愿意同伊朗、土耳其和以色列扩大互办艺术节等文化交流活动规模，鼓励更多青年学生赴对方国家留学或交流，加强旅游、航空、新闻出版等领域合作。未来 10 年，中国将组织 10000 名中阿艺术家互访交流，推动并支持 200 家中阿文化机构开展对口合作，邀请并支持 500 名阿拉伯文化艺术人才来华研修。中国应考虑在中东国家孔子学院的框架下设立北斗系统宣传、培训、与演示中心，该中心可以辐射周边地区，开展市场摸底和调研工作，为北斗系统在中东推广"打前阵"。

最后，加强中国在与北斗系统相关的国际组织中的发言权，获得更多的国际认证。中国应高度重视全球卫星导航系统（GNSS）、国际海事组织（IMO）、国际电工委员会（IEC/TC80）、国际电信联盟（ITU）、国际航标协会（IALA）、航海无线电技术委员会（RTCM）等等②，通过积极参与构建政策统一战线、利用多边机制，扩大中国在国际上的话语权。2014 年 11 月，国际海事组织海上安全委员会第 94 次会议在伦敦召开，会议审议通过了对北斗系统认可的航行安全通函。这是继 GPS 和格洛纳斯之后，国际海事组织认可的第三个卫星导航系统。北斗系统标准首次获得国际组织的认证，标志着北斗系统正式成为全球无线电导航系统的组成部分，取得面向海事应用的国际合法地位。积极利用与联合国合作的"中国及其他发展中

① 孙德刚：《论新时期中国在中东的柔性军事存在》，《世界经济与政治》2014 年第 8 期，第 4～6 页。
② 周玉霞、康登榜：《北斗在国际海事组织开展标准化工作初探》，《中国标准化》2014 年第 1 期，第 70 页。

国家地理信息管理能力开发"项目平台，开展多边合作。总之，未来十年里，全球卫星导航系统将从美国一家独霸向美、欧、俄、中、印、日多极化方向发展，为北斗系统拓展中东市场提供了重要战略机遇期。

小　结

　　中东地区非传统安全问题是传统安全问题的延伸。本章主要从非传统安全的视角考察了冷战后中国参与中东非传统安全治理的理念与实践，并以恐怖主义治理、海盗问题治理和航空航天治理为例，分析了中国参与上述非传统安全问题治理的基本理念、利益考量、机制选择和实施手段。与中国在传统安全领域参与中东地区治理一样，中国对中东非传统安全治理的认知也存在从被动应对到主动塑造的过程，参与的深度和广度不断扩大。与西方大国相比，中国利用多边机制应对中东非传统安全挑战、维护自身合法权益的能力仍有待提高。

第六章　中国参与中东地区的经济治理

21世纪以来，全球经济治理格局和治理体系发生重大变革，西方主导的经济治理理念与政策在全球与地区层面均遭到质疑，新兴国家的治理能力与主张逐步凸显，中国迈入积极参与全球经济治理的后冷战时代。

作为全球重要战略板块，中东地区一直存在严重的经济问题与突出的"治理赤字"，面临经济转型和可持续发展的多重困境。2015年《中共中央关于制定国民经济和社会发展第十三个五年规划的建议》提出，要"推动国际经济治理体系改革完善，积极引导全球经济议程，促进国际经济秩序朝着平等公正、合作共赢的方向发展"。[①] 近年来中东变局的发生更加剧了治理问题的严重性与复杂性。中东地区的重要性自不待言，大规模的能源进口、多元化的经济联系和一贯的大国抱负、当前外交转型的结合使中国逐步提升了对中东地区经济治理的参与力度。而中国的治理理念、政策与能力也为中东地区经济治理带来新活力，可弥补西方和地区国家的不足，并凸显中国在冷战后全球经济治理中的关键地位。一方面，当前国内外学界的相关研究主要聚焦于中东国家内部的经济问题，围绕部分中东国家的经济管理、财政、贸易、就业等问题展开，探讨国家治理与经济增长的关系，以世界治理指数为代表的定量研究也涉及中东地区，对"善治"议题比较关注，但除联合国、世界银行等国际机构的治理实践外，[②] 对外部大国与中东地区经济治理的关系缺乏系统研究。另一方面，中国参与中东地区

---

① 《中共中央关于制定国民经济和社会发展第十三个五年规划的建议》，《人民日报》2015年11月4日，第1版。

② See Hassan Hakimian and Jeffrey Nugent, *Trade Policy and Economic Integration in the Middle East and North Africa*, London: Routledge, 2003; Abbas Kadhim, *Governance in the Middle East and North Africa: A Handbook*, London: Routledge, 2012; Amr Adly, *State Reform and Development in the Middle East*, New York: Routledge, 2013; UNDESA, *Governance in the Middle East, North Africa and Western Balkans*, New York: United Nations, 2008.

经济治理的领域逐步涵盖了能源、贸易、金融、投资与发展等诸多方面，现有成果对能源之外的其他问题研究不足；① 对中国与其他大国参与中东地区经济治理的比较分析不够，无法反映当前中国积极参与全球经济治理和中东地区经济治理的新现实。

第一节　中国参与中东地区经济治理的背景

中东地区经济治理具有自身的特殊性，是地区经济问题在治理领域的反映，而大国参与中东地区经济治理主要是其对外政策与国家利益的体现，有共性也有差异。冷战后中国对中东地区经济事务的涉入程度不断加深，积极参与中东地区经济治理具有必然性。

一　中东地区经济治理的理论与现实

中东地区国家的经济发展一直存在突出问题，普遍表现出经济结构单一、经济环境脆弱、基础设施滞后、人口增长过快、贫富分化严重、就业等民生压力巨大以及外部依赖度高等特点，这些问题长期困扰着中东国家，国家治理能力和效果也难以令人满意。虽然对评价体系存在争议，但大多数中东国家在各类治理指数中排名靠后是一个不争的事实。除了部分中东产油国依靠石油资源跃居高收入国家行列外，绝大多数中东国家的经济发展水平较低，表现出经济发展失衡和依附性发展的鲜明特征，经济现代化进程问题重重。即使是产油国，财富暴增的同时并没有发展出可持续的经济增长模式和带来社会整体的质的飞跃，而非产油国的经济也极大地受到产油国的影响，不仅失衡严重，且更为脆弱。石油改变了中东国家的社会经济面貌，国家财富、经济结构与民众生活都因此发生巨大变化，但也为地区国家带来了无休止的动荡冲突、缺陷性的经济结构与脆弱的收入增长模式。从对外经济关系来看，中东在总体上依然是融入经济全球化的程度

---

① See Jin Liangxiang, "Energy First: China and the Middle East," *Middle East Quarterly*, Spring 2005, pp. 3 - 10; Muhamad S. Olimat, *China and the Middle East: From Silk Road to Arab Spring*, Abingdon and New York: Routledge, 2013; Naser M. Al-Tamimi, *China - Saudi Arabia Relations, 1990 - 2012: Marriage of Convenience or Strategic Alliance?* London: Routledge, 2013.

较低、反全球化思潮与运动力量强大的地区之一。中东地区经济在很大程度上一直未能有效融入全球贸易、投资与生产网络，同时地区国家之间与国家内部经济上的鲜明分化、矛盾与冲突是其突出特征之一。①

中东也是世界上地缘经济"碎片化"最为严重的地区，未能建立统一稳定的经济秩序，全球化水平较低且身份被动，并受到地区冲突、大国争夺、恐怖主义等因素的持续冲击，不少国家还面临着战争或动荡之后的经济重建问题。同时，中东地区国家特别是作为主体的阿拉伯国家之间在政治、经济、宗教、文化、意识形态等方面具有鲜明的传导性，在经济发展、政权稳定、人员交流等方面存在着千丝万缕、密不可分的联系。阿拉伯国家社会与政治的确具有紧密的互动关系和某些共同特征。② 中东变局改变了相对稳定的地区局势，不但对阿拉伯国家经济造成了灾难性的影响，很多阿拉伯国家的经济发展基础也受到很大削弱，政治安全与社会民生方面的支出大大增加，经济发展的力量十分孱弱。地区各国与各次区域之间政治经济力量日益破碎，而原有的复杂矛盾也没有得以解决，阿拉伯国家之间的经济整合更加困难。

不考虑经济问题就无法准确理解中东的政治困境，阿拉伯国家的动荡受到自身经济结构与发展模式的内在推动。③ 推动中东国家经济增长对于创造就业、降低失业率十分重要，有利于减少贫困、降低社会动荡和政治不稳定风险，而鉴于中东地区问题的突出外溢效应，中东地区治理水平的提升对于促进本地区乃至全球的繁荣与稳定均至关重要。④ 当前中东国家种种乱象和难题的主要根源不在于所谓的"民主自由"问题，而在于经济发展问题。转型失败、发展迟滞、民生艰难是导致众多地区国家陷入动荡的深层次原因，只有真正解决地区国家经济发展中的诸多难题、实现可持续增

---

① Agnieszka Paczynska, "The Economies of the Middle East," in *Understanding the Contemporary Middle East*, edited by Jillian Schwedler, Boulder and London: Lynne Rienner Publishers, 2013, p. 223.

② Katerina Dalacoura, "The 2011 Uprisings in the Arab Middle East: Political Change and Geopolitical Implications," *International Affairs*, Vol. 88, Issue 1, 2012, p. 63.

③ Adeel Malik and Bassem Awadallah, "The Economics of the Arab Spring," *Middle East Insight*, No. 46, 23 Nov. 2011.

④ Serdar Sayan, *Economic Performance in the Middle East and North Africa: Institutions, Corruption and Reform*, Abingdon and New York: Routledge, 2009, pp. 175, 182.

长并惠及民生才能使中东国家逐步走出困境。2016 年 1 月 21 日，国家主席习近平在阿拉伯国家联盟总部的演讲中指出，"中东动荡，根源出在发展，出路最终也要靠发展"。鉴于中东地区在能源资源、地缘经济、对外经济关系上的重要地位及其外溢效应，该地区经济持续欠发展而负效应日益增大的现实使中东地区经济治理显得更为紧迫和必要，国际社会特别是外部大国应更为积极主动地参与到中东地区经济治理中来，通过多种途径带动地区经济发展繁荣，为世界和平与发展做出贡献。

第一，中东地区经济治理是与该地区相关的经济问题在治理领域的反映。所谓中东地区经济治理是该地区内外相关国家及其延伸力量为解决地区经济问题、推动地区经济发展繁荣而采取的协商、行动以及机制、政策、理念的总和。目的是促进内部治理改革与国际治理合作，解决地区经济转型与发展的难题，推动地区国家经济走上良性与可持续发展的轨道。中东国家的经济发展变革与全球经济的联动日益紧密，中东地区的和平、稳定、发展、繁荣及重建符合地区内外各方利益，而中东地区国家自身又往往难以担负实现这一目标的重任，因此，国际合作治理成为必需。就治理主体而言，总体上可以分为三大类：中东地区内国家及组织、区外相关大国和政府间国际组织等。以国家为中心的治理是战后以来全球经济治理的主导模式，国家及其延伸力量（如政府间国际组织）是全球经济治理的决定性行为体。虽然世界上存在非政府组织、市民运动、跨国公司和全球资本市场，但它首先被视为政府间的相互关系。就治理目标而言，中东地区经济治理是要解决经济转型与发展的难题、推动地区经济走上良性与可持续发展的轨道。中东国家特别是产油国需解决经济结构单一化、对外开放不足以及扩大经济自由化等问题，以实现经济可持续发展。[①] 长期以来，中东地区经济发展上存在严重而复杂的问题与难题，不但存在畸形的经济结构、脆弱的经济环境、滞后的基础设施、严重的贫富分化、巨大的就业等民生压力以及高度的外部依赖等多方面的经济问题，也面临着经济转型和可持续发展的严重考验。同时中东也是世界上地缘经济"碎片化"最为严重的地区，发展鸿沟显著，未能建立统一稳定的经济秩序，还受到持续而严重的地区冲突、大国争夺、恐怖主义等非经济因素的极大冲击，埃及、利比

---

① 杨光：《高油价与中东石油输出国的经济发展》，《西亚非洲》2007 年第 12 期，第10 页。

亚、突尼斯还面临着战后或动荡之后的重建问题，这些矛盾和问题都是中东地区经济治理所要覆盖的对象。就治理领域来看，结合全球经济治理的内涵与本地区经济的现实特点，其基本范畴可以分为贸易治理、能源治理、金融与投资治理以及发展治理。

第二，大国参与该地区治理主要是其全球战略、中东政策与中东利益的体现，背后存在不同利益的考量，路径、机制与领域互有交融，也存在差异。以国家为中心的治理是全球经济治理的主导模式，大国总是在全球经济治理进程中占据主导地位。① 中东地区经济治理牵涉地区国家经济发展变革、大国中东政策与利益、全球治理与地缘格局转型等诸多问题，也是影响全球治理变革和考验大国治理能力的关键地区。由于中东地区的关键地位与重大影响、各国在中东的复杂利益存在，世界主要大国都不同程度地涉入中东地区经济治理。当前参与中东地区经济治理的外部大国和国际组织主要包括美国、欧盟、日本、俄罗斯、中国、印度等，它们均是既拥有自身的全球战略又在中东地区有重大利益的世界经济体。从本质上说，外部大国参与中东地区经济治理是其相关的全球战略与中东政策的反映，背后体现的是其中东利益，对其在中东地区不同国家利益的认知次序和参与地区经济治理的举措也存在差异性。如美国作为在中东地区长期占据主导地位的超级大国，其对中东地区治理的参与反映了其在该地区的战略、安全与经济利益，特别是为了稳固其在该地区的霸权地位，维护其复杂的全球重大利益。域外大国在不同阶段、不同领域的参与差异也反映了其对自身多种国家利益的复杂考量，由此，各大国在参与中东地区经济治理的路径、机制与领域既有交叉融合，也存在显著差异。如当前美国对中东能源依赖的下降和在该地区的战略收缩深刻影响到其对中东地区经济事务的政策，也对中东地区经济格局及其他大国的中东经济参与实践带来重大影响。大国参与中东地区经济治理受到自身实力地位与利益领域的制约以及地区形势发展变化的影响，随着实力地位的消长变化，大国在中东地区的国家利益也在发生变化，在不同阶段和不同领域也存在明显不同。

---

① 参见庞中英《1945 年以来的全球经济治理及其教训》，《国际观察》2011 年第 2 期，第 1～8 页；徐秀军：《新兴经济体与全球经济治理结构转型》，《世界经济与政治》2012 年第 10 期，第 49～79 页。

而大国之间在治理目标、议程、领域、手段等方面既有相通之处，也表现出差异性。

第三，大国参与中东地区经济治理的动因、路径、机制与影响因素存在差异。从理论与现实来看，域外大国参与中东地区经济治理的动因、路径、机制和影响因素等方面包括多种不同的类型，既有相似性，又存在较大差异。就参与动因来看，主要包括经济利益、安全利益、战略利益、国际形象、霸权利益五种利益的考虑，各国对本国在中东地区的不同国家利益的认知不同。就参与路径来看，主要包括四类：单边主义/多边主义、政府主导/民间主导、自上而下/自下而上、双边/地区/全球，各国在中东地区治理进程中对参与路径的偏好并不一样。就参与机制来看，主要涉及内外三层机制：（正式与非正式的）国内机制、地区机制与全球机制，受到历史条件、实力地位与治理能力的制约，各国可资利用的机制基础也差异较大。就对大国参与中东地区经济治理的影响因素来看，主要存在四大因素：利益相关性、问题复杂度、国际影响、权力关系（结构、地位与能力），这些因素总体上来说虽然有自身的规律，但各国的认知与表现会有较大区别。上述不同类型和因素可以用来分析大国对中东地区经济治理的参与情况，各国的现实表现自然有所不同，如有的大国优先考虑政治或安全利益，有的更注重经济利益，参与治理的路径、依托机制也各有差异，对相关影响因素的认知与感受也大不相同。

二 中国参与中东地区经济治理的主要背景

当前中国国家利益的内涵已经大大拓展，国家的舆论安全、形象塑造、议题设置与国际话语权的确立、软硬实力和影响力的提升等都是国家利益的重要部分。[①] 冷战后中国与中东地区的多元化联系与双向互动不断增强，对中东地区经济事务的涉入程度不断加深，而随着自身国力的提升与外部利益的扩大，国内外对中国在中东地区事务中发挥更大作用的期待与压力也不断增大，中国已无法做到置身事外，积极参与中东地区经济治理具有必然性。

第一，冷战后中国在中东地区的经济利益正快速扩大，复合型经济互

---

① 李伟建：《中东政治转型与中国中东外交》，《西亚非洲》2012 年第 4 期，第 13 页。

动关系日益增强，中国与中东国家相互战略需求不断上升。① 中东地区涵盖了当代世界的交通枢纽、战略要地、主要石油生产国和输出国，构成了影响国际力量配置的重要势力。② 中东地区地位关键且处于大国中间地带，地区经济脆弱。众所周知，中东地区是中国能源的主要来源地、重要的经贸通道、对外商品劳务输出及企业走出去的重要目的地，也是海外利益保护脆弱的地区，事关中国政治、经济、能源、安全等多重利益。近年来中国与中东国家加强经济关系的内在需求不断扩大，"一带一路"倡议与中东国家"向东看"需求相契合，双方经济互动与复合型经济联系不断加深，中东在中国国际战略中的重要性日渐上升。2014 年中国原油进口量接近 3.1 亿吨，石油对外依存度超过 60%；其中自中东地区的原油进口超过 1.6 亿吨，占到 52.1%；前十大石油来源国中有 6 个是中东国家（沙特、阿曼、伊拉克、伊朗、阿联酋、科威特）。③ 未来在中国的快速发展过程中，中东作为世界核心产油区和中国的油气进口主要来源地的地位不会改变，对中国能源安全与经济发展的影响都将进一步上升。同时，中国与中东地区的经济关系已经逐步超越单一的能源贸易范畴，向金融、投资、全球经济合作等多个领域拓展，战略性日益凸显。因此，中国以超越石油的多种方式扩展了与中东的经济联系，中东地区也成为观察中国经济走向全球的重要窗口。④ 中国经济地位的提高与参与全球经济事务的需求使之提升了对与中东地区经济关系的重视程度，新的对外经济合作战略如"一带一路"倡议的提出使得中东的重要性愈益提升。在此背景下，中国认为中东是重要的贸易、物流与金融枢纽，也是与欧洲之间政治经济利益的关键连接点。⑤ 而中东地区长期积累的经济与发展问题以及由此引发的地区持续动荡日益不符合中

---

① 高祖贵：《中东剧变以来中国与中东国家的关系》，《阿拉伯世界研究》2015 年第 1 期，第 14 页。

② 王猛：《中国参与中东经济事务的全球视角分析》，《阿拉伯世界研究》2007 年第 4 期，第 34 页。

③ 田春荣：《2014 年中国石油天然气进出口状况分析》，《国际石油经济》2015 年第 3 期，第 57~67 页。

④ Abbās Varij Kāzemi and Xiangming Chen, "China and the Middle East: More Than Oil," *The European Financial Review*, February-March 2014, pp. 40 ~ 44.

⑤ Alexander Neill, "China and the Middle East," in *Middle Eastern Security, the US Pivot and the Rise of ISIS*, edited by Toby Dodge and Emile Hokayem, London and New York: Routledge, 2014, p. 217.

国的国家利益，积极参与中东地区经济治理是维护中国在地区与全球日益扩大的国家利益的需要。中国应以新方式参与中东经济事务，既以全球化视角处理与中东国家的经贸关系，又以中东经济事务为平台处理与世界大国的关系，平衡中国的外贸结构。①

第二，中东地区国家与国际社会对中国的共同治理期待不断上升。当前，中国已成为全球第二经济大国、第二货物贸易大国、第二投资大国，经济实力与影响力日益显著，中国因素在全球经济体系中的分量与贡献不断上升。2016 年中国经济总量达到 11.2 万亿美元，对外贸易总额达到 4.3 万亿美元，对外直接投资达到 1832 亿美元。中国在世界生产体系和贸易体系中发挥着重要的作用，中国的国内市场和经济发展模式已经成为众多发达经济体发展的动力源和发展中经济体发展的模版。② 中国与中东国家经济互补性强，合作基础良好，是理想的经贸合作伙伴。研究发现，中国与中东国家贸易的竞争性比较弱；贸易联系更加紧密并呈现产业间贸易特征；两地优势产品类目没有重叠，各类产品的竞争优势差距也较大，表现出较强的贸易互补性。③ 全球经济格局的发展变化以及由此带来的战略合作需求也是中国与中东国家经济关系发展的重要动力。由于相互间贸易流动的增加与中国对全球石油市场的影响不断上升，中国与中东国家的经济联系与相互依赖特征日益明显，中国已经成为中东国家的主要贸易投资伙伴、能源出口市场的重心、石油美元新的投资场所，中国的发展道路与发展经验也日益引起中东国家的重视。一方面，中东国家认为中国正在崛起成为新的全球大国，在经济上具有强大的吸引力，对中国参与地区经济事务的期待也日益提升，在地区格局复杂动荡的背景下欢迎中国在地区经济发展治理中发挥更大作用，对中国参与地区经济事务的期待也日益提升。中东国家重视与中国发展经济关系及中国在中东地区的经济作用是其本身经济稳定发展与维护经济安全的需要。另一方面，近年来西方国家特别是美国对

---

① 王猛：《中国参与中东经济事务的全球视角分析》，《阿拉伯世界研究》2007 年第 4 期，第 34 页。
② 李丹、崔日明：《"一带一路"战略与全球经贸格局重构》，《经济学家》2015 年第 8 期，第 65 页。
③ 韩永辉等：《中国与西亚地区贸易合作的竞争性和互补性研究》，《世界经济研究》2015 年第 3 期，第 89 页。

中国中东政策的批评与指责不断，认为中国的中东政策就是追求能源，中国只是在中东地区自私地追逐自身经济利益最大化，且是一个最大的"搭便车者"。如2014年8月美国总统奥巴马公开指责中国利用美国干预和稳定地区局势的努力在中东地区"搭便车"和获取经济利益。① 在部分中东国家内部也存在类似认知。中国是不是一个在中东地区闷声发大财的"搭便车者"？仅仅反过来指责美国是地区混乱的制造者还不够，还需要以实际行动做出更有力的回应。因此，中国参与中东地区经济治理不仅有助于维护中国能源安全、周边稳定与海外经济利益，也可使中国改革发展与国家治理的成功经验走出国门，体现中国特色与中国贡献，树立和平、发展、合作与负责任的国际形象。

第三，参与中东地区经济治理是中国参与全球经济治理的重要内容，是提升中国全球经济治理能力与话语权的重要途径，也是促进大国合作关系的重要舞台。近年来中国提出要积极参与全球经济治理与公共产品供给，提高在全球经济治理中的制度性话语权。一方面，复杂难解的中东地区治理正在成为考验大国全球治理能力的关键地区之一，积极参与中东地区经济治理是从相关区域和具体领域层面提升中国的全球经济治理制度创建与话语权的重要途径，也有利于开拓改善全球经济治理的新路径。另一方面，中东地区也是影响大国关系走向的关键地区。当前全球经济之间的一体化与联动性不断增强，没有经济"孤岛"的存在。由于中东地区的重要地位与世界主要大国在该地区的多重利益存在，对全球治理负有更大责任的世界大国对该地区的经济困境无法长期置身事外，均不同程度地涉入中东地区经济治理进程，利益关系复杂，影响远超出地区范畴。同时大国在中东地区利益与矛盾并存，治理政策也存在差异，外部大国共同参与中东地区经济治理也必然意味着一定程度的国际博弈，呈现出既合作又博弈的关系。如保障地区能源供应安全就是大国之间的共同利益之一，但同样在能源领域，大国也在中东地区存在不同程度的争夺。中国逐步加深介入中东经济事务，对于传统上占有主导地位的美欧国家形成了一定挑战，也引起了西方国家特别是美国的怀疑和

---

① "China as a Free Rider," *New York Times*, 9 August 2014, http：//www. nytimes. com/video/o-pinion/100000003047788/china-as-a-free-rider. html.

抵制。中国在中东日益扩大的存在使中美之间产生新的争执并可能成为未来的严重冲突点，中美必须采取措施缓解这一矛盾。[①] 因此，管控大国竞争与冲突、构建开放共赢的大国合作关系至关重要，中东地区经济治理可成为中国与其他大国构建新型大国关系的重要"实验区"。中美两国在中东地区有着众多的共同利益和广阔的合作空间，可以联合维护能源供应稳定，促进地区经济发展。当前中美在中东地区的利益正在趋同，现实形势的变化逐步要求中美走向合作。[②] 虽然大国存在一些矛盾，在中东所扮演的角色不同，但总体上大国在中东地区的共同利益大于分歧，维护和强化彼此间的共同利益是所有参与者共同面临的挑战。美国的政治军事优势与中国的经济影响力使得两国在中东的存在某种程度上也是互补的。[③]

第二节　中国参与中东地区经济治理的实践

中国与中东地区国家长期保持着友好合作关系，但对中东地区经济治理的有效参与主要在进入 21 世纪以后，2004 年中阿合作论坛的成立是一个重要标志，2008 年全球金融危机发生后特别是"一带一路"倡议提出后，中国参与全球经济治理的力度明显加大，对中东地区经济治理的参与也进入新阶段。中国经济飞速发展、能源进口的扩大与中国"走出去"的发展战略等因素都促使中国日益涉入中东地区经济事务，双方之间的经济互动与联系日益增强，使中国与中东国家在经济等各个层面上的交流合作均不断扩大，对中东地区经济事务的涉入程度也不断加深，中国已经成为中东地区经济治理进程的重要参与方，实践内涵日益丰富，影响不断扩大。2016年 1 月，中国首次发布了《对阿拉伯国家政策文件》，全面规划中阿合作蓝图；紧接着习近平主席对中东地区进行了正式访问，并针对"中东之问"提出了"中国方案"，必将有力加大中国对中东地区经济治理的参与力度。

[①] Steve A. Yetiv and Chunlong Lu, "China, Global Energy, and the Middle East," *Middle East Journal*, Vol. 61, No. 2, Spring 2007, pp. 199 – 218.

[②] Zackary Keck, "Time for a U. S. -China partnership in the Middle East?" *National Interest*, 21 September 2014, http://nationalinterest.org/feature/time-us-china-partnership-the-middle-east-11318? page = 2.

[③] Enrico Fardella, "China's Dabate on the Middle East and North Africa: A Critical Review," *Mediterranean Quarterly*, Vol. 26, No. 1 March 2015, p. 25.

一　中国参与中东地区经济治理的实践内涵

第一，中国大力发展同中东地区国家的经贸往来，积极对接国家发展战略，改善了地区国家的经济贸易发展条件。21 世纪以来中国与中东地区国家的贸易往来规模不断扩大，同时双边经济关系日益不再局限于能源贸易领域，还扩展至投资、金融、技术与劳务合作、发展援助甚至全球治理等诸多领域。中国致力于在能源贸易的基础上实现双边贸易多元化，并逐步扩大在中东地区的投资规模，利用金融、投资等工具为双边经贸往来与地区国家经济发展提供便利条件。研究发现，中国与中东国家贸易的竞争性比较弱；两地贸易联系更加紧密并呈现产业间贸易特征；中国优势产品以工业制成品为主，中东则拥有能源资源优势，两地优势产品类目没有重叠，各类产品的竞争优势差距也较大，双方表现出较强的贸易互补性。[①] 2002～2014 年，中国与中东地区国家的贸易额从 240 多亿美元增长至 3361.79 亿美元，中东国家成为中国的主要贸易伙伴之一；[②] 2014 年中国在中东地区的投资流量达到 30 多亿美元，投资存量达到约 160 亿美元；[③] 中东地区也成为中国主要的资本对外输出地和工程承包地之一。特别是海湾国家的经济繁荣日益依赖于中国，获益于中国的经济发展。[④] 中国也发挥在制造业、工程承包、基础设施建设和资金等方面的经验与优势，深化油气全产业链合作，加大在农业、制造业和服务业方面的互利合作，向对方企业和产品相互开放市场，促进贸易和投资便利化，增加对中东国家的投资，拓展在新能源等技术领域的合作，通过合作建造、人员培训、设立技术转移中心等方式向地区国家转移先进技术，既更好地满足中东国家的市场需求，也有助于改善中东国家的对外经济贸易条件。此外，中国积极对接中东地区国家的发展战略与政策，以多层次、长期性经济合作推动地区国家

---

① 韩永辉等：《中国与西亚地区贸易合作的竞争性和互补性研究》，《世界经济研究》2015 年第 3 期，第 89 页。

② 根据《中国海关统计》（2002～2014）计算。

③ 中华人民共和国商务部：《2014 年度中国对外直接投资统计公报》，中国统计出版社，2015，第 43～52 页。

④ Alexander Neill, "China and the Middle East," in *Middle Eastern Security, the US Pivot and the Rise of ISIS*, edited by Toby Dodge and Emile Hokayem, London and New York: Routledge, 2014, pp. 216-217.

经济发展。中国主动对接海湾国家的"向东看"政策、沙特的"2030 愿景"、土耳其的"2023 百年目标"和高铁规划、能源枢纽规划、阿联酋的全球物流中心、埃及的升级版苏伊士运河经济带规划、伊朗第 6 个"五年发展规划"等,并积极参与上述相关规划和园区的投资建设,成为推动中东国家实现经济发展战略与目标的推动力量。中国经济社会快速发展直接推动中东国家经济增长,中国与中东国家的经贸关系已经成为推动地区繁荣与发展的重要引擎。①

第二,中国致力于打造促进中国与中东国家经济共同发展的合作平台,为地区经济稳定发展提供政策与现实支撑。中国与中东国家之间的经济合作平台主要包括双边层面与区域层面两个范畴,此外也尝试融合构建新型区域经济协调机构。在双边层面,中国与 11 个中东国家建立了各种形式的战略合作关系,签订了长期贸易与投资合作协议或保护协定,建立各种经济协商机制。中国与 21 个阿拉伯国家签署了双边经济、贸易和技术合作协定,成立了经贸混委会机制,与 16 个阿拉伯国家签署了投资保护协定,和 11 个阿拉伯国家签署了避免双重征税协定。在经贸协定方面,从联络机制上看,目前中国与大部分中东国家签订了经济、技术和贸易合作混合委员会协定。中国相信经济相互依赖能够促进国际合作,因此不仅致力于加强与中东各国之间的关系,也积极与欧佩克、海合会、阿盟等区域组织发展合作关系。② 在区域层面,2004 年中国与阿盟建立中阿合作论坛,并成立了中阿经贸论坛、中阿能源合作大会等合作机制,成为推动中国与阿拉伯国家经济关系发展的重要平台,中阿经贸论坛(中阿博览会)在中国定期召开,也是中国推进中阿务实经济合作的重要平台。2004 年,中国与海合会启动自贸区战略谈判,取得重要进展;2010 年中国—海合会建立战略对话机制,至 2014 年举办了三届战略对话,签署了多个谅解备忘录。从具体合作形式看,中国在中东国家联合建立各类经贸合作区、开发区、贸易中心、投资中心或商品城等成为推动中国参与当地经济发展的重要平台。例如中国与埃及联合建立的苏伊士运河经贸合作区,规划面积 10 平方公里,2000 年开始大

---

① 樊为之:《中国与西亚北非经贸——地区繁荣与发展的重要引擎》,《宁夏社会科学》2015 年第 1 期,第 60 页。

② Manochehr Dorraj,"The Dragon Nests:China's Energy Engagement of the Middle East," *China Report*,Vol. 49,No. 1,2013,p. 63.

规模开发建设，成为中外企业集群发展的聚集地和中国企业"走出去"的海外发展平台。中国促进了阿联酋国际金融中心和物流中心建设，在阿联酋投资设立了中国机电产品展览中心，大批中国企业（包括 170 中国主要企业）进驻迪拜杰贝阿里自由经济区，中国企业在沙特投资创建了大连—中国大地贸易中心、中国鞋城等项目，在卡塔尔设立中国制造展等专题展会。在阿联酋有超过 3000 家中国公司，20 万中国人在此经商居住，建立了人民币结算中心，将其发展成为中国进入中东和非洲的门户，70%的中国出口货物用于再出口。① 当前中国"一带一路"倡议的提出更为双边经济关系发展提供了宽广和多样化的合作平台，并将中国—海合会战略对话、中阿合作论坛作为在中东地区的重要支点机制之一，实现多种机制的交叉融合，以平等互利、相互依存为基本理念，结合多方之间的市场、资金、资源优势，实现协同发展和共同繁荣，并尝试建立新型的区域经济治理秩序。

第三，中国积极利用自身不断增强的经济实力与治理能力参与中东地区国家的经济发展与重建进程。中东地区总体经济发展滞后，经济转型艰难，民生问题稳重难返，且战乱频仍，以巴冲突、阿富汗战争、伊拉克战争、苏丹国内冲突以及中东剧变以来的一系列地区国家的国内冲突与局势动荡均严重地冲击了中东地区经济发展，新旧问题的交织使中东地区经济发展与治理的任务日益艰难，外部力量的支持和参与变得更加重要。一方面，在自身经济发展成就的基础上，中国在经济发展规划、吸引外资、建设经济特区和融入全球生产网络上可以为中东国家提供发展经验，加大了基础设施和资本项目的输出，带动地区国家的经济发展转型。另一方面，中国依托自身不断增强的经济实力扩大了对中东地区经济发展、复苏、重建工作的支持，在阿富汗与伊拉克的战后经济重建、对巴勒斯坦与苏丹等国的发展援助、对埃及等国经历剧变冲击后国内经济建设项目的积极参与等方面发挥了越来越大的作用。中国通过扩大投资、拓展贸易、设立产业园区、发展援助等方式成为阿富汗与伊拉克战后经济重建的重要参与方，成为苏丹、埃及、伊朗等国重要的外部投资来源，中国技术与中国速度有

---

① "China and the Middle East," Testimony of Bryant Edwards before the US-China Economic and Security Review Commission, 6 June 2013, http：//www.uscc.gov/sites/default/files/ED-WARDS_ testimony. pdf.

力地支持了当地的经济项目建设，在上述方面发挥的作用得到国际认可。例如中企在伊拉克承建的哈法亚油田项目在施工中创出的"中国速度"受到伊拉克的好评。① 中国政府代表出席了多次阿富汗、伊拉克与利比亚重建会议并做出了积极表示。2003 年外交部部长助理沈国放在伊拉克重建会议上表示，基础设施是重建工作的重中之重，从伊拉克的实际情况和需要出发，建议将水电、交通、通信等基础设施以及教育、卫生、石油等领域作为重建工作的重点。中国一直积极参与阿富汗和平重建进程，支持阿发展经济、改善民生、建设和平、推进喀布尔进程的努力，加强经贸、承包工程、资源能源开发、农业、基础设施建设等领域务实合作。从 2013 年开始中国对阿富汗 97% 的税目产品给予零关税待遇，中国企业是第一个投资阿矿业领域、与阿签署石油开发协议的外国公司，为阿政府带来可观财政收入，促进阿地方基础设施建设，增加当地就业人口，给阿人民带来实实在在的福祉，同时促进阿局势稳定。② 中国也为阿富汗战后重建提供了一系列不附加任何政治条件的经济支持和援助。从 2001 年至 2014 年，中方在免除阿富汗到期债务的同时，向阿富汗提供了 15.2 亿元人民币的无偿援助，同时在物质援助、基础设施建设、人员培训等方面为阿富汗重建做出了重要贡献。③ 2014 年 10 月，中国首次在北京主持举行阿富汗问题伊斯坦布尔进程第四次外长会议，中方在会上强调，在阿富汗投入的重点是经济领域的建设。李克强总理在会上表示：2014 年中国将向阿提供 5 亿元人民币无偿援助并于 3 年内再向阿提供 15 亿元人民币无偿援助，今后 5 年为阿富汗培训 3000 名各类人才并提供 500 个奖学金名额等。④

第四，中国日益重视联合国际社会共同推动中东地区经济发展与治理。面对中东地区艰巨的发展任务与恶劣的发展环境，单凭中东国家自身的力量难以取得显著成果，中国一向认为国际社会的共同参与是中东恢复政治稳定和实现经济振兴的重要条件。为此，中国多次呼吁国际社会应联合起来努力实现地区和平稳定，为中东地区的发展创造良好的外部环境，并携手为地区经济发展重建提供切实援助。中国联合地区内外国家开展对当地

---

① 许玲琴等：《"中国速度"在伊拉克受好评》，《工人日报》2012 年 8 月 1 日。
② 李青燕：《阿富汗重建搅动地区安全局势》，《世界知识》2013 年第 5 期，第 57 页。
③ 刘中民：《中国对阿富汗重建的外交参与》，《亚非纵横》2015 年第 1 期，第 13 ~ 14 页。
④ 刘中民：《中国对阿富汗重建的外交参与》，《亚非纵横》2015 年第 1 期，第 16 ~ 20 页。

经济的投资与重建，也积极支持联合国、国际货币基金组织、世界银行等国际机构在地区经济发展中发挥更大作用。中国一直准备去帮助清理阿富汗与伊拉克的废墟，并且与大批来自邻国的企业与国际组织共同开展工作。[1] 2006 年 5 月，中国政府代表、中国驻埃及大使吴思科在世界经济论坛中东会议上表示，国际社会的密切关注和积极参与将为中东恢复政治稳定和实现经济振兴提供良好的条件。2014 年 3 月，时任中国中东问题特使吴思科在第二届东亚国家合作促进巴勒斯坦发展会议上表示，增强巴勒斯坦能力建设是巴以和平希望所在，帮助和支持巴勒斯坦经济建设和社会发展是国际社会义不容辞的责任，也是巴勒斯坦和以色列实现持久和平的必由之路。中方一直向巴勒斯坦人民提供力所能及的帮助，并将继续支持巴勒斯坦增强经济内生动力、改善社会民生环境，为实现巴以和平创造更加有利的条件。而当前"一带一路"倡议与亚洲基础设施投资银行等区域治理机制的建设都遵循了开放式的国际合作模式，与所有愿意积极参与的区内外国家共同合作、推进地区经济治理进程，也为中东地区经济治理带来国际合作的新契机。

2016 年 1 月，习近平主席访问中东三国期间，通过全面提升战略合作关系、共建"一带一路"、释放政策利好、提出中国方案加大了中国对中东经济治理进程的参与力度。特别是以"1 + 2 + 3"合作格局为引导，中国与阿拉伯国家在共建"一带一路"上已经有了早期收获。中国还将设立 150 亿美元的中东工业化专项贷款，向中东国家提供 100 亿美元商业贷款和 100 亿美元优惠贷款，联合部分中东国家设立 200 亿美元共同投资基金等。中国正通过积极参与中东地区经济治理成为中东和平的建设者、中东发展的推动者、中东工业化的助推者、中东稳定的支持者、中东民心交融的合作伙伴。

二 中国参与中东地区经济治理的主要领域

中国对中东地区经济治理的参与主要体现在能源、贸易、金融、投资与发展等领域。能源是中东国家最为突出的经济资源，贸易和投资是促进经济发展的驱动力，金融是经济发展的推进剂。冷战后中国对中东地区经

---

[1] Robert R. Bianchi, "China – Middle East Relations in Light of Obama's Pivot to the Pacific," *China Report*, Vol. 49, No. 1, 2013, p. 111.

济治理的参与实践有力地推动了中国与中东地区国家之间的经济关系，改善了地区国家的经济发展环境与对外贸易条件，增强了其经济自我发展的能力，创造了更多的就业与民生发展机会，也促进了地区国家之间的合作进程。

（一）中东地区能源治理

能源治理是全球治理的重要议题。鉴于中东地区在全球能源格局中的核心地位，能源治理是地区内外国家共同关心的核心问题之一，也是中东地区经济治理的重点内容。石油在中国与中东国家经济关系中占有重要地位，二者也呈现出正向关系。[①] 就中东地区能源治理而言，中国高度关注中东地区能源开发与供应安全，并将之与中东地区国家自身经济转型相结合，与全球能源治理相结合。目前中国石油进口主要来源于中东，中国需要以合理的价格从该地区获得稳定的油气供应，这既是中国自身的重要利益所在，也与国际社会对能源安全的共同关注相一致。中国对中东地区能源治理的参与实践主要包括三个层面，一是与中东油气生产国在当地开展的双边能源合作，如中沙能源合作及与海合会之间的对话机制等；二是协助应对"石油经济"结构的弊端，构建地区能源互联互通网络，推动发展石油化工等相关产业，促进地区能源经济可持续发展；三是在地区与全球层面开展国际能源合作，应对相关的能源矛盾与冲突。

首先，中国与中东国家之间的双边能源贸易与开发合作基础良好，不断加大对中东地区的能源投资力度，采用多元化能源贸易方式，扩大能源贸易规模和频度，为中东产油国提供了稳定的能源出口市场。中国与沙特、阿曼、也门、卡塔尔、阿联酋等国签订了长期进口合同，与苏丹、科威特、伊朗、沙特、阿联酋、阿曼、突尼斯、阿尔及利亚、伊拉克等国在石油基础设施建设、油田勘探开发等领域开展了卓有成效的合作，涵盖直接贸易、上下游合作、工程承包等。例如中沙领导人2006年、2009年、2014年定期互访并签订了一系列能源合作协议，沙特政府承诺"任何时候都保证对中国原油供应"。而中国市场对于依赖石油出口的中东国家的重要性日益上升，对于其石油出口安全也具有重大的战略意义。

---

① Mohammad Salman and Gustaaf Geeraerts, "Strategic Hedging and China's Economic Policy in the Middle East," *China Report*, Vol. 51, No. 2, 2015, p. 102.

其次，中国既为地区能源生产国提供了巨大的出口市场，也为其带来一定的投资资金与技术开发能力，提升其能源产业发展，同时也协助地区油气生产国扭转单纯依赖原油出口、被动受国际石油市场波动影响的局面。虽然中国中东地区的首要诉求是获得安全稳定的能源供应，但并不一味追求自身利益最大化，而是谋求互利共赢、利益共享，保障地区国家、区域及全球共同安全。能源不仅关乎一国的安全和进口国的安全，也关乎出口国的安全，是国际社会的共同利益所在。中国积极与中东国家深化能源供应链、产业链合作程度，加大对中东的能源投资，提升能源基础设施建设及其互联互通、减少对油气资源的过度依赖等，这均是事关中东地区能源治理的重要内容，中国在上述领域与中东国家拥有共同利益诉求与良好合作基础。"一带一路"倡议为中国深化与中东国家能源合作提供了新的平台，利用当前全球能源市场格局剧烈变动的机遇，与中东国家共同构建新的能源市场格局，为广大地区国家经济发展创造更好的市场环境，增强中国在区域经济治理方面的重要作用。

最后，中国将中东地区的能源治理与全球能源治理进程紧密结合起来，致力于实现包括地区能源生产国、过境国与消费国在内的共同能源安全，畅通能源输送通道，推动区域能源市场融合发展和建设，在中东这一关键性地区通过与各国的沟通合作共同维护国际能源市场稳定。通过加强与生产国、消费国、过境国的能源合作，把握各方利益交集，共同构建有利于各国共同能源安全的合作机制，构建新型国际能源合作机制，即有效开发地区丰富的能源资源，也有效连接能源生产国与消费市场。积极联合地区国家共同参与到国际能源治理进程中来，深化双边和多边国际能源合作，探讨建立制度性的能源合作机制，联合中东国家加快区域性能源贸易网络和贸易中心的建立，推动建立亚洲区域性能源交易市场特别是石油期货市场，并注重发挥地区国家不可替代的主体作用，共同参与全球能源治理，提升双方在全球能源市场上的地位与话语权，推动形成新的能源格局。中国积极参与多边能源治理框架下的国际合作，建立与欧佩克、海合会的对话机制，逐步开展与国际能源署、国际原子能机构等框架内的涉中东地区能源治理，拓展生产国与消费国之间的信息交流机制，支持多种形式的能源生产国与消费国对话，统筹考虑能源贸易、能源投资、能源金融方面的合作平台建设。

（二）中东地区贸易治理

中国与中东地区国家之间的贸易关系日益紧密，在传统能源贸易的基础上不断拓展了双边贸易的内涵，同时积极开放本国市场，对于地区贸易发展的带动作用日益增强。中东地区是中国重要的新兴出口市场，与其贸易联系紧密程度在"一带一路"沿线国家中仅次于东南亚。[①] 中国对中东地区贸易治理的参与主要包括拓展与该地区国家的贸易联系、提升地区国家的对外贸易条件以及改变中东地区贸易格局等方面，在双边贸易关系、地区层面如中海自贸区谈判、全球层面如 WTO 框架内的合作等均有所体现。

首先，中国致力于通过双边或多边谈判等方式与中东国家达成或签订推动双边贸易发展的协议或举措，搭建双边贸易关系的平台，如中阿经贸论坛、中国—海合会自贸区谈判、中国—以色列自贸区谈判、"一带一路"倡议以及其他双边贸易平台的建设等。2004 年中国与海合会代表在北京签署经济、贸易、投资和技术合作框架协议，启动双边自贸区谈判，首开中国与区域合作组织谈判建立自贸区的先河。虽然目前谈判仍未完成，但双方在工作机制、货物贸易、服务贸易等主要议题上达成了诸多共识，为双边贸易发展创造更加自由便利的环境，双边贸易步入了快速发展的轨道。2004～2013 年，中国与海合会贸易额从 247.32 亿美元增长到 1653.47 亿美元，年均增速 28.1%；双边贸易总额占中国对外贸易总额的比重从 2.14% 上升至 3.98%，年均增长 7.9%，占海合会对外贸易总额的比重从 5.63% 上升至 10.23%，年均增长 7%。当前，海合会国家已上升为中国第八大贸易伙伴，而中国是海合会第三大贸易伙伴。[②] 中国与海合会国家贸易规模的扩大是双边经济发展和需要，经济互补性既推动了双边贸易的发展，也促进了双边经济的协同发展。2014 年海合会成员国重启和中国建立自由贸易区的谈判。在"一带一路"倡议背景下，加快发展中国与位于"一带一路"交汇点的海合会国家的贸易并挖掘双边贸易潜力，对实现中国外贸转型发展、调整贸易的地理方向和巩固

---

① 邹嘉龄等：《中国与"一带一路"沿线国家贸易格局及其经济贡献》，《地理科学发展》2015 年第 5 期，第 603 页。

② 肖维歌：《在"一带一路"战略背景下中国与海合会国家贸易发展与展望》，《对外经贸实务》2015 年第 3 期，第 18 页。

贸易地位都具有十分重要的指导作用。鉴于此，海合会也应该成为中国参与中东地区贸易甚至经济治理的支点。

其次，中国通过与中东国家之间的贸易关系改善了地区国家的对外贸易条件。中国与中东国家的经贸关系具有战略合作与互利性质，在贸易方面互为重要市场，在能源方面互为安全保障，而且中国为改善中东国家的贸易条件做出了显著贡献。中国货物和服务出口的发展改善了海湾国家的贸易条件，中国与海湾国家贸易的互利性质，不仅仅体现为双方在货物和服务方面的互通有无和相互满足对方的市场需求。中国工业制造业出口能力的不断提高，牵制了国际市场工业制成品价格的上涨；而中国从石油净出口国到世界第一大石油进口国的转变，则有力支撑了国际石油天然气的价格。根据世界贸易组织统计，2000～2012 年世界燃料价格上升近十倍，而工业制成品价格仅上升 20%。在很大程度上，正是由于中国对外贸易的发展，严重依赖工业制成品进口和燃料出口的海湾国家才得以显著改善了贸易条件。① 据估计，未来十年仅中阿贸易额就有望突破 6000 亿美元。当前"一带一路"、亚投行、丝路基金等平台的建立将在更大程度上带动和便利中东国家对华出口，进一步改善其贸易条件。

最后，中国也正在成为改变中东地区贸易格局的重要变量。由于多种原因，中东地区国家的经济关系具有鲜明的区域外特征，复杂的政治考量和脆弱的域内经济联系使得各国政府在推动域内经济合作时意愿不强②，对外贸易、金融关系主要指向欧美国家。中国经济的崛起与能源需求的扩大显著地改变了中东国家的对外贸易格局，使其对外贸易重心从传统的欧美国家逐步转向亚太国家，并逐步扩大了区域内贸易比重。

（三）中东地区投融资治理

金融业的发展对于国家经济发展的推动作用不可或缺，中东地区经济发展的滞后也与地区金融业发展的不健全、不平衡有很大关系。中东地区虽有资金充裕、金融业发达的少数产油国，但更多的国家资金缺乏、金融

---

① 杨光：《中国与海湾国家的战略性经贸互利关系》，《国际经济评论》2014 年第 3 期，第 107 页。

② UN-ESCWA, "Arab Integration: A 21st Century Development Imperative," http://www.escwa.un.org/main/ai14/Summary-Eng.pdf.

业发展不充分，"融资瓶颈"成为经济发展的重要制约因素，金融监管制度与发展环境也普遍不理想，而丰富的石油美元并未能留在地区之内，同时伊斯兰金融的发展也为地区经济展现出多样化的金融图景。中国对中东地区金融与投资治理的参与主要包括双边层面的投资与金融合作实践与机制构建、地区与全球层面的投资与金融治理合作等，中国投资及在石油美元、主权财富基金等方面的合作日益扩大，在伊斯兰金融、石油金融等方面的合作潜力巨大，在世界银行、国际货币基金组织、二十国集团等全球经济治理机制下的合作也逐步展现。大多数中东地区国家基础设施不足成为其经济增长的瓶颈，而资金是基础设施建设和经济发展的关键要素。中国积极通过货币互换等双边金融合作、多边金融援助等推动人民币国际化和金融网络建设，如阿联酋在原有的投融资合作基础上创建新的投融资机制，发起设立了亚洲基础设施投资银行和丝路基金等，为包括中东地区在内的沿线国家提供投融资支持，这些双多边金融合作以及新型金融机构的建立和运行是对新型区域金融治理架构的有益探索，也将对中东地区金融治理结构带来积极影响。

外资对经济发展具有明显的促进作用，中东地区国家也都大力吸引外国直接投资，但中东地区投资风险较高，总体营商环境不佳。当前中国已成为世界第二大对外投资国，而中东地区是中国的主要对外投资目的地之一；工程承包作为传统的对外投资和经济合作形式在发展中国家发挥着重要作用，中国与中东国家（如土耳其）是全球主要的工程承包大国，中东地区也是全球主要的工程承包市场之一，双边投资合作潜力巨大。基础设施建设是中国对外投资的重点领域，也成为拉动中国与中东国家投资合作的重要动力。作为世界最大的货物贸易出口大国和国际工程承包大国，中国拥有实现工程承包与设备出口相互促进策略、输出中国标准的突出比较优势，更有充裕的资本积累，助推在基础设施领域与发展中国家间的相关经济合作。[1] 例如，中国高铁同时拥有世界先进制造技术、低廉制造成本以及强大资本信贷能力，使之具有明显的全球竞争优势。中国与中东国家的投资合作具有互利性质，虽然存在诸多制约因素，但双方相互直接投资在某些特定领域仍有较大的发展空间，特别是在石油工业下游领域的相互直

---

① 梅新育：《南南合作：从良好愿望走向现实》，《北大商业评论》2013 年第 8 期，第45 页。

接投资取得了显著的业绩。对于海湾产油国来说，双方投资合作的互利性质显而易见。① 中国对西亚地区的直接投资从 2003 年的 5.4 亿美元增加到 2013 年的 91 亿美元，主要集中在伊朗、沙特和阿联酋，直接投资领域主要为能源、基础设施和制造业等。截至 2013 年，中国在沙特设立的 193 家境外机构（企业）中，近一半从事建筑工程类业务。阿联酋是西亚中东地区重要的金融中心和转口贸易中心，且拥有丰富的石油、天然气资源，中国在阿联酋投资企业多从事建筑工程、贸易服务等领域。② 中国与中东国家在双边层面上努力扩大相互投资，拓展金融合作，为在地区内开展投资金融合作构建机制平台。为进一步深化和发挥"中阿合作论坛"的作用、扩大中国与阿拉伯国家的经贸往来，在定期举办中阿经贸论坛的同时，共同举办"中国—阿拉伯国家投资研讨会"，沙特等中东国家也纷纷在中国召开投资推介会；中土经贸论坛也在两国间轮流召开，这些论坛受到中国高度重视，中国最高领导人多次出席。中国也积极开展对中东地区国家的投资，特别是基础设施建设与工程承包合作，参与地区国家投资金融合作。

中国积极利用体制和财力方面的优势以开发性金融的方式进入中东地区市场。开发性金融可以推动重大合作项目的实施，推动建立以中国为中心的多边金融合作机制，为中国开展对外区域经济合作、提升在国际事务中的话语权和影响力提供了重要的金融平台。据统计，2015 年中国国家开发银行资产约 1.6 万亿美元，国际业务贷款 3198 亿美元，超过世界银行的规模，开发式金融实力雄厚，很多投入中东地区的开发项目，发挥着金融引擎和先导作用。③ 在充足外汇储备与丰裕资本供给能力的基础上，中国与地区国家通过签署货币互换协议和金融合作协议，设立多双边发展基金或融资基金，扩大货币互换安排，以货币流通促进经贸投资，增加贸易、投资的便利化。中国先后与阿联酋、土耳其、卡塔尔等国签订了本币互换协议，与阿联酋合作建设人民币境外交易中心，2014 年 11 月在卡塔尔多哈设

① 杨光：《中国与海湾国家的战略性经贸互利关系》，《国际经济评论》2014 年第 3 期，第 108 页。
② 郑蕾、刘志高：《中国对"一带一路"沿线直接投资空间格局》，《地理科学进展》2015 年第 5 期，第 566 页。
③ 王文松：《"一带一路"建设以及开发性金融对"一带一路"的助推作用》，《政治经济学评论》2015 年第 4 期，第 18 页。

立中东地区第一家境外人民币清算中心，有力地促进了中国与中东特别是海湾国家的经济关系。2015 年 5 月，亚洲基础设施投资银行的 57 个创始成员国中包括 10 个中东国家（沙特、科威特、阿联酋、卡塔尔、阿曼、埃及、以色列、约旦、伊朗和土耳其）。同时，国际货币基金组织高级官员也表示，欢迎亚投行为需要基础设施投资的中东、中亚等地提供融资服务。[①] 2016 年 1 月，中国宣布将设立 150 亿美元的中东工业化专项贷款，向中东国家提供 100 亿美元商业贷款和 100 亿美元优惠贷款，联合卡塔尔、阿联酋设立 200 亿美元共同投资基金等。中国对中东地区投融资治理的参与进入新阶段。

（四）中东地区发展治理

中国在全球经济治理进程中始终关注发展议题，强调合作、均衡与可持续发展，致力于建立新型的发展伙伴关系。中国提供对外援助不附带任何政治条件，不干涉受援国内政，充分尊重受援国自主选择发展道路和模式的权利。21 世纪以来，中国作为新兴援助主体正极大地改变着全球发展援助的面貌，援助规模日益增大，显著改变了过去发达国家垄断发展援助的局面，并带来了迥异于传统的援助理念与模式，更加强调平等、共赢，注重增强受援国的自主发展能力，实效性更强，为国际发展援助注入了新活力。同时利用自身的经济力量将发展援助与对外贸易、投资紧密结合起来，推动了发展中国家间经济合作。"北京模式"与南南合作的关联凸显了中国在发展援助进程中作为捐助国与伙伴国的双重身份。[②] 针对中东地区经济发展问题突出及其对地区和平与安全的重大影响，中国坚持立足发展问题，积极提供发展援助，聚焦于改善民生问题，既为地区经济发展助力，也为和平解决地区冲突与动荡营造环境。

中国对中东地区发展治理的参与主要包括两个方面，一是协助和推动地区国家着力于解决贫困、失业、水资源和基本生活保障等经济民生问题；二是不断增加对中东国家的经济发展援助，并通过多种方式加大开发式援

---

① "IMF official welcomes China-proposed AIIB in Middle East, Central Asia," *China Daily*, May 7, 2015.

② Monica DeHart, "Remodelling the Global Development Landscape: The China Model and South-South Cooperation in Latin America," *Third World Quarterly*, Vol. 33, No. 7, 2012, p. 1372.

助力度。中国一向重视对中东地区的发展援助，一贯认为国际社会的密切关注和积极参与是中东恢复政治稳定和实现经济振兴的必要条件，为此积极向发展滞后或局势动荡的地区国家提供力所能及的发展援助，提供援建项目，减免债务负担等，并积极参与世界银行框架下的多边发展援助，是中东地区重要的发展援助大国。近年来，中国承诺向阿富汗和伊拉克分别提供 1.5 亿美元和 2500 万美元援助，为支持新组建的伊拉克政府而准备灵活处理萨达姆时期拖欠中国的 70 亿美元债务，与巴勒斯坦、苏丹等开展援助合作，为达尔富尔地区提供人道主义援助等。中国坚持不懈地向阿拉伯国家提供经济援助，援建项目包括公路、桥梁、港口、体育馆、国际会议中心、水渠、水坝、工厂、学校、医院等，目前在阿拉伯国家派驻医疗队总规模保持在 400 多人。中东变局发生后，中东各国民众的抗议浪潮并未平息，要求加快政治、经济改革，改善民众生活条件的呼声日益高涨，而地区大多数国家政府没有足够的资金来满足民众的期望。阿拉伯国家启动转型进程以来，中国提供了力所能及的帮助。例如，中方向埃及提供了 4.5 亿元人民币一揽子援助，向也门提供了 1 亿元人民币无偿援助，向在黎巴嫩、约旦的叙利亚难民提供了价值 3000 万元人民币的人道主义物资援助。此外，中国也在联合国和国际红十字会的框架下对转型国家提供了资金援助和项目指导，注重通过技术合作项目与人员培训等方式持续开展对中东地区相关国家的开发援助，使之掌握实现后续可持续发展所必需的技术和人力资源。不断扩大的中国对中东国家的援助和投资，推动了中东国家的经济与社会发展，增强了中国对中东的影响塑造能力，为中东地区经济治理做出了自己的贡献。

第三节　中国参与中东地区经济治理的特点

冷战结束后，中国对中东地区经济治理的参与逐步超越能源领域，体现出中国自身的特色，也做出了中国自身的独特贡献，探索兼具国家主导又自下而上、发展为本而循序渐进、突出资源禀赋又均衡增长、开放合作又立足本土、区别责任而互利共享等特征的地区经济治理新路径、新模式。在全球与区域经济治理长期由发达国家主导、改革进展缓慢且中东地区国家长期被忽视的背景下，中国的治理理念与实践有助于提升中东地区国家在本区域和全球经济治理中的地位与话语权，扭转被现有体系排斥在外的局面，增加在地区经济事务中的话语权，促进深度参与和融入全球化，为自身发展转型创造有利的制度环境。与西方大国相比，中国在参与中东地区经济治理的目标、路径、机制、领域、能力、形式、风格等方面具有自身的特点，表现在更强调民生、治本、合作、渐进、互利、本土化、不干涉内政以及利益单一性、参与选择性、弱机制性等方面。

第一，在治理目标上，西方大国从自身的民主政治与地缘政治利益出发，聚焦于以改革促进民主与安全，往往流于治标；中国从经济与地缘经济利益出发，更强调民生与发展，增强地区国家的经济自主能力建设，注重治本。

西方大国特别是美国试图推动中东地区的民主和安全议程，既试图用民主来推动地区国家改革甚或改造，又希望以改革促进民主与安全，[①] 但并不契合中东经济发展的特征与需要，往往事与愿违，由此引发的严重问题对中东地区经济发展造成了更大的阻碍。当年美国推行的"大中东民主计划"就因此遭遇了严重的"水土不服"，其打造西式民主国家的愿望也终究落空。长期的发展滞后严重阻碍了中东地区经济的转型发展，长期积累的民生问题既拖累经济可持续发展，也影响到社会稳定，近年来的中东变局就深刻说明了这一点。经济因素是引发阿拉伯国家社会变革的根本内因和导火索，没有解决国内民众的就业、收入与生活保障等民生问题成为重要因素，"核心是要求社会与经济正义"[②]。快速增长的人口与就业机会不足是对中东国家长期稳定的主要威胁，失业率特别是青年人失业率高是中东剧变的重要原因，也是影响阿拉伯国家社会稳定和经济中长期发展的主要制约因素，"阿拉伯国家经济面临的核心挑战就是如何为大量进入劳动力市场的青年人提供就业机会"。[③] 教育水平普遍偏低、青年职业技能匮乏、青年就业困难、青年成家推迟、青年公民参与渠道不畅等问题环环相扣，并最终导致一些阿拉伯国家的青年与政府之间的矛盾激化。政治安全困境的背后很大程度上是经济问题，后"阿拉伯之春"时代的中东国家无论如何变

---

① 钮松著：《欧盟的中东民主治理研究》，时事出版社，2011，第86页。

② Adeel Malik and Bassem Awadallah, "The Economics of the Arab Spring," *Middle East Insights*, No. 46, 23 Nov. 2011.

③ Marcus Noland and Howard Pack, "Arab Economies at a Tipping Point," *Middle East Policy*, Spring 2008, Vol. XV, No. 1.

动，重视民众诉求和改善民生是一个重要的基础因素，改善民生可以说是各国的当务之急。中国在制定政策时更强调衔接当地民众的利益诉求，支持当地获得自主与可持续发展的能力，从根本上解决长期困扰地区发展稳定的因素。例如，中国致力于推动地区基础设施建设，不仅可以带动一系列产业的发展，也是一个创造就业、改善民生的过程。中国一贯强调共同发展、互利发展，不单纯地将中东主要视为能源来源地和广阔市场，而要帮助中东国家发展基础设施、劳动密集型产业和农业，增加就业、提高粮食自给率、减少贫困，促进经济社会综合发展。① 当前中国提出的"一带一路"倡议具有丰富的经济内涵，通过互联互通克服相关地区国家的基础设施、资金等方面的经济"短板"，筑牢经济增长的基础，推动地区国家经济实现可持续增长，也体现出鲜明的治本目标。"一带一路"倡议主动地发展与沿线国家的经济合作伙伴关系，共同打造政治互信、经济融合、文化包容的利益共同体、命运共同体和责任共同体；同时改变简单地将地区国家作为资源来源地或经济通道而成为发展洼地的面貌，超越了欧美式治理造成的发展不平衡困境。② "一带一路"以关注民生为基础，针对基础设施、资金等发展瓶颈，致力于创造新的经济增长点和提高经济发展的内生动力，促进沿线国家的经济社会形成良性的可持续发展模式，既是沿线各国经济增长与繁荣之路，更是有效改善各国民生条件、提高民生质量的自主、可持续发展之路。

第二，在治理能力上，西方大国在经济实力、技术能力与国际机制等方面拥有明显优势，中国在经济合作理念与某些经济领域具有自身的独特优势。

由于与中东地区之间历史上的密切联系以及自身的世界领导地位，西方大国长期以来在中东地区占有全面的主导地位，并凭借自身的经济实力、技术能力、国际组织支持、与地区国家之间的联盟关系等优越条件在当前的中东地区经济治理进程中拥有明显优势。西方国家是中东地区大多数国家的主要贸易伙伴、投资来源地、发展援助国，是地区和全球经济公共产品的主要提供者；地区国家在金融方面对西方的依赖更为显著，在经济发

① 吴冰冰：《对中国中东战略的初步思考》，《外交评论》2012年第2期，第44页。
② 毛艳华：《"一带一路"对全球经济治理的价值与贡献》，《人民论坛》2015年3月下，第33页。

展、改革与转型进程中对西方的学习借鉴需求也十分迫切；同时西方大国也与地区国家在政治安全领域保持盟友或紧密合作关系，这均为西方大国参与中东地区经济治理提供了便利条件，赋予其明显的能力优势。例如，海湾主要产油国的货币长期维持盯住美元的汇率制度，石油美元主要投资在美欧国家，在全球石油美元机制中与西方特别是美国的利益捆绑十分明显。相对而言，中国在上述方面均不具有优势，与中东地区的经济联系仍然较为单一和脆弱，自身在理念、实力、技术、机制、经验等方面的能力不强，对中东地区经济治理的参与时间也较迟，在地区经济发展与治理中的影响力无法与西方大国相提并论。但中国在某些领域也拥有自身的相对优势，如与全体中东国家均保持友好关系，不干涉地区国家内政的外交政策，强调平等互利、共同发展的合作理念，在资金、基础设施建设及成熟制造业等方面具有国际竞争力等。近年来也开始提出更为系统的区域治理框架和倡议，尝试为地区经济发展提供更多的公共产品与制度支持，当前"一带一路"倡议就是明显的例子。

第三，在治理领域上，西方大国偏重于能源与金融议题，中国更重视能源、贸易与发展议题。

就中东地区经济治理的领域而言，外部大国由于政策出发点不同，治理的重点也表现出差异。西方大国从维护自身在中东地区的能源、安全甚或霸权利益出发，往往首先关注地区能源安全议题，希望通过多种方式控制地区能源资源及其输出，为此采取多边或单边的方式自行其是，甚至不惜发动战争。在此基础上，西方大国利用自身的经济金融优势吸引地区石油美元回流西方市场，控制国际市场石油的价格，对日益壮大的地区主权财富基金持警惕态度，造就了地区国家在能源与金融等多方面对西方国家的经济依赖。美国当年推行的"大中东计划"推动中东地区经济的自由化、市场化与私有化，实施"以信贷促增长"的金融计划，试图依靠西方金融优势建立"大中东金融公司"和"大中东发展银行"等，从理念和体制上加强对中东地区经济金融制度的改造和控制。[①] 受经济利益的驱动，中国对中东地区经济治理的参与当然也十分关注能源议题，希望共同维护地区能

---

① 柳树：《新自由主义经济政策的再次失败？——浅评美国"大中东经济计划"》，《阿拉伯世界》2005 年第 3 期，第 16 页。

源生产与供应稳定，同时尊重地区国家对能源资源的主导诉求，在合作应对石油金融化、改革定价体系等方面与地区国家拥有共同利益，在油气资源这一战略性大宗商品的市场稳定、定价权等方面合作进行探索。同时作为贸易大国，中国十分重视拓展与地区国家之间的贸易往来，通过签订长期协议、当地投资、发展援助等多种方式改善地区国家的贸易条件与环境，促进了地区国家的经济自主发展能力。中国一贯重视对外发展援助，并随着自身经济实力的增强成为重要的新兴捐助国。中国在自身发展经验以及与中东地区国家友好关系的基础上对苏丹、巴勒斯坦、阿富汗等开展了长期援助，注重从基础设施建设等重点领域增强受援国的可持续发展能力。改革开放、注重稳定、投资、基础设施建设等既是中国自身的发展经验和优势，也是为国际社会特别是发展中国家的发展做出贡献的重要领域。当前"一带一路"建设的优先领域就是基础设施互联互通，在尊重相关国家主权和互惠互利的基础上，加强基础设施建设规划、技术标准体系对接，共同推进跨区域国际通道建设，逐步形成连接亚洲各次区域以及亚欧非之间的基础设施网络，这对于推动包括中东地区在内的各国经济发展必然大有裨益。

第四，在治理路径上，西方在合作治理的同时往往依赖施压和由外而内地改造；中国更注重在互利合作的基础上渐进、本土化地共同治理。

在中东地区经济治理的路径选择上，中国与西方大国表现出更为明显的差异。西方往往采取"激进式"治理，中国重"渐进式"治理。① 由于长期的历史联系、在地区内的主导地位以及实力与心理优势，西方大国往往倾向于从自身的利益与主观好恶出发，在强调合作的同时对中东地区经济事务的参与易于滑向通过外部施压与强制改造的路径。一方面通过单边主义的方式促使和迫使地区国家进行其所希望的内部改革与地区间合作，动辄进行外部施压甚至搞激进式的强行改造；另一方面通过自身占据优势的国际经济机构为地区经济发展开出药方，希望地区按照西方的方式进行经济改革与外部经济合作，甚至以军事力量为后盾推行经济改造。这在美国推行的"大中东民主计划"、西方主导的地区油气开发合作中就有典型的表现。与此不同，中国从自身理念与实力地位出发，尊重中东地区国家和

---

① 孙德刚：《中国参与中东地区冲突治理的理论与实践》，《西亚非洲》2015 年第 4 期，第 92 页。

人民的主体作用，采取共同治理的理念和路径。中国更注重与中东地区国家间的互利合作，尊重地区国家自己的经济利益及其路径选择，倾向于采用渐进式的本土化方式参与地区经济治理，在保障地区稳定与发展的前提下以地区国家为主逐步推进经济改革发展，解决地区经济问题。中国的对外援助注重民生和铺路搭桥的基础建设，注重增强受援国自主发展能力，为南南合作树立了一个榜样，它所取得的成效要比世界银行更为当地国所认可，在国际经济合作与治理中占有独特地位。[①] 中国注重与地区国家发挥比较优势，不断夯实合作领域，通过多种方式促进贸易往来，拓展相互投资领域，重视资金和技术合作，发展项目援建、培训等，对外转让技术，加强地区国家自主、可持续的发展能力建设。此外，中国坚持在自愿参与、平等协商的基础上因时制宜、因地制宜地开展经济合作，不搞排他性的合作倡议与零和游戏，并强调对接各国的发展战略与其他国家的各种倡议，形成良性互动的氛围，共同为地区经济发展创造条件。同时通过与地区国家的合作治理，促进区域内经济要素的有序自由流动和优化配置，带动地区国家经济转型和可持续发展，这在中国推出的"一带一路"倡议上有鲜明体现。2014 年 6 月，习近平主席在中国—阿拉伯国家合作论坛第六届部长会议上发表的题为《弘扬丝路精神，深化中阿合作》的演讲中提出，中阿共建"一带一路"要遵循"共商、共建、共享"原则。[②]"一带一路"充分尊重沿线各国的主权，以平等、合作、互利和共赢为基础，以经济社会发展为导向，以基础设施建设为抓手，推进相关国家国内产业的有效发展，促进其经济结构调整优化，提高其就业和社会福祉，切实有效地解决其最为关心的利益问题。[③] 中国虽在中东地区追求能源与经贸利益，但没有任何的强制胁迫，更没有在当地使用军事力量，完全是通过互利基础上的市场机制来实现的，对地区经济治理事务的参与也是如此。中国反复强调"一带一路"建设秉持平等、开放的态度，不谋求私利，不搞势力范围，不干

---

① 陈志敏：《全球治理体系的中国式增量改进战略》，《当代世界》2014 年第 8 期，第 8 ~ 10 页。

② 习近平：《弘扬丝路精神 深化中阿合作——在中阿合作论坛第六届部长级会议开幕式上的讲话》，人民网，2014 年 6 月 6 日，http://politics.people.com.cn/2014/0606/c1024 - 25110600.html。

③ 王国刚：《"一带一路"：基于中华传统文化的国际经济理念创新》，《国际金融研究》2015 年第 7 期，第 9 页。

涉他国内政，不强加于人，也不与其他大国和既有机制竞争。中国的中东地区治理行动虽然也可能改造或重塑地区秩序，但所采取的方式与西方不同，主要通过市场对接、利益融合、发展援助等经济方式依靠互利合作和自主实践来进行，是一个自内而外、本土化的渐进过程。

第五，在治理机制上，西方大国多依赖自己主导的多边国际机构；中国更倾向于在双边机制的基础上参与地区经济治理。

在治理机制上，西方大国主要通过自身占有主导地位的多边国际机构或由其主导的双边合作机制来开展中东地区经济治理。一方面通过国际货币基金组织、世界银行等国际经济机构为中东地区国家内部经济发展与外部经济关系提供改革建议，对中东国家的经济成果、经济风险及改革方向开展评价和给出建议，如国际货币基金组织发表的中东地区经济发展报告、国别评估报告等，西方大国进而以此为重要依据与地区国家开展相关经济合作或援助。美国当年的"大中东计划"设想中就包括利用WTO体制促进贸易自由化，利用国际货币基金组织和世界银行加大对中东国家的信贷支持，改革地区国家金融体制等。另一方面也通过建立由其主导的多边合作机制来参与中东地区经济治理，如欧盟主导的"欧盟—地中海国家伙伴关系计划"、与马格里布国家之间的经济合作等，欧盟对巴勒斯坦的长期经济援助也附带严格的审批和监督程序，并常常涉及非经济标准。相对而言，中国更多地从中国与中东地区国家双边关系出发构建合作机制、参与地区经济治理，既有利于体现双方的合作理念与意愿，也易于快速取得合作效果，集中体现在"中阿合作论坛"、中国—海合会对话等机制的构建与发展上。"中阿合作论坛"是中国与阿拉伯国家对话合作的重要平台，促进中国与阿拉伯国家的共同发展是中阿合作论坛建设的重要宗旨，成为发展中国家间成功合作的典范。论坛框架下的企业家大会、专题经贸研讨会、能源合作大会等机制内容充实，成果显著，为双方在经贸、投资、能源等领域的双边与多边合作做出了重要贡献。截至2013年，论坛已召开了5届企业家大会。近年来双方曾先后就商务合作、石化合作、农产品贸易和农业合作、投资合作举办专题研讨会。2008~2014年论坛共召开了4届能源合作大会，是拓展互利合作实现优势互补的一个多边合作平台。论坛框架下的环境保护合作机制是中阿双方为增进在保护环境领域的合作、促进实现可持续发展而建立的机制，为双方相互借鉴在环境保护方面的经验、寻求潜在合作领域、实现共同发展提供了一个重要平台。人力资源培训是论坛框架下的一项重要合作内容，主要通过举办各类官员研修班和技术培训班加强经验交流和人才培训工作，中方已累计为阿拉伯国家培训了约 14000 名政府官员及各类技术人员。① 中国与海合会之间的战略对话等平台也日益成熟，截至 2014 年，举行了三届战略对话。当前中国提出"一带一路"的宏伟倡议，主导建立了亚洲基础设施投资银行并推出丝路基金，服务于包括中东地区在内的亚洲国家的投融资与发展需求，也欢迎地区国家共建共享这一合作进程，为中国参与中东地区经济治理提供了重要机遇和高端平台，为中东地区经济治理打开了新局面。此外，中国也积极联合已有国际组织和倡议创建新的多边合作机制共同开展地区经济治理，但并无意取代现有的国际和地区机制，而是一种"增量改进"②，推动发展战略相互对接、优势互补，注重与现有机制的合作对接，并克服原有机制的弊端，优化和改进国际合作与治理机制，使多种机制能相互补充、相互协作。如"一带一路"建设即推动沿线各国发展战略的对接，充分依靠中国与有关国家既有的双多边机制，借助既有的、行之有效的区域合作平台。

第六，在治理风格上，西方大国往往以居高临下的救世主心态指导或改造地区经济治理，体现出单边主义特色；而中国更加强调平等自愿的互利合作方式，体现出区域多边主义特点。

受实力地位、发展水平、对外政策等多方面因素的影响，中国与西方大国在参与中东地区经济治理进程中也表现出形式与风格上的差异。西方大国往往将中东等发展中地区作为发展滞后、需要西方改造和援助的对象，这些国家应该向西方国家全面学习，在发展理念、理论、政策与方式等各方面全面接受西方国家的指导，而且只有按照西方国家的模式才能彻底摆脱落后、动乱与极端主义等诸多困扰，为本地区和西方国家带来稳定与安全。因此，西方大国在参与中东地区经济治理进程中，从上述自我认知出发对地区经济发展、改革与转型问题提出对策、开展合作和援助，甚至实行单边主义强行推动内部改造与外部联合，往往忽视了地区国家自身的意

---

① 刘中民：《中阿合作论坛框架下的中阿关系》，《西亚非洲》2014 年第 3 期，第 35~39 页。
② 参见陈志敏、苏长和主编《增量改进——全球治理体系的改进与升级》，2014 年 5 月。复旦大学网站，http://www.sirpa.fudan.edu.cn/3697/list.htm。

愿、利益与需求，带来诸多问题。如美国的"大中东民主计划"等，其经济改造方面的指向就是按照新自由主义的经济理念进行全面的西方化改革，[①] 与绝大部分中东国家的国情脱节，最终也当然走向失败。相比较而言，中国注意尊重地区国家的意愿和经济利益需求，充分考虑其发展水平和承受能力，避免由中国单方面主导或出现脱离实际需求的政策措施。中国作为后起的发展中大国，没有过多的历史包袱，更不追求霸权或主导利益，也更理解发展中国家的经济需求与特点，更加强调自愿、平等、互利的合作方式，结合双方需求与实际能力参与地区国家经济事务，并希望联合地区国家共同参与其中，而不是强制或孤立地看待地区经济合作，体现出区域多边主义的特点。中国与众多阿拉伯国家间的经济合作就体现出这一特点，而"一带一路"倡议旨在搭建新的平台吸引地区国家最大程度的参与，推动更广阔的地区共同发展与繁荣。

表 6 - 1　中国与西方大国参与中东地区经济治理对比分析

比较指标	西方大国（美欧）	中国
治理目标	民主与安全	民生与发展
治理能力	具有显著的全面优势	某些方面有优势
治理领域	偏重能源与金融	偏重能源、贸易与发展
治理路径	由外而内地施压、改造	由内而外地渐进、本土化
治理机制	自身主导的已有国际机制	双边层面的机制构建
治理风格	居高临下、单边主义	平等互利、多边合作

资料来源：本表根据上述分析制作。

第四节　中国参与中东地区经济治理的载体

"丝绸之路经济带"和"21 世纪海上丝绸之路"是近年来中国政府提出的重大外交倡议，构筑了未来相当长时期内中国与欧亚大陆合作的理念与框架，也是中国参与中东地区经济治理的载体。中东地区位于"一带一

---

① 柳树：《新自由主义经济政策的再次失败？——浅评美国"大中东经济计划"》，《阿拉伯世界》2005 年第 3 期，第 17 页。

路"的结合点，也是"一带一路"倡议实施的重要指向与关键所在，在贸易、能源、交通、航运、投资、金融等领域均具有巨大合作空间和良好合作基础，对于"一带一路"倡议的实施与推进发挥着重要的支撑和连接作用。中东国家是中国建设"一带一路"的天然合作伙伴和参与力量，而"一带一路"也集中体现了中国在地区经济治理进程中的参与特点，必将推动包括中东在内的亚欧地区经济治理迈上新台阶，使中国成为更积极的地区经济治理参与者甚至是"塑造者"。

第一，"一带一路"具有丰富宏大的经济合作内涵，为中东地区的经济发展提供了新的驱动力。

经济是"一带一路"倡议的首要内涵和主要目标，其本质上是一个经济发展倡议，也承载着新型的区域经济合作模式，为中国与沿线国家的经济发展与合作提供新的活力与动力。中国希望通过"一带一路"建设将沿线国家间的政治、经济、地缘、文化等方面的互补优势转化为务实的经济发展成果，将资源、市场、资金等各种经济要素在更广阔的空间里统一起来，提升区域贸易、投资与金融体系的活力，密切各国经济联系，深化相互合作，最终实现共同发展繁荣。由此，中国依托自身增强的经济实力可以成为中东地区经济发展的重要驱动力与稳定锚，而"一带一路"成为未来中国发挥这一作用的重要平台和推进剂。中国经济转型的成功和中国崛起对欧亚大陆的众多经济转型国家产生了示范效应和溢出效应。[①] 目前中国已经成为全球第二经济大国、第二货物贸易大国及第一出口大国、第二投资大国、最大外汇储备国等，经济实力与影响力日益显著，国内市场容量日益扩大，资金实力日益雄厚。中国有能力成为其他发展中国家的出口消费市场与投资资金来源地，在更大程度上满足其市场与资金需求。2014 年中国领导人宣布未来五年中国将进口 10 万亿美元的商品，对外投资规模将达到 5000 亿美元。中国已成为 120 个国家和地区的最大贸易伙伴，中国的崛起带动了全球资源类大宗商品的需求上升和价格上涨，这使作为资源类大宗商品主要生产国和出口国的广大发展中国家获益巨大。"一带一路"战略顺应了沿线国家的内在需求，为促进沿线区域生产要素自由流动、优化

---

① 胡键：《"一带一路"战略构想与欧亚大陆秩序的重塑》，《当代世界与社会主义》2015 年第 4 期，第 17 页。

资源配置、降低贸易投资成本以及边远地区开发提供了新的发展机遇，有利于推动沿线国家的现代化进程。① "一带一路"通过在基础设施、交通、能源、金融等具体领域开展深度合作，推动中国对外投资流量的快速增加，中国投资带动沿线国家经济和社会发展的领域和方式也将呈现出新特点。"一带一路"倡议为中东地区沿线国家经济发展提供了一个重要契机，面向亚洲新兴市场和投资主体，进一步将沿线国家的经济连接起来，发挥各自的经济优势，把原有碎片化状态下各自孤立的国家与更广阔区域相联通，促进区域经济发展的融合与联动，也为包括中东在内的地区国家增强自主驱动能力。

第二，"一带一路"搭建了多样化的经济合作平台，推动中国参与中东地区经济治理进入新的阶段。

"一带一路"沿线各国资源禀赋各异，经济互补性较强，合作潜力和空间巨大，中国与沿线国家在发展经济、改善民生、调整结构与治理改革等方面也有着共同利益。"一带一路"倡议是新型的国际区域合作平台，并重点围绕"五通"——政策沟通、设施联通、贸易畅通、资金融通、民心相通搭平台、建机制，推动沿线国家加强基础设施建设，实现多层次、多领域互联互通的目的，全方位推进务实合作与经济融合，反映中国与沿线其他国家的发展需求，助力各国经济增长。中国转方式、调结构的努力让成熟制造业与技术走出去，也将使"一带一路"的区域经济发展更加均衡，带动整个地区的经济发展。互联互通是"一带一路"建设的基础，而资金先导是保障。② 其与沿线国家经济发展战略相契合并能有效对接，在共识的基础上通过平等协商探讨合作项目，在公路、铁路、口岸、航空、电信、油气管道等基础设施建设方面实现互联互通，提高相关各方贸易和投资便利化水平，通过扩大货币互换、创建新的投融资机制来提供资金保障。"一带一路"包含大量的互联互通合作项目，以亚投行、丝路基金为先导，建立涵盖广泛、内容丰富的能源、贸易、投融资机制，其搭建的经济合作平台为中国参与中东地区经济治理带来新的机遇。未来"一带一路"以互联

---

① 卫志民：《"一带一路"战略：内在逻辑、难点突破与路径选择》，《学术交流》2015 年第 8 期，第 109 页。

② 王宛、成志杰：《"一带一路"倡议：战略内涵与外交布局》，《东南亚纵横》2015 年第 4 期，第 4 页。

互通和产业合作为支点，以多种平台促进国际产能合作和优势互补，亚投行和丝路基金将为"一带一路"建设、互联互通产业合作提供投融资支持，充分调动相关国家的各类投资资金，通过多种投融资方式投资于中国与中东地区国家之间的贸易、能源、金融、投资等多个合作领域，可有效衔接中国与地区国家之间的经济优势和需求，为中东地区国家形成良性的经济发展模式提供助力。"一带一路"构建了联合相关国家共同开展中东地区经济治理的立体框架，以平台和机制创新为地区经济合作提供制度驱动，进一步拓展了中国对中东地区经济治理的参与广度和深度。中国可建立"一带一路"区域内的经济协调机构，发展完善以亚投行为基础的金融治理架构，建立沿线多层次贸易结构，开辟人民币国际化的重点区域，构建国际经济治理的新路径。[①]

第三，"一带一路"具有新的经济合作理念，为冷战后中东地区经济治理提供了新的模式。

中国一直致力于建立以合作共赢为核心理念的新型国家间关系，反对"零和游戏"，推动包容性发展，倡议打造利益共同体与命运共同体，为当代国际关系发展与国际经济合作注入新的理念。不同于以往的地区战略和经济合作理念，"一带一路"倡议秉承开放、包容、共赢的核心价值观，贯穿"和平合作、开放包容、互学互鉴、互利共赢"的思想理念，不搞封闭式的、结盟式的发展模式，对所有相关国家开放，欢迎别国搭上中国发展的便车与快车，是一个能惠及所有参与国的建设过程。"一带一路"强调互利合作、共建共享，通过发挥各国的核心竞争力和沿线国家间经济的整合，建立互联互通伙伴关系，为地区国家发展创造更好的平台、条件和环境，实现共同发展和共同繁荣。中国充分重视和尊重"一带一路"沿线国家行为体的主体作用，尊重彼此的战略需求，强调共同治理和互动治理。[②] 中国可以与沿线国家在基础设施建设、投融资支持等互联互通方面开展互利合作，深度融入全球产业链、价值链，也有望通过与有关国家共享改革发展经验为沿线国家经济改革与体制变迁提供新的推动力。中国一贯尊重他国

---

① 赵建春：《中国国际经济治理权构建的路径研究》，《现代经济探讨》2015 年第 8 期，第 8 页。

② 参见杨思灵《"一带一路"倡议下中国与沿线国家关系治理及挑战》，《南亚研究》2015 年第 2 期，第 28 页。

根据自身国情选择的发展道路；将他国发展当作自身机遇，不附加任何政治条件；秉持义利相兼、先义后利的义利观，不追求利益最大化和我赢你输的"零和模式"。而中东地区持续动荡、缺乏稳定也是阻碍发展的重要因素之一，中国提倡辩证地看待发展与稳定的关系，让发展与稳定相互促进。"一带一路"倡议的实施可促进共同利益的聚合，促进共同发展与共同安全而不是激化分歧与争端，助推区域经济合作，进而塑造地区经济发展的规范，为中东地区经济治理和国际经济合作提供新模式。面对共同的经济发展障碍、转型难题、贫困与失业等现实问题，"一带一路"倡议蕴含着中国和沿线各国积极应对共同挑战、协同发展、优化区域治理的有益探索。在"一带一路"倡议的背景下，具体的合作项目与经济利益使得中国倡导的理念具有了坚实的支撑，中国参与中东地区经济治理的实践也变得日益生动和具体。"一带一路"的合作理念带来的发展和建设对于中东国家来说具有高度的自主性，从稳定区域的角度来看，促进区内各国的共同发展、全面发展是解决区域问题的最好出路。①

第四，"一带一路"有助于为中东地区经济治理提供新的国际公共产品，可能为地区经济格局带来重大影响。

随着全球经济结构发生巨大变迁，国际公共产品已经出现供应失衡和不足的问题，而在发展中世界特别是中东地区尤为显著。作为新崛起的全球经济大国和发展中大国，中国参与全球治理的重要性已经毋庸置疑，而其也日益有能力和意愿为全球治理提供公共产品，肩负起更大责任。② 中国领导人明确表示，欢迎周边或相关国家搭乘中国经济发展的列车、快车、便车，愿意成为"被搭便车"的国家，共享经济发展带来的"红利"，这其中反映了中国有能力和意愿为周边或更远的地区提供国际公共产品，"一带一路"倡议就蕴含着为沿线地区提供新型公共产品的内涵。中国通过主导"一带一路"沿线地区公共产品的提供，可改善因美日欧经济停滞所导致的公共产品供应能力的不足，推动沿线各国发展战略的对接与耦合，形成一个以中国为中心节点的合作体系网。③ "一带一路"倡议聚焦互联互通和融

① 赵菌菌：《"一带一路"与阿拉伯地区的政治走向》，《人民论坛》2015 年 6 月中，第 233 页。
② Gerald Chan, Pak K. Lee and Lai-Ha Chan, *China Engages Global Governance: A New World Order in the Making?* London and New York: Routledge, 2012, p. 4.
③ 黄河：《公共产品视角下的"一带一路"》，《世界经济与政治》2015 年第 6 期，第139 页。

资平台的建设，发起亚投行和设立丝路基金，实际上在一定程度上为全球
与区域经济治理提供了新的可供选择的公共产品，推动了全球和区域经济
治理格局的发展和变革。"一带一路"在新型的国际合作理念与模式、高效
的设施互联互通、新的国际货币、新型国际金融组织和消除动荡根源等方
面增加了全球公共物品供给。① 通过建设"一带一路"打造地区间互联互通
和共建共享的跨国公共基础设施、能源通道、贸易平台和投融资机制等，
为包括中东地区在内的欧亚大陆国家的经济发展在开放式平台、理念、秩
序等方面尝试加强制度供给，提供新的国际公共产品。如通过达成公正的
能源交易规则和定价机制，形成和构建区域能源合作机制，有助于建立国
际能源新秩序。② 同时通过重组资金链和产业链，形成新的国际分工体系，
打造以基础设施网络为核心的一体化机制，进而推动地区市场一体化，从
而以分工体系和区域一体化为基础，形成新的区域经济秩序。"一带一路"
作为跨国合作平台提供的一系列具有国际公共产品属性的区域间合作，对
于深陷发展困境与区域间合作层次较低的中东等沿线国家来说至关重要，
有效提升地区国家经济活力与相互间合作水平，也可能为地区经济格局带
来新的重大影响。

小 结

本章综合考察了中国参与中东地区经济治理的理论与实践，从中可以
发现一些值得进一步思考的问题，也为今后的参与行动提供参考借鉴。中
国参与中东地区经济治理的内外影响广泛，参与深度与效果受到多重因素
的动态影响，未来应更加重视国内机制整合、议题设置、联合其他国家能
力建设、国际影响力提升等，并注重在中东地区经济治理进程中与其他大
国构建合作关系。

第一，中国参与中东地区经济治理所产生的内外影响均十分广泛。冷
战后以来，随着中国自身的发展壮大与对外关系的复杂化，中国日益涉入

① 涂永红等：《中国在"一带一路"建设中提供的全球公共物品》，《理论视野》2015 年第 6 期，第 65 页。
② 中国国际问题研究院 CIIS 研究报告：《推进"一带一路"能源资源合作的外交运筹》，2014 年第 7 期，第 8 页。

世界各地区域经济合作与治理进程之中，这既是中国自身利益扩大和可持续发展的内在需求，也是多层次国际联系深入发展的必然结果。鉴于中东地区的战略重要性与双边关系的日益紧密，中国对中东地区经济治理的参与广泛涉及中国的对外经济战略与海外利益、与中东伊斯兰国家的关系、中东国家的经济发展变革、地区经济治理模式、全球经济治理进程、地缘战略格局、国际体系转型、中国与大国关系等诸多方面，其对内对外的影响力与关注度均日益上升。中国对中东地区经济治理的参与增强了地区国家的经济自主发展能力，促进了地区局势的和平与稳定。中国用自己实实在在的政策与行动回应了西方特别是美国对中国在中东地区"搭便车"的指责。在中国与新兴国家日益崛起和全球经济治理改革缓慢的背景之下，中国对中东地区经济治理的参与可以在区域层面和规则塑造上逐步带来新的突破，新的治理理念的提出、治理平台的设立、治理机制的构建等都在客观上具有调整和改善全球经济治理的作用，也为改进和推动全球经济治理改革开辟新的重要路径。

第二，中国参与中东地区经济治理的深度与效果受多重因素的动态影响。综合来看，影响中国参与中东地区经济治理的因素很多，国内政策、治理能力、国家间关系、地缘政治、国际环境、大国政策等均会影响中国参与地区经济治理的深度和效果。但在实践中，最为直接和重要的影响因素主要是利益相关性、治理能力、国际影响、治理难易度等四个方面，这四者之间互相联系和影响，应特别重视对这四大因素的实证分析和综合考量。首先，与自身的利益相关性理所当然应是中国参与地区经济治理事务时的首要考量对象，国家利益总是有轻重和层次之分，那些涉及中国在中东地区核心利益的经济事务当然应是中国重点参与的领域，如能源与贸易领域的互联互通。其次，自身的治理能力很大程度上决定着对地区经济治理事务的参与程度和效果，二者呈现为明显的正相关关系。但经济实力并不等同于国际上的经济治理能力，同时其还受到自身政策、国际权力结构、国际机制等多种因素的复杂影响。再次，国际影响是指地区治理事务的对外影响力、紧迫度与国际关注度等，对于影响广泛、较为紧迫和国际关注度高的问题当然应优先加以考虑。同时，中东地区经济治理事务往往牵涉地区国家间关系以及大国间关系，影响涉及复杂的治理难题可能需要慎重和延后处理。最后，中东地区很多经济问题复杂难解，有很多历史遗留问题和结构性的发展难题，考验着参与者的治理能力与战略，治理难易度也影响到参与治理的轻重与次序，是中国在参与地区经济治理进程中不得不考虑的重要因素之一。

第三，中国应及时总结参与中东地区经济治理的经验，提升有效参与地区经济治理的能力水平，特别是应重视国内机制整合、议题设置、联合其他国家能力建设、提升国际影响力等。积极有效地参与全球治理有赖于硬实力与软实力。① 当前中国对中东地区经济治理的参与还处于初始阶段，较为粗放，缺乏系统的规划。未来中国应致力于与中东国家实现战略对接与利益融合，筑牢利益纽带；加强国内机制整合与相关国际机制的构建，理顺国内机制，拓展地区机制，塑造全球机制；注重治理的议程设置与重点领域的选择；明确和坚持特色的路径设计，并注意平衡内外影响因素；选准关键支点国家，加强联合其他国家共同参与地区治理的能力；创设多样化的具体合作平台，注意战略实施保障建设；同时注重塑造负责任的国际形象，提升国际感召力；力所能及地提供国际公共产品，致力于构建地区经济治理的新模式。作为一个积极参与全球治理、履行国际责任的大国，中国的确需要在中东事务上有更加高远的战略立意和更加开放的战略胸怀，不断提升中国中东外交的道义高度，进而使中国外交更具普世意义。② 例如，虽然治理主要是政府推动的进程，但在大部分具体的经济行动中要按照市场化的规则运行，合作项目要追求经济效益，才具有可持续性。应加强国内商务部、发改委、财政部、外交部等多个部门的相关协调机制建设，中国与中东国家之间的联络机制建设以及与中东地区层面乃至国际社会层面的沟通机制建设，进一步把中阿合作论坛建设成实质性对话与合作平台，加强相关领域的人才建设与人员交流机制，促进深入的学术研究与丰富的外交实践密切结合。再如，对于国外对中国参与中东地区经济治理的"误读"与误解，诸如认为中国的主要目的是获取地区能源资源、挑战既有国际规则等，这需要建立自身的话语权，不能官方式、政治式、单向式的自说自话，而应多元、大众化地传播中国合作共赢、构建共同体的理念与愿景，多层次增进与中东地区国家普通民众的交流互动。

---

① 蔡拓：《中国如何参与全球治理》，《国际观察》2014 年第 1 期，第 7 页。
② 刘中民：《中东事务与中美新型大国关系建设》，《世界知识》2013 年第 18 期，第51 页。

第七章　中国参与中东地区的社会治理

中东地区的社会问题具有跨国性、复杂性与联动性等特点，与该地区持久的军事冲突和国家治理能力低下存在重要关联。中国参与中东地区的社会治理主要包括卫生治理、难民治理和毒品治理三种形式。

第一节　中国参与中东地区的卫生治理

中国参与中东地区的卫生治理以医疗援助为主要内容，促进了中东地区人民对中国的了解和中国国家软实力建设，迄今已经有半个多世纪的历史。21世纪初以来，尤其是中东呼吸综合征（MERS）大范围爆发、中东地区出现严重难民危机后，中国对中东传统意义上"点对点"式的医疗援助模式，已不能应对全球化时代下中东地区公共卫生危机。中东卫生治理的全球性关联及其带来的非传统安全效应，已经对中国参与全球或地区卫生治理提出了新要求和新挑战，特别是"一带一路"倡议的推进，更加凸显了中国参与中东卫生治理的重要性。在参与中东卫生治理过程中，中国传统中医可以发挥独特作用，成为推进"一带一路"和中国与中东在卫生领域合作的重要力量。

卫生治理是全球治理的重要议题之一。随着中国国际地位的提高与参与度的提升，对全球性问题越来越重视，诸多研究开始将对外医疗援助纳入全球卫生治理框架中来。博士学位论文《全球卫生治理中的国际机制分析》（晋继勇，2009）分析了全球卫生治理机制在卫生公共产品提供中的制约因素，指出当前机制存在的问题，并阐述了中国在全球卫生治理中所发挥的作用与不足。《全球卫生法：全球卫生治理的新趋势》（张彩霞，2011）、《全球卫生治理面临的挑战及其应对策略》（张彩霞，2012）指出，卫生治理机制从国际治理走向全球治理的必要性，应在全球层面构建全球卫生治理基本框架，增强全球卫生治理的有序性。《全球治理视角下的中国对非洲医疗援助》（文少彪、王畅，2014）从全球卫生治理的视角分析了中国对非洲医疗援助的传统模式及其不足，中国应将对非洲医疗援助视为中国参与全球治理的重要切入点。《中国积极参与全球卫生事务》（*China's Distinctive Engagement in Global Health*）（Peilong Liu 等，2014）分析了中国在全球卫生治理中的角色和定位、中国与其他国家在参与过程中的异同点，并指出中国参与全球卫生治理的意义。《中国对非洲公共卫生与外交援助》（*China's Emerging Global Health and Foreign Aid Engagement in Africa*）（Charles W. Freeman Ⅲ）研究报告中收录了 6 篇相关文章，对中美援非医疗和中美在全球卫生治理中的角色、作用等方面进行比较分析。《中国参与全球环境与卫生治理：机遇、挑战与对策》（张海滨、陈婧嫣，2015）指出中国参与全球环境与卫生治理机遇与挑战并存，指出应统筹国内和国际两个大局，不断提升参与全球卫生治理的贡献度。

基于公共卫生危机的跨境传播带来的非传统安全问题，卫生合作逐渐成为外交领域的热点之一。《把卫生作为对外政策：以中国为例》（*Pursuing Health as Foreign Policy：The Case of China*）（黄严忠，2010）系统性地梳理了中国卫生外交政策与实践，并把 SARS 外交作为案例进行了具体分析，展现了中国在参与卫生外交过程中产生的顾虑、转变、进步和缺陷等多种图景。《全球卫生时代中非卫生合作与国家形象》（北京大学全球卫生研究中心，2012）作为一本专题论文集，从国家、地区、全球层面对中非卫生合作进行了深入、全面的分析。《外交转型与全球卫生外交》（张清敏，2015）分析了全球化时代外交转型的新特点，启发中国积极参与全球卫生外交过程中确保理念、实践与外交发展方向的匹配与融合。

基于上述文献梳理可以发现，涉及对非洲医疗援助的历史、机制发展等研究成果比较丰富，而专门讨论中国对中东地区（包括西亚和北非）的医疗援助的文献数量极少。目前发现的中国对中东医疗援助的文献包括：《中国对阿援助中的医疗队》（吴富贵，2003），文中以讲故事的形式回顾了中国援助阿拉伯国家的医疗队的个别历史片段。《中医针灸在埃及发展概况》（吴中朝，2003）主要介绍了中医针灸在埃及的引入与发展情况。《浅谈中国援也门医疗队与中也医疗卫生合作》（刘欣路，2009）介绍了中国援也门医疗队的历史概况，分析中也卫生合作的挑战并提出政策建议。在《中国医疗队在苏丹》（李江峰，2015）一文中，时任援苏丹医疗队员回顾了第十八批医疗队赴苏援助的概况。寥寥几篇文献对于我们初步了解中国对大中东地区的医疗援助史十分有益，也凸显其珍贵之所在。

但应当指出的是，在全球化进程不断深化的时代，卫生领域的全球性关联及其带来的非传统安全效应，已经对中国参与全球或地区卫生治理提出了新要求和挑战，学界应当加快该领域研究范式的转变，从新的视角和理论框架探讨中国对外医疗援助，而非过度地局限于传统的历史研究范式，这样才能引导中国在新的阶段以新的思维和方式参与各层次的卫生治理。

中东地区连接亚非欧三大陆，聚集了为数众多的发展中国家，"一带一路"倡议的落地以及中阿合作论坛等机制的发展，对该地区的卫生治理研究提出了新的需求。本节将力图从全球卫生治理的视角来分析中国与中东地区的卫生合作，以弥补当前研究之不足。

一 卫生治理是中国参与全球治理的重要平台

全球治理思维、话语体系和实践行为对于中国而言还是比较新近的事物，从宏观上讲，它与中国所处的国际环境和历史发展阶段息息相关。市场化改革和冷战的结束，为中国重新定义其在国际体系中的角色开辟了一个机会之窗。一个革命者试图成为一个负责任现状国的过程中伴随着在安全意义和范围上的新思维，其改变了中国对外政策的话语。进入 21 世纪，中国对非传统安全问题的兴趣与日俱增，并提出"以人为本"的发展理念，这些努力开始改变中国推行对外卫生政策新格局。[1] 经历了 HIV、SARS、H1N1 等病毒的侵扰，一个占世界人口五分一的大国，逐渐重视起"人的安全"和非传统安全（NTS）威胁。

自 2003 年 SARS 危机爆发起，中国加强同国际组织、周边国家和地区的卫生交流与合作，在联合国、世界卫生组织、世界银行、东盟地区论坛、东亚峰会、上海合作组织、亚太经济合作组织等框架下建立起一系列卫生交流、合作机制。"2003 年，中国爆发非典型肺炎疫情，中国和东盟守望相助，探索建立有效的预警、防控、救助机制。2005 年，中国与东盟各国卫

---

① Yanzhong Huang, "Pursuing Health as Foreign Policy: The Case of China," *Indiana Journal of Global Legal Study*, Vol. 17, No. 1, 2010, p. 115.

生部建立了部长级会议，专门研讨区域卫生合作，推动疾病联防联控"①。此外，2003 年，东盟与中日韩卫生部长特别会议机制也在"东盟10＋3"框架下成立。2006 年 5 月中日韩三国卫生部在日内瓦签订了《中日韩关于共同应对流感大流行合作意向书》，2007 年 4 月首届中、日、韩卫生部长会议在韩国召开，三国卫生部签署了《中日韩三国卫生部关于共同应对流感大流行的合作备忘录》，建立了三国卫生部长年度会晤机制和卫生部高官不定期会晤机制。中俄人文合作委员会卫生合作分委会也每年召开会议，两国共同监控、防范疾病的跨境传播。2012 年中国卫生部长陈竺访问蒙古国，与蒙方签署了两国卫生部合作计划，双方均表示愿扩大合作领域和合作形式，通过信息交流、人员互访，加强卫生体制和医院管理等领域的合作，推动边境地区传染病联防联控机制建设。可以说 2003 年 SARS 的蔓延迫使中国加快同周边邻国构建卫生合作机制，完善传染性疾病的区域治理体系。相比发达国家，中国在这方面的工作起步较晚，但参与全球卫生治理的意识清醒、行动坚决。

首先，卫生治理是全球治理体系中的重要板块之一，也是中国在为数不多的治理领域可以发挥重要作用的一个板块（另一个可以发挥巨大作用的板块是气候治理）。全球卫生治理是指"利用正式和非正式的制度、规则，并通过国家、政府间组织和非国家行为体来处理那些需要跨境集体行动有效地解决健康问题的挑战"②。在跨国合作应对卫生治理方面，中国的案例值得研究。可以说，2003 年 SARS 病毒在中国的蔓延，很大程度上推动了中国融入全球卫生治理体系。中国政府加强了同世界卫生组织（WHO）的合作，并在 WHO 的协助下组建和升级了覆盖全国的传染性疾病监控系统。黄严忠教授写道："SARS 期间，即使最狂热的国家主权支持者都表现出认同世界卫生组织在国际卫生治理中的领导权，难怪有学者争论道：SARS 的爆发相当于在传统卫生治理的棺材上钉上最后一口钉。"③ 很显然，

---

① 《中国—东盟卫生领域合作务实推进》，中国新闻网，2012 年 10 月，http://www.chinanews.com/jk/2012/10－13/4245533.shtml，登录时间：2016 年 4 月 23 日。

② David P. Fidler, "The Challenges of Global Health Governance," May 2010, http://ec.europa.eu/health/eu_world/docs/ev_20111111_rd01_en.pdf，登录时间：2015 年 2 月 3 日。

③ Yanzhong Huang, "Pursuing Health as Foreign Policy: The Case of China," *Indiana Journal of Global Legal Study*, Vo. 17, No. 1, 2010, p. 119.

传统的观念和手段已经无法应对全球化背景下非传统安全的威胁，政府必须在注重国家主权安全的同时重视"人的安全"。2003 年 4 月，时任国务院总理温家宝在中国—东盟领导人关于非典型肺炎特别会议上指出"中国政府时刻把人民健康和生命安全放在第一位"。这次公共卫生危机也促使中国积极协助 WHO 修改《国际卫生条例》（1967 年）。2005 年第五十八届卫生大会通过了新的《国际卫生条例》，这与之前的旧条例只针对特定疾病的防治相比，有了明显的改革。例如将"对人类构成或可能构成严重危害的任何病症或医疗状况，无论其病因或来源如何"纳入其涵盖范围。该条例的通过是对新形势下全球公共卫生危机的反应，扩大了卫生治理的范围和目标，增强了应对疾病传播的能力。近年来中国一直努力推动该条例的落实。另外，中国在落实联合国千年发展目标（Millennium Development Goals）方面也取得巨大成就，艾滋病、疟疾、黄热病、结核病等传染性疾病的指标大幅下滑，远低于世界平均感染率。这些成就的取得很大程度上得益于国家加强对基础医学技术的研发，据中国卫计委网站报道："中国创新性基础研究水平国际领先，对甲流、H7N9、埃博拉、MERS 等病毒开展晶体解析、膜分析及基因组测序等基础研究，为抗病毒相关抗体、药物及疫苗的研发提供重要指导。"[①] 可以说，中国在卫生治理领域具备良好的执行力与学习能力，大幅改善了卫生治理系统和机制，同时，在应对公共卫生危机的过程中积累了宝贵的经验和科研实力。这些都是中国参与全球卫生治理的有利因素。

其次，参与卫生治理符合中国的大政方针。2015 年 9 月，联合国发展峰会正式通过《变革我们的世界——2030 年可持续发展议程》，议程中提出："支持研发防治主要影响发展中国家的传染性和非传染性疾病的疫苗和药品；大幅增加卫生筹资，并增加招聘、培养、培训和留用发展中国家，尤其是最不发达国家和小岛屿发展中国家的卫生工作者；加强各国，特别是发展中国家采取预警措施、减少风险和管理国家和全球健康风险的能力。"习近平主席在峰会上发言，倡议"国际社会加强合作，共同落实 2015 年后发展议程，努力实现合作共赢"，并承诺"中国将继续秉持义利相兼、

---

① 中国卫计委：《科学研究推动疾控事业发展》，http://www.nhfpc.gov.cn/qjjys/s3594r/201604/8ae0d9978b1845b1981a2e55aa097922.shtml，登录时间：2016 年 4 月 23 日。

以义为先的原则，同各国一道为实现 2015 年后发展议程作出努力"。① 2016
年 3 月，《十三五规划纲要》发布，其中第五十一章（推进"一带一路"建
设）第三节（"共创开放包容的人文交流新局面"）写道："广泛开展教育、
科技、文化、体育、旅游、环保、卫生及中医药等领域合作……加强卫生
防疫领域交流合作，提高合作处理突发卫生事件能力。"② 同年 4 月，经国
务院授权，国家发展改革委、外交部、商务部联合发布了《推动共建丝绸
之路经济带和 21 世纪海上丝绸之路的愿景与行动》的规划，规划的第四章
（合作重点）中写道："强化与周边国家在传染病疫情信息沟通、防治技术
交流、专业人才培养等方面的合作，提高合作处理突发卫生事件的能力。
为有关国家提供医疗援助和应急医疗救助，在妇幼健康、残疾人康复以及
艾滋病、结核、疟疾等主要传染病领域开展务实合作，扩大在传统医药领
域的合作。"③ 这些政策性文件在半年左右的时间陆续公布，其支持力度之
大、推进速度之快，令外界印象深刻。可以想象，中国政府对加强与发展
中国家的医疗合作非常重视，体现出了加强卫生治理的政策导向。

跨境卫生问题，是个一直困扰着人类发展的古老难题，戴蒙德在其名
著《枪炮、病菌与钢铁》一书中甚至认为，病菌的跨境传播足以影响人类
的发展进程和命运。④ 近年来，中国先后经历了 SARS、H1N1 等传染性病毒
的袭击，引发国内外备受关注的公共卫生危机，也促使中国认识和研究公
共卫生危机的"多米诺"骨牌效应，进而参与全球层面加强卫生治理体系
的工作，遏制这类非传统安全问题的蔓延。

二 中国对中东地区卫生治理中的医疗援助

1. 初始与发展（1963～1978 年）

20 世纪 60 年代，中国受到美苏两方面的巨大压力，毛泽东提出了"中
间地带"理论，要争取"中间地带"国家，支持亚非国家反对殖民统治和

① 习近平：《谋共同永续发展 做合作共赢伙伴》，《人民日报》2015 年 9 月 27 日，第 1 版。
② 《十三五规划纲要》，新华网，http://news.xinhuanet.com/house/tj/2013 - 11 - 14/c_118121513.htm，登录时间：2016 年 4 月 23 日。
③ 《推动共建丝绸之路经济带和 21 世纪海上丝绸之路的愿景与行动》，新华网，http://www.zj.xinhuanet.com/2016 -04/23/c_1118714208.htm，登录时间：2016 年 4 月 23 日。
④ 〔美〕贾雷德·戴蒙德：《枪炮、病菌与钢铁——人类社会的命运》，谢延光译，上海译文出版社，2006，第 191～214 页。

霸权，加强对这些国家的援助成为重要的政治任务。1964 年，周恩来提出"中国政府对外经济技术援助的八项原则"，"八项原则"主要包括："平等互利；尊重受援国主权，绝不附带任何条件，绝不要求任何特权；中国以无息或低息贷款方式提供援助；帮助受援国走自力更生、经济上独立发展的道路；力求投资少，收效快；提供中国最好的设备和物资；帮助受援国掌握技术；专家待遇一律平等。"① 八项原则的提出，确立了中国开展对外援助的基本方针，各项援助工作迅速开展。

20 世纪 60 年代的对外医疗援助从非洲开始，逐渐拓展至大中东地区。1963 ~ 1976 年，中国先后同 20 多个非洲国家签订了派遣中国医疗队赴对方国家工作的协定书②。1963 年 4 月 6 日，湖北省向阿尔及利亚派出的首支医疗队，拉开了中国对大中东地区医疗援助的序幕。1965 年，中国向索马里派遣医疗队，主要由吉林省负责。据中国援助索马里医疗队翻译曹务堂回忆，当时"援索马里医疗队一行三十多人，医疗队里除了医生外，还有厨师和司机"③。索马里医疗队的主要任务是为当地居民提供医疗服务，但也提供牧区巡回医疗服务，尤其对当地的霍乱传染病防治起到了巨大的作用。

1966 年 6 月，中国向也门（北也门）派遣的医疗队抵达其首都萨那，开启了中国对阿拉伯国家的医疗援助大门。1967 年，也门爆发内战，在"萨那保卫战"中，也门总理阿姆里向中国政府发出了紧急求助，而后周恩来总理指示北京医院迅速组建医疗队赶赴萨那，与当地医务人员一道承担起了救护任务。④ 也门是中国在中东地区重要的医疗援助对象，自 1966 年以来，共有 3300 多名中国医护人员在也门多个省份开展医疗工作⑤。

20 世纪 70 年代，中国对大中东地区的医疗援助进一步扩展。这期间两个因素起到了至关重要的作用，一是中国恢复了在联合国的合法席位；二

---

① 《对外援助八项原则》，人民网，http：//cpc. people. com. cn/GB/64162/64165/76621/76638/5273141. html，登录时间：2016 年 4 月 20 日。

② 徐伟忠、秦天：《中国对非医援与合作——演变、成果与挑战》，载北京大学全球卫生研究中心：《全球卫生时代中非卫生合作与国家形象》，世界知识出版社，2012，第 28 页。

③ 《我在"中国援索马里医疗队"中当翻译的岁月》，《齐鲁晚报》2013 年 10 月 17 日。

④ 《中国白衣天使在也门：精湛医术赢得当地人民信赖》，中国新闻网，http：//www. chinanews. com/gn/2013/11 - 12/5489298. shtml，登录时间：2016 年 4 月 25 日。

⑤ 《中国医疗队重返也门》，新华网，http：//news. xinhuanet. com/world/2013 - 03/29/c_124517039. htm，登录时间：2016 年 4 月 28 日。

是 20 世纪 60 年代的医疗援助使得中国名声在外,中东地区国家纷纷期待获得中国的医疗援助。1970 年,中国向也门民主共和国(南也门)派出医疗队,主要由安徽省负责。需要指出的是,1990 年前也门处于南北分裂的格局,中国援也门医疗队也一直分开派出,即使在也门统一后,"由于派出人数众多,完全由一省承派有很大困难,因此仍沿袭了由两省派出的模式,保持南北两个机构,在管理上相对独立"[①]。1971 年,中国医疗队抵达苏丹,主要由陕西省负责。首批医疗队共 21 名,后在苏丹总统尼迈里德建议下,医疗队于次年增加到 60 人[②]。自 1973 年起,中国派往大中东地区的医疗队规模逐渐扩大,援助对象国包括突尼斯(江西,1973 年 6 月)、摩洛哥(上海,1975 年 9 月)、科威特(辽宁,1976 年 11 月)、叙利亚(卫生部中医研究院,1978 年)、伊朗(江苏,1978 年。1979 年因伊朗爆发伊斯兰革命,中国即中断了与伊朗的医疗合作)。

20 世纪 60~70 年代中国对大中东地区的医疗援助规模不断扩大,取得了良好的效果,但是不容忽视的是,这个时期的对外医疗援助带有浓厚的意识形态色彩。打破外交困境是中国对外医疗援助的动因,"援助完全是在政治和意识形态的指导下进行,即援助为政治目的服务。因此,援助的政治功能压倒了经济功能,援助很少考虑经济效益"[③]。加之,国内处于动乱时期,依然承担了医疗队的所有支出。这种对外援助政策在一定程度上也加重了财政负担。

2. 低谷与转型(1979~1995 年)

改革开放初期到 1995 年,中国对外医疗援助陷入低谷,处于转型过渡期。从国内因素看,中国领导层认识到和平与发展乃时代潮流,放弃了战争与革命的时代观;对内"以经济建设为中心"取代"以阶级斗争为纲"。国家大政方针和观念的转型,也影响了中国对外援助的理念和行为。这个时期中国更加注重自身的发展利益,探索以互利、共赢的合作援助替代纯

---

① 刘欣路:《浅谈中国援也门医疗队与中也医疗卫生合作》,《吉林中医药》2009 年第 6 期,第 551 页。

② 蒋华杰:《中国援非医疗队历史的再考察(1963~1983)——兼议国际援助的效果与可持续性问题》,《外交评论》2015 年第 4 期,第 64 页。

③ 舒运国:《中国对非援助:历史、理论和特点》,《上海师范大学学报》(哲学社会科学版)2010 年第 5 期,第 84 页。

粹单边和无偿的援助模式。对外医疗援助也受此影响。

第一，对外援助资金收紧。随着政策调整，1979 年，中国对外援助支出占财政支出比例自 1961 年开始第一次低于 1%，而 1973 年该比例的峰值为 6.9%[1]，导致对外医疗援助力度下降。援外医疗队的方式也从无偿援助逐步调整为合作支出。受援国开始逐渐承担医疗队的生活费和国际机票，"在 20 世纪 80 年代初期，在所有 27 个有医疗队的非洲国家中，仅有 4 国全部由中国承担费用，其中包括北非的吉布提"。[2]

第二，援外医疗队派出数量锐减。1983 年 1 月，时任总理赵紫阳在访非期间提出同非洲国家开展经济技术合作的四项原则，即"平等互利、讲求实效、形式多样、共同发展"，这一原则也成为当时指导中国与发展中国家合作的总方针，在这种方针的指导下，中国对外援助逐渐回归理性。"1979~1982 年，中国对非援助减少，医疗队人数下降……1988~1995 年未向非洲增派医疗队。"[3] 这个时期中国向中东地区新派遣的医疗队仅包括吉布提、阿拉伯联合酋长国、利比亚等中东三国，1981 年中国山西省派遣医疗队至吉布提，先后向其提供了 36 批次的药品等物资援助[4]。同年 10 月，中国四川省向阿联酋派出医疗队，这是在 1984 年中国与阿联酋建交之前派出的，当时的医疗小组在迪拜医院开设中医门诊部。1983 年 12 月，中国江苏省向利比亚派出医疗队，但由于 1989 年利比亚承认中国台湾，中国医疗队撤离。

第三，开始出现新趋势，对发展中国家和地区的医疗援助回升，并寻求与国际组织合作。80 年代后期，中国受到西方国家的压制，发展中国家的战略地位上升，对外援助政策有所回调。从 1991 年起，中国外交部部长每年正式出访的第一站总是非洲[5]。而且，这个时期中国开始寻求与联合国

---

[1] 数据来自张郁慧《中国对外援助研究》，博士学位论文，中共中央党校，2006，第166 页。
[2] Huang Yanzhong, "Domestic Politics and China's Health Aid to Africa," *China: An International Journal*, Volume 12, Number 3, December 2014, p. 182.
[3] 转引自李安山《中国援外医疗队的历史、规模及其影响》，《外交评论》2009 年第 1 期，第 27~28 页。
[4] 中华人民共和国驻吉布提共和国大使馆经济商务参赞处：《对外投资合作国别（地区）指南——吉布提》（2013 年版），http://dj.mofcom.gov.cn/article/b/201408/20140800705794.shtml，登录时间：2016 年 5 月 8 日。
[5] 李安山：《论中国对非洲政策的调试与转变》，《西亚非洲》2006 年第 8 期，第 16 页。

人口基金会合作建设冈比亚的妇科诊所。① 这种转变预示着中国再次借助对外援助的方式寻求国际政治支持。

3. 冷战后的对外医疗援助（1995 年至今）

冷战后的对外医疗援助始于邓小平南方之行，由此确立的"发展才是硬道理"主线，也塑造了中国对外援助的总体精神，即合作、共赢。

冷战后，中国向也门、黎巴嫩、苏丹、利比亚、摩洛哥、吉布提等中东地区国家继续派遣医疗队，继承了传统援外医疗模式，但是也孕育出新的元素。其中 2003 年 5 月，阿尔及利亚首都阿尔及尔发生强烈地震，湖北省援阿尔及利亚医疗队总队带领首都针灸医疗队员参与震后救援。2014 年 8 月，中国派出医疗队赴利比亚抗击埃博拉疫情。2015 年，中摩双方签署《中国国家卫生和计划生育委员会与摩洛哥卫生部关于卫生领域的谅解备忘录》和《中国国家卫生和计划生育委员会与摩洛哥卫生部关于派遣中国眼科专家医疗组赴摩开展白内障手术活动的合作协议书》。② 值得注意的是，上海以向社会公开招聘的方式选拔援摩医疗队员，引入社会化、市场化的操作方式来进行援摩医疗队组建工作。③

在援建医院方面，也更加注重平衡自身的利益与受援国的需求。2007 年 2 月，时任国家主席胡锦涛于访苏丹时宣布建设达马津中苏友谊医院，2014 年建成后，中国援苏医疗队也派出多名医护人员进驻该院接诊。2008 年，时任中国国家副主席习近平访问也门期间，两国政府就萨那"也中友谊医院"项目达成协议，医院设计床位 120 个，配备现代化医疗设施。2011 年 1 月，也门首都萨那的共和国医院举行"中也眼科合作中心"揭牌仪式，中国卫生部代表团赠送了价值 280 万元的眼科设备和仪器。在也期间，卫生部联合工作组及辽宁省眼科专家组在萨那共和国医院和塔兹革命医院开展了 200 例白内障手术，并对也方医务人员进行现场指导、培训④。2010 年 9

---

① Huang Yanzhong, "Domestic Politics and China's Health Aid to Africa," *China*: *An International Journal*, Volume 12, Number 3, December 2014, p. 182.

② 《中摩共同庆祝中国派遣援摩医疗队 40 周年》，新华网，http://news.xinhuanet.com/world/2015 - 10/21/c_ 128342148. htm，登录时间：2016 年 5 月 5 日。

③ 《中国援摩洛哥医疗队招聘》，上海卫生人才网，http://www.shwshr.com/Advertisement/Detail. asp? UID = ODc2Mg，登录时间：2016 年 5 月 7 日。

④ 卫生部：《中国援外医疗大事记》（1963.4 ~ 2012.12），http://www.moh.gov.cn/gjhzs/gzdt/201308/15eb6805aa0c4da9a5c0c092bda08082.shtml，登录时间：2016 年 5 月 15 日。

月，中国援建约旦的巴卡医院在约旦巴冈省巴卡地区正式投入运营。巴卡医院项目使用中国政府无息贷款建设，由重庆对外建设总公司负责施工。①2015 年，中国与突尼斯协商共建"突尼斯综合医院"项目，"其建成后将有效改善斯法克斯省的居民就医状况，并辐射突尼斯南部地区甚至阿尔及利亚等周边国家"。② 2015 年 12 月，中国泰达国际心血管病医院与阿尔及利亚地中海投资集团签约，合作兴建致力于儿童心血管病治疗的非营利性医院。阿尔及利亚卫生部部长布迪亚夫希望该医院建成后能成为北非环地中海区域一个有影响力的医疗机构。③

大力推广中医诊疗和文化。中医是中国援外医疗的重要内容，也深受当地居民的喜爱。突尼斯、埃及等北非国家都曾报道过中医的疗效，2005 年 5 月，突尼斯国家执政党《自由报》以"玛尔萨医院针灸中心"为题，图文并茂地介绍了中国针灸医生运用针灸治疗的神奇疗效。④ 埃及与中国的针灸合作时间更长，可以追溯到 20 世纪 90 年代。中医药通过援外医疗的方式"走出去"，受到国家的大力支持，已成为中国推进"一带一路"建设过程中具有鲜明民族特色的文化符号。2015 年 4 月，中国发布《中医药健康服务发展规划（2015～2020 年）》，指出"推动中医药健康服务'走出去'……鼓励援外项目与中医药健康服务相结合"。⑤2016 年 2 月，中国发布《中医药发展战略规划纲要（2016～2030 年）》，纲要设立专门章节说明中医药海外发展的规划，包括"加强中医药对外交流合作"与"扩大中医药国际贸易"。这些发展规划将中医药"走出去"与"一带一路"建设相连，必然会促进中医药贸易和文化在大中东地区的发展。澳门科技大学校长刘良表示，"要着眼于打造标志性合作项目，尤其是围绕海外中医药中心，建设医疗保健、教育培训、科学

① 《中国援建约旦的巴卡医院正式投入运营》，新华网，http：//news. xinhuanet. com/2010 - 09/15/c_ 12552894. htm，登录时间：2016 年 5 月 15 日。

② 商务部：《援突尼斯综合医院项目初设外审纪要在华签订》，http：//www. mofcom. gov. cn/ article/shangwubangzhu/201507/20150701033566. shtml，登录时间：2016 年 5 月 5 日。

③ 《中国与阿尔及利亚合建儿童心血管病医院》，新华网，http：//news. xinhuanet. com/world/ 2015 - 12/01/c_ 1117323023. htm，登录时间：2016 年 5 月 5 日。

④ 卫生部：《中国援外医疗大事记》（1963. 4～2012. 12），http：//www. moh. gov. cn/gjhzs/ gzdt/201308/15eb6805aa0c4da9a5c0c092bda08082. shtml，登录时间：2016 年 5 月 5 日。

⑤ 国务院办公厅：《中医药健康服务发展规划（2015～2020 年）》，新华网，http：// news. xinhuanet. com/2015 - 05/07/c_ 1115206840. htm，登录时间：2016 年 5 月 9 日。

研究等不同主题的中医药中心，发挥示范引领作用"。① 未来，中国可以通过在中东地区既有的援建医院、针灸中心推广中医药疗法和文化，在此基础上打造标志性的合作项目，进一步扩大中医药在中东地区的影响力。

加强医学技术交流，促进当地医学发展。2003 年 10 月，"陕西省第 26 批援苏丹医疗队成功为 1 名苏丹脊髓型颈椎病患者实施了单开门椎板成形椎管扩大手术，在苏丹医学历史上尚属首次。2005 年 2 月，辽宁派驻也门马哈维特省医疗队成功在当地实施了 1 例交腿皮瓣移植手术，填补了也门医疗界此类手术领域的空白。"② 同时，中国援外医疗队通过带教、讲座、培训等方式，将医疗技术传授给当地医护人员，提高受援国卫生治理水平。2014 年 10 月，中国"光明行"白内障复明手术项目第一站选在吉布提，向吉国传授眼科手术。"吉布提医疗资源薄弱，全国仅有 3 名眼科医生（含山西省卫生厅派驻的援吉眼科医生 1 名），其中仅有 1 名眼科医生能实施内眼手术。"③ 此外，中国政府支持国内卫生机构为发展中国家举办卫生技术研修和培训。截至 2011 年，共举办培训班 400 多期，培训 15000 余人，涉及卫生管理、紧急救援管理、食品卫生、传统医药、传染病防控、实验室检测、卫生检疫和护理技术等。为帮助发展中国家培养高层次医学卫生人才，中国政府还向在华学习医学和中医药学的发展中国家学生提供政府奖学金。④

综上所言，20 世纪中国对中东的医疗援助与中国整体对外援助节奏一致，冷战结束是其重要的历史分界点。冷战时期中国对中东的医疗援助主要受两个方面的影响，一方面，从国际体系的结构上看，两极分裂与对抗

---

① 国家中医药管理局：《中医药"一带一路"发展规划研讨会在上海召开》，http://www.satcm.gov.cn/e/action/ShowInfo.php? classid=33&id=22136，登录时间：2016 年 5 月 9 日。

② 卫生部：《中国援外医疗大事记》（1963.4～2012.12），http://www.moh.gov.cn/gjhzs/gzdt/201308/15eb6805aa0c4da9a5c0c092bda08082.shtml，登录时间：2016 年 5 月 5 日。

③ 《我为祖国传捷报 中国援非"光明行"项目正式启动》，人民网，2014 年 10 月 10 日，http://society.people.com.cn/n/2014/1010/c1008-25806202.html，登录时间：2016 年 5 月 5 日。

④ 国家卫生和计划生育委员会：《中国的医疗卫生事业》（白皮书），http://www.nhfpc.gov.cn/mohzcfgs/s7847/201301/6fbe5f5264d84e03960eb72dbd752d05.shtml，登录时间：2016 年 1 月 1 日。

迫使中国加大对外援助力度来争取发展中国家的政治支持；另一方面，受中国自身的国际角色和国内政策调整，以及自身经济实力的掣肘，对外医疗援助难以稳定、持续地开展。总体上看，这个时期的中国对外医疗援助既带有浪漫化的国际人道精神，也沾有比较浓厚的政治色彩。

进入 21 世纪，中国融入世界的进程加快，更加重视国际组织和机制的作用，成立了"中阿合作论坛"（2004 年）。冷战后的对外医疗援助开始呈现出复合型态势，即出现机制化、多元化、多层次的援助模式和格局，在广度和深度上都超越了传统的医疗援助模式。

三　中国参与中东地区卫生治理的动因、理念与途径

1. 参与中东地区卫生治理的潜在动因

其一，朝觐活动对中东地区的卫生治理构成重大挑战。中东地区因其独特的地理位置和宗教文明，历来是人类交往的要地，也是全球卫生治理的重要对象。特别是大规模朝觐活动，对全球卫生的治理构成重大的挑战。朝觐是伊斯兰教五大基本功课之一，伊斯兰教法规定，每一位有经济能力和体力的成年穆斯林，一生中应至少前往沙特麦加朝觐一次。全球 69 亿人口中约有 16 亿穆斯林分布在各地，其中有 3. 573 亿（世界银行数据，2014 年）聚居在中东—北非地区，约有 2032 万穆斯林人口分布在中国境内的三十多个省市（未包括中国台湾、中国香港、中国澳门的穆斯林人口），主要聚集在新疆、宁夏、甘肃、云南等西北、西南地区。[1] 每年有大量穆斯林前往沙特朝觐，2014 年 10 月约有 200 万穆斯林从世界各地前往沙特，其中来自中国大陆的穆斯林约有 1. 45 万人。为保证朝觐活动安全有序进行，沙特卫生部门对朝觐者进行严格的健康检查和监控，以防传染性疾病大规模暴发。[2]

其二，中东呼吸综合征（Middle East Respiratory Syndrome，MERS）的暴发，更让世人忧心中东的卫生问题。世界卫生组织的数据显示，自 2012 年 9 月第一例 MERS 在沙特被发现以来，全世界已经有 27 个国家报告了

---

[1] 《中国穆斯林当前人口研究》，中国民族宗教网，http://www.mzb.com.cn/html/Home/report/422033 - 1. htm，登录时间：2016 年 1 月 9 日。

[2] 《2014 年全球穆斯林麦加朝觐拉开序幕》，新华网，http://news.xinhuanet.com/world/2014 - 10/03/c_ 1112707475. htm，登录时间：2016 年 2 月 1 日。

MERS 病例，主要分布在中东地区，共计 1728 人感染，死亡 624 人。① 感染人群主要集中在沙特，截至 2015 年，沙特仍然没有彻底控制 MERS 的蔓延。一名从中东返国的韩国人将 MERS 病毒带入，致使 165 名韩国人感染MERS，感染数量居全球第二。2015 年 5 月一名韩国感染者入境广东，成为中国首例输入性病例。更让人忧心的是，近两年来中东局势的持续恶化，逼迫近千万难民逃离故土前往欧洲。这些没有条件进行卫生检疫的中东难民很可能携带 MERS 病毒涌入欧洲，其后果不堪设想。

其三，中东地区是"一带一路"规划中的重要板块，该区域的卫生治理问题对"互联互通"的实施构成潜在的挑战。中共中央党校国际战略研究所教授、"一带一路"百人论坛专家委员会委员赵磊指出，"中东是'一带一路'的关键地区，习主席将新年首访地选在中东，具有重大战略意义，'一带一路'可以说是中国参与全球治理的'公共产品'。习近平此访，将带动'一带一路'与中东沿线各国战略对接，考验'一带一路'的受欢迎程度，也考验着中国的全球治理能力"。② 沿线各国参与"一带一路"建设的热情很高，但必须意识到这是一个系统性的、复杂的、脆弱的工程，任何一个领域出现短板，都将损害"互联互通"的效果。卫生治理领域就是潜在的短板，因为"一带一路"的目标最终要靠沿线地区大量的人员穿梭去落实，必然会增大公共卫生危机外溢的可能性，这就要求构建沿线地区卫生治理体系。因此，当从全球卫生治理的视角出发，加快填补沿线区域卫生治理体系的缺位，保障人员的健康安全，将卫生问题对"互联互通"的潜在威胁降到最低。

其四，中东—北非地区靠自身的力量难以应对公共卫生危机。中东—北非地区大多是发展中国家，从 1990 年到 2014 年，阿拉伯国家的平均人类发展指数（HDI）低于世界平均水平。③ "9·11"恐怖袭击事件以来，来自域外大国的冲击和中东内部政治、经济、社会、极端宗教以及恐怖主义等

---

① 世界卫生组织，http：//www.who.int/emergencies/mers－cov/en/，登录时间：2016 年 2 月 1 日。

② 《习近平出访中东：推动全球治理 牵手"一带一路"谋共赢》，中国青年网，2016 年 1 月 21 日，http：//news.youth.cn/wztt/201601/t20160121_7549838.htm，登录时间：2016 年 2 月 1 日。

③ *Human Development Report 2015*，http：//hdr.undp.org/sites/default/files/2015_human_development_report.pdf，登录时间：2016 年 1 月 14 日。

综合因素的叠加，导致该地区长期陷入动乱无序的状态，很多中东国家出现内部混战和政权更迭。近年来，恐怖主义组织"伊斯兰国"势力壮大，致使该地区陷入更危险的状态，严重影响中东地区的战后秩序重建进程。对该地区而言，传统安全与秩序仍是优先关注，难以有足够的资源投入卫生领域。世界银行数据表明，自2006年到2015年，中东—北非地区卫生支出严重不足，比世界平均水平还要低十多个百分点。据世界卫生组织统计，2013年东地中海地区有135814人感染了利什曼原虫病（Leishmaniasis）（主要分布在叙利亚、伊拉克、沙特阿拉伯、伊朗等国家），约占全球总感染人数的67%，[1] 近两年，叙利亚和伊拉克的战乱更加剧了该疾病的传播。据香港《东方日报》2015年4月7日报道："由于卫生情况欠佳，利什曼病（Leishmaniasis）去年在'伊斯兰国'内肆虐，'伊斯兰国'大本营拉卡情况最为严重。当地医生或卫生组织已因战事撤出，加上'圣战'分子拒绝就医，令该病变得致命及极速蔓延。"该疾病的传播，对中国卫生安全也构成潜在威胁，2016年1月，山西太原机场检验检疫局发布新闻提到，"近期，伊拉克、叙利亚爆发利什曼病疫情，并随着叙、伊'难民潮'迅速蔓延，短期内难以得到有效遏制。质检总局发布疫情防控警示通报，加强口岸检疫查验，做好利什曼病防控措施"。[2]

　　其五，以参与中东卫生治理为契机，提升中国在该地区的软实力。20世纪80年代末约瑟夫·奈提出了"软实力"（soft power）概念，这是对硬实力（hard power）失灵情形的某种修正，进一步丰富和完善了权力的内涵。随着人类相互依赖进程的推进，软实力作为一种吸引力而非强制力，其独特的作用越来越受到国际社会重视。过去几十年，囿于客观历史原因，中国一直优先于弥补硬实力上的不足，而忽视了软实力的构建。尤其在中东问题上，近年来外界经常将中国—中东关系的发展简单化为石油利益的驱动，这种有失公允的舆论观不利于中国与中东关系的健康、持续发展。对此，中国必须重视从软实力的角度来构建自身在中东地区和国际社会的形象。2016年习近平主席访问中东，在阿盟总部发表的演讲指出："'一带

---

① *World Health Statistics 2015*, p. 86, http://apps.who.int/iris/bitstream/10665/170250/1/9789240694439_eng.pdf?ua=1&ua=1，登录时间：2016年1月14日。

② 太原机场检疫局：《加强口岸利什曼病疫情防控》，http://www.sxciq.gov.cn/tyjcjyj/tyjcjyj_xwdt/184669.shtml，登录时间：2016年2月4日。

一路'延伸之处，是人文交流聚集活跃之地。民心交融要绵绵用力，久久为功。"① 参与中东地区卫生治理是广义上的人文交流活动，是提升中国在中东地区软实力的重要方式之一。李安山教授认为，"医疗队的服务使许多发展中国家的民众进一步了解中国，以一种特有的方式展现了中国的软实力"②。有学者指出："中国形象的改善一定程度上归因于慷慨援助，对于贫穷的中东国家，如也门，中国提供了大量的医疗卫生援助……这对中国有利，因为该地区的人民将它看作前途无量的国家，而且不想以新殖民主义的手段剥削这个地区的人民或资源。这就是说，中东人认为中国在他们地区的政策主要是运用软实力，而不是硬实力。"③

总之，中国作为一个负责任的、在中东地区存有广泛潜在利益的大国，应当从自身的、地区的以及全球的健康安全出发，积极参与中东地区的卫生治理，以提供公共产品的方式，力争在该地区卫生治理体系中占据一席之地。

2. 中国参与中东地区卫生治理的理念

首先，以"共商、共建、共享"的全球治理理念引导中国参与中东卫生治理。2015 年 10 月，习近平在主持中共中央政治局第二十七次集体学习时说，随着全球性挑战增多，加强全球治理、推进全球治理体制变革已是大势所趋。他指出，要推动全球治理理念创新发展，弘扬"共商、共建、共享的全球治理理念"。④ 这是国家最高领导人第一次在正式场合提出中国的全球治理理念，具有重要的历史和现实意义，为中国政府部门、社会组织乃至个人等行为体多层次参与全球治理指明了大方向。因此，中国在参与中东卫生治理过程中也需遵循"三共"理念。

其次，围绕新安全观来构建中东地区卫生治理体系。中国的安全观经历了从注重传统安全到注重综合安全再到注重总体安全的动态变化过程，这与国家面临的安全形势以及威胁来源密切相关。2014 年 4 月，习近平在

---

① 《习近平在阿拉伯国家联盟总部的演讲（全文）》，《人民日报》2016 年 1 月 22 日。
② 李安山：《中国援外医疗队的历史、规模及其影响》，《外交评论》2009 年第 1 期，第 37 页。
③ Jon B. Alterman, "China's Soft Power in the Middle East," http：//csis. org/files/media/csis/pubs/090310_ chinesesoftpower_ _ chap5. pdf, 登录时间：2016 年 2 月 14 日。
④ 《中国首次明确提出全球治理理念》，新华网，http：//news. xinhuanet. com/politics/2015 - 10/14/c_ 1116824064. htm, 登录时间：2016 年 1 月 10 日。

国家安全委员会首次会议上指出："当前中国国家安全内涵和外延比历史上任何时候都要丰富，时空领域比历史上任何时候都要宽广，内外因素比历史上任何时候都要复杂，必须坚持总体国家安全观，以人民安全为宗旨……贯彻落实总体国家安全观，必须既重视国土安全，又重视国民安全，坚持以民为本、以人为本；既重视传统安全，又重视非传统安全；既重视自身安全，又重视共同安全，打造命运共同体，推动各方朝着互利互惠、共同安全的目标相向而行。"[①] "总体安全观"的提出无疑是对旧安全观的一种完善和发展，也从侧面反映出安全属性的质变。叶自成教授认为，"所谓国家总体安全，就是把国家安全视为一个超巨复杂的体系，在总体安全体系中，每一个领域的具体安全，虽然各有侧重点，但首先都必然和必须与其他领域的安全密切相关，互不可分；任何时候都不能孤立地片面地理解国家安全的问题。"[②] 从这个视角出发，个体的健康安全和外部的卫生安全都构成总体安全体系中的重要一环，人类的历史也反复证明了这种关联性。因此帮助中东地区治理卫生问题，降低公共卫生危机的输入风险，是践行新安全观的应有之义。

其三，坚持"义利兼顾"的原则，为中东地区卫生治理体系提供公共产品。中国的传统思想与文化中的"义利之辨"已经存续了几千年，有"义利对立论"如孔子："君子喻于义，小人喻于利。"（《论语·里仁》）也有"义利一致论"如墨子"义，利也"（《墨子·经说上》）。有"先义后利论"如孟子："生，亦我所欲也；义，亦我所欲也。二者不能得兼，舍生而取义者也。"（《孟子·告子上》）荀子提出："先义而后利者荣，先利而后义者辱。"（《荀子·荣辱》）毫无疑问，义利之争难有定论，也反映出世人在道义与利益之间抉择的复杂性。新中国成立后的很长一段时间里，中国受政治斗争、意识形态以及革命经验等因素影响，在自身能力远远不足的情况下，非理性地承担了过度的国际道义，给国家带来了沉重的负担。历史教训告诉我们，承担国际道义的多寡取决于中国自身的发展阶段和国际角色定位。具体就中国参与中东地区卫生治理而言，一方面，中国须考虑

---

① 《习近平主持国安委首次会议 阐述国家安全观》，新华网，2014 年 4 月 16 日，http：//news. xinhuanet. com/video/2014 - 04/16/c_ 126396289. htm。

② 叶自成：《习近平总体安全观的中国意蕴》，http：//world. people. com. cn/n/2014/0606/c1002 - 25114044. html，登录时间：2016 年 2 月 14 日。

到国内医疗资源比较紧张的现实，如果在这种局面下向中东卫生治理体系注入大量的公共产品，可能会引发内部过激的争论和民族主义情绪，这样反而会扰乱中国参与中东卫生治理的进程；另一方面，中国也要承担起大国的责任，垂范国际道义精神："坚持正确义利观，做到义利兼顾，要讲信义、重情义、扬正义、树道义。"① 因此，采取平衡的"义利观"，更加有益于可持续参与中东地区的卫生治理。

3. 中国参与中东地区卫生治理的途径

首先，按照世界卫生组织的框架参与中东卫生治理。中国参与全球卫生治理越来越受到国际层面的重视和支持，《中国—世界卫生组织国家合作战略（2013 ~ 2015）》［China-WHO Country Cooperation Strategy（2013 – 2015）］报告中不乏赞誉地写道："几十年来，中国以派遣援外医疗队、捐赠医疗设备和药品、建设医院和其他卫生机构、培训卫生人员等形式，为发展中国家，尤其是非洲的发展中国家，提供资金和技术支持。近年来，这种合作拓展到了疟疾控制等疾病防控项目方面。中国还参与跨国合作，尤其是在共同应对卫生安全威胁方面……中国多次成为世卫组织执行委员会成员，且是'全球抗击艾滋病、结核和疟疾基金'创建成员以及联合国艾滋病规划署项目协调委员会成员。中国积极参加世界卫生大会中重大全球卫生事项的讨论和相关政策的制定。陈冯富珍博士是世界卫生大会选举出的首位来自中国的世卫总干事。2012 年，中国缴纳的世卫组织核定会费为 1481 万美元，成为世卫组织核定会费的第 8 大缴费国。2006 ~ 2012 年，中国政府向世界卫生组织的自愿捐款达 1466 万美元。此外，中国每年向联合国艾滋病规划署捐款 15 万美元；向全球抗击艾滋病、结核和疟疾基金共计捐款 2500 万美元。中国为全球卫生工作做出了贡献。"②

2016 年 3 月，国家卫生计生委与世卫组织在北京共同签署发布了《中国—世界卫生组织国家合作战略（2016 ~ 2020）》③。该战略报告在第四章

① 《习近平提"四义"点明中国外交"新含义"》，中国共产党新闻网，中央外事工作会议，2014 年 11 月，http：//cpc. people. com. cn/pinglun/n/2014/1201/c241220 – 26125799. html，登录时间：2015 年 12 月 2 日。

② WHO, China-WHO Country Cooperation Strategy（2013 – 2015），http：//www. who. int/countryfocus/cooperation_ strategy/ccs_ chn_ en. pdf，登录时间：2016 年 1 月 20 日。

③ WHO, China-WHO Country Cooperation Strategy（2016 – 2020），http：//www. wpro. who. int/china/160321_ ccs_ chn. pdf，登录时间：2016 年 2 月 14 日。

《中国—世界卫生组织合作议程》中设定了六大战略重点，其中之一就是扩大中国对全球卫生治理的贡献，具体的合作包括如下六个方面：支持中国实施《国际卫生条例（2005）》，促进全球卫生事业发展；促进中国通过积极参与现有平台并创建新的平台，更深入地参与全球卫生议程等政策的制定；支持中国生产出可负担、高质量的卫生产品，为全球卫生做贡献；支持中国向其他发展中国家分享国家卫生工作的经验和教训，并提供相关的技术支持，包括南南合作；支持中国向国际宣传卫生和非卫生部门卫生领导力和治理工作的重要性；支持中国全球卫生人才队伍建设。

可以说，长期以来中国已经为全球卫生治理体系提供了不少物质和非物质的公共产品，逐渐在该领域获得受到尊重的治理者身份和地位，世界卫生组织赞赏中国对全球卫生治理所做的贡献，希望中国在全球卫生治理体系中发挥更重要的角色。

其次，通过中国—阿拉伯国家合作论坛机制开展区域卫生治理。通过地区组织开展卫生治理越来越受到重视，对全球卫生治理有深刻认识的费德勒（David P. Fidler）教授认为，"全球卫生治理的下一阶段将加强区域性组织的力量，整合全球卫生倡议的成效，解决地区性问题，从而使得健康成为区域一体化的目标。通过美国国务院、卫生与公众服务部、疾病控制与预防中心的共同协作，美国将通过参与地区组织的活动，特别以帮助其能力建设等方式，将此项战略推广到全球。"[1] 因此，中国在参与对中东卫生治理的过程中也应当重视和借助地区组织的作用，在这方面，中国—阿拉伯国家合作论坛机制无疑是最佳选择。中阿合作论坛从 2004 年成立以来已经十几个年头，形成了十余项机制的集体合作平台，促进了中国与阿拉伯地区在政治、经济、社会、人文与卫生等领域的合作。近年来，双方在合作论坛框架下，加快了卫生领域的合作进程。2013 年 4 月，首届中国—阿拉伯国家联盟卫生高官会议在北京举行。会议通过了《中阿卫生高官会议联合声明》，同意每两年召开一次中阿卫生高官会议。2015 年 9 月中阿卫生论坛在宁夏举办，使得双方在卫生领域的合作又朝机制化运作方向迈出

---

① David P. Fidler, *The Challenges of Global Health Governance*, Council on Foreign Relations, May 2010, http://www.ghd-net.org/sites/default/files/The%20Challenges%20of%20Global%20Health%20Governance.pdf, 登录时间：2016 年 1 月 14 日。

实质性步伐。2016 年 1 月，中国政府发布了《中国对阿拉伯国家政策文件》，文件指出："加强在传统和现代医学领域的交流与合作，重视防治传染性疾病和非传染性疾病防控等相关工作，特别是传染病疫情信息通报、监测等合作，推动双方专家互派互访。推动医疗机构间的合作，加强临床技术交流。继续派遣医疗队，不断提高服务水平。"① 从表 7 - 1 可以清楚看到，中国与阿拉伯地区在卫生治理的机制化建设、医学技术研究、传染病防控、医药贸易等方面取得了长足进步，已展现出机制化、多元化、多层次、全方位的合作格局，超越了派遣医疗队、援建医疗设施等传统的医疗援助模式。这些合作成效将为中国参与并塑造中东的卫生治理体系创造良好契机。

表 7 - 1　中国—阿拉伯国家合作论坛框架下的卫生合作

序号	时间	重要文件名称	医疗卫生合作内容
1	2004 年 9 月	中国—阿拉伯国家合作论坛《行动计划》	四、医疗卫生体育合作 （一）双方鼓励在卫生和医疗领域的合作与交流，赞赏在该领域业已取得的成就。 （二）加强在应对突发传染性疾病和发展卫生应急机制方面的合作及技术交流。 （三）鼓励在传统医药方面的合作和交流。 （四）中国继续向阿拉伯国家派遣医疗队，阿拉伯国家应向中国医疗队提供合适的工作及生活条件，同时双方本着互惠互利的原则共同寻求多种模式的医疗合作。 （五）在医学研究、合资生产药品和药材领域开展合作。
2	2006 年 6 月	中国—阿拉伯国家合作论坛《第二届部长级会议公报》	五、开展文化和人文交流与文明对话 （五）加强双方在传染病、新发现疾病、传统医药及医疗护理等领域的交流与合作。
3	2006 年 6 月	中国—阿拉伯国家合作论坛《2006～2008 年行动执行计划》	第十条　卫生合作 利用多种方式加强双方在新发现传染病、传统医药及医疗护理等领域的合作与信息经验交流。

---

① 新华社：《中国对阿拉伯国家政策文件（全文）》，2016 年 1 月 13 日。http://news. xinhua-net. com/2016 - 01/13/c_ 1117766388. htm，登录时间：2016 年 1 月 20 日。

续表

序号	时间	重要文件名称	医疗卫生合作内容
4	2008 年 5 月	中国—阿拉伯国家合作论坛《2008～2010 年行动执行计划》	第十二条　医疗卫生合作 一、加强医学和医疗培训方面的合作与交流。 二、双方愿开展在传统医药相关立法和政策方面的双边合作，通过多种方式交换和共享传统医药信息、加强在新发现传染病和医疗护理等领域的合作与信息交流。
5	2010 年 5 月	中国—阿拉伯国家合作论坛《2010～2012 年行动执行计划》	第十三条　医疗卫生合作 （一）加强双方在医学和医疗培训方面的合作与交流。 （二）促进双方在新发传染病疫情信息通报和防控经验方面的相互交流。 （三）促进双方在传统医学领域的医疗、教育、科研、生产和传统医药人才培养等方面的合作；加强双方在医疗管理和临床技术方面的合作与交流。
6	2013 年 4 月	首届中国—阿拉伯国家《卫生高官会联合声明》	双方一致认为，可以在包括传染病防控、传统医药合作、慢性非传染性疾病防控、医学教育和疫苗生产等一系列领域开展合作。双方确认，将每两年召开一次中阿卫生高官会议，并在平等、互利、互惠的基础上开展各项活动，尽可能与其他国际卫生机构的活动和目标保持协调，并且不影响各国机构和个人之间业已建立的联系。
7	2013 年 5 月	中阿合作论坛第十次高官会成果文件	二、评估论坛在"2012 年至 2014 年行动执行计划"框架下取得的成果及其发展方向 （十七）双方将在《中阿关于卫生领域合作机制的谅解备忘录》的框架内继续合作，加强双方在各医学学科、医疗培训、卫生护理、传统医学、传染病和慢性非传染性疾病防治等领域的经验交流和合作。
8	2014 年 6 月	中国—阿拉伯国家合作论坛《2014～2024 年发展规划》	七、发展双方卫生合作，使其涵盖传统和现代医学领域的各种合作方式，鼓励开展医学及医疗培训，并为此建立必要的合作机制。

续表

序号	时间	重要文件名称	医疗卫生合作内容
9	2014 年 6 月	中国—阿拉伯国家合作论坛《2014～2016 年行动执行计划》	第十四条　卫生合作 （一）欢迎中华人民共和国卫生和计划生育委员会和阿拉伯国家联盟秘书处商签《2014～2016 年卫生合作行动计划》，同意于 2015 年在阿盟成员国举办第二次中阿卫生高官和专家会议。 （二）加强在医疗领域的合作与经验交流，重视老年人、残疾人和有特殊需要的人士防治传染性疾病和非传染性疾病，通过举办会议等形式，促进在医疗、医学研究、传统医药等方面的合作与经验交流。
10	2015 年 9 月	中国—阿拉伯国家博览会卫生合作论坛	中阿双方在此次论坛上形成了八方面的成果：一、积极促成中阿卫生合作论坛定期举办机制；二、发表 2015 年中阿卫生合作论坛 "银川宣言"；三、筹备成立中阿医疗健康合作发展联盟，联盟总部设在银川；四、建立中阿传染病、慢性病等现代医学和传统医学定期交流机制；五、打造向西开放、实施中医药海外发展战略的新平台；六、争取将中阿卫生高官会议与中阿合作论坛同时举办；七、定期举办中阿传统医药培训班；八、签署医疗卫生合作协议。 国家卫生计生委与阿尔及利亚卫生部门签署卫生合作协议；中国疾病预防控制中心与沙特阿拉伯卫生部门签署传染病防控合作框架协议；自治区卫生计生委、博览局等与国药励展展览有限责任公司签署战略合作框架协议。①

资料来源：《首届中国—阿拉伯国家卫生高官会召开通过联合声明》，中国新闻网，http://www. chinanews. com/gn/2013/04－09/4715910. shtml，2013 年 4 月 9 日，2016 年 5 月 4 日访问。（中阿合作论坛机制涉医疗文本摘选②）

再次，在"南南合作"的框架下坚持对中东地区实施医疗卫生援助。"南南合作"始于 20 世纪 50 年代，核心要义是"发展中国家自己发起、组织和管理的，在双边、多边、地区和地区间等多个层次为促进共同的发展

---

① 《2015 中阿卫生合作论坛形成八大成果》，人民网，2015 年 9 月 18 日，http://expo. people. com. cn/n/2015/0918/c395833－27603993. html，登录时间：2016 年 5 月 4 日。

② 笔者整理自中阿合作论坛官网，http://www. cascf. org/chn/gylt/zywj/，其中未摘自官网部分的内容作其他脚注，登录时间：2016 年 5 月 4 日。

目标而开展的合作"①。"南南合作"需要克服"南北交往"过程中的政治、经济失衡问题，这也是"南南合作"框架的意义所在。中国几十年来一贯支持"南南合作"机制，尤其是不遗余力地推动中非合作，广受国际社会好评，联合国秘书长潘基文评价中非合作是"南南合作"的最佳典范。2008 年中国以创始捐资国身份向世界银行南南知识合作基金捐款 30 万美元，并于 2013 年追加捐款 100 万美元。2014 年中国决定出资 5000 万美元，在世界银行成立中国基金，以促进中国和其他发展中国家的共同发展。② 2015 年 9 月，习近平主席在联合国发展峰会上承诺，中国将设立"南南合作援助基金"，首期提供 20 亿美元，支持发展中国家落实 2015 年后发展议程；此外，中国还将设立南南合作与发展学院，并向世界卫生组织提供 200 万美元的现汇援助。③ 在卫生领域，资源的分布极为不平衡，南方发展中国家缺医少药的局面没有得到缓解，获取健康的机会远远低于北方发达国家，而单边依赖发达国家的医疗援助又不现实。"当前的融资问题是无法使富裕国家负责地向能力欠缺的国家提供大量的、稳定的医疗援助。例如，发达国家甚至还没有履行在 1975 年做出的承诺，即每年拿出 0.7% 国民总收入用于官方发展援助。30 多年后，他们的实际付出最近才上升到 0.33%"。④ 作为一个卫生领域名副其实的发展中国家，中国在"南南合作"的框架下对中东地区开展医疗卫生援助，无疑是以"雪中送炭"的方式回应发达国家的历史"欠账"，这将为中国在南南合作、全球卫生治理体系中树立威望和道德优势。

最后，在"一带一路"框架下推动中国与中东的卫生合作。2014 年 6 月，习近平在中阿合作论坛北京部长级会议上呼吁中阿共建"一带一路"，得到中东地区国家热烈回应。薛庆国教授写道："近期在与阿拉伯友人交谈时，发现他们对'一带一路'倡议怀有浓厚兴趣，表示欢迎'丝绸的逻

① 黄梅波、唐露萍：《南南合作与中国对外援助》，《国际经济合作》2013 年第 5 期，第 66 页。

② 《数说南南合作中的中国足迹》，人民网，2015 年 9 月 27 日，http：//politics. people. com. cn/n/2015/0927/c1001 - 27639743. html，登录时间：2016 年 5 月 4 日。

③ 《习近平阐述冷战后南南合作倡议》，http：//news. xinhuanet. com/finance/2015 - 09/28/c_128273648. htm，新华网，2015 年 9 月 28 日，登录时间：2016 年 5 月 8 日。

④ L. O. Gostin and E. A. Mok, *Grand Challenges in Global Health Governance*, April 17, 2009, http：//bmb. oxfordjournals. org/content/90/1/7. full. pdf，登录时间：2016 年 1 月 14 日。

辑'，因为已经厌倦了'铁与火的逻辑'。"① 埃及、沙特阿拉伯、伊朗等中东地区大国都已同中国签署了共建"一带一路"协议。2016年4月，《中国"一带一路"规划（全文）》正式公布，规划中写道："推进'一带一路'建设既是中国扩大和深化对外开放的需要，也是加强和亚欧非及世界各国互利合作的需要，中国愿意在力所能及的范围内承担更多责任义务。"中国与中东国家开展卫生治理，完全符合共建"一带一路"的政策和精神，正越来越受到重视。2015年10月，国家卫计委出台了《推进"一带一路"卫生交流合作三年实施方案（2015~2017）》，方案提出了战略目标、重点合作领域、重点项目和活动，其中涉及中东卫生治理的内容见表7-2。

表7-2 国家卫计委《推进"一带一路"卫生交流合作三年实施方案（2015~2017）》

战略目标	一、近期目标： 1. 初步建立"一带一路"卫生合作机制； 2. 稳步实施《推进丝绸之路经济带和21世纪海上丝绸之路建设三年（2015~2017年）滚动计划》中的卫生合作项目，围绕重点合作领域实现先期收获。 二、中期目标 1. 沿线国家的卫生合作网络初步形成，合作机制进一步稳固； 2. 在传染病防治和人才培养等重点领域启动一批具有战略意义的新项目； 3. 在地区性、全球性卫生多边治理机制中的话语权和影响力逐步提高。 三、远期目标 1. 用5~10年时间，各重点领域合作项目取得显著成效，新一轮合作项目培育形成，惠及各国百姓； 2. 中国在地区性、全球性卫生多边治理过程中能力和作用明显增强，与沿线国家在医疗卫生领域合作实现互利共赢，各国朝着互利互惠、共同安全的目标相向而行，"一带一路"沿线国家卫生领域全方位合作新格局基本形成。
重点合作领域	一、合作机制建设 1. 加强与"一带一路"沿线国家卫生领域高层互访，推动与沿线国家签署卫生合作协议。逐步形成"一带一路"建设框架下集政府间政策合作、机构间技术交流和健康产业展会为一体的系列卫生合作论坛。在"丝绸之路经济带"方向，举办"丝绸之路卫生合作论坛"和"中阿卫生合作论坛"。 二、传染病防控 逐步建立与周边及沿线国家的常见和突发急性传染病信息沟通机制，强化与周边国家的传染病跨境联防联控机制。建立重大传染病疫情通报制度和卫生应急处置协调机制，提高传染病防控快速响应能力。加强传染病防治技术交流合作。

① 薛庆国：《"一带一路"倡议在阿拉伯世界的传播：舆情、实践与建议》，《西亚非洲》2015年第6期，第45页。

续表

重点合作领域	三、能力建设与人才培养 加强与沿线国家卫生领域专业人才培养合作，帮助沿线国家提高卫生管理和疾病防控能力。三年实现与沿线国家卫生人才交流和培养 1000 人次。 四、卫生应急和紧急医疗援助 积极推进与沿线国家在卫生应急领域的交流合作，提高与周边及沿线国家合作处理突发卫生事件的能力。根据有关国家的实际需求，派遣短期医疗和卫生防疫队伍，为沿线国家提供紧急医疗援助，并提供力所能及的防护和救治物资。 五、传统医药 巩固并拓展与沿线国家在传统医药领域的合作，积极推动中医药"走出去"。推进传统医药国际认证认可体系建设，提升传统中医药的竞争力和影响力。 六、卫生体制和政策 推动建立与沿线国家卫生体制和政策交流的长效合作机制，增进与沿线国家在全民健康覆盖方面的合作，促进中国卫生发展理念的传播，鼓励与沿线国家学术机构和专家开展卫生政策研究和交流活动，分享中国在卫生政策制定和卫生体制改革中的经验。 七、卫生发展援助 向部分欠发达国家或地区提供多种形式的卫生援助，派遣中国政府医疗队，可以长短期相结合的方式，派遣医疗卫生人员与卫生专家开展技术援助。援建医疗卫生基础设施，捐助药品和物资。开展多种形式的培训项目以及开展"光明行"等短期义诊活动。 八、健康产业发展 推动医疗服务与周边国家医疗保险的有效衔接，与周边国家建立跨境远程医疗服务网络，实现优质医疗资源共享。努力推动中国药品和医疗器械产品"走出去"。
重点项目和·活动	一、合作机制建设 1. 举办"丝绸之路卫生合作论坛"；2. 举办"中阿卫生合作论坛"。 二、传统医药 1. 第三届中国（宁夏）民族医药博览会；2. 阿曼中医孔子学院建设项目（意向实施）。 三、卫生体制和政策 2015 丝绸之路经济带战略与健康促进研讨会 四、卫生发展援助 1. 开展"光明行"眼科义诊活动； 2. 新疆丝绸之路经济带核心区医疗服务中心建设项目； 3. 阿联酋中阿友好医院建设项目（意向实施）。

资料来源：《推进"一带一路"卫生交流合作三年实施方案（2015～2017）》，http：// www. drcnet. com. cn/eDRCnet. common. web/DocSummary. aspx？ leafid = 22595&docid = 4090746，登录时间：2016 年 5 月 23 日。

四 结语

中国参与中东地区的卫生治理脱胎于几十年来中国对北非、西亚国家的医疗援助，无疑带有岁月的烙印，派遣医疗队、援建医院等传统医疗援助模式依然在继续，但是其内涵和外延已经发生了很大的变化。就中国对中东地区医疗援助的内涵而言，基本上已经摆脱了"政治挂帅"和浪漫式的国际人道主义；就其外延而论，也不简单是促进双方在经济上的互利、共赢，人的健康安全也成为越来越重要的关注内容。

在一个受非传统安全威胁的全球化时代，已无法用片面的、孤立的方式应对跨境公共卫生危机，而从全球卫生治理的视角看待中国—中东卫生合作，就明显观察到传统模式的缺陷以及双方在构建跨区域卫生治理体系上做得远远不够。幸运的是，中国参与全球治理的愿望和能力比过去任何时候都强，"在以习近平为总书记的党中央领导下，中国以更加自信、更加主动的心态在全球治理中发挥了重要参与者、建设者和贡献者的作用。在全球治理议程上，中国正从规则接受者向制定者转变，从被动参与者向主动塑造者转变，从外围协商者向核心决策者转变"①。这种转变，促使中国再次定位自身的角色及其与外部世界的关系。

具体就中国参与中东地区的卫生治理而言，双方在能力、心态、认知以及机制上具备了较好的基础，发展出一系列行之有效的合作平台和框架，并将卫生合作置入其中非常重要的位置。经过十多年的互动，中国与中东地区的卫生合作已经发展为复合型的跨区域卫生治理模式与格局。卫生治理是精细活，在这方面我们可以学习美国在阿富汗开展 LMP 卫生治理项目的经验，尽快弥补自身的不足之处。当前，"一带一路"倡议正加速推进，对中国与中东卫生治理而言是新的挑战和良好的契机，中国与中东国家应抓住历史机遇，最终推动实现沿线区域卫生治理机制化、系统化的目标。

第二节 中国参与中东地区的难民治理

难民问题是中东地区长期存在的复杂问题，中东剧变引发的难民潮引起了国际社会的广泛关注。中东地区的难民治理过程，大致形成四个

---

① 《这三年：习近平全球治理十大成就》，《中国日报》2016 年 1 月 18 日。

层面：联合国难民署等国际组织的多边会议为第一层；美国、欧盟、俄罗斯、中国、日本等域外组织和大国的治理政策为第二层；土耳其、约旦、埃及、沙特等地区国家的战略互动为第三层；叙利亚、伊拉克、也门、利比亚和索马里等中东难民输出国的社会治理政策为第四层。西方大国主要关注中东难民如何救助，而中国则倾向于解决难民危机的本源，主张从源头上加强中东动荡国家的政治稳定和经济发展。中国在中东难民治理中较好地实现了利益与道义、意愿与能力、政策与战略、国内与国际、短期与长期之间的平衡，在力所能及的范围内，在单边援助、双边对话与多边会议等多重机制下，参与中东地区难民治理，树立负责任大国形象，配合中国对中东的总体外交。

难民问题长期困扰国际社会，对难民输出国和难民落地国的安全产生重要影响，在中东地区表现得尤为突出。2010 年底中东剧变以来，中东多个阿拉伯国家经历了严重的政治危机和社会动荡，大批民众被迫逃往他国寻求避难，导致绝大多数民众沦为难民。长期以来，中东原有难民问题尚未得到根本解决，新的难民群体又开始涌现，令中东地区遭遇了严重的难民危机，对地区安全局势和社会稳定造成了巨大冲击。2015 年以来，叙利亚爆发了 25 年来最严重的难民危机，难民人数超过 500 万，严重冲击了土耳其、约旦、埃及、黎巴嫩等周边国家，同时大量难民不断涌入欧洲，成为国际社会关注的焦点。当前，叙利亚难民危机已成为日益严重的中东难民危机的一个缩影。

从问题性质及其解决路径来看，难民问题是全球性问题，单靠一个国家或组织无力应对和解决，需要国际社会通力合作。如今，以全球治理的方式应对难民问题业已成为国际社会的广泛共识，国际社会在应对中东难民危机的实践过程中，形成了多层次的治理架构，包括联合国难民署等国际组织的多边会议；美国、欧盟、俄罗斯、中国、日本等域外组织和大国的治理政策；土耳其、约旦、埃及、沙特等地区国家的战略互动；叙利亚、伊拉克、也门、利比亚和索马里等中东难民输出国的社会治理政策。在现有的治理体系中，大国无疑发挥着独特的影响和作用，中国如何在现有框架下参与中东难民问题的治理将对中国国际形象的构筑及对中东总体外交产生重要影响。

一 中东难民问题的历史与现状

作为一种群体性现象，难民往往被认为是战争的伴生物。因此，难民逃亡既是一个古老的问题，也是一个现实的问题。[①] 关于难民的概念，长期以来国际社会没有形成共识。1951 年，联合国《关于难民地位的公约》将难民定义为"有充足根据担心因其民族、种族、宗教、属于特定的社会团体或持有异见而受到迫害，故逃离其祖国或故土，不能或不愿重返家园的人"[②]。1967 年，联合国通过的《关于难民地位的议定书》对上述概念做了补充，难民的定义得到进一步完善发展，有利于难民身份的确定和权利的保护。

随着全球化进程的推进，世界范围内的人口流动性增强，难民成为越来越突出的全球问题。在后冷战时代，全球宗教和民族矛盾凸显，大量地区发生冲突和动荡，客观上催生了日益严重的难民危机。为呼吁全世界关注难民问题，联合国大会决定自 2001 年起，将每年的 6 月 20 日定为"世界难民日"。联合国难民署发布的统计数据显示，截至 2014 年底，全球范围内流离失所者达到 5950 万人，其中难民约为 1950 万人，如果将全球处于流离失所状态的人群组成一个国家，这个国家将成为世界第 24 大人口国家。[③]

中东地区是全球难民问题的"重灾区"。长期以来，中东国家民族和宗教矛盾突出，地区国家对地缘政治利益的争夺以及西方大国的频繁干预，令这些矛盾愈加复杂，并进一步引发地区动荡和战乱。冲突、动荡和贫困导致中东地区难民问题积重难返。2010 年底的中东剧变以来，地区局势持续动荡，导致许多民众被迫逃离家园，这既加剧了中东地区已有的难民危机，也导致新的叙利亚难民问题的产生。据联合国难民署截至 2014 年的数据统计，由该机构管理的中东和北非地区流离失所者已达 1682 万人。[④] 在

---

① 李晓岗：《难民问题的道义性与政治性》，《世界经济与政治》1999 年第 7 期，第 56 页。

② United Nations High Commissioner for Refugees （UNHCR）, "The 1951 Refugee Convention: Questions and Answers, September 2007," UNHCR/MRPI/Q&A A1/ENG 8, p. 6, Refworld, http://www.refworld.org/docid/47a7078dd.html，登录时间：2016 年 6 月 3 日。

③ United Nations High Commissioner for Refugees, "GUNHCR Global Trends: Forced Displacement in 2014," UNHCR, June 18, 2015, p. 2, http://www.unhcr.org/556725e69.pdf，登录时间：2016 年 6 月 3 日。

④ United Nations High Commissioner for Refugees, "GUNHCR Global Trends: Forced Displacement in 2014," UNHCR, June 18, 2015, p. 53, http://www.unhcr.org/556725e69.pdf，登录时间：2016 年 6 月 3 日。

难民输出和接收上，叙利亚和阿富汗成为世界上最大的两个难民来源国；在全球前六大难民接收国中，有四个中东国家，分别是土耳其、黎巴嫩、伊朗和约旦。土耳其首次超过巴基斯坦，成为世界最大的难民接收国，接收和安置了大约 151 万难民，占被安置难民总数的 10%。[①] 中东地区成为世界范围内最主要的难民输出地和接收地，正经历严重的难民危机。中东难民危机的溢出效应，也将对欧洲的政治、经济、社会、文化乃至欧洲一体化进程产生深远影响。

从难民来源国看，中东地区的难民群体主要包括叙利亚难民、伊拉克难民、阿富汗难民、巴勒斯坦难民、利比亚难民和也门难民等。首先，叙利亚难民问题已成为各国关注的焦点。据统计，截至 2014 年底，大约 760 万叙利亚人在国内流离失所，占该国人口近一半，另有近 390 万人被迫迁往他国寻求庇护、沦为难民。叙利亚局势持续恶化产生了庞大的难民群体，令叙利亚一举超过阿富汗和索马里，成为全球最大的难民来源国，而在 2011 年，叙利亚甚至排不到全球难民来源国的前 30 位。[②] 叙利亚难民危机被联合国形容为 21 世纪以来最大的人道主义灾难。其次，伊拉克难民问题由来已久，其产生于两伊战争，2003 年伊拉克战争后日趋严重。据统计，2014 年伊拉克难民总数约 37 万，较 2013 年年底有所下降。[③] 伊拉克国内局势长期动荡，恐怖主义势力泛滥是伊拉克难民问题持续升温的症结所在。再次，阿富汗难民问题源于该国长期的战乱。截至 2014 年底，阿富汗成为仅次于叙利亚的世界第二大难民输出国，难民总数约 260 万。[④] 2001 年阿富汗战争导致难民危机恶化，并与恐怖主义复杂交织。最后，巴勒斯坦难民

---

① United Nations High Commissioner for Refugees, "GUNHCR Global Trends: Forced Displacement in 2014," UNHCR, June 18, 2015, p. 2 - 3, http://www.unhcr.org/556725e69.pdf，登录时间：2016 年 6 月 3 日。

② United Nations High Commissioner for Refugees, "GUNHCR Global Trends: Forced Displacement in 2014," UNHCR, June 18, 2015, p. 13, http://www.unhcr.org/556725e69.pdf，登录时间：2016 年 6 月 3 日。

③ United Nations High Commissioner for Refugees, "GUNHCR Global Trends: Forced Displacement in 2014," UNHCR, June 18, 2015, p. 15, http://www.unhcr.org/556725e69.pdf，登录时间：2016 年 6 月 3 日。

④ United Nations High Commissioner for Refugees, "GUNHCR Global Trends: Forced Displacement in 2014," UNHCR, June 18, 2015, p. 14, http://www.unhcr.org/556725e69.pdf，登录时间：2016 年 6 月 3 日。

是中东地区历史最为悠久的难民群体。数次中东战争导致大量巴勒斯坦难民涌入周边国家，其中大部分长期生活在难民营中，处境极其艰难。在难民营生活的巴勒斯坦难民往往受到安置国政府、国际组织以及其他机构的层层管理和控制，权利难以得到保障，成为典型的难民群体。[①] 为解决巴勒斯坦难民问题，联合国专门设立了近东巴勒斯坦难民救助工程处（UNRWA）。据该机构统计，截至 2014 年底，已登记的巴勒斯坦难民数量达 51.5 万人。[②] 此外，受中东剧变影响，也门、利比亚均出现大量民众逃难现象，形成了新的大规模难民群体。

　　日益恶化的难民问题成为中东、欧洲乃至国际社会最为关切的问题之一。一方面，难民的接收、安置和遣返工作需要大量资金、人力等资源，当前各方面的援助仍不足以完全满足实际需要，尤其是难民的安置国和接收国面临沉重的经济压力。另一方面，中东难民问题难以得到有效管控，使得本已处于动荡的中东更加混乱。难民潮在一定程度上成为威胁地区稳定的不安定因素，且极易失控从而加剧地区安全形势恶化。有学者曾指出，"伊拉克战争使数百万人流离失所，造成了 1948 年以来最严重的难民危机，当汹涌的难民潮流向周边国家时，也会将战争和动乱带到那里"。[③] 被迫逃离家园的难民生活艰难，易受到当地居民的歧视甚至攻击，形成新的人道主义灾难。值得关注的是，难民问题与恐怖主义相互交织也使得该问题更趋复杂。涌入各国的中东难民普遍生活贫困且难以融入当地社会，长期处于社会边缘化状态，使其成为极端思想的易感群体，并成为极端组织招募的重要对象。部分难民因在现实生活中看不到希望，受到极端思想的蛊惑，加入了"伊斯兰国"组织和"支持阵线"。难民危机影响难民来源国和接收国的社会安定和发展，对当地局势稳定构成潜在威胁，成为国际社会的治理难题。

二　欧美在中东难民治理中的作用

　　难民治理是全球治理的重要议题，也是全球治理的重点和难点。许多

---

① J. Husseini, and R. Bocco, "The Status of the Palestinian Refugees in the Near East: The Right of Return and UNRWA in Perspective," p. 260.

② "UNRWA in Figures," United Nations Relief and Works Agency for Palestine Refugees in the Near East, June 2015, http://www.unrwa.org/sites/default/files/unrwa_in_figures_2015.pdf, 登录时间：2016 年 4 月 1 日。

③ Nir Rosen, "The Flight from Iraq," *New York Times Magazine*, May 13, 2007, p. 33.

学者认为，主权国家的政府无论是现在还是将来都是全球治理的主体。① 国家是有效解决全球性问题的重要主体，尤其是大国因其巨大的资源优势和影响力，在全球治理中可以发挥不可替代的作用。大国对国际规则、国际组织、国际观念仍然具有重要影响力，大国合作是全球治理的理想变为现实的关键所在。② 大国对中东地区的长期干预导致地区问题议程大多由西方大国主导，难民问题作为中东地区具有全局性的问题，其解决与大国参与和大国间的合作密不可分。美欧等西方大国在中东难民的治理上发挥了重要作用。

（一）美国在中东难民治理中的作用

美国在中东存在广泛利益，深度介入中东各种事务，是中东最具影响力的域外大国，包括难民问题在内的中东热点问题的处理和解决，都离不开美国的参与。难民问题历来是美国中东政策的重要关切之一。美国之所以关注中东难民问题，一方面是其试图占领国际道义的高地，高举西方"自由、民主、人权"的旗帜，坚守所谓西方人权观和道义责任；另一方面是因为难民问题对美国主导的中东和平进程及相关政治议题具有重要影响。因此，美国在推动中东难民问题的解决过程中扮演着重要角色。

历史上，美国接纳了二战时因德国法西斯侵略而逃离欧洲的大批犹太难民，为犹太难民的接收和安置做了大量工作，成为美以特殊关系形成的一个重要原因。二战后，中东因局势动荡、战火不断，爆发了持续性的难民潮。美国为解决这一问题，在国内和国际两个层面付出了大量努力，取得了一定的效果。

美国在中东难民治理中的作用主要体现在四个方面：第一，美国政府和民众对中东难民问题保持较高关注度，美国国内设立了针对中东难民群体的救助机构和组织，体现了美国式的"人道主义关怀"，这同美国政府所推崇的"保护的责任"一脉相承。美国国内很多具有官方背景的机构或非政府组织都致力于中东难民问题的解决，如总部位于阿灵顿市的美国难民

① 俞可平：《民主与陀螺》，北京大学出版社，2005，第90页。
② 王义桅：《超越均势：全球治理与大国合作》，三联书店，2008，第229页。

和移民委员会（U. S. Committee for Refugees and Immigrants）通过与联合国难民署和其他非政府组织开展合作，为世界范围内的难民和无家可归者提供人道主义援助和专业的公共服务，并帮助他们适应新的生活环境。根据该委员会的工作介绍，中东难民也是其重要的救助对象。① 第二，美国利用其大国身份和世界影响力，呼吁国际社会关注中东难民问题，多次向联合国提交议案，敦促通过国际合作应对难民问题。2008 年，美国国会报告指出，伊拉克大量难民不断涌入周边国家，已经对地区安全构成了严重威胁。在美国的倡议下，联合国难民署成立了应对伊拉克难民问题的特别小组。第三，美国充当中间人和调解者，敦促中东国家在难民治理上开展合作。美国利用其在中东特殊的地位和影响力，依靠其在中东地区的盟国体系，向地区有关国家施加影响，主导难民治理议程，敦促地区国家通过合作应对日益严重的难民问题。2007 年 11 月，美国主持召开中东问题安纳波利斯会议，敦促巴以双方尽快就难民问题达成协议，承诺由其出资补偿因最终难民协议可能受到影响的巴以双方民众的全部损失。② 尽管最终协议没有达成，但美国借此向世人传达了力促巴勒斯坦难民问题解决的信号。③ 同样，美国呼吁约旦和土耳其开放国境，接收因叙利亚内战导致的大批难民，给予约旦和土耳其经济援助，支持其对叙利亚难民的安置工作。④ 2013 年 3 月，奥巴马在访问约旦期间宣布，美国政府将向约旦提供 2 亿美元专项资金，以救助约旦境内的 45 万叙利亚难民。⑤ 第四，美国还通过向联合国难民署及相关机构提供资金援助，参与中东难民问题的治理。美国作为世界头号发达国家，一直是联合国难民署最大的援助国。截至 2016 年 6 月，美国已累计为叙利亚难民提供了 47 亿美元的人道主义援助，仅次于土耳其提供的 80 亿美元，美国的资金支持为中东难民问题的有效治理提供了重要保障。⑥

① 参见美国难民和移民委员会网站：www. refugees. org，登录时间：2016 年 4 月 3 日。
② Michael Lerne, "After Annapolis: Middle East Peace?," *Tikkun*, Vol. 23, No. 1, 2008, pp. 9 – 11.
③ 邢新宇：《全球治理中的中东难民问题》，《阿拉伯世界研究》2011 年第 6 期，第 34 页。
④ "Top US Official Hails Jordan's Open-border Policy for Syrian Refugees," *BBC Monitoring Middle East Reports*, November 29, 2012.
⑤ "Obama Announces $200 Million Syrian Refugee Fund," *France 24*, March 22, 2013.
⑥ "Funding to 2016 Response Plans", *Financial Tracking Service*, http://www.fts.unocha.org, 登录时间：2016 年 6 月 3 日。

需要指出的是，美国在中东难民问题的治理上扮演了双重角色。一方面，美国发动阿富汗战争、伊拉克战争并推出"大中东计划"是造成中东涌现大批难民的重要原因；另一方面，美国以大国身份积极参与中东难民问题的治理，致力于通过国际合作共同解决难民问题，曾取得了一定效果。然而，叙利亚危机爆发以来，数十万中东难民涌入欧洲，令欧洲国家面临严重政治、社会和经济压力，奥巴马政府却以威胁美国国家安全为由拒绝接收难民，欧洲国家批评美国所谓的参与中东难民治理口惠而实不至。①

（二）欧盟国家在中东难民治理中的作用

欧盟一直是全球治理的倡导者和主要参与者。在中东难民问题的全球治理中，欧盟表现得尤为积极，一方面是受到欧洲人道主义价值观的驱动，另一方面是因为中东与欧洲在地理位置上接近，中东难民问题直接影响欧洲边境的稳定和欧盟成员国的国内安全。

欧盟在中东难民治理中的作用主要体现在三个方面：第一，欧盟承担了相当数量中东难民的收容和安置工作。欧洲地区社会安定、经济发达，每年都有大量中东难民通过合法或非法渠道前往欧盟国家避难，尤其是紧邻北非的意大利、希腊等欧盟国家每年都要吸收大量中东难民。② 伊拉克战争爆发后，大批伊拉克难民将欧洲视为"避难天堂"，仅2008年就有约4万名伊拉克难民向欧盟申请避难。③ 对这些饱受战争创伤的伊拉克难民，欧盟国家总体上持宽容态度，相关机构不断简化申请批复程序，为大批难民提供了新的生活环境。

第二，欧盟与中东相关国家开展密切合作，一方面加强边境管理以防堵非法移民涌入，另一方面与相关国家一道为难民提供生活保障和必要援助。欧盟曾与中东利比亚卡扎菲政府联手解决利比亚难民问题，为此欧盟两年内向利比亚提供了5000万欧元的援助，防止利比亚国内的难民越过边界涌入欧洲，同时为这些难民提供救助。欧盟对中东地区难民接收国也给予经济援助，呼吁其善待难民。叙利亚危机爆发以来，黎巴嫩接收了数万名叙

① "US Rejects 30 Syrian Refugees Amid Tightened Security," Reuters, March 2, 2016.
② 邢新宇：《全球治理中的中东难民问题》，《阿拉伯世界研究》2011年第6期，第35页。
③ Mariah Blake, "Escape to Europe," *Foreign Policy*, Issue 168, 2008, p. 28.

利亚难民，欧盟为此向黎巴嫩政府提供援助，帮助其安置叙利亚难民。[①]

第三，欧盟为中东地区的难民救助机构提供了大量资金援助和人员支持。国际难民救助机构的工作人员大部分来自欧盟国家，他们有的放弃高薪工作和职位，从事救助中东地区难民的志愿者工作。此外，欧盟一直为中东地区的联合国难民救助机构和其他相关组织提供资金支持。2012 年 1 ~ 10 月，欧盟为联合国儿童基金会特别教育项目捐助了 1000 万欧元，帮助叙利亚难民中的儿童接受教育。[②] 欧洲国家为叙利亚难民提供的资金援助总额远超过美国，其中仅英国和德国就分别提供了 15.5 亿美元和 13 亿美元的人道主义援助。与此同时，捷克、斯洛伐克、罗马尼亚、匈牙利等欧洲国家仍拒绝中东难民入境。[③]

三 中国对中东难民治理的建设性参与

全球金融危机爆发后，新兴大国的国际地位日益凸显。以中国为代表的新兴大国正日益走向全球治理的舞台中心，承担着越来越重要的责任。[④] 中国长期以来一直坚持广泛参与国际人道主义行动，在中东地区难民问题的治理上，正发挥着越来越重要的作用，体现了一个发展中大国应尽的责任和义务。

（一）中国积极参与联合国难民公约和全球治理行动

中国积极参与联合国和国际社会解决难民问题和全球治理的各项行动。1979 年，中国恢复了在联合国难民署执委会的活动。1982 年，中国先后加入《1951 年难民地位公约》（以下简称《难民公约》）和《1967 年难民地位议定书》。中国坚持履行各种国际义务，同联合国难民署在内的国际组织和机构就中东难民问题等事务开展深入合作，积极推动对难民的保护和安置工作。在难民问题上，中国主张维护世界和平，促进共同发展，标本兼

① "EU Willing to Help Lebanon Provide Aid to Syrian Refugees," *BBC Monitoring Middle East*, July 25, 2012.

② "Belgium: EU Contributes 10 Million to UNICEF Education Programs for Children of Syrian Refugees and Host Communities in Jordan," *MENA Report*, October 8, 2012.

③ Financial Tracking Service (FTS), "Tracking Global Humanitarian Aid Flows," 2016, http://www.fts.unocha.org，登录时间：2016 年 4 月 6 日。

④ 俞邃：《新兴大国在全球治理中承担的责任越来越重》，《中国经济时报》2010 年 10 月 28 日，第 12 版。

治解决难民问题；切实维护《难民公约》的权威及现行的保护体制，积极寻求解决难民问题的新思路；坚持"团结协作"与"责任分担"的原则，切实有效展开合作；严格划清难民问题的界限，防止滥用《难民公约》的保护体制和庇护政策。① 应该说，中国政府的主张为大国参与难民治理树立了典范，对中东难民问题的解决也具有重要的指导意义。

中国基于人道主义精神和国际道义责任，历来都重视中东难民问题的解决。中国在各种场合呼吁国际社会重视中东难民的境况和遭遇，坚定支持联合国难民署和近东救济处等联合国机构在中东地区的工作，致力于推动中东难民问题的早日解决。作为一个新兴大国，中国向中东难民提供了力所能及的援助，帮助这些难民改善生活条件。近年来，中国向因伊拉克战争爆发而流离失所的伊拉克难民提供了大量援助。2003 年伊战爆发不久，中国政府就通过红十字会和红新月会向伊拉克难民提供资金援助以及帐篷等生活物资。② 中国积极发挥自身政治影响力，在涉及难民问题的中东国家间积极斡旋，秉着相互协调、共同协商的精神，努力化解各方分歧和矛盾，力促各方尽快达成一个公平合理的解决方案。

随着中国国力的日益强盛，中国已有能力在国际事务中承担更多的责任，尤其是在中东难民问题等全球性问题的解决上，发挥着越来越重要的作用，中国政府也有意愿以更积极的态度参与全球治理。中东难民问题是当前最为突出的全球性问题之一，中国参与该问题的解决有其独特的优势。在经济上，中国与中东国家的经贸合作日益密切，在中东的经济影响力正日益提升；在政治上，中国同绝大部分中东国家保持友好合作关系，在地区事务上持公正立场，受到地区国家的广泛接受和认可；中国还与联合国难民署长久保持密切合作。在此背景下，中国未来可在包括难民问题等地区问题的治理和解决上发挥更加重要的作用。中国近年来向阿富汗、叙利亚、伊拉克、苏丹和南苏丹等国难民提供了力所能及的人道主义援助。2013 年南苏丹爆发冲突后，中国与美国、英国和挪威等国一道，推动冲突各方通过谈判解决问题，向国际监督机制提供 100 万美元用于

① 陈威华、陆大生：《难民地位公约缔约国举行会议——中国主张标本兼治解决难民问题》，《人民日报》2001 年 12 月 13 日，第 7 版。
② 《中国援助伊拉克难民物资今天启运》，人民网，http：//www.people.com.cn/GB/guoji/209/10482/10486/20030329/957668.html，登录时间：2016 年 5 月 1 日。

监督南苏丹各派停火情况，并拿出 200 万美元用于联合国安置南苏丹难民。[1] 2014 年 10 月，加沙重建大会在埃及开罗召开，中国政府声明将向巴勒斯坦提供 500 万美元的援助。西方大国和沙特、约旦等空袭"伊斯兰国"组织后，伊拉克和叙利亚难民生活状况恶化，出现人道主义危机。2014 年 12 月，中国政府向伊拉克库尔德人地区提供了 3000 万元人民币的紧急人道主义救援物资。[2]

（二）中国积极创造条件，帮助解决难民问题

中国积极创造各种政治、经济条件，帮助地区国家解决难民问题。近年来，中国与中东地区经贸关系日益密切，中东是中国实施"走出去"战略和"市场多元化"战略的重点地区。2004 年，中国与 22 个阿拉伯国家贸易额仅为 367 亿美元，至 2014 年，中国与阿拉伯国家的贸易额突破了 2512 亿美元。[3] 中国与阿拉伯国家建立了稳定的合作机制和沟通渠道，有力地推动了双边经贸关系的开展。当前，中国已成为 9 个阿拉伯国家和伊朗的第一大贸易伙伴，中国在该地区的经济影响力正逐渐转化为政治影响力，有效推动了中国与中东国家整体关系的发展。中国强大的经济实力和中国与中东国家日益密切的经贸往来与合作，为中国参与中东难民治理打下了坚实的基础。

除经贸外，中国与包括阿拉伯国家在内的中东大多数国家长期保持友好关系。中阿文明交往源远流长，中华文明和阿拉伯伊斯兰文明互通有无，相互借鉴，共同谱写了人类文明史上光辉的篇章。近代以来，中国与阿拉伯国家都经历了西方的殖民侵略。二战后，中国坚定支持阿拉伯国家要求民族独立、反帝反霸的政治立场，与实现民族独立的阿拉伯国家建立了深厚友谊。2016 年 1 月，中国国家主席习近平先后访问沙特、埃及和伊朗三国。习主席在开罗阿盟总部发表演讲，强调在中东地区事务上，中国坚持从事情本身的是非曲直出发，坚持从中东人民根本利益出发，在中东不找

---

① 孙德刚：《中国参与中东地区冲突治理的理论与实践》，《西亚非洲》2015 年第 4 期，第 90 页；Lars Erslev Andersen and Yang Jiang, *Oil, Security and Politics: Is China Challenging the US in the Persian Gulf?* Copenhagen: Danish Institute for International Studies, 2014, p. 31。

② 《中国救援物资运抵伊拉克库尔德》，《人民日报·海外版》2014 年 12 月 11 日，第 1 版。

③ 刘水明等：《人民币在中东认可度越来越高》，《人民日报》2016 年 1 月 2 日，第 3 版。

代理人、不搞势力范围、不谋求填补"真空"，阐明了中国的外交政策和理念。① 长期以来，中国与中东各国保持着良好关系，在地区事务中秉持公正和客观的立场，其负责任的大国形象已得到中东国家的认可。中国在中东地区良好的国家形象将有助于其在难民问题的治理上发挥更大的作用。

长久以来，中国同联合国难民署在中东难民问题、印支难民问题等多个领域保持密切的合作关系，双方通过合作建立了互信。在中东难民问题上，中国与联合国难民署的合作已经取得了一系列重要成果。中国政府与难民署驻华代表处密切配合，为通过各种途径进入中国的中东战乱国家难民提供保护，直至帮助他们重返家园或将他们成功安置到第三国。对此，联合国难民署发言人马赫西奇曾表示，"中国是亚洲几个为数不多的签署《1951 年难民公约》的国家之一，我们赞赏中国对难民不推回原则的尊重"②。中国一直致力于促进联合国难民署难民救助事业的正常运转，是该机构全球人道主义行动的重要捐助国。此外，中国还同联合国难民署在难民法宣传和救助物资采购方面保持合作关系。2004 年，联合国难民署在北京设立了该机构在亚洲的第一个采购中心。③ 2016 年 1 月，中国政府发布首份《中国对阿拉伯国家政策文件》，文件第二部分关于中国对阿拉伯国家的政策指出："中方将根据阿拉伯国家需求，继续通过双多边渠道提供力所能及的援助，帮助阿拉伯国家改善民生、提高自主发展能力。"④ 中国与联合国难民署在难民治理上已进行了富有成效的合作，为下一步双方相互配合、共同治理中东难民问题积累了经验。

（三）中国参与解决难民问题的困难所在

应该看到，中国目前对包括难民治理在内的中东事务参与力度仍有较大的提升空间，其中既有主观原因，也有客观因素的阻碍。以美国为首的

---

① 习近平：《共同开创中阿关系的美好未来——在阿拉伯国家联盟总部的演讲》，《人民日报》2016 年 1 月 22 日，第 3 版。
② 陶满成：《中国与联合国难民署的合作》，《海内与海外》2012 年 11 月号，第 45 页。
③ 《联合国难民署采购看好中国》，《中国财经报》2004 年 12 月 15 日。
④ 《中国对阿拉伯国家政策文件（全文）》，新华网，http://news.xinhuanet.com/2016-01/13/c_1117766388.htm，登录时间：2016 年 1 月 20 日。

西方国家对中国的制约和疑虑仍是当前中国参与中东难民治理的最大障碍。作为当前国际体系中唯一的超级大国，美国在全球治理领域的战略、政策和行动对全球治理架构具有举足轻重的影响，美国全球治理战略的核心目的是维持美国在国际体系中的地位，维护美国的全球霸权。[①] 在这一战略思想的主导下，美国对待中国参与全球治理的态度具有两面性：一方面，美国要求中国积极参与国际事务，承担大国责任；另一方面，美国又极力避免中国对地区和国际事务介入过深而影响其话语权和主导权。西方国家和部分中东国家认为，中国作为世界第二大经济体，在救助中东难民、参与中东难民治理上所承担的工作仍不够，与中国"负责任大国"的目标尚不匹配。

中东历来是美国重要的战略关注区域。"9·11"事件后，美国将其全球战略重心移至中东，进一步加强了其在中东的存在，把持着中东事务的主导权和话语权。随着中国中东外交力度的不断加大，美国将中国在中东的存在视为挑战美在中东的存在，并通过散布"中国威胁论"等手段遏制中国在中东的战略空间。在此背景下，中国若进一步加强对中东事务的参与，势必会受到来自美国的疑虑甚至阻挠。尽管中东难民问题的治理属于人道主义范畴，但解决难民问题需要一个涉及各方利益的完整框架，中国要在其中发挥重要作用离不开对中东事务的深度介入，同时也不得不面对美国的制约和阻挠。

中国参与中东难民治理面临的另一个困难则是问题本身的解决难度很大。与欧美大国长期涉足中东事务不同，中国直到冷战结束后才开始逐步参与中东地区治理。中国参与中东地区治理的经验尚不丰富，仍处于摸索阶段，包括在难民治理问题上如何平衡好能力与意愿的关系、利益与责任的关系、域外大国与地区大国的关系等。中东难民问题的产生和发展，不仅有经济发展水平落后、安全状况恶化等原因，还涉及复杂的民族宗教矛盾以及外部势力的干涉，是多种因素共同作用的结果，各种因素的复杂交织无疑加大了中国参与难民治理和斡旋的难度。

---

① 刘丰：《美国霸权与全球治理——美国在全球治理中的角色及困境》，《南开学报》（哲学社会科学版）2012 年第 3 期，第 9 页。

四　中国参与中东难民治理的对策建议

在全球化的影响下，中东地区难民危机也会对中国产生重要影响。随着经济的迅速发展和国际地位的提升，中国亟须在世界彰显大国影响力。中东难民问题的困局为中国进一步发挥作用提供了重要契机，中国应当抓住机遇，在国际人道主义救援方面彰显大国风范。这里就中国参与中东难民问题的治理提出几点建议。

第一，中国可与美、欧、俄等大国积极沟通与协调，通过开展大国合作共同治理中东难民问题。大国合作在中东难民治理中一直发挥着至关重要的作用，中国可在其中发挥特殊作用。与西方大国在中东制造问题—解决问题的模式不同，中国致力于在地区问题的解决上发挥建设性作用。中国的作用发挥更容易受到地区国家的认同和接受。中国可加强同美国、欧盟国家、俄罗斯、日本、印度等大国的沟通和协调，为解决中东难民问题积极献计献策，通过分析问题产生的根源提供标本兼治的治理方案，积极维护地区秩序。中国可依托中美战略与经济对话机制、中俄领导人峰会、中欧领导人峰会、上合组织领导人峰会、金砖国家领导人峰会、二十国集团峰会等双边和多边机制，加强各方在中东难民治理上的合作。

第二，中国可加强同国际组织的合作，积极参与难民问题的全球治理。中国应当重视国际组织在中东难民问题治理上的作用，积极与联合国难民署和国际移民组织等权威机构加强合作，全力配合难民署等国际组织的工作。2016 年 5 月，叙利亚靠近土耳其边境地区的伊德利卜省一处难民营遭遇空袭，造成 28 名难民死亡。西方媒体指责叙利亚政府或俄罗斯战机实施了此次空袭。该事件破坏了叙利亚政府军和反对派达成的临时停火协定，引起国际社会的广泛关注。联合国负责人道事务的副秘书长兼紧急救济协调员奥布莱恩（Stephen O'Brien）指出，一旦有证据显示此次空袭是有预谋的行为，就可以认定这是一起战争罪行。[①] 这一事件凸显出中东难民治理的背后往往是大国的地缘政治博弈，迄今中国仍呼吁各方保持克制，加强对难民的救助。中国可与包括非政府组织在内的各类机构

① "Strike on Syrian Refugee Camp Could Be a War Crime, Says UN," *The Truth Seeker*, May 8, 2016, http://www.thetruthseeker.co.uk/? p = 132697, 登录时间：2016 年 5 月 17 日。

和组织进行协调，参与国际难民议程的规划，为保护难民权利提供"中国方案"。

第三，中国可进一步加大对中东难民的人道主义援助力度。面对中东日益严重的难民危机，中国在力所能及的范围内可加大对难民援助的力度，通过物资援助等方式为中东难民的安置提供支持，改善难民生存状况。此类举措有利于塑造中国负责任的大国形象。迄今，中国对阿富汗难民提供了各种经济、金融和物资援助，但对中东难民的援助力度和范围仍存在较大提升空间。2016 年 3 月 21 日，联合国难民署高级专员菲利波·格兰迪（Filippo Grandi）访问日本，与日本首相安倍晋三举行会谈。安倍表示，将向联合国难民署提供总计约 130 亿日元（约合人民币 7.5 亿元）用于援助中东和非洲地区的难民。2015 年，日本向联合国难民署拨款 1.735 亿美元，位列世界第四；韩国拨款 1600 万美元，是亚洲第二大捐助国；中国的拨款额仅 94 万美元。[①] 格兰迪曾表示："我对中国和其他东亚国家说，应向提供大量资金援助的日本学习。"[②] 日本与联合国难民署在约旦参与叙利亚难民救助，配合日本的中东公共外交，某些做法值得中国借鉴。

第四，中国可通过"一带一路"倡议完善对中东难民的援助方式。"一带一路"倡议是中国提出的旨在推动区域合作发展的战略构想。阿富汗、叙利亚、也门、巴勒斯坦、黎巴嫩、伊拉克、利比亚等"一带一路"沿线中东国家正经历严重的难民危机，中国通过向这些国家提供公共产品和治国理政经验，有助于改善当地的经济、社会状况，促进难民问题的解决。除"一带一路"倡议外，中国还可利用中阿合作论坛、中非合作论坛、中国与海合会战略对话、亚信峰会等多边平台和机制参与中东难民问题的治理。

五　结语

中东难民治理是中国参与中东地区治理的重要内容，也是中国运筹与世界大国关系、提升中国文化软实力、推进"一带一路"建设的重要抓手。

---

① 《联合国难民署：中国应向日本看齐为援助难民多提供资金》，观察者网，http：//www.guancha.cn/Third-World/2016_03_22_354689.shtml，登录时间：2016 年 4 月 1 日。

② 《联合国难民署：中国应向日本看齐为援助难民多提供资金》，观察者网，http：//www.guancha.cn/Third-World/2016_03_22_354689.shtml，登录时间：2016 年 4 月 1 日。

中东地区 30 岁以下青年占总人口的 65% 左右，加上该地区以沙漠地形为主，农业不发达，该地区各国（除土耳其和以色列外）在全球化过程中未能建立起成熟的工业化体系，导致城市人口比例极高，大批年轻人毕业后聚集在城市，找不到工作，看不到希望，加上叙利亚、伊拉克、利比亚等国政局不稳，内战频发，数百万人沦为难民。[1]

冷战后，中国应与联合国和域内外大国一道，向中东国家提供必要的经济援助，改善地区国家民生、扩大就业，加强中东地区难民问题的治理。首先，随着中国中东外交力度的不断加大，中东难民问题的解决能够成为中国中东外交新的着力点。相比于美国等西方大国，中国可在难民问题的治理和解决中发挥独特的建设性作用。治理成效的取得离不开中国对中东地区的关注和投入，中国应继续深化与中东国家的经贸合作和往来。中国通过参与中东难民治理可进一步改善在中东地区的大国形象，促进中国对中东的公共外交，让中东人民更好地认识和了解中国。再次，中国应继续推进与联合国难民署的合作关系，在多边框架内更好地发挥中国的优势和作用。最后，中国可加强与美、欧、俄、日、印等各相关国家和区域组织的沟通与合作，积极发挥斡旋与协调作用，展现中国负责任的大国形象，通过各方的不断努力，促进中东难民问题的有效治理和逐步解决。

第三节　中国参与中东地区的毒品治理

毒品问题本身的复杂性和中东地区局势的复杂性叠加构成了中东地区的毒品治理的特殊性，阿富汗毒品问题治理的难题是这种特殊性的缩影。改革开放特别是 21 世纪初以来，中国的经济社会发展和西部边疆安全稳定受到以"金新月"地区毒品及其衍生问题为代表的中东毒品的极大影响。中国一直致力于参与中东地区的毒品治理，通过与联合国等国际和地区组织以及地区国家合作，以多边和双边的不同形式开展打击有组织毒品犯罪活动，同时也尝试用不同举措从种植、制作、运输和使用等环节来遏制这

---

[1]　孙德刚：《解决难民问题，大国应加强中东地区治理》，上海观察，http://www.shobserv-er.com/news/detail? id = 13596，登录时间：2016 年 4 月 20 日。

类活动带来的影响。中国参与中东地区的毒品治理付出了巨大努力并取得了实质成效，但中东地区环境在未发生根本好转之前，这项工作还将长期坚持下去。

毒品治理一直是地区治理与全球治理难题。在阿富汗至整个西亚北非地区，由于政治安全形势多年动荡，历史、宗教、民族问题复杂尖锐，域外各种势力的利益盘根错节，再加上地理和自然位置特殊等种种因素，该地区的毒品犯罪和毒品治理呈现出迥异于世界其他地区的特点。中东为我国的大周边地区，其毒品问题除直接影响国内正常社会和经济发展外，最典型的恶果是与宗教极端主义、暴力恐怖主义和民族分裂主义等"三股势力"相结合，对我国的国家安全构成了威胁；同时，毒品问题与中东热点问题相联系，也为包括我国在内的国际社会参与的地区和全球治理增加了难度。为此，多年来我国开展了与地区国家和组织以及国际社会的务实合作，为中东地区的毒品治理做出了巨大努力和重要贡献。

一　毒品问题与中东地区毒品治理的特殊性

2016 年 4 月 19～21 日，2016 世界毒品问题联合国大会特别会议（简称特别联大）在纽约联合国总部举行并通过了题为《我们对有效处理和应对世界毒品问题的共同承诺》的成果文件。在此次为期三天的会议上，总共有来自近百个国家和组织的代表就如何更加有效应对毒品问题发表了看法，举行了磋商。

特别联大是经联合国安理会或半数以上会员国请求，或应一个会员国请求和得到半数以上会员国同意，或由联合国大会决定而召开。每届特别联大只审议一个特定国际问题。2016 年特别联大聚焦毒品问题，说明全世界毒品问题的严重性和紧迫性。根据联合国发布的《2015 年世界毒品问题报告》中关于全球吸毒范围概况的最新表述，2013 年全球 15～64 岁的人口中，每 20 人中就有一人在服用某种非法药物，其中约 2700 万人吸毒成瘾，而这一人群中有 1.62 亿～3.29 亿在上一年非法使用过药物（见图 7-1）；从性别角度分析，女性整体吸毒水平略低于男性，这主要是社会影响或文化环境造成的吸毒机会差异而非固有的性别脆弱性；而从物质使用程度来看，大麻仍然是最广泛使用的非法物质（见表 7-3）。

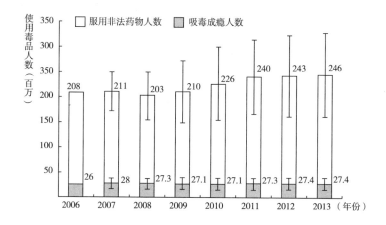

图 7-1 全球吸毒人数趋势评估（2006~2013 年）

表 7-3 2013 年全球大麻吸食流行率高的次区域

区域	流行率（百分比）	估计人数（百万）
全球	3.9	181.79
西非和中部非洲	12.4	29.31
北美洲	11.6	36.66
大洋洲	10.7	2.65
南美洲	5.9	16.03
西欧和中欧	5.7	18.4

资料来源：United Nations Office on Drugs and Crime, *World Drug Report 2015*（United Nations publication, Sales No. E. 15. XI. 6），p. ix，图表为作者根据原文改制。

毒品问题有其自身复杂性并呈现在多个层面上，从现实的角度看，它涉及供应和需求两方面，而供应方面又会受到毒品价格、相似毒品替代物价格等一系列因素影响；从历史角度讲，毒品问题的出现和演变是一个复杂的历史过程，问题的解决只有在这些条件不再发挥作用时才能完成；但最直接的表现是毒品的极具成瘾性和难以戒断性。[1] 与有关国际公约一致，我国立法将毒品分为麻醉药品和精神药品两大类。在实际的消费市场上一般将毒品分为传统毒品和新型毒品，其中常见的传统毒品包括鸦片类、大麻类和可卡因类毒品等，人们所熟悉的吗啡、海洛因等称谓皆属于此类。

[1] 杨恕、宛程：《阿富汗毒品与地区安全》，时事出版社，2015，第214页。

新型毒品是相对前者而言，主要指人工化学合成的致幻剂、兴奋剂类毒品，如俗称的冰毒、摇头丸、K粉、迷药等。综合相关资料①可以发现，现在世界共有四大毒品产区或毒源地，按毒品总产量依次是包括缅甸、泰国、老挝以及印度等一些邻近地区的"金三角"地区，主要由阿富汗、巴基斯坦、伊朗等国的交汇地区组成的"金新月"地区，以哥伦比亚、厄瓜多尔、玻利维亚和秘鲁为中心的"银三角"地区以及以黎巴嫩贝卡谷地为中心的"第四产地"；而毒品的主要转运地及运输路线中，以陆路为主在亚洲、欧洲、拉丁美洲和非洲都有典型分布，海上运输线路主要是从印度洋沿岸港口经越南、韩国、符拉迪沃斯托克（海参崴），然后再到墨西哥和哥伦比亚，毒品的空运线路是从西非绕经俄罗斯后再到欧洲。

西南亚"金新月"地区干燥少雨、冬冷夏热以及特定的土壤条件正好适合罂粟的种植和收获，而鸦片类麻醉品就是罂粟的初级产品。根据联合国毒品和犯罪问题办公室（The United Nations Office on Drugs and Crimes, UNODC）、阿富汗禁毒部联合发布的《2015年阿富汗鸦片调查报告》显示，2015年，阿富汗罂粟种植面积为274.5万亩，鸦片总产量3300吨，可制海洛因330吨，仍是全球最大的鸦片和海洛因产地。② "金新月"地区居住着以尚武和彪悍著称的帕坦族和俾路支族，他们是跨国而居的民族，长期以来保持传习惯，比较自由地来往边界两侧，巴基斯坦和阿富汗政府难以进行有效管理，正是它成为鸦片主产地的重要原因。③ 贝卡谷地是黎巴嫩最大的农业区，被称为"黎巴嫩的粮仓"，但由于现实的各种原因，导致其罂粟种植面积广泛，建有许多毒品加工厂，成为西南亚国家输出毒品的主要集散地之一，并有很多毒品经这里中转走私到欧洲。

中东地区包含世界第二大和第四大毒品产出地，也是世界毒品重要的中转站和流散地，这在客观上加大了中东地区毒品治理的难度，但这在某

---

① 资料来源主要参考以下内容：刘建宏主编《全球化视角下的毒品问题》，人民出版社，2014，第19~50页；《世界四大毒品产区和主要转运地及运输路线》，新华网，http://news.xinhuanet.com/ziliao/2003-06/25/content_936773.htm；中央电视台新闻频道：《世界四大毒品产地》，http://www.cctv.com/special/4/4/692.html；李建：《当今世界毒品发展趋势及防控对策研究》，《湖北警官学院学报》2015年第2期。

② 中国国家禁毒委员会办公室：《2015年中国毒品形势报告》，2016年2月，http://www.nncc626.com/2016-02/18/c_128731173.htm，登录时间：2016年5月6日。

③ 贵坚：《世界鸦片最大产地"金新月"》，《东南亚》1995年第4期，第26页。

种程度上也只能算作"治表"层面的难题,其背后是该地区多年持续动荡带来的辐射效应之一。"金新月"地区尽管有很长的种植罂粟的历史,但其与海洛因加工等毒品生产的迅速繁荣则肇始于20世纪70年代末期和80年代的伊朗国内动乱、苏联入侵阿富汗和两伊战争。20世纪90年代阿富汗又陷入内战,农业受到更大破坏,鸦片种植形成公开的"两大"局面,即大面积种植和大规模生产与加工,执政的塔利班政权更是打着宗教的旗号,积极鼓励种植鸦片以获取巨额非法利润,强调"'白色香粉'并不影响伊斯兰国家的纯洁性"。① 美国发动阿富汗战争并推翻塔利班政权后,阿富汗并没有如期赢得战后重建的光明前景,其境内的罂粟种植与毒品加工经过短暂萎缩后于2002年开始迅速反弹,执政当局、各地军阀甚至外来占领者均与毒品问题有深度关联,形成一种畸形的局面。

　　黎巴嫩贝卡谷地的情形与"金新月"地区有诸多相似之处,如贝卡土地肥沃,适于作物生长和收割,但黎巴嫩整体上国土面积不大,介于以色列这个犹太教国家和叙利亚等其他阿拉伯国家之间,国内民族、教派矛盾又异常复杂,内外各种势力争夺致使其在1975~1990年发生了长时间内战,特别是在1982年还遭以色列入侵。正是在内战期间,黎巴嫩一度成为世界最大的毒品制造商,而大部分麻醉药的制作都集中在贝卡谷地。而在黎巴嫩谈论毒品是禁忌,这为整个社会整治毒品带来很多不利因素,特别是校园毒品呈泛滥之势。一方面种种原因造成毒品流转在校园,但另一方面是政府极力掩盖像校园毒品犯罪和吸食毒品被抓等事件,因此毒品在黎巴嫩的危害遥无尽头。鉴于其相对狭小的国土面积,毒品问题应已经相当严重了。② 近邻的以色列等国情况也不容乐观。早在2009年,在以色列约700万总人口中就有32万人经常吸毒,且数字还在不断攀升。③ 另据调查显示,在21世纪初,以色列人接触毒品的平均年龄大约为17.7岁。④ 两伊战争结束后,伊朗政府就在国内发动了大规模围剿毒品走私和反吸毒运动,1988年12月在巴基斯坦和阿富汗边界建立了5公里宽的控制区,未经特许禁止任何人进入。这场贩毒运动起因是邻国毒品输入量急剧增加。如1988年伊

---

① 刘建宏主编《全球化视角下的毒品问题》,人民出版社,2014,第35页。
② 参见《黎巴嫩新灾难:校园毒品》,《海外文摘》2011年第6期。
③ 新华社耶路撒冷专电,《新华每日电讯》2009年7月1日。
④ 关娟娟:《以色列军队向毒品宣战》,《世界信息报》2000年7月3日。

朗政府扣押的海洛因是 1540 公斤，比 1981 年的 290 公斤多了 4 倍多。① 由于受邻国影响，伊朗面临毒品的严峻挑战，并对毒品罪处以死刑，据报道，2016 年甚至有整村成年男子因该罪行被全部处死。② 但这种严刑峻法的作用并不明显，从而招致一些维权人士的批评。

因此，阿富汗和黎巴嫩的毒品情势说明，中东毒品问题严重首先不能简单归为经济发展落后或单一国家治理不善，更重要的是要剖析其背后的国际和地区环境、域内外各种势力的利益争夺、特定的民族宗教矛盾和有组织犯罪活动等因素，这也正是中东地区的毒品治理特殊性所在。

二　全球毒品治理与中国的贡献

第一，毒品治理一直是国际社会的一个重大议题，但真正形成全球毒品治理的局面是在联合国成立后。

目前全球主要的禁毒机构和组织有：（1）联合国下设的"经济和社会理事会"，负责制定联合国有关监督国际禁毒公约的执行，协调有关毒品管制方面的政策。其下属的"麻醉药品委员会"为专门负责麻醉药品的工作机构；（2）"联合国禁毒署"是联合国秘书处的一部分，其主要职责是协调各国的行动，向各国禁毒机构提出建议，进行禁毒执法培训等；（3）"国际麻醉品管制局"是一个相对独立的联合国机构，主要任务是与各国政府合作，对有关禁毒公约所涉及的管制药物进行严密监控；（4）"联合国禁毒基金会"，主要任务是资助各国的禁毒项目；（5）"国际刑警组织"是独立于联合国的非政府组织。因为国际上的许多刑事犯罪案件都涉及毒品问题，所以，国际刑警组织就成为打击国际毒品犯罪的一个重要组织。

1946 年 2 月 16 日，联合国经济与社会理事会于瑞士日内瓦成立麻醉药品委员会，作为其职司委员会之一，委员会协助理事会监督《国际药物管制条约》的应用情况，还就与麻醉药品、精神药物及其前体化学品管制相关的所有事务向理事会提供建议。1991 年，委员会的任务范围进一步扩大并以理事会的形式发挥职能。联合国毒品和犯罪问题办公室（The United Nations Office on Drugs and Crimes，UNODC）建立于 1997 年，总部设在奥地

---

① 张星岩：《伊朗的反毒品运动》，《国际展望》1989 年第 6 期，第 24 页。
② 刘学：《伊朗严惩毒品犯罪 处决整村成年男子》，《北京青年报》2016 年 2 月 29 日。

利维也纳，由联合国药物管制规划署和国际预防犯罪中心合并而成，旨在帮助各成员国打击非法药物、犯罪和恐怖主义。该组织领导全世界打击非法药物及国际犯罪，通过其广泛的外地办事处网络，在世界各地开展工作，其90%的预算资金来自自愿捐款，其中大部分来自各国政府。

"麻醉药品委员会"下设一些附属性机构负责相关的区域性工作，其中包括近东和中东非法贩运毒品及有关事项小组委员会。该委员会成立于1973年，目的是作为一个咨询部门，从区域性视角为麻醉药品委员会处理近东和中东地区的非法贩运毒品问题提供帮助。小组委员会的职能是促进打击非法贩运毒品的区域活动之间的合作与协调，确定本领域的优先问题，并向麻醉药品委员会提交解决问题的建议。小组委员会直接向麻醉药品委员会报告工作，每年召开一次会议，为期四天。

处理世界毒品问题的两大里程碑文件是联合国会员国于1998年和2009年分别通过的两份政治宣言，两份宣言的目的都在于加强国际合作，来应对需大家共同承担的世界范围内毒品泛滥这一普遍性问题。联合国大会在第二十届关于世界毒品问题特别会议上通过的《1998年政治宣言》，要求会员国每两年向麻醉药品委员会报告其为实现有关目标所做的努力。委员会必须对这些报告进行分析，从而加强应对世界毒品问题方面的合作。在麻醉药品委员会于2009年3月11～12日召开的第五十二届会议的高级别部分，会员国通过了《关于开展国际合作以综合、平衡战略应对世界毒品问题的政治宣言和行动计划》。①

第二，中国政府一贯重视禁毒国际合作，以负责任大国的态度，始终按照"广泛参与、责任共担、全面实施、综合均衡、重视替代发展"的原则，认真履行国际禁毒公约，积极与世界各国和国际组织发展禁毒合作关系，为世界禁毒工作做出了积极贡献。

2000年6月，国务院新闻办发布的《中国的禁毒》白皮书②指出，中国政府积极参与国际禁毒事务，如1985年6月加入联合国《1961年麻醉品单一公约》、《1971年精神药物公约》，1989年9月加入《联合国禁止非法

① 《联合国麻醉委员会》，http://www.un.org/zh/aboutun/structure/ecosoc/cnd/treaties.shtml，登录时间：2016年1月13日。
② 中华人民共和国新闻办公室：《中国的禁毒》（白皮书），http://www.scio.gov.cn/zfbps/ndhf/2000/Document/307948/307948.htm，登录时间：2016年3月17日。

贩运麻醉药品和精神药物公约》，成为最早加入该公约的国家之一。从 1984 年起，中国多次派代表团出席联合国、国际刑警组织、世界海关组织和世界卫生组织召开的禁毒国际会议。1989 年 10 月，中国在北京举办亚洲地区缉毒研讨会。1996 年 11 月，中国在上海主办国际兴奋剂专家会议。1990 年 2 月和 1998 年 6 月，中国政府代表团先后参加联合国第十七次和第二十次禁毒特别会议，向国际社会宣示了中国政府坚决禁毒的立场和政策、措施。

1990 年，中国政府成立了由公安部、卫生部和海关总署等 25 个部门组成的国家禁毒委员会，负责研究制定禁毒方面的重要政策和措施，协调有关重大问题，统一领导全国的禁毒工作，目前国家禁毒委员会成员单位已达 38 个。2008 年 6 月 1 日，中国第一部全面规范禁毒工作的法律——《中华人民共和国禁毒法》正式实施。2009 年以来，中国政府在上海主办了"万国禁烟会"百年纪念活动等重要多边国际会议，深入开展跨国跨区域执法合作，积极开展对外执法培训、设备物资援助交流和替代发展，为阿富汗等国家培训禁毒执法官员近两千人次。2015 年 10 月，中国出台《非药用类麻醉药品和精神药品列管办法》，在先期列管氯胺酮等 14 类物质的基础上，一次性增列 116 种新精神活性物质，并调整了列管机制和标准。同时，中国政府不断加强执法打击，严密防范非法制造、走私新精神活性物质违法犯罪活动。①

三 中国参与中东地区毒品治理的国际机制

中东地区的毒品治理难题是中东地区国家和社会治理失败的一个缩影，阿富汗就是其中典型代表。美国在阿富汗发动的"反恐"战争导致了两个直接后果，一是塔利班政权的倒台，二是阿富汗毒品生产和贸易的兴旺。毒品成为阿富汗唯一具有"竞争力"的商品，不仅危及阿富汗的安全与稳定，也威胁到国际安全的稳定。② 阿富汗毒品问题对中国的安全和稳定带来的威胁不言而喻，中国高度重视并借助一系列国际合作机制加以防控和打击，取得了一定成效。

---

① 《广泛深入开展禁毒人民战争 为禁绝毒品造福人民做出不懈努力——中国禁毒工作 20 年综述》，中国禁毒网，http://www.nncc626.com/2016 - 04/18/c_ 128905169.htm，登录时间：2016 年 3 月 17 日。

② 四川大学南亚研究所课题组主编《阿富汗：后冲突时期的稳定与重建》，时事出版社，2015，第 145 页。

1998 年以来的近 20 年，中国政府积极与世界有关国家和国际组织发展禁毒合作关系，参与建立和完善了联合国有关禁毒合作机制、上海合作组织禁毒合作机制、金砖国家禁毒合作机制等多边禁毒合作框架，对防范和打击来自中东地区的毒品来源、运输和贩卖等起到了明显的遏制作用，为国际社会、相关地区和国家的禁毒工作带来了积极的推动效果。

1. 联合国框架下的合作机制

根据联合国经社理事会"麻醉委员会"最新发布的《世界毒品贩运形势》报告，中国的西南亚邻国成为全球主要毒品的来源地和贩运通道，中国也深受其害。该报告数据显示，自 2004 年以来，三个国家——阿富汗、伊朗伊斯兰共和国和巴基斯坦——的鸦片缉获量每年在全球鸦片缉获量中始终占到 90% 以上，且这一趋势在 2014 年得以持续，伊朗伊斯兰共和国仍是报告年度鸦片缉获量最大的国家，在巴基斯坦的鸦片缉获量连续第五年上升，2014 年达到 46 吨；与鸦片的情况一样，非法吗啡的缉获仍集中在阿富汗及其邻国，2005 年以来的每一年，阿富汗、伊朗伊斯兰共和国和巴基斯坦的吗啡缉获量加起来占全球吗啡缉获量的逾 90%（2014 年占 96%）；在亚太地区，缉获的海洛因大多集中在中国，2014 年中国的海洛因缉获量连续第四年上升，达到 9.4 吨，比 2013 年报告的水平约高 10%。尽管"金三角"仍是海洛因的主要来源地，但是阿富汗的海洛因通过海运、陆运、空运以及邮件到达中国。

联合国毒品和犯罪问题办公室（UNODC）作为打击非法毒品的领导机构，在区域指导方面主要是积极为附属机构服务，包括近东和中东非法贩运毒品及有关事项小组委员会。随着我国综合国力的提高，中国在国际禁毒领域已由受援国逐步发展到每年向该办公室（UNODC）提供禁毒捐款 100 万美元。[①] 中国政府先后参加了第 20 届禁毒特别联大、联合国第 46 届和第 52 届麻醉品委员会高级别会议，主办了上海合作组织成员国第三次禁毒部长会议（2012 年）等重要多边国际会议。

2. 地区组织合作机制

中国作为创始国和成员的上海合作组织是推动解决地区毒品问题的重

---

① 《坚持责任共担 促进合作共赢 积极推动国际禁毒事业发展进步——中国禁毒国际合作成绩斐然》，中国禁毒网，http://www.nncc626.com/2016-04/18/c_128905196.htm，登录时间：2016 年 3 月 17 日。

要依托。2004 年 6 月 17 日，上海合作组织 6 个成员在塔什干签署了《上海合作组织成员国关于合作打击非法贩运麻醉药品、精神药物及其前体的协议》，其中规定各方将就"参与非法贩运麻醉品及其前体的带有跨国性质的犯罪集团的机构、人员名单、活动范围、管理和联络情况"进行情报交换。① 2009 年上合组织推动建立领导人、高官、专家三级禁毒合作机制以来，成员国各方之间的禁毒合作进入务实发展的新阶段。2011 年 6 月，上合组织成员国元首在阿斯塔纳峰会上批准了《2011～2016 年上合组织成员国禁毒战略》及其《落实行动计划》，明确了成员国在应对阿富汗毒品威胁、禁毒预防教育、戒毒康复、国际合作等领域的相关措施及落实机制，为成员国禁毒合作指明了方向。2015 年 7 月 10 日，《上海合作组织成员国元首关于应对毒品问题的声明》指出，成员国对阿富汗规模巨大的毒品生产表示担忧，认为这对阿富汗以及其他国家经济社会发展和安全造成威胁。鉴于此，各方愿在双边及多边框架下合作应对毒品威胁，促进国际社会共同努力，解决该问题。

金砖国家禁毒合作机制是中国参与的又一国际专门组织，以治理包括中东毒品在内的国际和地区问题。金砖国家禁毒部门负责人首次会议 2013 年 6 月 6 日在俄罗斯首都莫斯科举行，中国公安部副部长刘彦平出席。各方就金砖国家毒品形势、采取措施应对共同面临的毒品问题、推动金砖国家禁毒合作机制化发展等问题建设性交换了意见，达成了广泛共识，一致决定启动金砖国家禁毒合作机制化进程。2014 年 5 月 15 日至 16 日，国际禁毒合作部长级会议及金砖国家禁毒部门负责人第二次会议先后在莫斯科召开，中国公安部副部长李伟率代表团出席会议并发言。李伟建议与会各国加大对"金新月"地区毒源地毒品问题的关注与支持，为该地区的替代发展提供更多资金和技术支持。经广泛深入磋商，金砖国家各方一致决定建立金砖国家禁毒部门专家组。② 2015 年 4 月 22 日，金砖国家禁毒部门负责人第三次会议在莫斯科召开，中国公安部刘跃进部长助理指出，当前互联网涉毒情况突出，新精神活性物质蔓延加速，非列管化学品用于制毒日益

---

① 中国常驻维也纳联合国和其他国际组织代表团，http：//www. fmprc. gov. cn/ce/cgvienna/chn/dbtyw/jdwt/t229272. htm，登录时间：2016 年 1 月 12 日。

② 袁定波：《建立金砖国家禁毒部门专家组》，《法制日报》2014 年 5 月 17 日，第 2 版。

严重，毒品犯罪与恐怖主义相互交织，给各国禁毒工作带来巨大挑战。建议金砖国家共同维护以联合国三大禁毒公约为核心的国际禁毒机制、反对一切形式的毒品"合法化"，尽快召开金砖国家禁毒工作组首次会议，部署开展金砖国家缉毒执法领域务实合作。

阿富汗问题"伊斯坦布尔进程"是中国借助国际机制参与中东地区的毒品治理的平台之一。该机制创立于2011年，为致力于推动阿富汗和其邻国在安全、经济和政治议题上的合作的区域性平台，也是唯一由本地区国家主导的有关阿富汗问题的国际机制，包括阿富汗、中国、巴基斯坦、伊朗、土耳其和俄罗斯等14个地区成员国，已举办过5次外长会议，打击毒品走私一直是其重要议题之一。2014年10月30日，中国承办第四次外长会议，会议通过了《阿富汗问题伊斯坦布尔进程北京宣言》，重申毒品等问题相互交织正在威胁"亚洲中心"地区国家的安全与稳定，各相关政府要开展合作，加强信息共享机制。

亚洲相互协作与信任措施会议（简称亚信）则是中国参与中东地区的毒品治理更大的舞台。亚信是1992年10月5日由哈萨克斯坦总统纳扎尔巴耶夫在第47届联合国大会上倡议建立的亚洲安全问题论坛，致力于制定和落实旨在增进亚洲和平、安全与稳定的多边信任措施，加强相关领域合作，目前共有阿富汗、中国、埃及、伊朗、以色列、巴基斯坦、巴勒斯坦、俄罗斯、土耳其、约旦、阿联酋、伊拉克、巴林和卡塔尔等26个成员。在亚信五个领域的信任措施中，非法毒品走私和跨境犯罪被归为"新挑战和新威胁"，《亚信落实信任措施纲要》对其落实程序做出的规定是在打击非法毒品生产和贩运时，要求"各国就已采取的措施交换信息"。[①] 亚信建立了国家元首和（或）政府首脑会议（峰会）、外长会议、高官委员会会议、特别工作组会议机制，举办峰会和外长会议的国家任主席国。中国已于2014年5月主办第四次亚信上海峰会并接任主席国（于2016年4月亚信北京外长会议连任主席国至2018年），提出了"共同、综合、合作、可持续"新安全观倡议，这将是中国更大范围、更广泛参与中东地区毒品治理的有力保证。

---

① 《"亚信"信任措施落实纲要》，亚信主席国官网，http://www.cica-china.org/chn/xrcsd-wjw/P020140416564456214484.pdf，登录时间：2016年1月6日。

四 结语：中国参与中东地区的毒品治理的成效与评估

毒品曾给中华民族带来深重灾难，新中国为打击毒品犯罪一直在做着不懈的努力。在成立后三年内，新中国就禁绝了为祸百年的鸦片毒品，改革开放后毒品犯罪出现很多新问题，但中国始终坚持严厉禁毒的立场、不断加强禁毒立法、坚决惩治毒品犯罪，在提高全民禁毒意识的同时，不断开展国际禁毒合作，在参与中东地区的毒品治理方面取得了一定成效，也有一些值得思考的问题。

2000 年 6 月中华人民共和国国务院新闻办公室首次发布《中国的禁毒》白皮书；1998 年以来，中国已连续 18 年发布《中国禁毒报告》；2008 年 6 月 1 日，中国第一部全面规范禁毒工作的法律——《中华人民共和国禁毒法》正式实施；2011 年 6 月 26 日，国务院《戒毒条例》开始施行。目前，中国已经建立国家级毒品预防教育示范基地 9 所，省级禁毒教育基地 20 多所、禁毒社会组织 700 多个、禁毒志愿者 100 多万名，每年新发现吸食海洛因人员增幅从 2008 年的 13.7% 降至 2013 年的 6.6%。①

中国积极参与和推动国际禁毒合作，认真履行国际禁毒公约，积极与世界各国和国际组织发展禁毒合作关系，为世界禁毒工作做出了积极贡献。中国在国际禁毒领域认真履行三项主张：坚持广泛参与、责任共担的原则；全面实施综合、均衡的国际禁毒战略；高度重视替代发展，促进从根本上解决毒品问题。在具体做法上，一是积极推进区域双边、多边禁毒合作；二是深入开展跨国跨区域执法合作；三是以对国际社会负责的态度加强新精神活性物质管制；四是积极开展对外执法培训、加强物资援助交流和替代发展。经过多年努力，各部门共同参与、各负其责，禁毒战略沟通、执法合作、司法协助、经验交流、人员培训、替代发展等多种方式全方位发展的中国禁毒国际合作格局已基本形成，效能和水平逐年提高，品牌效应不断显现。②

---

① 《广泛深入开展禁毒人民战争 为禁绝毒品造福人民做出不懈努力——中国禁毒工作 20 年综述》，中国禁毒网，http://www.nncc626.com/2016 - 04/18/c_ 128905169.htm，登录时间：2016 年 3 月 17 日。

② 《坚持责任共担 促进合作共赢 积极推动国际禁毒事业发展进步——中国禁毒国际合作成绩斐然》，中国禁毒网，http://www.nncc626.com/2016 - 04/18/c_ 128905196.htm，登录时间：2016 年 3 月 17 日。

随着国际禁毒合作走向深入，中国参与中东地区的毒品治理也取得了明显成效。统计表明，2005 年至 2007 年，全国共破获 267 起"金新月"地区毒品案件，缴获海洛因 476.5 千克；2008 年在新疆缴获"金新月"毒品数量占全区全年缴获海洛因总量的 75.52%。① 2009 年至 2011 年，中国破获"金新月"地区海洛因案件 711 起，抓获犯罪嫌疑人 775 名，缴获各类毒品 2907.7 千克，有效打击了跨国贩毒集团的嚣张气焰。② 2015 年，全国破获"金新月"海洛因走私入境案件 38 起，缴获"金新月"海洛因 146.3 公斤。根据中国国家毒品实验室检验数据分析，2015 年前三季度"金新月"海洛因占同期国内查缴海洛因总量的 2%。③ 中国与地区有关国家双边合作机制也在不断加强。2013 年，中国公安部禁毒局局长刘跃进首访巴基斯坦和伊朗，开辟与两国的禁毒国际合作渠道。中国还与巴基斯坦、阿富汗和一些中亚国家开展缉毒执法合作，对涉及"金新月"方向的毒品犯罪问题开展专案缉毒侦查和调查取证合作。中国还不断加强对本国公民涉中东毒品的教育，如《中国公民赴沙特须知》的第一条特别提醒："在沙特，走私毒品为死罪。如需携带中成药或较大剂量个人用药入境，建议提供医生处方。"④ 总之，各种机制和措施的综合运用，使得中国参与中东地区的毒品治理的成效正在显现。

但毋庸讳言，中国在参与中东地区的毒品治理的努力过程中，还有一些值得思考的问题。例如，由于地理信息、宣传方式等因素长期作用的结果，中国民众对中东毒品的危害和影响知之不多，特别是相对于"金三角"毒品而言，甚至有不少中东民众可能对"金新月"毒品还几乎还没有什么防范意识；再如，与解决"金三角"毒品问题的国际合作机制相比，中国针对"金新月"地区毒品问题的禁毒合作机制还不完善，主要是新疆等西部省区参与的多，总体上在合作广度、深度以及务实性措施等方面的国际

---

① 参见单国、乔子愚《"金新月"地区毒品渗透态势及对策研究》，《云南警官学院学报》2015 年第 3 期。

② 杨艳、唐正铁：《上海合作组织禁毒合作进入务实发展新阶段》，http://society.people.com.cn/GB/223276/17575427.html，登录时间：2016 年 1 月 19 日。

③ 中国国家禁毒委员会办公室：《2015 年中国毒品形势报告》，2016 年 2 月，http://www.nncc626.com/2016-02/18/c_128731173.htm，登录时间：2016 年 4 月 7 日。

④ 中国驻沙特经商处：http://www.chinaembassy.org.sa/chn/stgk/t189333.htm，2015 年 3 月 21 日，登录时间：2016 年 1 月 6 日。

合作还有待于加强；还有像迪拜已成为"金新月"地区毒品向我国渗透的中转站和国际贩毒集团向我组织贩毒的主要活动地之一，以非洲裔为代表的国际贩毒团伙向中国贩运"金新月"海洛因的问题突出等一系列新的现象，要求中国需要进一步创新在中东地区参与毒品治理国际合作的方法和措施，以确保"一带一路"沿线国家和地区向着稳定和安全的社会环境迈进，维护中国重大发展战略在中东地区的顺利推进。

小　结

本章主要考察了中国在低级政治领域参与中东地区社会治理的理念和实践。在诸如卫生治理、难民治理和毒品治理等领域，无论是域外大国还是地区大国，往往更容易达成共识，故中国参与的力度更大、范围更广，而且已经取得了卓有成效的进步。尤其是中国与联合国难民署等机构的通力合作，赢得了国际社会的赞赏。然而，无论是卫生治理、难民治理还是毒品治理，中东国家对中国提供必要人道主义援助的期望值较高，认为中国目前能够提供的援助能力仍然十分有限，而国内舆论认为中国过多参与中东地区社会治理，增加了包袱，损害了国家利益。因此，这需要中国在手段、体制和机制建设等方面寻求创新，为中东地区社会治理发挥更加积极的作用。

第八章　中国参与中东地区治理的绩效评估

与美、欧、俄长期卷入中东地区冲突、参与中东事务相比，中国对中东事务的介入程度相对较低、起步较晚。近年来，随着中国在中东的经济存在不断扩大和中国国际地位的上升，中国参与中东地区治理的能力与意愿均有大幅度提升。

第一节　中国参与中东地区治理的基本模式

中国参与中东地区治理的过程实际上是各种治理模式相互磨合、相互借鉴的过程。冷战后，中国和其他大国的治理理念有共性的一面，如全球意识、国际主义精神的增强等；冷战后域外大国均强调中东地区冲突国家应增强法治、增加政治透明度，推进中东地区转型国家如埃及、伊拉克、利比亚等国家治理能力。西方在参与中东地区冲突解决中日益重视中国方案，即地区危机应从基础设施建设和应对人道主义危机等角度出发；中国政府也接受了西方的某些治理理念，如全球治理、地区治理与中东国家国内治理需有机结合起来；在冲突地区如在叙利亚和也门应建立更具包容性的政府，在联合国监督下推动政治和解与政治民主化进程等。然而，中西方参与中东地区治理的偏好和特色都有明显的差异。

第一，西方重"民主治理"，中国重"民生治理"。和平与发展是中东地区两大主题。西方更强调以民主促和平，中国更强调以发展促和平。中国和西方对导致地区冲突的根源理解不同：西方认为地区冲突的根源是缺乏民主，即所谓"中东民主赤字"[①]，因而解决地区冲突的"本"是建立民

---

① See Ibrahim Elbadawi and Samir Makdisi, eds., *Democracy in the Arab World: Explaining the Deficit*, London and New York: Routledge, 2010.

主、法治政体，改善冲突地区的人权，中国则认为中东地区冲突的根源是经济和社会矛盾，因而解决地区冲突的"本"是促进经济社会发展。中国政府认为，西方解决地区治理的办法体现出西医式的"治标"，头痛医头、脚痛医脚，中国在冲突地区的政策主张体现中医式的"治本"。中国主张先经济后政治，而西方则认为恰恰相反，强调必须从建立多元民主政体出发，再推动经济和社会发展，先政治后经济。

第二，西方重"自下而上"，中国重"自上而下"。西方的中东地区治理在路径选择上体现"自下而上"的特点，常常注意发挥本国民间社团如人权观察组织、宗教组织、智库等所谓公民社会的作用，在中东冲突地区善于发现有利于自身利益或认可自身理念的政治力量和代理人，在冲突地区培养反对派力量，甚至向反对派提供武器装备。如在叙利亚危机爆发后，美国和欧洲大国纷纷支持叙利亚自由军打击巴沙尔政权。中国在治理路径选择上是"自上而下"，虽然也与冲突国家的反对派接触（如阿富汗塔利班和叙利亚反对派），但主要与当地国家中央政府磋商。中国强调不干涉内政原则，通常情况下只与冲突国家政府接触，不支持主权国家内部的反对派力量谋求分裂或独立，更不会拉一派、打一派，因为中国认为，这种行为不仅干涉了他国内政，而且很容易使地区冲突激化，如中国在伊拉克、南北苏丹、阿富汗、也门等问题上呼吁尊重当事国主权。迄今为止，中国一方面感受到全球治理的必然性、合理性，从而加大了参与国际事务并且与国际规则接轨的自觉性与力度；另一方面，对西方发达国家强调和关注的非领土政治、对联合国在联合国框架以外的治理行动，以及在公民社会等非政府组织发起的国际干预行动、跨国性多边机制等仍然采取保留态度。[①]

第三，西方重"激进式"治理，中国重"渐进式"治理。西方参与地区治理体现"激进式"（radical）特色，希望在短期内一揽子解决所有问题；中国的地区治理彰显"渐进式"（incremental）特色。例如，在2014年伊朗核问题"P 5＋1"谈判过程中，美方要求伊朗政府在短期内停止绝大部分离心机活动，伊朗则要求美方完全解除对伊朗的制裁，双方僵持不下。中国代表则提出分步实施、逐步取消的创新方案，并提出解决伊核问题的

---

① 蔡拓：《全球治理的中国视角与实践》，《中国社会科学》2004年第1期，第99页。

"五项主张"，包括分步、对等、标本兼治、综合治理等原则最终被双方所接受。中国的外交官比西方国家的外交官更加冷静、有耐心，往往对中东地区冲突的复杂性有更加深刻的认识和预判，有助于提出建设性的、分步实施的危机解决方案。

第四，西方的地区治理凸显"强制型"（coercive），中国的地区治理彰显"协商型"（consultative）。这主要是因为美国和欧洲大国通常是冲突的当事方或直接利益攸关方，中国通常不是冲突的当事方或利益攸关方。美国以防扩散为由，坚决反对伊朗等反美国家拥核；在阿富汗、叙利亚、利比亚、伊拉克等热点问题上，美国高举"民主"、"自由"和"人权"的旗帜，宣扬美国拥有推广民主的特殊使命，相继用武力推翻了阿富汗、伊拉克和利比亚等伊斯兰国家政权，并对伊朗和叙利亚等反美国家实施军事遏制，因而在地区冲突问题上属于强制型。中国在地区冲突问题上往往首先考虑各方现实利益而不是推广民主、自由、人权等意识形态利益，提出化解分歧、供各方参考的意见和建议，不带有军事强制性，因而属于协商型。例如，在南北苏丹，中国拥有重要石油利益，但是中国提出的斡旋方案仅供各方参考，具有非强制性。

第五，西方属于"全面介入型"，中国属于"选择参与型"。西方在地区治理中体现出其多元化利益诉求，属于"全面介入型"；中国参与地区治理强调量力而行，属于"选择参与型"。受国内复杂的决策结构和对外多头联络机制的影响，中国参与中东地区治理的时间成本更高，因而其参与地区治理的意愿和深度不仅少于发达国家，甚至有时候少于金砖国家其他成员如俄罗斯、印度和巴西等；中国对国际农业开发基金会（International Fund for Agricultural Development）投入较大精力，参与了此领域的全球治理，但是在全球毒品、犯罪、劳工标准、全球卫生和人道主义援助等方面，似乎较为谨慎。[①] 西方在中东冲突中主要拥有政治、安全、经济、文化等地缘政治和地缘经济多重利益，而中国在冲突地区往往仅具有经贸和能源等相对单一的地缘经济利益，这是双方介入深度存在差异的主要原因。尽管

---

① Hongying Wang & Erik French, "China's Participation in Global Governance from a Comparative Perspective," *Asia Policy*, No. 15, January 2013, pp. 90 – 91; Hongying Wang and Erik French, "China's Limited Participation in Global Governance," *East Asia Forum*, March 12, 2013.

自 2010 年开始中国成为世界第二大经济体，但中国国内在参与中东地区治理的程度上还存在分歧。中国坚持在全球治理体系中现状维护者和建设者的国际定位，以及"发展中国家"的身份属性，决定了中国参与地区治理需要量力而行、有选择性地介入。① 在解决黎巴嫩教派冲突、打击"基地"组织分支机构、清剿"伊斯兰国"武装、调解索马里国内派别冲突、化解巴林政府与反对派的矛盾、解决西撒哈拉问题、调解伊朗与阿联酋岛屿争端等问题上，中国并未主动参与调解，而是通过联合国间接发挥作用，属于总体超脱型。中国与安理会其他成员国共同努力，于 2014 年 8 月 16 日和 9 月 25 日在安理会通过严厉打击"伊斯兰国"的第 2170 号和第 2178 号决议，并呼吁国际社会认真执行上述决议，但未参与美、欧、俄、海合会和土耳其等联合军事行动。②

第六，西方重"精英治理"，中国重"平民治理"。西方的中东地区治理是一种居高临下的"精英治理"，代表了一种强者的逻辑，即作为少数派的西方强势力量对所谓失败国家、问题国家的"医治"过程；中国的治理代表的是一种"平民治理"，即通过发展中国家和发达国家、冲突斡旋方与冲突当事方共同参与，开诚布公地推动热点问题的解决，呼吁各方相向而行，实现国际关系民主化和全球治理的多边化。2015 年 3 月，中国外长王毅在记者招待会上指出："总的方向是要推进国际关系民主化和国际治理法治化，尤其是要维护好广大发展中国家的正当权益，从而使这个世界更平等、更和谐、更安全。"③ 与美欧的"精英治理"理念不同，中国的"平民治理"理念实际上将中东冲突方视为问题的解决者而不是麻烦的制造者，包括南北苏丹各派以及伊朗政府等。

第七，西方重"封闭"，中国重"开放"。西方的地区治理凸显封闭性，拒绝其他国家参与，如巴以问题四方会谈机制（Quartet），在叙利亚危机问题上召开的所谓"叙利亚之友大会"等都具有一定的排他性。中国的治理彰显开放性，欢迎其他大国尤其是地区大国的参与，特别是主张在联合国的框架下通过多边主义机制解决国际冲突。

---

① 黄超：《中国参与全球治理的理论述评》，《国际关系研究》2013 年第 4 期，第 68 页。
② 姚匡乙：《中国在中东热点问题上的新外交》，《国际问题研究》2014 年第 6 期。
③ 《王毅在十二届全国人大三次会议举行的记者会上就中国外交政策和对外关系答中外记者问》，《人民日报》2015 年 3 月 9 日，第 5 版。

第八，西方重"意利并重"，中国重"义利并重"。在参与中东地区治理过程中，西方注重安全利益和政治意识形态利益并重（"意利并重"），中国注重经济利益和道德利益并重（"义利并重"）。西方往往从地缘政治的角度出发审视中东地区冲突，同时宣扬"自由、民主和人权"等西方价值观；中国常常从地缘经济的角度出发审视中东地区冲突，同时强调兼顾各方关切的道德责任。中国在全球治理中发挥更大的作用，为基于规则的世界体系贡献更多源于"天下大同"、"天下为公"等中国传统哲学的理念与实践。[①] 党的十八大以来，中国强调，只有义利兼顾，才能义利兼得；只有义利平衡，才能义利共赢，即"国不以利为利，以义为利也"。[②] 坚持"义利并重"，是中国参与中东地区治理独有的道德力量和软实力。

表 8-1　冷战后中西方参与中东地区治理的模式分析

特征	西方大国	中国
治理理念	民主治理优先	民生治理优先
路径选择	"自下而上"	"自上而下"
议程设计	激进式	渐进式
解决手段	强制型	协商型
参与领域	全面介入型	选择参与型
伙伴选择	"精英治理"	"平民治理"
解决机制	封闭性	开放性
利益诉求	"意利并重"（安全利益和政治意识形态利益并重）	"义利并重"（经济利益和道德利益并重）

第二节　中国参与中东地区治理的风格分析

21 世纪初以来，全球治理的主体由西方发达国家（以西方七国集团为核心）向发达国家与发展中国家并进、主权国家与国际组织并存、政府与社会力量并举的方向演变，金砖国家、二十国集团等新兴力量成为全球治

[①] 庞中英、王瑞平：《全球治理：中国的战略应对》，《国际问题研究》2013 年第 4 期，第 68 页。

[②] 姚匡乙：《中国在中东热点问题上的新外交》，《国际问题研究》2014 年第 6 期，第 15 页。

理的新成员，治理的主体日益多元化。中国参与中东地区治理是冷战后新兴大国参与全球治理的重要标志。随着中国经济实力的提高、话语权和议题设置能力增强，尤其是随着中国在中东利益的增加，中国参与中东地区治理的能力和意愿也不断增强。中国以参与中东地区治理为载体，提升大国地位，巩固新型大国关系。作为安理会常任理事国，中国在地区冲突解决上日益扮演积极角色，中国参与地区治理使中国在冲突各方之间，以及在斡旋者之间扮演桥梁和纽带作用。

冷战后中国参与中东地区治理既维护了各方正当利益，又维护了国际正义，取得初步成效，其主要原因有两点。

首先，中国在参与中东地区治理中更加注重平衡。美国是最早参与中东地区冲突斡旋的域外大国。早在1973年第四次中东战争结束后，基辛格就在埃及和以色列之间开展穿梭外交，并推动了后来埃以之间达成的戴维营协定，拉开了中东和平进程的序幕。但是美国参与中东地区治理的最大弱点是偏袒以色列。从2000年到2011年中东剧变的发生，美国在安理会决议草案表决中共使用了11次否决权，其中10次与中东问题有关，且这10次使用否决权全部是为了维护以色列的利益。例如，2011年在安理会，就以色列立即和全面停止在约旦河西岸修建犹太人定居点问题，奥巴马政府再次投了否决票。[①] 中国则更加重视在阿以之间的平衡。2006年9月，中国时任总理温家宝宣布，中国政府决定向黎巴嫩派遣1000人的维和部队，这是中国首次在一项维和行动中派出如此大规模的维和力量。黎巴嫩等阿拉伯国家不愿让偏袒以色列的西方国家过多参与，以色列也曾表示不愿让伊斯兰国家派兵，而中国与伊斯兰国家和以色列都保持着良好的外交关系，故中国提升中东维和力度便成为"众望所归"。[②]

其次，中国参与中东地区治理坚守原则的坚定性与政策灵活性。原则的坚定性系指中国反对以武力解决争端，反对西方大国强制推行政权更迭，反对侵犯中东国家主权和领土完整；反对西方国家在治理过程中绕开联合国采取单方面的行动，反对在治理中偏袒一方反对另一方、武装一方打击

---

① Eth Zurich, "The Middle East Conflict: Changing Context, New Opportunities," *CSS Analysis in Security Policy*, No. 94, May 2011, p. 3.

② 赵磊：《中国参与联合国维和行动的类型及地域分析》，《当代亚太》2009年第2期，第71页。

另一方的做法。同时，中国参与中东地区治理更加强调柔性的手段。中国参与中东地区治理实际上是一种灵活、务实的建设性介入方式。① 在反对干涉中东国家内政与预防中东国家人道主义危机方面，中国的主张及政策具有一定的灵活性。例如，中国在安理会投票支持国际社会打击"伊斯兰国"组织和"胜利阵线"（第 2170 号决议），同时强调必须尊重当事国的主权。中国参与中东恐怖主义治理过程中，主张"摒弃一切形式的冷战思维，树立共同、综合、合作、可持续安全的新观念"，"充分发挥联合国及其安理会在止战维和方面的核心作用，通过和平解决争端和强制性行动双轨并举"，同时"推动经济和社会领域的国际合作齐头并进，统筹应对传统和非传统安全威胁，防战争祸患于未然"②。中国既要避免掉入欧美大国"以暴制暴"的军事反恐陷阱，也要避免掉入中东国家教派冲突的话语陷阱。③

第三节　中国参与中东地区治理的对策建议

随着中国综合国力的进一步提升，中东已成为中国"大周边"外交的重要组成部分，也是中国和平崛起的重要战略依托。中国在中东的治理实践对中国维护海外利益、树立负责任大国形象、提升软实力、协调与大国关系具有积极意义。同时，中国在中东是"新手"，采取边学、边看、边试的做法，更富改革精神；西方在中东是"老手"，凭借历史经验制定中东政策，更具保守特征。中国需要从安全、政治、经济和文化四个维度，统筹国内外资源，通过"组合拳"加强在中东的治理参与度。

一　安全手段

第一，中国应明确在中东地区治理中的身份定位。西方大国尤其是美国，要求中国从美国和西方价值标准（如民主、人权、自由）和政策举措（军事干预、经济制裁、民主改造等）出发，配合西方的中东地区治理；热

① 参见王逸舟《创造性介入：中国之全球角色的生成》，北京大学出版社，2013。
② 习近平：《携手构建合作共赢新伙伴同心打造人类命运共同体——在第七十届联合国大会一般性辩论时的讲话》，《人民日报》2015 年 9 月 29 日，第 2 版。
③ 包澄章、孙德刚：《"伊斯兰国"组织与中东恐怖主义治理新理念》，《理论视野》2016 年第 2 期，第 61 页。

点问题当事国以及众多受到美国挤压的发展中国家，则要求中国作为国际政治中平衡霸权的一极。中国在参与中东治理过程中既不可能也无必要充当西方的"权力掮客"，而应在现行体系内主持公道、伸张正义，力所能及、循序渐进地推动国际秩序的改革和重建。作为最大的发展中国家，中国既要充分考虑热点问题当事国和发展中国家合理的政治、经济与安全利益，对某些当事国自身存在的严重问题施加一定的压力，又不必去充当制衡乃至对抗美国的"盟主"和"领袖"。中国的身份定位，应该是公正的协调者而不是领导者，是发挥建设性作用而不是控制和主导作用。①

第二，在中东地区治理中扩大柔性军事存在。西方大国在中东奉行地缘政治主导型战略，谋求政治主导权、反恐、防扩散、拓展民主、保卫盟友、维护侨民和能源供应安全等利益，其海外利益具有复合性，因而部署军事基地，作为施加政治影响的主要方式；中国在中东奉行地缘经济主导型战略，谋求扩大能源、投资和贸易合作，海外利益更加具体，其军事存在是一种以维和、反海盗为方式的柔性存在。未来，中国参与中东地区治理应依靠外交部、商务部和国防部等各部门之间形成合力。中国长期奉行防御性军事政策，坚持走和平道路，以经济发展为中心，不搞海外军事扩张，不赞成在他国土地上部署军事基地。同时，中国的军事力量正在不断走向世界，承担国际维和、护航、培训等国际责任。冷战后大国海外军事部署的功能发生了变化，即从传统的作战、遏制与威慑等军事功能，转向赈灾、护航、搜救、撤侨等民事功能，中国的索马里护航编队、国际维和部队和海外军事培训项目等既出于维护中国海外经济、能源和侨民安全的考量，又是在联合国框架下参与全球治理的重要手段，是中国作为安理会常任理事国应承担的国际责任，体现了中国的新国际主义和多边主义思想，也是中国构建利益共同体和命运共同体的具体方式。从反海盗层面来看，中、日、韩三国的索马里护航编队已经形成了协调与合作机制。当前，中国与其他护航国家扩大在索马里海域的信任与合作，参与联合搜救与反海盗演习，建立更加稳定的军事磋商机制，仍具有较大潜力。

---

① 刘中民：《关于加强中国热点外交的若干对策思考》，《东北亚论坛》2010 年第 1 期，第 3 ~ 10 页。

第三，在中东地区治理中扩大中国与中东国家的军事交流。军事合作是中国与中东关系的重要领域。中国与土耳其和伊朗的联合军演；中国与俄罗斯在地中海的联合军事演习等，中国海军向索马里海域派出的护航编队；中国在以色列的武警培训；2016 年中国与沙特"发现—2016"特种部队联合演习等。在也门撤侨过程中，中国帮助 279 名巴基斯坦侨民安全撤离也门，表明中国在中东的军事部署不仅是保护中国正当利益和侨民安全的手段，也是向国际社会提供公共安全产品的手段。

第四，坚持"不结盟"、"不选边"、"不站队"政策。中国的战略文化与西方不同。西方的战略文化强调"分"，将中东地区分为伊朗与沙特，逊尼派与什叶派，巴勒斯坦与以色列，温和派与激进派，亲美阵营和反美阵营等对抗的两派，其本质是拉帮结派，按照"友好度"和所谓的"民主化程度"画线，奉行联盟战略。中国的战略文化强调"统合"，在中东不选边、不站队、不偏袒任何一方，与各方均保持友好关系，奉行不结盟战略。同时，中国应彰显中国中东战略的层次性，如支点国家、重点国家和一般国家。从双边关系友好度、经贸合作密切程度来看，沙特、以色列、土耳其、伊朗、埃及、阿尔及利亚等将成为中国在中东的支点国家，中国应以这些国家为支点，辐射周边，拓展中国在中东的政治和经济影响力。

二　政治手段

第一，与时俱进地理解不干涉内政的基本原则。当前，中东各国对中国普遍怀有好感，赞赏中国推行不干涉内政和平解决争端的外交原则。对于中东冲突，中国长期奉行政治上不介入的立场，但随着中国在中东地区利益的日益增多，这一立场需要重新审视。中国应以劝说方式说服当事国趋利避害，而不是把自己的立场和看法强加于人。2007 年，中国政府发表了第一个关于中东和平进程的声明，被视为中国在中东地区治理中采取了更加"有所作为"的政策措施。在欧洲，许多西方国家规定，参赞以下级别的官员可以接触哈马斯。中国应允许前方使馆人员与哈马斯、真主党、叙利亚反对派、利比亚反对派、伊拉克库尔德人、什叶派武装等保持接触；发挥中联部的政党外交功能，以及对外友协的民间外交功能，加强中联部和对外友协与中东国家反对派的接触，配合外交部与中东国家政府的交往与交流。①

中国倡导的不干涉原则应充实新内涵，一是要强调国际社会应尊重全球化时代必然出现的多样性与民主协商原则，强调尊重各国自主选择自身发展道路和模式的权利，反对大国强国把自己的意志和办法强加于人；二是提出国际社会在情势不得已时的有限干预，必须以联合国多数成员赞同和安理会决议作为合法性的基石，还要尊重当事国政府和民众的意愿及国情；三是国际介入应当采用和平、合作的方式，以期最大限度地减少武力威胁和强制实行的做法；四是把对此类措施的考量，与全球和平与发展的大背景、国际体系变革与人类社会进步的趋势、中国与世界关系良性互动的总体战略等因素联系起来。②

第二，支持中东国家维持秩序和稳定的努力。中国应从国际道义出发，尊重相关各方合理的利益关切，推动热点问题的解决向着有利于当事国稳定的方向发展。阿拉伯剧变之初，中东各国政府和民众普遍认为阿拉伯剧变是一种社会变革和进步，代表了人类进步的潮流，部分国家民众选择以激进式革命的方式推翻旧政权。经过利比亚战争、叙利亚内战、巴林骚乱和也门教派争端升级后，中东国家政府和民众意识到推翻旧政权不仅成本极高，而且风险很大，并使国家陷入无休止的冲突与混乱之中。因而自2013 年以来，支持中东国家现政权维护国内稳定、开展渐进式改革而不是激进式革命的力量占据主导地位。中国在中东应明示以下基本外交原则：（1）支持中东各国人民自主选择发展道路，反对外部势力强加政权更迭；（2）支持中东各国通过和平与对话解决分歧，反对诉诸武力；（3）支持各国在联合国框架下共同解决中东问题，反对单边主义；（4）支持中东各国加强国家治理、改善民生，反对极端主义和恐怖主义。

第三，在中东地区治理中构建新型大国关系。中东地区治理是中国参与全球治理的重要一环，是中国增强国际存在感、撬动大国关系的重要支点。中东地区治理已成为中美战略与经济对话的重要内容，也成为中俄和中欧领导人峰会讨论的重要议题，是中国构建新型大国关系的重要内容。

---

① 基于 2015 年作者对中国前驻中东大使的访谈。
② 刘中民：《关于加强中国热点外交的若干对策思考》，《东北亚论坛》2010 年第 1 期，第3 ~ 10 页。

中美在反对恐怖组织利用集装箱和民航飞机实施恐怖袭击方面，合作很成功。奥巴马中东政策的调整给中国中东外交和中美关系的改善带来了机遇和挑战。在奥巴马第二任期调整中东政策过程中，中国一方面继续在中东享受"安全红利"，并积极在多边框架下参与中东事务，但另一方面也应看到，随着美国在中东的主导能力下降，中东陷入长期动荡和伊斯兰激进势力崛起的趋势明显，"阿拉伯革命"已产生"蝴蝶效应"。四年多来，伴随"阿拉伯革命"后的动荡，在北非、西亚和中亚等伊斯兰世界的核心区，极端势力和恐怖势力的强劲崛起，对中美在该地区的海外利益均构成了挑战，维持中东国家的政治稳定、阻止大中东地区出现极端化和"圣战化"思潮符合中美双方利益。"阿拉伯革命"发生后，中东成为全球治理的重点与难点地区，恐怖与反恐、宗教与世俗、变革与守成之间的矛盾成为中东地区的三组对立关系。中、美、俄、欧作为具有全球影响力的大国力量，理应将中东作为构建新型大国关系的"试验田"。阿拉伯剧变爆发以来，尤其是奥巴马第二任期以来，美国在中东奉行总体超脱策略，中国对中东事务的参与力度仍然有限，意味着中东不是中美两国对外战略的首要利益地区。同时，美国更加关心自己在中东安全事务中的相对位置和相对收益，关心域外大国之间的军事影响力对比，试图将中东局势发展纳入美国设计的战略轨道；中国更关心自己在中东经济事务中的相对位置，把能源和经贸利益视为中东战略的首要目标。中美都是中东重要的域外大国，两国在中东的地缘经济和地缘政治利益并行不悖，这为中美在中东的错位发展提供了可能。错位发展可以减少守成大国美、英、法对新兴大国中国的战略猜疑，有利于中美、中欧、中俄新型大国及区域关系的构建和共同参与中东地区治理。

第四，增加中国在中东支点国家的资源投入。中国应增加在中东支点国家如沙特、土耳其、埃及、伊朗、以色列、阿尔及利亚等国家的外交投入，巩固伙伴关系网。沙特是海湾地区大国，中国宜夯实中沙战略伙伴关系，讨论加强双边能源合作、中国与海合会自贸区谈判、中沙新能源与核能合作、中国在沙特高铁项目、工业化、中沙在二十国集团（G20）与亚洲基础设施投资银行等领域推进全球经济治理、中沙共建"一带一路"等。如果条件成熟，可以双边促进多边关系，使中国—海合会自贸区谈判早日取得突破。

同时，中国国家主席习近平于2016年1月访问沙特、埃及和伊朗三国，并在开罗阿盟总部发表演说，阐述中阿关系与中国中东政策；将中国"一带一路"建设与埃及的"苏伊士运河经济带"建设、埃及国家重建进程、工业园区建设相结合，如"三一重工"已参与埃及第二条苏伊士运河的开凿任务。塞西总统两次访华时，都提出了中国参与"苏伊士运河经济带"建设这个问题，中国应积极回应埃及方面的倡议。

在伊朗，中国应回应对方的关切，扩大两国在军事、能源、贸易等领域的合作，共建"一带一路"；在伊朗扩大文化中心的影响力，开展公共外交。随着国际社会对伊朗的制裁逐步取消，中国核电站、北斗卫星导航系统、航空航天企业、银行和石油公司等应抓住机遇，抢占伊朗市场。

2014年，中国是中东近一半国家的第一大贸易伙伴，且中国在中东的侨民和企业员工人数在不断增长。与美国等西方大国在中东的使馆人数相比，中国驻外使馆的人数偏少，似应根据实际需要在任务相对繁重的国家和地区适当增加使馆工作人员编制。

第五，利用多边机制参与中东地区治理。中国在中东事务中一直倡导多边主义，重视联合国、国际组织、上海合作组织、金砖国家领导人峰会、中非合作论坛和中阿合作论坛等机制在中东地区治理中的作用。中国利用的国际多边主义平台包括三个层次：（1）中国积极参加各类全球性政府间国际组织、各种全球性国际会议及国际机制，如联合国安理会、国际原子能机构、G20峰会等；（2）中国积极参加区域和跨区域性的政府间组织、区域性国际会议及区域性机制，如伊朗核问题"P5+1"机制与国际原子能机构、叙利亚问题国际谈判机制等；（3）中国积极参加的各类国际论坛，如中阿合作论坛、中非合作论坛、中国与海合会战略对话机制等。在中东地区治理中，中国与联合国、国际原子能机构等全球组织，欧盟、非盟、阿盟、海合会等区域组织的关系日趋密切，与美国和欧洲主要大国的战略对话越来越机制化。可考虑建立金砖国家中东问题特使协调机制，共同出访中东，参与斡旋。

第六，中国应帮助中东国家增强治理能力。中东国家大体可分为四类：稳定国家、转型国家、潜在动荡国家和动荡国家，国家治理能力的不足和公共产品供应不足成为中东地区持续动荡的主要根源。如前所述，美国政府一般认为，中东不稳定的根源是这些国家缺乏民主，即民主赤字，中国则认为，中东国家不稳定的根源是民生发展欠缺与外部势力的干涉。美国既担心中东国家的强政府会成为独裁者的工具，又担心这些亲美的强政府垮台后，中东极端势力通过选举上台。

中东地区冲突将呈常态化趋势，转型国家和动荡国家治理能力有待提高。当前，以色列与巴勒斯坦的矛盾恶化，伊拉克面临"一分为三"的危险；利比亚形成了的黎波里和图卜鲁格两个议会和两个政府；也门什叶派胡塞武装、哈迪支持者和逊尼派的军事冲突持续不断；叙利亚巴沙尔政府、反对派、"伊斯兰国"组织和"胜利阵线"之间的内战久拖不决；埃及军方和世俗派力量将继续清算穆斯林兄弟会势力；伊拉克、土耳其和叙利亚库尔德人的分离主义倾向进一步凸显。总之，转型阿拉伯国家均面临政治、经济和社会危机，中东将迎来新一轮动荡期。帮助转型国家、潜在转型国家和动荡国家建立强有力的政府，通过政府主导推行重大基础设施和民生项目建设，带动国民经济的发展和政治稳定，从长远来看有助于消除中东动荡和冲突的根源。

三　经济手段

第一，在经济外交中参与中东经济治理。当前中国与中东国家的关系，与二战后美国与中东关系既有相似性，又有不同点。从相似点来看，中国像战后初期的美国一样受到中东地区的欢迎，存在重要机遇。从不同点来看，二战后美国主要从美苏全球冷战的视角审视中东，并长期将中东视为打击反美、反西方和反以色列势力的"战场"，以维护美国在中东的地缘政治利益为追求，因而更多将中东视为一种安全挑战；而中国首先进入中东的是商人，将中东视为维护能源供应、投资和贸易利益的"市场"，因而更多将中东视为经济合作的机遇，同时避免卷入中东国家的内部纷争。中东转型国家目前均提出了各自发展战略，如埃及总统塞西提出了苏伊士运河经济带建设宏伟计划，为中国与中东的产能合作提供了重要战略机遇。

首先，中国宜与中东国家开展互联互通和伙伴关系建设，使"一带一路"能够与对象国的发展战略相对接，找到切入点和结合点。中东国家多是文明古国，文化资源丰富，由于受长年战乱和冲突的影响，文物保护和修缮工作任务艰巨。在对中东国家援助方面，除帮助它们加强基础设施建设外，还需帮助当地国家加强文物保护，帮助这些国家建立博物馆、保护和抢修文物等。其次，推动亚洲基础设施投资银行吸收更多的中东国家参与，深化中国与中东国家在亚投行框架内的金融合作。最后，中国应抓住在高铁、新能源、核电站、港口建设、航空航天、卫星导航系统、中医药等高科技领域的技术优势，展示现代中国的创新、活力和先进的国家形象，开展科技外交和高科技领域的人员培训，使中国高科技产品和服务早日落地中东国家。中国的丝路基金宜吸引海合会主权基金，使之变成多边的基金。中国各大国有银行均在中东建立了业务，未来似应扩大与中东国家伊斯兰银行的合作。

第二，以难民、巴以和平问题和预防轻小武器扩散为重点，在中东地区治理中多提中国方案。目前，中国在中东地区治理中提出了若干倡议，但大多属于原则性方案，实际操作性不强。建议中国在以下领域提出具体方案，如推动中东无核区建设；召开中东难民治理研讨会或援助大会（叙利亚、伊拉克、也门、利比亚、黎巴嫩和巴勒斯坦难民等）；重启巴以和平进程谈判；在联合国框架下提出预防中东轻小武器扩散倡议。当前，全球难民总人数达 3800 万，其中中东难民超过了 1000 万。利比亚、叙利亚、伊拉克、黎巴嫩、巴勒斯坦和阿富汗难民问题成为影响中东地区治理的严重障碍。难民接受国大多从本国利益出发，在难民就业和工作方面设置障碍，更加重了难民的人道主义危机。据联合国统计，截至 2016 年 2 月，叙利亚 660 万难民流离失所，480 万叙利亚难民流亡海外，包括土耳其、约旦、黎巴嫩等。[1] 中国应以中东难民治理为抓手，通过与联合国难民署合作，从人道主义援助入手，扩大在中东的政治影响力，塑造和平友好的国家形象。中国在参与中东地区事务时应注意塑造中国和平、公正的积极形象。在人道主义救援、派出医疗队和赈灾等领域，提供更多的援助。从对外援助管理体制来看，应加强外交部的作用，可研究设立开发署作为外援的管理机构，归口外交部管理，以切实加强对外援工作的统筹。[2]

---

[1] United Nations Office for the Coordination of Humanitarian Affairs, "Syrian Arab Republic," http://www.unocha.org/syria，登录时间：2016 年 7 月 11 日。

[2] 孙德刚、朱威烈：《西方大国热点外交模式及其对中国的启示》，《同济大学学报》（社会科学版）2009 年第 2 期；刘中民：《关于加强中国热点外交的若干对策思考》，《东北亚论坛》2010 年第 1 期，第 3 ~ 10 页。

四　文化手段

第一，利用中阿合作论坛机制加强中国对中东的公共外交。"阿拉伯革命"爆发后，中东国家有些媒体和组织对中国中东政策提出了不同程度的批评，阿拉伯精英阶层和学术界对中国政策存在误解，中阿双方亟待加强人文交流。22个阿拉伯国家是伊斯兰世界的核心区域。目前在中非合作论坛框架下，"中非智库10+10合作伙伴计划"机制不断成熟，促进了中非双方的人文交流。在外交部亚非司的协调下，中阿双方召开高层智库论坛的条件已经成熟，这有助于中国与阿拉伯国家精英阶层加强往来，掌握主要阿拉伯国家政策走向，有助于中国开展对中东外交工作。

中国参与中东地区治理，还应以中阿合作论坛为抓手，对在中阿关系中做出过突出贡献的阿拉伯人士颁发"友好大使"勋章。目前阿拉伯国家在华留学生占所有留学生的比例不足5%，以色列、伊朗和土耳其留学生比例也不高，建议增加中东在华留学生比例，培养知华、友华、亲华人士。

在条件允许的情况下，中国应召开中东国家媒体培训班，为中东国家媒体培养青年记者和意见领袖。从策略上看，由政府宣传不如由非政府力量（主要是学者和各种民间组织）宣传，由中国人宣传不如由外国人宣传。

第二，依靠全国中东研究智库做好调研工作。中国和西方参与中东地区治理都有一套"纠错"机制，以避免出现决策失误。西方主要依靠反对党和媒体的监督和批评，其弊病是往往打上了党派竞争与博弈的烙印，亦即反对党和媒体为反对而反对，考虑更多的是政治派别和利益集团的私利；中国的"纠错"机制依靠前方使馆的调研和自下而上的调研、内参和内部研究报告等，社科院、党校、高校、媒体和政府直属部门的智库等均参与其中，是一种体系内部的自我完善、自我发展的建设性"纠错机制"，其不足之处是政策调整需要更多时间。中国参与中东地区治理应采取政府引导，企业、智库、高校、民间共同参与的方式。大国角色不缺位，必要时还需利用智库和研究机构的二轨外交。

建议由外交部专门司局牵头，统筹部属相关部门人员，联系有关科研院所，组建中东研究的思想库和研究队伍，通过课题制对地区性与全球性热点问题研究进行组织部署，开展对热点问题的长期跟踪研究，选拔一批中东研究智库青年才俊到外交部或驻外使领馆挂职锻炼；构建相应的特色数据库，以形成中东问题研究的长效机制，服务于国家的外交决策。

第三，培养参与中东地区治理的专业化人才队伍。冷战后中国提出"一带一路"倡议，为包括中东研究在内的区域与国别研究提供了机遇，这与20世纪50年代美国大力发展区域与国别研究具有相似性，但中国非通用语种和小语种人才培养仍显不足。例如，中东地区的库尔德人达2000多万，2014年以来，伊拉克、叙利亚的库尔德人成为打击"伊斯兰国"组织的前沿力量；土耳其库尔德人也在土议会选举中异军突起。库尔德人在上述国家影响力上升，因而出现了所谓"库尔德之春"的局面。中国在伊拉克库尔德人聚居区埃尔比勒已设领馆，但对库区的整体研究仍显不足。

小　结

中国参与中东地区治理是"改变自己、影响世界"的过程，是一种不断学习、调适与磨合的过程。中国参与中东地区治理绝对不意味着"拒绝参加"或"推倒"现存的国际制度，而是在参加现存国际制度改革的同时，提出更有创意和价值的新的全球治理理念和制度。[①] 中国参与地区治理从消极认知到积极评价，从被动应对到主动参与，从等待机遇到创造机遇，从总体超脱、适度参与到承担负责任大国义务，都反映了中国参与中东地区治理从无到有、由浅入深，这一切都有助于维护中国的中东现实利益与侨民安全，有利于提升中国的国际话语权、道义感召力和政治影响力，也丰富了中国特色外交理论与实践的内涵。

---

① 庞中英、王瑞平：《全球治理：中国的战略应对》，《国际问题研究》2013年第4期，第68页。

结　论

中东地区是世界上伊斯兰文化和伊斯兰政治影响最为广泛的地区，是世界能源主要供应地，也是 57 个伊斯兰合作组织成员尤其是伊斯兰核心国最集中的地区。同南部非洲一样，中东地区还是发展中国家最为集中的地区之一，面临改革、发展与稳定的艰巨任务；该地区更是当今世界民族矛盾、教派冲突、恐怖活动、社会动荡、领土争端等问题最突出的地区，也是全球治理的重点地区之一，如巴以冲突、索马里海盗问题、中东核扩散问题与难民问题等。尤其 2010 年底中东剧变以来，埃及、叙利亚、利比亚、也门、苏丹等中东伊斯兰国家陷入新一轮动荡，中东地区治理任务更加繁重和紧迫。在不干涉他国内政的总原则下，中国作为安理会常任理事国，肩负着维护中东和平、促进中东发展和参与中东热点问题解决的重要使命。

一　中国参与中东地区治理的特征归纳

2015 年以来，中东地区大致可分为三组主要矛盾，即以美俄为代表的域外大国之间的矛盾（谋霸与反霸），以沙特和伊朗为代表的中东地区大国之间的矛盾（制衡与反制衡），以"伊斯兰国"组织、"基地"组织及其分支和国际反恐力量为代表的恐怖主义势力和反恐主体之间的矛盾（恐怖和反恐）。

本书协同本领域的全国研究力量，旨在提升中国学者在中国参与中东地区治理这一领域的学理性和前瞻性研究，将中国参与中东地区治理与中国在中东地区利益保护有机地结合起来，从理论研究、实证研究和政策研究三个层面，对冷战后中国参与中东地区治理展开深入的学理探讨。

（1）冷战后，中国在中东参与地区治理具有一定的必然性。第一，中东地区能源资源丰富，但领土、民族和教派矛盾尖锐，中东各国面临着国内社会转型、中东格局转型和国际体系转型三重挑战，各种危机频发，矛盾与冲突不断，中国作为安理会常任理事国肩负着独特的责任；第二，中国长期奉行和平、中立和不结盟政策，不与中东任何国家建立战略联盟关系，同各方均保持友好往来，有益于成为冲突各方之间公正的调解人；第三，美国、欧盟成员、英国、日本、俄罗斯和印度等传统大国和新兴大国没有哪一个能将中东完全纳入自己的战略发展轨道，中东作为一个整体长期游离于国际体系之外，不是任何大国的"后院"或"势力范围"，中国参与中东地区治理不仅有助于构筑新型大国合作关系，而且从全球范围来看有利于多极化格局的构建；第四，不同于英、法等欧洲传统殖民大国，也不同于冷战时期推行军事扩张主义的美国和苏联，中国从未在中东推行过殖民统治或军事扩张政策，中国同广大中东国家一样同属发展中国家，面临共同的改革、就业与创新的任务，这有助于中国参与中东地区治理；第五，阿拉伯剧变发生五年多来，中东国家普遍奉行大国平衡战略和"向东看"政策，普遍赞赏中国特色的国家治理经验和模式，欢迎崛起的中国积极参与中东问题的解决，为中国参与中东地区治理提供了良好的外部条件；第六，近年来，中国在苏丹达尔富尔问题、巴以和平问题、伊朗核问题、利比亚和叙利亚国内冲突等问题上坦诚相待，以理服人，已初步积累了地区治理经验，为今后进一步形成中国特色的地区治理模式奠定了基础。

（2）中国参与中东地区治理的深度主要取决于四个基本要素——利益相关度、权力影响度、国际关注度和危机解决难度。第一，中东热点问题与中国的现实利益关联度越强，中国参与中东地区治理的程度越深；第二，中国对治理对象国的影响力越大，中国参与中东地区治理的程度越深；第三，国际社会对中东热点问题的关注度越高，中国参与中东地区治理的程度越深；第四，中东热点问题的解决难度越小，中国参与中东地区治理的程度越深。

（3）中国参与中东地区治理的深度不是静态的，而是动态的，在不同历史阶段、不同背景和不同领导人任期内，中国投入的资源和介入的深度不同。中国参与中东地区治理表现出四种不同形态——深度塑造型（如南北苏丹问题和苏丹达尔富尔问题等）、主动参与型（巴以问题、伊朗核问题、索马里海盗问题和叙利亚内战问题等）、有限介入型（巴林危机、利比亚危机、西撒哈拉问题等）和总体超脱型（塞浦路斯问题、中东地区边界争端等）。

（4）冷战后中国参与中东地区治理实践丰富，范围广阔，已经形成了中国的特色和风格，成为中国参与全球治理的重要组成部分，提升了中国的国际话语权、政治地位并改善国家形象，成为冷战后中国在中东扩大政治影响力、外交亲和力和道义感召力的重要手段。

（5）中国参与中东冲突的解决包括传统安全治理、非传统安全治理、经济治理和社会治理四类方式。从载体来看，外交部的特使机制、国防部的护航与维和机制以及商务部的援助机制是冷战后中国参与中东地区治理依托的主要国内机制；联合国、国际原子能机构、中阿合作论坛、中非合作论坛和其他国际谈判机制是中国参与中东地区治理依托的国际机制。

（6）中国参与中东地区治理是中国向国际社会提供的一项公共产品，也是中国在中东运筹大国关系的重要平台。中西方参与中东地区治理的模式既有趋同性，又有差异性；中国的治理实践强调民生先行、自上而下和义利并重，将冲突方和关切方均纳入问题解决进程中，体现了"共同治理"与综合治理的理念，具有渐进性、协商性、选择性、开放性等鲜明特征。

美、欧、俄、日参与中东地区治理模式对中国具有重要的借鉴意义，同时其存在的问题也应当引起中国的重视，如美国地区治理的最成功经验是其国内形成了完备的多种应急机制，可以做到防患于未然，但其不足之处是在处理热点问题上缺乏耐心，常常在和平机会尚未丧失时轻易采取军事行动，无视当事国的主权和尊严；日本政府善于在处理热点问题时巧妙地运用经济援助来树立自己的大国形象，试图影响热点问题的走向，但由于日本在提供援助时往往附加许多政治条件，其在地区治理的处理过程中有强加于人之嫌，难以做到与当事国和当事方平等相待；欧盟目前形成了一定限度的共同地区治理政策，主要表现为创立特使机制和斡旋机制等；俄罗斯善于在联合国的框架内参与地区治理，同时在必要时不惜使用武力干预热点问题。新中国成立六十多年来，中国政府已初步形成了具有自身特色的地区治理模式，如向热点地区派出特使、派驻维和部队、发挥联合国的作用、参与外交斡旋、向热点地区提供援助等。为研究需要，本书采取了简约的办法，将各国对特定地区治理的手段分为"是"与"不是"两种情况，大国和大国集团地区治理的基本模式可以从表9-1中看出。

表 9 - 1　西方大国与中国参与中东地区治理决策模式比较

国别 地区治理主要特征	美国	日本	欧盟	俄罗斯	中国
采取军事干预行动	是	否	是	是	否
向热点地区派出特使	是	否	是	是	是
建立完备的应急机制	是	否	否	是	否
依托多边联盟	是	是	是	否	否
派出维和部队	是	否	是	是	是
利用大众媒体设置热点话题	是	是	是	否	否
发挥联合国的作用	否	是	是	是	是
以经济援助为重要手段	否	是	是	否	是

资料来源：作者自制。

从表 9 - 1 可以看出，尽管中国中东地区治理实践凸显了伸张正义、尊重对象国主权和领土完整、坦诚相待、积极承担国际责任、发挥建设性作用等特色，但仍然处于探索阶段。今后中国开展地区治理亟待在以下两方面进一步改善。

第一，创新外援理念与外援体制。外援在中国总体外交中特别是在参与热点问题治理的过程中，对国际政治具有的大国作用和价值观理念等影响已越来越凸显，在国内政治生活中也应跟上形势发展的需要，进一步深化认识，突出强调它的政治功能和长期战略效应，而不只是一种经济行为。从宏观上看，目前外援占中国 GDP 的比重明显偏低，宜逐年适当加大外援力度；从管理体制方面看，则应加强外交部的主导作用，做到统筹规划。

第二，加强战略传播，创新公共外交机制。中国应加大在包括热点问题当事国和地区在内的广大发展中国家和地区的舆论存在。在理念上，对热点问题当事国和地区的报道、评论要注意客观公正，尤其要与中国外交政策的走向保持一致；在官方与非官方的互动中，要更耐心地解释中国政策主张的依据和思路，平抑热点问题当事国和地区对中国的过分要求。总之，新中国成立六十多年来，中国在处理热点问题上已经摸索出了一套宝贵经验，并已形成了中国特色地区治理基本模式，亦即在尊重当事国主权和领土完整的基础上，根据中国现有能力开展地区治理，充分考虑各方的核心关切与核心利益诉求，平衡好中国国家利益与中国国际责任的关系，发挥作为发展中大国的独特作用，在多边舞台上彰显负责任大国的形象，争取热点问题的和平公正解决，实现互利共赢的局面。

二　中国参与中东地区治理与伙伴关系构建

冷战后中东国家面临多重矛盾，这些矛盾相互交织，构成了中东主要热点问题，如巴以冲突、逊尼派与什叶派纷争、西撒哈拉问题、阿拉伯国家政治转型问题等，但是中国均不是矛盾的焦点，有助于发挥自身独特作用，参与中东地区治理，构筑中国特色的伙伴关系网。在参与中东治理过程中，中国应防范四类风险。

第一类是政治风险，包括中东政治上层建筑变化、选举政治和政局动荡的影响。这类国家比较有代表性的是利比亚、突尼斯、埃及和也门，这四个国家原有的威权政体已经不复存在，但是原有的权力结构打破后，新的权力结构尚未建立起来，导致世俗派与宗教力量之间的博弈成为这些政治转型国家政治生态的主要特征。中东地区冲突将呈常态化趋势。以色列与巴勒斯坦的矛盾进一步恶化；利比亚形成了两个政府；也门什叶派胡塞武装和萨利赫以及哈迪支持者的军事冲突白热化；叙利亚巴沙尔政府和反对派之间的争夺朝着有利于政府军的方向发展；埃及世俗派力量正在促进国家转型；库尔德人的分离主义倾向进一步凸显。转型阿拉伯国家均面临政治、经济和社会危机，中东将迎来新一轮动荡期。2011 年利比亚战争爆发后，中国启动了有史以来最大规模的撤侨行动，中资公司直接损失达 200 亿美元；2015年 3 月底，沙特率领十国空袭也门胡塞武装，中国再次启动也门撤侨计划。

第二类是安全风险，包括这些国家面临的恐怖主义、宗教极端主义和教派冲突的威胁。这类风险以伊拉克、叙利亚、索马里、阿尔及利亚、也门为代表。中东局势动荡为恐怖主义与极端主义的兴起提供了土壤。近代以来，国际恐怖主义经过了四次浪潮，"伊斯兰国"组织的兴起标志着国际恐怖主义已经进入"第五代"，它是"阿拉伯革命"之后中东地区新一轮恐怖主义浪潮的一个缩影，与叙利亚"胜利阵线"、也门"基地"组织、埃及西奈半岛"耶路撒冷支持者"组织、阿尔及利亚"马格里布基地"组织、索马里青年党等组织齐头并进，利用地区乱局拓展地区影响力，引发中东地区新一轮乱局。

2013 年以来，索马里青年党、伊拉克与沙姆伊斯兰国（ISIS）以及叙利亚支持阵线的崛起，对地区安全构成了严重威胁，也对中国在中东国家的能源和投资利益构成了威胁。[①] 例如，伊拉克目前是中国第二大石油进口来源地，仅次于沙特，"伊斯兰国"组织的"建国"，对中国在伊拉克的石油投资构成了现实威胁，也成为中国在该国领事保护的重要任务。

第三类是法律风险，包括中东法律法规对外商投资的限制。一般认为，阿拉伯国家分为君主制和共和制两大类，如沙特无宪法，而只有伊斯兰教法（沙里亚法），按照《古兰经》和圣训的要求，规范国家和社会的行为。也门政府曾经试图成立国家航天局，后因宗教势力颁布宗教法令法塔瓦（Fatawa），禁止政府出资探索宇宙，故也门不得不放弃该项计划。[②] 共和制国家虽有宪法，但比较笼统，法律制度不健全，为中国企业进驻阿拉伯国家提出了挑战。另外，英法在阿拉伯世界的殖民统治结束后，留下了自己的法律体系，对涉及国家主权和国计民生的海外投资项目往往有限制。这也对中国投资中东提出了挑战。

第四类是文化风险，包括中东民族主义和伊斯兰价值观对中国日益扩大的军事存在、经济存在和文化存在的影响。阿拉伯国家尽管国情、政治制度和经济发展阶段不同，但对阿拉伯和伊斯兰文化充满自豪感，怀有复兴阿拉伯与伊斯兰文明的抱负。因此，阿拉伯国家对外部大国的政策存在两面性，一方面希望倚重西方大国提供的保护伞维护国家安全甚至是政权安全，同时希望搭乘新兴大国崛起带来的经济机遇实现国家经济腾飞；另一方面，这些国家对域外大国日益扩大的军事存在和经济存在又保持警惕。当海外投资项目涉及国家安全而出现"政治化"后，媒体、反对派、宗教极端势力等很可能会拿海外投资项目和中国的军事存在做文章，某些所谓不尊重阿拉伯与伊斯兰习俗的做法会被放大，中国在中东国家的投资项目也将面临文化风险。

本书主要从中东国家政府对华友好度、中东媒体对华友好度、中东国家反对党和民众对华友好度三个层面展开分析，并得出表 9－2 的分析。

---

① Zana Khasraw Gulmohamad, "The Rise and Fall of the Islamic State of Iraq and Al-Sham (Levant) ISIS," *Global Security Studies*, Volume 5, Issue 2, Spring 2014, p. 2.

② Sonya Shaykhoun, "Pan-Arab Space Agency: Pipe Dream or Real Possibility?" August 26, 2014.

表 9-2 冷战后中东国家面临的安全威胁类型与中国伙伴关系网

阿拉伯国家	政治风险（社会动荡）	安全风险（恐怖主义）	法律风险	社会文化风险	与中国关系
海湾 9 国					
伊朗	低	低	高	中	全面战略伙伴关系
伊拉克	高	高	高	中	战略伙伴关系
沙特	低	低	低	中	全面战略伙伴关系
科威特	低	中	中	中	友好关系
阿曼	低	低	低	低	友好关系
阿联酋	低	低	低	低	战略伙伴关系
卡塔尔	低	低	低	低	战略伙伴关系
巴林	中	低	低	低	友好关系
也门	中	高	高	中	友好关系
东地中海 7 国					
黎巴嫩	高	高	低	高	友好关系
土耳其	中	高	低	低	战略合作关系
以色列	低	低	中	低	创新全面伙伴关系
叙利亚	高	高	高	中	友好关系
巴勒斯坦	高	高	中	高	友好关系
约旦	低	中	中	中	战略伙伴关系
埃及	中	中	中	低	全面战略伙伴关系
东非 4 国					
索马里	高	高	高	高	友好关系
苏丹	中	中	中	中	战略伙伴关系
吉布提	中	低	低	低	友好关系
科摩罗	低	低	中	低	友好关系
西北非地区 5 国					
突尼斯	中	低	低	低	友好关系
摩洛哥	中	低	低	低	战略伙伴关系
利比亚	高	高	高	中	友好关系
阿尔及利亚	中	中	低	低	全面战略伙伴关系
毛里塔尼亚	中	中	中	中	友好关系

数据来源：作者自制。

从表 9 - 2 中可以看出，中东国家的安全威胁类型和强度各不相同，其中若干支点国家成为中国构建全球伙伴关系网的重要合作对象。冷战后中东地区大国如伊朗、沙特、埃及、阿尔及利亚等已经成为中国参与中东事务的重要合作伙伴；土耳其、以色列、阿联酋、卡塔尔、摩洛哥在地区事务中也发挥重要作用，成为联合国、国际货币基金组织、世界银行、上海合作组织、二十国集团、亚信峰会、"亚投行"的重要成员国或合作伙伴，也将在"一带一路"建设和中国参与中东地区安全、经济和社会治理中发挥支点作用。

三 中国参与中东地区治理与国际规范重塑

在参与中东地区治理过程中，中国与国际组织的互动不仅包括认知和行为变化，也包括中国对国际组织所倡导的国际规范的理解、接受、利用和改革。然而，在中国与国际组织关系的研究中，国外学者往往以中国参与国际组织的发展进程和中国国际组织行为的变化为主要研究对象[①]，对行为变化背后的规范理解和认知变化则关注不够。整体上讲，利益诉求、国内合法性、国际声誉和担心付出代价成为美国学者研究中国在国际组织内采取合作行为的主要关注点。[②] 随着建构主义和国际规范理论的兴起，一些中国学者从国际规范的社会化和国内化的视角考察中国与国际组织的互动，取得了不俗的科研成果，部分学者甚至探讨了中国的和平发展与国际规范的演变、变迁的关系。[③] 在前人研究成果的基础上，本书在研究中东

---

① 美国著名学者埃克诺米和奥克森伯格主编的《中国参与世界》对中国参与联合国、军控、人权、贸易等八大国际体制加以分析。参见〔美〕伊莉莎白·埃克诺米、米歇尔·奥克森伯格主编《中国参与世界》，华宏勋、闫循华等译，新华出版社，2001。

② 江忆恩：《美国学者关于中国与国际组织关系研究概述》，《世界经济与政治》2001 年第 8 期，第 52 页。

③ 苏长和：《从关系到共生——中国大国外交理论的文化和制度阐释》，《世界经济与政治》2016 年第 1 期，第 5 ~ 25 页；康晓：《利益认知与国际规范的国内化——以中国对国际气候合作规范的内化为例》，《世界经济与政治》2010 年第 1 期，第 66 ~ 83 页；潘亚玲：《国际规范更替的逻辑与中国应对》，《世界经济与政治》2014 年第 4 期，第 122 ~ 135 页；张小明：《中国的崛起与国际规范的变迁》，《外交评论》2011 年第 1 期，第 34 ~ 47 页；阎学通：《国际领导与国际规范的演化》，《国际政治科学》2011 年第 1 期，第 1 ~ 28 页；刘兴华：《国际规范、团体认同与国内制度改革——以中国加入 FATF 为例》，《当代亚太》2012 年第 4 期，第 4 ~ 32 页；宋伟：《自由主义的国际规范对中国是否有利?》，《国际政治研究》2014 年第 1 期，第 84 ~ 103 页；崔荣伟：《中国参与塑造国际规范：需求、问题与策略》，《国际关系研究》2015 年第 3 期，第 38 ~ 47 页等。

地区治理过程中，试图提出一个理解中国与国际组织互动的初步分析框架，对中国在全球性和地区性国际组织中塑造规范的行为加以总结和分析。

随着中国参与中东地区事务日益频繁，塑造新规范成为中国与国际组织在冷战后互动的一个主要特征。在中东地区治理中，中国在充分掌握国际组织游戏规则的基础上，尝试提出问题治理的中国方案，增强在国际组织中的议题设置能力，塑造符合中国和广大发展中国家利益的新规范。因此，研究中国参与中东地区治理，不仅有助于理解中国在国际组织中的行为变化，也增加了国际规范演化和变迁的实证检验，对于推动国际规范理论的发展不无裨益。

新中国成立以来，随着国际秩序的转型，中国在国际体系中的角色和地位也发生了变化，中国与国际和地区组织的互动关系也不断演变，大体可分为国际规范的抵制者（新中国成立到 20 世纪 70 年代初）、国际规范的怀疑者（1971～1979 年）、国际规范的接受者（1979～1989 年）、国际规范的利用者（1989～2003 年）和国际规范的重塑者（2003 年以来）五个阶段。这五个阶段既体现出中国国际地位的提高和国际话语权的扩大，也彰显出中国认识、内化、接受和改造国际规范的动机和能力。未来，随着中国从世界大国向世界强国迈进，中国塑造新规范的能力将进一步提高，通过游戏规则的重塑和议题的重新设置，中国不仅能够展现东亚文明古国的智慧，也能够提升中国嵌入式的议题设置能力，增加中国在国际社会中的话语权、集体倡议能力与参与全球治理的能力。

中国参与中东地区治理和全球治理的过程，实际上就是提升一国隐性权力的过程。在此过程中，中国已经在国际安全组织、国际政治组织、国际经济组织、国际环境组织以及地区组织的规范塑造方面取得巨大进步，包括在联合国、世界卫生组织、国际货币基金组织、世界银行等国际组织中任职的华人数量的增加，中国理念、中国方案和中国立场日益引起各方的关注。中国在国际和地区组织中新规范的塑造，体现出"北京共识"与"华盛顿共识"治理模式的差异性，是一种发展理念的竞争。[①] 这些不同点表现在：中国偏好非正式协定，西方偏好正式制度；中国

① Stephen Olson, "The Evolving Role of China in International Institutions," The U. S. – China Economic and Security Review Commission, p. 84.

偏好进程，西方偏好规章；中国偏好软约束，西方偏好硬约束；中国主张国际组织的开放性与包容性；西方主张国际组织的封闭性与排他性；中国倡导多元价值观基础上的任务导向型合作；西方倡导共同价值观基础上的责任分担。

表 9 - 3 中国在国际和地区组织中的新规范塑造

组织 \ 性质	分类	谈判主要代表	新主张、新规范	规范塑造能力
全球性国际组织	国际安全组织	裁军会议、《不扩散核武器条约》审议大会和禁止核试组织条约	执行统一标准、共同安全、渐进实施、核大国率先	中
	国际政治组织	国际劳工组织、联合国反酷刑委员会、联合国人权委员会等	去政治化、集体人权、发展权优先、主权至上、司法主权	低
	国际经济组织	国际货币基金组织、APEC、世界银行、二十国集团、亚投行、金砖国家新开发银行、丝路基金等	去政治化、渐进改革、反对贸易保护主义、开放的地区主义、"超级主权"	高
	国际环境组织	联合国气候变化会议等	共同但有区别的责任、重视发展中国家的发展权、向发展中国家提供节能减排援助	中
地区性国际组织	中东为主	中阿合作论坛	尊重对象国多样性、双边与多边机制相结合	中
	东南亚	中国—东盟"10 + 1"领导人会议机制	开放的地区主义	低
	中亚为主	上海合作组织	结伴而不结盟	高

资料来源：笔者自制。

与美欧等西方发达国家相比，中国在规范塑造方面仍存在较大差距，尤其在国际规范面前被动应对的局面尚未从根本上得到改变。因此，随着新兴大国在全球治理中的地位进一步提升，中国塑造国际新规范的能力建设仍有较大提升空间。

首先，中国外交与外事工作部门对外应获得更多授权，以增强中国在中东谈判的自主性，提高其在外交与外事活动中提出倡议的积极性与主动性，提升中国在国际规范塑造过程中的国际游说能力。

其次，在规范塑造过程中，中国还需打破西方—非西方二元对立的惯性思维，解放思想，关注新情况与新问题，包括在国际经济和气候大会等组织中，无须刻意宣传新兴大国与西方大国的对垒。冷战后，无论是西方还是非西方国家，都不是铁板一块。中国需要认真研究，西方主导的国际安全、政治、经济和环境规范中哪些是符合时代潮流的理念与实践，哪些是过时的理念与实践；哪些符合世界主要国家中长期发展利益，哪些不符合世界主要国家中长期发展利益；哪些规范是可以通过中国的努力和其他成员的接受，在短期内改变的，哪些是中国短期内没法改变的。

最后，在以往国际规范建设过程中，中国习惯于同广大发展中国家步调一致，与俄罗斯在中东热点问题上步调一致，但在冷战后发展中国家日益分化和多样化的时代背景下，很多国家与中国存在不一致的看法，影响了中国塑造新规范的能力。随着中国国力的进一步提升，中国笼统地从全体发展中国家的角度提出中东治理新规范的做法，难以满足自己的利益需要。中国必须学会如何在规范塑造时组建政策联盟，联合其他国家，组建"小集团"，形成任务导向型的"利益共同体"，共同发起倡议、提出新规范。2015年中国发起组建的"亚投行"，创始会员中既有发达经济体，又有发展中经济体；既有亚洲邻国，又有欧洲大国，实际上突破了传统西方—非西方阵营之间的藩篱，是在利益共同体的基础上，超越政治分歧、共同塑造国际规范、推动国际共治的有益尝试。冷战后，中东国家政治与经济转型、中东地区格局转型和全球体系转型相互影响，中国将参与中东传统安全、非传统安全、经济和社会治理，并将促进国际规范的演变和重塑。

参考文献

一　中文文献

（1）政府文件

中华人民共和国国务院新闻办公室：《2010 年中国的国防》，人民出版社，2011。

中华人民共和国国务院新闻办公室：《2013 年中国的国防：中国武装力量的多样化运用》。

中华人民共和国国务院新闻办公室：《中国的和平发展白皮书》，2011年 9 月 6 日。

中华人民共和国国务院新闻办公室：《中国的军事战略》，人民出版社，2015。

中华人民共和国商务部：《2014 年度中国对外直接投资统计公报》，中国统计出版社，2015。

中华人民共和国外交部政研司：《中国外交》（2008 年），世界知识出版社，2008。

（2）著作

北京大学全球卫生研究中心主编《全球卫生时代中非卫生合作与国家形象》，世界知识出版社，2012。

北京太平洋国际战略研究所：《应对危机：美国国家安全决策机制》，时事出版社，2001。

蔡拓、刘贞晔：《全球学的构建与全球治理》，中国政法大学出版社，2013。

陈楚钟：《跨境上市监管的国际合作与协调：监管冲突的全球治理》，经济科学出版社，2013。

戴维·赫尔德、安东尼·麦克格鲁编《治理全球化：权力、权威与全球治理》，曹荣湘、龙虎等译，社会科学文献出版社，2004。

冯玉军：《俄罗斯外交决策机制》，时事出版社，2002。

何学明、逄金雷：《透视索马里海盗》，海洋出版社，2009。

何杨：《国际税收的全球治理与中国实践：以转让定价为视角的研究》，经济科学出版社，2011。

胡平：《国际冲突分析与危机管理研究》，军事谊文出版社，1993。

金斯伯里·罗伯茨：《全球治理：分裂世界中的联合国》，吴志成译，中央编译出版社，2010。

金熙德：《21世纪初的日本政治与外交》，世界知识出版社，2006。

克拉托赫维尔、曼斯菲尔德主编《国际组织与全球治理读本》，北京大学出版社，2007。

李文沛：《国际海洋法之海盗问题研究》，法律出版社，2010。

李湛军：《恐怖主义与国际治理》，世界知识出版社，2006。

林泰：《行政法国际化研究：论全球治理语境下国际行政法的产生》，人民出版社，2013。

刘鸿武、李新烽主编《全球视野下的达尔富尔问题研究》，世界知识出版社，2008。

刘继南主编《国际传播——现代传播论文集》，北京广播学院出版社，2000。

刘建宏主编《全球化视角下的毒品问题》，人民出版社，2014。

刘杰：《全球治理与中国的选择》，时事出版社，2010。

刘雪凤：《知识产权全球治理视角下NGO功能研究》，知识产权出版社，2012。

刘长敏：《论朝鲜核问题解决中的国际斡旋与调停》，中国政法大学出版社，2007。

刘中民：《民族与宗教的互动：阿拉伯民族主义与伊斯兰教关系研究》，时事出版社，2010。

卢涛：《危机管理》，人民出版社，2008。

玛莎·芬尼莫尔：《国际社会中的国家利益》，袁正清译，上海世纪出版集团，2012。

钮松：《欧盟的中东民主治理研究》，时事出版社，2011。

庞中英主编《全球治理与世界秩序》，北京大学出版社，2012。

任治俊、胡腾：《国际问题与全球治理：新文献综述（2010～2011）》，西南交通大学出版社，2012。

邵鹏：《全球治理：理论与实践》，吉林出版集团有限责任公司，2010。

四川大学南亚研究所课题组主编《阿富汗：后冲突时期的稳定与重建》，时事出版社，2015。

苏长和：《全球公共问题与国际合作：一种制度的分析》，上海人民出版社，2009。

孙德刚：《危机管理中的国家安全战略》，上海人民出版社，2010。

孙德刚：《准联盟外交的理论与实践——基于大国与中东国家关系的实证分析》，世界知识出版社，2012。

孙国：《索马里海盗》，人民武警出版社，2009。

孙宽平、滕世华：《全球化与全球治理》，湖南人民出版社，2003。

王缉思、庞中英主编《中国学者看世界：全球治理卷》，新世界出版社，2007。

王奇才：《法治与全球治理：一种关于全球治理规范性模式的思考》，法律出版社，2012。

王铁军：《全球治理机构与跨国公民社会》，上海人民出版社，2011。

王义桅：《超越均势：全球治理与大国合作》，上海三联书店，2008。

王逸舟：《创造性介入：中国之全球角色的生成》，北京大学出版社，2013。

乌尔利希·贝克：《全球政治与全球治理：政治领域的全球化》，张世鹏译，中国国际广播出版社，2004。

巫尤·穆尔：《没有壁垒的世界：自由、发展、自由贸易和全球治理》，商务印书馆，2007。

熊李力：《专业性国际组织与当代中国外交：基于全球治理的分析》，世界知识出版社，2010。

徐坚：《国际环境与中国的战略机遇期》，人民出版社，2004。

薛澜、张强、钟开斌：《危机管理：转型期中国面临的挑战》，清华大学出版社，2003。

杨浩勉:《中国外交理论和战略的建设与创新》,上海人民出版社,2015。

杨恕、宛程:《阿富汗毒品与地区安全》,时事出版社,2015。

叶江:《全球治理与中国的大国战略转型》,时事出版社,2010。

伊丽莎白·埃克诺米、米歇尔·奥克森伯格主编《中国参与世界》,华宏勋、闫循华等译,新华出版社,2001。

俞可平:《民主与陀螺》,北京大学出版社,2005。

俞可平:《全球化:全球治理》,社会科学文献出版社,2003。

俞新天:《探索中国与世界的互动:现代化、地区合作与对外战略》,上海人民出版社,2012。

詹姆斯·M. 布坎南:《公共物品的需求与供给》,马珺译,上海人民出版社,2009。

张金平:《国际恐怖主义与反恐策略》,人民出版社,2012。

张金平:《中东恐怖主义的历史演进》,云南大学出版社,2008。

郑安光:《从国际政治到世界社会:全球治理理论与当代大规模毁灭性武器控制》,南京大学出版社,2009。

周树春:《"和谐世界"理论基础探析:全球治理和目标建构的新范式》,中国社会科学出版社,2011。

朱杰进:《国际制度设计:理论模式与案例分析》,上海人民出版社,2011。

朱威烈:《中东反恐怖主义研究》,时事出版社,2010。

(3)论文

《北斗卫星导航为国家安全保驾护航》,《卫星与网络》2011年第4期。

《国家测绘地理信息局关于北斗卫星导航系统推广应用的若干意见》,《卫星导航信息》2014年第1期。

《黎巴嫩新灾难:校园毒品》,《海外文摘》2011年第6期。

《美国天基定位、导航与授时政策》,《卫星导航信息》2014年第1期。

包澄章、孙德刚:《"伊斯兰国"组织与中东恐怖主义治理新理念》,《理论视野》2016年第2期。

毕洪业、萨莎:《俄罗斯中东政策的演变及其评析》,刘中民、朱威烈、孙德刚主编《中东地区发展报告》(2015~2016),时事出版社,2016。

蔡拓：《全球治理的中国视角与实践》，《中国社会科学》2004 年第 1 期。

蔡拓：《中国如何参与全球治理》，《国际观察》2014 年第 1 期。

迟建新：《中国参与非洲公共卫生治理：基于医药投资合作的视角》，《西亚非洲》2017 年第 1 期。

崔荣伟：《中国参与塑造国际规范：需求、问题与策略》，《国际关系研究》2015 年第 3 期。

丁隆、赵元昊：《卡塔尔的外交政策及其实践》，《阿拉伯世界研究》2010 年第 1 期。

樊为之：《中国与西亚北非经贸——地区繁荣与发展的重要引擎》，《宁夏社会科学》2015 年第 1 期。

高祖贵：《中东剧变以来中国与中东国家的关系》，《阿拉伯世界研究》2015 年第 1 期。

贵坚：《世界鸦片最大产地"金新月"》，《东南亚》1995 年第 4 期。

郭善琪：《北斗国际化战略探讨》，《导航天地》2011 年第 4 期。

韩永辉等：《中国与西亚地区贸易合作的竞争性和互补性研究》，《世界经济研究》2015 年第 3 期。

胡键：《"一带一路"战略构想与欧亚大陆秩序的重塑》，《当代世界与社会主义》2015 年第 4 期。

胡令远、王盈：《日本对非外交的新理念、新动向及新挑战——以 2005 年入常受挫为起点》，《东北亚论坛》2014 年第 6 期。

华黎明：《伊朗核问题与中国外交的选择》，《国际问题研究》2007 年第 1 期。

华黎明：《伊朗核问题与中国中东外交》，《阿拉伯世界研究》2014 年第 6 期。

黄超：《中国参与全球治理的理论述评》，《国际关系研究》2013 年第 4 期。

黄河：《公共产品视角下的"一带一路"》，《世界经济与政治》2015 年第 6 期。

黄莉娜：《国际法视角下的索马里海盗问题》，《法学评论》2010 年第 2 期。

黄梅波、唐露萍：《南南合作与中国对外援助》，《国际经济合作》2013年第 5 期。

黄仁伟：《后起大国与守成大国互动的历史与现实》，《国际关系研究》2015 年第 1 期。

江忆恩：《美国学者关于中国与国际组织关系研究概述》，《世界经济与政治》2001 年第 8 期。

姜宅九：《中国参与六方会谈：斡旋角色与前景》，《当代亚太》2007年第 2 期。

蒋华杰：《中国援非医疗队历史的再考察（1963～1983）——兼议国际援助的效果与可持续性问题》，《外交评论》2015 年第 4 期。

金良祥：《伊核问题及其对地区和大国关系的影响》，《国际展望》2011年第 2 期。

康晓：《利益认知与国际规范的国内化——以中国对国际气候合作规范的内化为例》，《世界经济与政治》2010 年第 1 期。

李安山：《论中国对非洲政策的调试与转变》，《西亚非洲》2006 年第 8 期。

李安山：《中国援外医疗队的历史、规模及其影响》，《外交评论》2009年第 1 期。

李丹、崔日明：《"一带一路"战略与全球经贸格局重构》，《经济学家》2015 年第 8 期。

李国富：《伊朗核问题的症结与中国的立场》，《当代世界》2007 年第 10 期。

李建：《当今世界毒品发展趋势及防控对策研究》，《湖北警官学院学报》2015 年第 2 期。

李青燕：《阿富汗重建搅动地区安全局势》，《世界知识》2013 年第 5 期。

李少军：《中国与核不扩散体系》，《世界经济与政治》2001 年第 10 期。

李伟建：《中东政治转型与中国中东外交》，《西亚非洲》2012 年第 4 期。

李伟建：《中国中东外交战略构建研究》，《阿拉伯世界研究》2016 年第 2 期。

李晓岗：《难民问题的道义性与政治性》，《世界经济与政治》1999 年第 7 期。

刘丰：《美国霸权与全球治理——美国在全球治理中的角色及困境》，《南开学报》（哲学社会科学版）2012 年第 3 期。

刘宏松：《非正式国际机制的形式选择》，《世界经济与政治》2010 年第 10 期。

刘军：《索马里海盗问题探析》，《现代国际关系》2008 年第 1 期。

刘鸣：《建立新型大国关系的一项议题：国际规范与对外安全战略关系的协调》，《国际关系研究》2013 年第 6 期。

刘乃亚：《从总统辞职看索马里海盗现象的政治与社会成因》，《西亚非洲》2009 年第 7 期。

刘晓敏：《北斗导航应用产业近年发展现状》，《国际太空》2014 年第 4 期。

刘欣路：《浅谈中国援也门医疗队与中也医疗卫生合作》，《吉林中医药》2009 年第 6 期。

刘兴华：《国际规范、团体认同与国内制度改革——以中国加入 FATF 为例》，《当代亚太》2012 年第 4 期。

刘玉堂等：《楚国的奉使外交略议》，《外交学院学报》1996 年第 1 期。

刘中民：《中阿合作论坛框架下的中阿关系》，《西亚非洲》2014 年第 3 期。

刘中民：《中东变局与中国外交的几个基本问题》，《国际观察》2012 年第 1 期。

刘中民：《中东事务与中美新型大国关系建设》，《世界知识》2013 年第 18 期。

刘中民：《中东伊斯兰地区与国际体系的关系缘何紧张》，《国际观察》2009 年第 5 期。

刘中民：《中国的热点外交研究——特点、理念与意义》，《东北亚论坛》2009 年第 3 期。

刘中民：《中国的中东热点外交：历史、理念、经验与影响》，《阿拉伯世界研究》2011 年第 1 期。

刘中民：《中国对阿富汗重建的外交参与》，《亚非纵横》2015年第1期。

刘中民：《中国中东外交三十年》，《宁夏社会科学》2009年第1期。

柳树：《新自由主义经济政策的再次失败？——浅评美国"大中东经济计划"》，《阿拉伯世界》2005年第3期。

毛艳华：《"一带一路"对全球经济治理的价值与贡献》，《人民论坛》2015年3月下。

梅新育：《南南合作：从良好愿望走向现实》，《北大商业评论》2013年第8期。

牛新春：《试析美国与伊朗在伊核问题上的政策选择》，《现代国际关系》2012年第7期。

牛新春：《中国在中东的利益与影响力分析》，《现代国际关系》2013年第10期。

钮松：《全球气候变化治理组织与中国在气候治理中的角色》，《中国软科学》2013年第5期。

钮松：《沙特的全球治理观：以沙特参与G20机制为例》，《学术探索》2013年第5期。

钮松：《中东国际体系的宗教因素——以中国在中东的维和与护航行动为考察重点》，《太平洋学报》2013年第4期。

潘亚玲：《国际规范更替的逻辑与中国应对》，《世界经济与政治》2014年第4期。

庞中英、王瑞平：《全球治理：中国的战略应对》，《国际问题研究》2013年第4期。

庞中英：《1945年以来的全球经济治理及其教训》，《国际观察》2011年第2期。

漆海霞：《国际斡旋的成败分析》，《国际政治科学》2005年第4期。

钱学文：《亚非新型战略伙伴关系中的中阿合作》，《武汉大学学报》2005年第6期。

钱学文：《中东剧变对中国海外利益的影响》，《阿拉伯世界研究》2012年第6期。

钱学文：《中国能源安全战略和中东——里海油气》，《吉林大学学报》

2006 年第 3 期。

钱学文：《中国与中东的能源合作》，《国际观察》2008 年第 1 期。

任勇、肖宇：《软治理与国家治理现代化：价值、内容与机制》，《当代世界与社会主义》2014 年第 2 期。

单国、乔子愚：《"金新月"地区毒品渗透态势及对策研究》，《云南警官学院学报》2015 年第 3 期。

舒运国：《中国对非援助：历史、理论和特点》，《上海师范大学学报》（哲学社会科学版）2010 年第 5 期。

宋伟：《自由主义的国际规范对中国是否有利?》，《国际政治研究》2014 年第 1 期。

苏杭：《基于 TICAD 视角的日本对非洲经济外交的新发展》，《现代日本经济》2014 年第 4 期。

苏长和：《从关系到共生——中国大国外交理论的文化和制度阐释》，《世界经济与政治》2016 年第 1 期。

苏长和：《帝国、超国家与东亚的未来》，《国际观察》2003 年第 2 期。

孙德刚、韦进深：《中国在国际组织中的规范塑造评析》，《国际展望》2016 年第 4 期。

孙德刚、张玉友：《中国参与伊朗核问题治理的理论与实践》，《阿拉伯世界研究》2016 年第 4 期。

孙德刚：《1973 年第四次中东战争与美国的斡旋外交》，《美国问题研究》2010 年第 1 辑。

孙德刚：《冷战后美国中东军事基地的战略调整》，《世界经济与政治》2016 年第 6 期。

孙德刚：《论新时期中国的准联盟外交》，《世界经济与政治》2012 年第 3 期。

孙德刚：《论新时期中国在中东的柔性军事存在》，《世界经济与政治》2014 年第 8 期。

孙德刚：《论中阿战略合作关系》，《阿拉伯世界研究》2010 年第 6 期。

孙德刚：《美国在中东军事基地的周期性调整——基于美国安全政策报告的文本分析》，《西亚非洲》2016 年第 4 期。

孙德刚：《苏（俄）在叙利亚军事基地部署的动因分析》，《俄罗斯研究》2013 年第 5 期。

孙德刚：《索马里海盗问题的全球治理范式研究——公共产品理论的视角》，《世界经济与政治论坛》2010 年第 4 期。

孙德刚：《中国北斗卫星导航系统落户阿拉伯世界的机遇与风险》，《社会科学》2015 年第 7 期。

孙德刚：《中国参与中东地区冲突治理的理论与实践》，《西亚非洲》2015 年第 4 期。

孙德刚：《中国在中东开展斡旋外交的动因分析》，《国际展望》2012 年第 6 期。

孙家栋：《加快北斗卫星导航系统产业发展》，《中国科技投资》2012 年第 23 期。

檀有志：《索马里海盗问题的由来及其应对之道》，《国际问题研究》2009 年第 2 期。

陶满成：《中国与联合国难民署的合作》，《海内与海外》2012 年 11 月号。

田春荣：《2014 年中国石油天然气进出口状况分析》，《国际石油经济》2015 年第 3 期。

涂永红等：《中国在"一带一路"建设中提供的全球公共物品》，《理论视野》2015 年第 6 期。

汪力平、夏仕：《核安全背景下的伊朗核问题与中国外交战略选择》，《领导科学》2010 年 6 月。

王国刚：《"一带一路"：基于中华传统文化的国际经济理念创新》，《国际金融研究》2015 年第 7 期。

王猛：《中国参与中东经济事务的全球视角分析》，《阿拉伯世界研究》2007 年第 4 期。

王宛、成志杰：《"一带一路"倡议：战略内涵与外交布局》，《东南亚纵横》2015 年第 4 期。

王文松：《"一带一路"建设以及开发性金融对"一带一路"的助推作用》，《政治经济学评论》2015 年第 4 期。

王逸舟：《中国与国际组织关系研究的若干问题》，《社会科学论坛》2002 年第 8 期。

卫志民：《"一带一路"战略：内在逻辑、难点突破与路径选择》，《学术交流》2015 年第 8 期。

吴冰冰：《对中国中东战略的初步思考》，《外交评论》2012 年第 2 期。

吴冰冰：《中东战略格局失衡与中国的中东战略》，《外交评论》2013 年第 6 期。

吴磊：《构建"新丝绸之路"：中国与中东关系发展的新内涵》，《西亚非洲》2014 年第 3 期。

吴思科：《西亚北非变局为中国公共外交带来新机遇》，《公共外交季刊》2012 年第 10 期。

吴思科：《西亚北非剧变与世界新安全观的构建》，《阿拉伯世界研究》2013 年第 1 期。

肖维歌：《在"一带一路"战略背景下中国与海合会国家贸易发展与展望》，《对外经贸实务》2015 年第 3 期。

肖洋、柳思思：《警惕与应对：海盗行为"恐怖主义化"——以索马里海盗为分析对象》，《国际论坛》2010 年第 2 期。

邢新宇：《论中国参与中东的难民治理》，《阿拉伯世界研究》2016 年第 4 期。

熊安邦：《法经济学视阈下的索马里海盗问题研究》，《法商研究》2009 年第 5 期。

熊谦、田野：《国际合作的法律化与金融制裁的有效性：解释伊朗核问题的演变》，《当代亚太》2015 年第 1 期。

徐进、刘畅：《中国学者关于全球治理的研究》，《国际政治科学》2013 年第 1 期。

徐秀军：《新兴经济体与全球经济治理结构转型》，《世界经济与政治》2012 年第 10 期。

薛庆国：《"一带一路"倡议在阿拉伯世界的传播：舆情、实践与建议》，《西亚非洲》2015 年第 6 期。

阎学通：《国际领导与国际规范的演化》，《国际政治科学》2011 年第 1 期。

杨光：《高油价与中东石油输出国的经济发展》，《西亚非洲》2007 年第 12 期。

杨光:《中国与海湾国家的战略性经贸互利关系》,《国际经济评论》2014 年第 3 期。

杨剑:《伽利略与 GPS 竞争案和我北斗系统参与商用竞争》,《国际展望》2012 年第 4 期。

杨凯:《亚丁湾海上非传统安全合作与机制建设》,《东南亚纵横》2009 年第 4 期。

杨思灵:《"一带一路"倡议下中国与沿线国家关系治理及挑战》,《南亚研究》2015 年第 2 期。

杨元喜等:《中国北斗卫星导航系统对全球 PNT 用户的贡献》,《科学通报》2011 年第 21 期。

姚匡乙:《中国在中东热点问题上的新外交》,《国际问题研究》2014 年第 6 期。

叶兴平:《国际争端解决中的斡旋与调停剖析》,《武汉大学学报》(哲社版)1997 年第 2 期。

余泳:《中国对海合会国家的经济外交》,《阿拉伯世界研究》2010 年第 1 期。

余泳:《中国—海合会经贸合作的成果、挑战与前景》,《阿拉伯世界研究》2011 年第 6 期。

俞可平:《治理和善治:一种新的政治分析框架》,《南京社会科学》2001 年第 9 期。

约翰·柯顿:《G20 与全球发展治理》,《国际观察》2013 年第 3 期。

约翰·柯顿:《强化全球治理:八国集团、中国与海利根达姆进程》,《国际观察》2008 年第 4 期。

岳汉景、周凤梅:《美国在伊朗核权利上的渐次让步与伊核问题初步破局》,《江南社会学院学报》2015 年第 4 期。

张德勇:《中国成为资本净输出国意味着什么》,《决策探索》2015 年第 3 期。

张慧玉:《试析中国参与联合国维和机制对世界的影响》,《国际论坛》2009 年第 5 期。

张家栋:《世界海盗活动状况与国际反海盗机制建设》,《现代国际关系》2009 年第 1 期。

张家栋：《现代恐怖主义的四次浪潮》，《国际观察》2007 年第 6 期。

张健荣：《俄紧急情况部运作机制对中国危机管理的启示》，《国际关系研究》2008 年第 4 辑。

张金平：《当代中东恐怖主义的特点》，《阿拉伯世界》2004 年第 1 期。

张小明：《中国的崛起与国际规范的变迁》，《外交评论》2011 年第 1 期。

张星岩：《伊朗的反毒品运动》，《国际展望》1989 年第 6 期。

赵国忠：《中国与中东的军事外交》，《阿拉伯世界研究》2010 年第 2 期。

赵菡菡：《"一带一路"与阿拉伯地区的政治走向》，《人民论坛》2015 年 6 月中。

赵虎敬、赵东：《索马里海盗问题解决"瓶颈"探析》，《学理论》2009 年第 20 期。

赵建春：《中国国际经济治理权构建的路径研究》，《现代经济探讨》2015 年第 8 期。

赵建明：《伊朗核问题上的美伊战略互动与日内瓦协定》，《国际关系研究》2014 年第 3 期。

赵军、陈万里：《阿盟斡旋中东地区冲突的绩效评估》，《国际观察》2013 年第 6 期。

赵军：《中东恐怖主义治理的现状与前景》，《阿拉伯世界研究》2013 年第 3 期。

赵磊：《中国参与联合国维和行动的类型及地域分析》，《当代亚太》2009 年第 2 期。

郑蕾、刘志高：《中国对"一带一路"沿线直接投资空间格局》，《地理科学进展》2015 年第 5 期。

中国国际问题研究院 CIIS 研究报告：《推进"一带一路"能源资源合作的外交运筹》，2014 年第 7 期。

周士新：《中东国家核选择动因比较》，《阿拉伯世界研究》2009 年第 3 期。

周玉霞、康登榜：《北斗在国际海事组织开展标准化工作初探》，《中国标准化》2014 年第 1 期。

朱锋:《中国的外交斡旋与朝核问题六方会谈》,《外交评论》2006 年第 2 期。

朱杰进:《国际制度设计中的规范与理性》,《国际观察》2008 年第 4 期。

朱杰进:《全球治理与三重体系的理论探述》,《国际关系研究》2013 年第 1 期。

朱威烈:《试论中国与中东伊斯兰国家的战略性关系》,《世界经济与政治》2010 年第 9 期。

朱威烈:《中东恐怖主义、全球治理与中国的反恐政策》,《阿拉伯世界研究》2011 年第 2 期。

朱威烈:《中国热点外交的机制与经验——以多边主义外交机制为视角》,《国际观察》2009 年第 1 期。

朱筱虹、李喜来、杨元喜:《从国际卫星导航系统发展谈加速中国北斗卫星导航系统建设》,《测绘通报》2011 年第 8 期。

邹嘉龄等:《中国与"一带一路"沿线国家贸易格局及其经济贡献》,《地理科学发展》2015 年第 5 期。

邹志强:《G20 视角下的沙特与全球经济治理》,《和平与发展》2012 年第 1 期。

邹志强:《新兴国家视野下的沙特阿拉伯与全球治理》,《学术探索》2013 年第 1 期。

(4)报刊文章

《GPS 垄断中国 95% 导航产业,北斗欲争食 5000 亿市场》,《中国经济周刊》2013 年 1 月 8 日。

《安理会就也门局势紧急磋商》,《新民晚报》2015 年 4 月 5 日。

《关于伊朗核问题,中国不赞成提交安理会》,《人民日报》2005 年 8 月 12 日。

《胡锦涛主席出访成果丰硕》,《人民日报·海外版》2011 年 6 月 22 日。

《胡锦涛主席与布什总统电话,双方就中美关系和伊朗核问题等交换意见》,《人民日报》2006 年 6 月 2 日。

《坚定不移沿着中国特色社会主义道路前进,为全面建成小康社会而奋斗——在中国共产党第十八次全国代表大会上的报告》,《人民日报·海外版》2012 年 11 月 19 日。

《交通部国际合作司长透露海军护航决策的由来》，《三联生活周刊》2010 年 1 月 16 日。

《就国际原子能机构通过伊朗核问题决议，中国代表投弃权票后作解释性发言》，《人民日报》2005 年 9 月 26 日。

《利反对派领导人 21 日起访华，外媒称中国扮演调停者角色》，《环球时报》2011 年 6 月 21 日。

《联合国难民署采购看好中国》，《中国财经报》2004 年 12 月 15 日。

《六国讨论伊朗核问题》，《人民日报》2006 年 2 月 1 日。

《孟建柱出访中东：有助于反恐合作深入》，《新京报》2014 年 11 月 25 日。

《全球难民数近 6000 万创二战以来新高，中东成重灾区》，《人民日报》2015 年 6 月 20 日。

《索马里恐怖袭击致我一死三伤，中方提出交涉，索方表示确保安全》，《人民日报·海外版》2015 年 7 月 28 日。

《王毅在十二届全国人大三次会议举行的记者会上就中国外交政策和对外关系答中外记者问》，《人民日报》2015 年 3 月 9 日。

《我代表处主张稳妥处理核问题》，《人民日报》2003 年 6 月 20 日。

《我在"中国援索马里医疗队"当翻译的岁月》，《齐鲁晚报》2013 年 10 月 17 日。

《习近平出席伊朗核问题六国机制领导人会议》，《人民日报》2016 年 4 月 2 日。

《习近平会见鲁哈尼》，《新华每日电讯》2015 年 4 月 24 日。

《习近平在阿拉伯国家联盟总部发表重要演讲：共同开创中阿关系发展美好未来，推动中阿民族复兴形成更多交汇》，《人民日报》2016 年 1 月 22 日。

《伊核问题终达成全面协议，中国发挥了独特的建设性作用》，《人民日报》2015 年 7 月 15 日。

《伊朗核问题全面协议执行王毅外长阐述"中国作用"》，《新华每日电讯》2016 年 1 月 18 日。

《伊朗核问题增加制裁措施，重申外交解决；安理会通过新决议，伊朗称该决议"非法"》,《人民日报》2007 年 3 月 26 日。

《原子能机构理事会通过伊朗核问题决议,伊朗对决议予以抨击,我主张通过对话解决》,《人民日报》2003 年 9 月 14 日。

《这三年:习近平全球治理十大成就》,《中国日报》2016 年 1 月 18 日。

《中共十八届五中全会在京举行》,《人民日报》2015 年 10 月 30 日。

《中共中央关于制定国民经济和社会发展第十三个五年规划的建议》,《人民日报》2015 年 11 月 4 日。

《中国救援物资运抵伊拉克库尔德》,《人民日报·海外版》2014 年 12 月 11 日。

《中国政府发布首份对阿拉伯国家政策文件》,《人民日报·海外版》2016 年 1 月 14 日。

《中国政府特使抵达大马士革》,《人民日报·海外版》2012 年 2 月 18 日。

《中华人民共和国和俄罗斯联邦关于深化全面战略协作伙伴关系、倡导合作共赢的联合声明》,《人民日报》2015 年 5 月 9 日。

陈立希:《伊朗核问题达成初步协议》,《广州日报》2013 年 11 月 25 日。

陈威华、陆大生:《难民地位公约缔约国举行会议——中国主张标本兼治解决难民问题》,《人民日报》2001 年 12 月 13 日。

丁小溪、王守宝:《联合打击行动中国海军功不可没,索马里海盗式微隐患犹存》,《解放军报》2016 年 2 月 21 日。

杜朝平:《美想邀中国参加"反海盗舰队"》,《中国国防报》2009 年 1 月 13 日。

关娟娟:《以色列军队向毒品宣战》,《世界信息报》2000 年 7 月 3 日。

李成文:《中国:中东地区治理积极参与者》,《中国社会科学报》2016 年 10 月 13 日。

刘宝莱:《艰难核谈何以"破冰"?》,《解放日报》2015 年 4 月 4 日。

刘水明等:《人民币在中东认可度越来越高》,《人民日报》2016 年 1 月 2 日。

刘学:《伊朗严惩毒品犯罪 处决整村成年男子》,《北京青年报》2016 年 2 月 29 日。

梅新育：《中国不宜直接参与打击 ISIS》，《环球时报》2014 年 9 月 10 日。

邱永峥、邢晓婧：《"东突"投奔"伊斯兰国"路线图：从南方打回中国》，《环球时报》2014 年 9 月 22 日。

孙德刚：《构筑中阿之间新的"丝绸之路"》，《光明日报》2012 年 5 月 25 日。

汪闽燕：《国家参与全球治理指数发布》，《法制日报》2014 年 11 月 25 日。

习近平：《共同创造亚洲和世界的美好未来——在博鳌亚洲论坛 2013 年年会上的主旨演讲》，《人民日报》2013 年 4 月 8 日。

习近平：《弘扬丝路精神，深化中阿合作——在中阿合作论坛第六届部长级会议开幕式上的讲话》，《人民日报》2014 年 6 月 5 日。

许玲琴等：《"中国速度"在伊拉克受好评》，《工人日报》2012 年 8 月 1 日。

于杰飞：《"一带一路"上谱写中阿友谊的"欢乐颂"》，《光明日报》2016 年 5 月 16 日。

俞可平：《全球善治与中国的作用》，《学习时报》2012 年 12 月 10 日。

俞邃：《新兴大国在全球治理中承担的责任越来越重》，《中国经济时报》2010 年 10 月 28 日。

袁定波：《建立金砖国家禁毒部门专家组》，《法制日报》2014 年 5 月 17 日。

张凤坡：《自卫队走出国门"卫"什么?》，《解放军报》2013 年 8 月 28 日。

周峰：《美军与索马里海盗交锋余波难平》，《解放军报》2009 年 4 月 17 日。

二 英文文献

（1）著作

Adly, Amr, *State Reform and Development in the Middle East*, New York：Routledge, 2013.

Ali, Taisier M., and Robert O. Matthews, eds., *Durable Peace：Chal-*

lenges for Peacebuilding in Africa, Toronto: University of Toronto Press, 2004.

Al-Tamimi, Naser M. , *China-Saudi Arabia Relations, 1990 – 2012: Marriage of Convenience or Strategic Alliance?* London: Routledge, 2013.

Andersen, Lars Erslev and Yang Jiang, *Oil, Security and Politics: Is China Challenging the US in the Persian Gulf?* Copenhagen: Danish Institute for International Studies, 2014.

Barnett, Thomas P. M. , *The Pentagon's New Map: War and Peace in the Twenty-first Century*, New York: G. P. Putnam's Sons, 2004.

Barrett, Scott, *Why Cooperate? The Incentive to Supply Global Public Goods*, Oxford: Oxford University Press, 2007.

Bercovitch, Jacob, and Scott Sigmund Gartner, eds. , *International Conflict Mediation: New Approaches and Findings*, London and New York: Routledge, 2009.

Bercovitch, Jacob, ed. , *Studies in International Mediation*, New York: Palgrave Macmillan, 2002.

Bercovitch, Jacob, etc. , *The SAGE Handbook of Conflict Resolution*, Los Angeles: SAGE, 2009.

Bradley, John R. , *After the Arab Spring: How Islamists Hijacked The Middle East Revolts*, London: Palgrave Macmillan, 2012.

Burr, William, ed. , *The October War and U. S. Policy*, The National Security Archive, October 7, 2003.

Calabrese, John, *China's Changing Relations with the Middle East*, London: Pinter, 1991.

Carroll, Eileen, and Karl Machie, *International Mediation—The Art of Business Diplomacy*, The Hague, London and Boston: Kluwer Law International, 2000.

Chan, Gerald, Pak K. Lee and Lai-Ha Chan, *China Engages Global Governance: A New World Order in the Making?* London and New York: Routledge, 2012.

Cooper, Andrew F. , Brian Hocking, and William Maley, *Global Governance and Diplomacy: World Apart?* London: Palgrave Macmillan, 2008.

Dodge, Toby, and EmileHokayem, *Middle Eastern Security*, *the US Pivot and the Rise of ISIS*, London and New York: Routledge, 2014.

Elbadawi, Ibrahim and Samir Makdisi, eds., *Democracy in the Arab World: Explaining the Deficit*, London and New York: Routledge, 2010.

Erslev, Lars Andersen, and Yang Jiang, *Oil*, *Security and Politics: Is China Challenging the US in the Persian Gulf?* Copenhagen: Danish Institute for International Studies, 2014.

Farazmand, Ali, ed., *Handbook of Crisis and Emergency Management*, New York: Marcel Dekker, 2001.

Garver, John W., *China and Iran: Ancient Partners in a Post-Imperial World*, Washington: The University of Washington Press, 2005.

Gaskarth, Jamie, *British Foreign Policy*, Cambridge: Polity, 2013.

Golam, Folberg, *Lawyer Negotiation: Theory*, *Practice*, *and Law*, New York: Aspen Publishers, 2006.

Hagman, Hans-Christian, *European Crisis Management and Defence: The Search for Capabilities*, Oxford: Oxford University Press, 2002.

Hakimian, Hassan, and Jeffrey Nugent, *Trade Policy and Economic integration in the Middle East and North Africa*, London: Routledge, 2003.

Hans-ChristianHagman, *European Crisis Management and Defence: The Search for Capabilities*, New York: Adelphi Paper, 2002.

Huchthausen, Peter, *America's Splendid Little Wars: A Short History of U. S. Military Engagement*, *1975 – 2000*, New York: Viking, 2003.

Japanese Ministry of Defense, *Defense of Japan 2012*, Tokyo, Japan, White Paper, 2012.

Johnson, Dominic D. P. and Dominic Tierney, *Failing to Win: Perception of Victory and Defeat in International Politics*, London: Harvard University Press, 2006.

Johnston, Alastair Iain, *Social States: China in International Institutions*, *1980 – 2000*, Princeton: Princeton University Press, 2008.

Jrgensen, Knud Erik, ed., *European Approaches to Crisis Management*, Hague: Kluwer Law International, 1997.

Kadhim, Abbas K. , *Governance in the Middle East and North Africa: A Handbook*, London: Routledge, 2012.

Katada, Saori N. , *Banking on Stability: Japan and the Cross-Pacific Dynamics of International Financial Crisis Management*, Ann Arbor: University of Michigan Press, 2001.

Katzenstein, Peter J. , ed. , *The Culture of National Security: Norms and Identity in World Politics*, New York: Columbia University Press, 1996.

Kleiboer, Marieke, *The Multiple Realities of International Mediation*, Boulder and London: Lynne Rienner Publishers, 1998.

Knud Erik Jrgensen, ed. , *European Approaches to Crisis Management*, Hague: Kluwer Law International, 1997.

Korany, Bahgat, and Ali E. Dessouki, *The Foreign Policies of Arab States*, Cairo and New York: The American University in Cairo Press, 2008.

Krapels, Edward N. , *Oil Crisis Management: Strategic Stockpiling for International Security*, Baltimore: Johns Hopkins University Press, 1980.

Krishna, Hensel and Sai Felicia, *Religion, Education and Governance in the Middle East: Between Tradition and Modernity*, Farnham, Surrey: Ashgate, 2012.

Kumaraswamy, Polur Raman, *China and the Middle East: the Quest for Influence*, New Delhi and London: Sage Publications, 1999.

Lefebvre, Jeffrey A. , *Arms for the Horn: U. S. Security Policy in Ethiopia and Somalia, 1953 – 1991*, London: University of Pittsburgh Press, 1991.

Li, Mingjiang, ed. , *China Joins Global Governance: Cooperation and Contentions*, Lanham: Lexington Books, 2012.

Magen, Amichai, *The Crisis of Governance in the Middle East*, Herzliya: International Institute for Counter-Terrorism (ICT), 2013.

Menkel-Meadow, Carrie, ed. , *Mediation: Theory, Policy and Practice*, Aldershot: Ashgate, 2001.

Menkel-Meadow, Carrie, Lela Porter Love, and Andrea Kupfer Schneider, *Mediation: Practice, Policy, and Ethics*, New York: ASPEN, 2006.

Mordechai, Gazit, *Israeli Diplomacy and the Quest for Peace*, London:

Frank Cass, 2002.

Murphy, Martin N. *Contemporary Piracy and Maritime Terrorism: the Threat to International Security*, New York: Routledge, 2007.

Murthaand, John P., John Plashal, *From Vietnam to 9/11: On the Front Lines of National Security*, Pennsylvania: The Pennsylvania State University Press, 2006.

Nabli, Mustapha K., *Breaking the Barriers to Higher Economic Growth: Better Governance and Deeper Reforms in the Middle East and North Africa*, Washington D. C. : World Bank, 2007.

Najem, Tom and Martin Hetherington, *Good Governance in the Middle East Oil Monarchies*, New York: Routledge Curzon, 2003.

Olimat, Muhamad S., *China and the Middle East: From Silk Road to Arab Spring*, Abingdon and New York: Routledge, 2013.

Olson, Mancur, *The Logic of Collective Action: Public Goods and the Theory of Groups*, New York: Schocken Books, 1971.

Pierce, Chris, *Corporate Governance in the Middle East and North Africa*, London: GMB, 2008.

Raiffa, Howard, *Negotiation Analysis: The Science and Art of Collaborative Decision Making*, Cambridge, Mass. : The Belknap Press of Harvard University Press, 2002.

Raiffa, Howard, *The Art and Science of Negotiation*, Cambridge, Massachusetts and London: Harvard University Press, 1982.

Raman, K. Venkata, ed. , *Dispute Settlement Through the United Nations*, New York: Oceana Publications, 1977.

Rid, Thomas, *War and Media Operations: The U. S. Military and the Press from Vietnam to Iraq*, London and New York: Routledge, 2007.

Robert O. Keohane, *After Hegemony: Cooperation and Discord in the World Political Economy*, Pincetion: Princeton University Press, 1984.

Rubin, Jeffrey Z., *Decentering the Regime: Ethnicity, Radicalism, and Democracy in Juchitán, Mexico*, Durham, NC: Duke University Press, 1997.

Rubin, Jeffrey Z., *Dynamics of Third Party Intervention: Kissinger in the*

Middle East, New York: Praeger, 1981.

Sai Felicia Krishna-Hensel, *Religion, Education and Governance in the Middle East: Between Tradition and Modernity*, Farnham: Ashgate, 2012.

Sandole, Dennis J., etc., *Handbook of Conflict Analysis and Resolution*, London and New York: Routledge, 2009.

Sari, Ali M., *Confronting Iran: The Failure of American Foreign Policy and the Next Great Crisis in the Middle East*, New York: Basic Books, 2006.

Sayan, Serdar, *Economic Performance in the Middle East and North Africa: Institutions, Corruption and Reform*, Abingdon and New York: Routledge, 2009.

Shichor, Yitzhak, *The Middle East in China's Foreign Policy, 1949 – 1977*, Cambridge: Cambridge University Press, 1979.

The Commission on Global Governance, *Our Global Neighbourhood*, Oxford: Oxford University Press, 1995.

Touval, Saadia, and William Zartman, eds., *International Mediation in Theory and Practice*, Boulder: Westview Press, 1985.

UNDESA, *Governance in the Middle East, North Africa and Western Balkans*, New York: United Nations, 2008.

United Nations Department of Economic and Social Affairs, *Innovations in Governance in the Middle East, North Africa, and Western Balkans: Making Governments Work Better in the Mediterranean Region*, New York: United Nations, 2007.

Wallensteen, Peter, *The Crisis of Governance in the Middle East: Understanding Conflict Resolution*, London: Sage Publications Ltd., 2007.

Young, Oran R., *The Intermediaries: Third Parties in International Crises*, Princeton: Princeton University Press, 1967.

Zartman, William I., and J. Lewis Rasmussen eds., *Peacemaking in International Conflict: Methods and Techniques*, Washington: U. S. Institute of Peace Press, 1997.

Zhao, Hongtu, *China's Growing Role in the Middle East: Implications for the Region and Beyond*, Washington D. C.: The Nixon Center, 2010.

（2）论文

Ayenagbo, Kossi, et al. , "China's Peacekeeping Operations in Africa: From Unwilling Participation to Resonsible Contribution," *African Journal of Political Science and International Relations*, Vol. 6, No. 2, 2012.

Baniela, Santiago Iglesias, "Piracy at Sea: Somalia an Area of Great Concern," *The Journal of Navigation*, Vol. 63, 2010.

Bianchi, Robert R. , "China-Middle East Relations in Light of Obama's Pivot to the Pacific," *China Report*, Vol. 49, No. 1, 2013.

Blake, Mariah, "Escape to Europe," *Foreign Policy*, Issue 168, 2008.

Chang, Amy, "Why Washington Should Avoid Cooperation With Beijing for Cooperation's Sake," *The National Interest*, August 18, 2014.

Checkel, Jeffrey T. Norms, "Institutions, and National Identity in Contemporary Europe," *Intentional Studies Quarterly*, Vol. 43, No. 1, 1999.

Chen, Dingding, "China Should Send Troops to Flight ISIL," *The Diplomat*, September 12, 2014.

Chen, James, "The Emergence of China in the Middle East," *INSS Strategic Forum*, No. 271, 2011.

Crook, J. R. , "United States Joins International Response to Somali Pirates," *The American Journal of International Law*, Vol. 103, No. 1, 2009.

Dalacoura, Katerina, "The 2011 Uprisings in the Arab Middle East: Political Change and Geopolitical Implications," *International Affairs*, Vol. 88, Issue 1, 2012.

Dixon, Marion, "An Arab Spring," *Review of African Political Economy*, Vol. 38, No. 128, 2011.

Djallil, Lounas, "China and the Iranian Nuclear Crisis: Between Ambiguities and Interests," *European Journal of East Asian Studies*, Vol. 10, 2011.

Dorraj, Manochehr, "The Dragon Nests: China's Energy Engagement of the Middle East," *China Report*, Vol. 49, No. 1, 2013.

Esfandiary, Dina, and Mark Fitzpatrick, "Sanctions on Iran: Defining and Enabling 'Success,'" *Survival*, Vol. 53, No. 5, 2011.

Fardella, Enrico, "China's Debate on the Middle East and North Africa:

A Critical Review," *Mediterranean Quarterly*, Vol. 26, No. 1, March 2015.

Fink, M. D., and R. J. Galvin, "Combating Pirates off the Coast of Somalia: Current Legal Challenges," *Netherlands International Law Review*, 2009.

Gulmohamad, Zana Khasraw, "The Rise and Fall of the Islamic State of Iraq and Al-Sham (Levant) ISIS," *Global Security Studies*, Volume 5, Issue 2, Spring 2014.

Hachigian, Nina, Winny Chen and Christopher Beddor, "China's New Engagement in the International System," *Center for American Progress*, November 2009.

He, Yin, "China's Changing Policy on UN Peacekeeping Operations," *Asia Paper*, Institute for Security & Development Policy, Sweden, July 2007.

Hongying Wang and James N. Rosenau, "China and Global Governance," *Asian Perspective*, Vol. 33, No. 3, 2009.

Horsley, Scott "President Obama Praises Tentative Iranian Nuclear Deal," *NPR*, April 2, 2015.

Huang, Yanzhong, "Domestic Politics and China's Health Aid to Africa," *China: An International Journal*, Vol. 12, No. 3, December 2014.

Huang, Yanzhong, "Pursuing Health as Foreign Policy: The Case of China," *Indiana Journal of Global Legal Study*, Vol. 17, No. 1, 2010.

International Crisis Group, "China's Growing Role in UN Peacekeeping," *Asia Report*, No. 166, April 17, 2009.

Jacobson, Michael, "Sanctions against Iran: A Promising Struggle," *Washington Quarterly*, Vol. 31, No. 3, 2008.

Jin, Liangxiang, "Energy First: China and the Middle East", *Middle East Quarterly*, Vol. 12, No. 2, Spring 2005.

Joyner, Christopher, "Navigating Troubled Waters: Somalia, Piracy, and Maritime Terrorism," *Law & Ethics*, Winter/ Spring 2009.

Justice, Adam, "Russia Intensifies Its Air Strikes againstIsis in Syria," *International Business Times*, November 19, 2015.

Kan, Shirley A., *U. S. -China Counterterrorism Cooperation: Issues for U. S. Policy*, CRS for Congress, May 7, 2010.

Kāzemi, AbbāsVarij, and Xiangming Chen, "China and the Middle East: More Than Oil," *The European Financial Review*, February-March 2014.

Keck, Zackary, "Time for a U. S. -China partnership in the Middle East?" *National Interest*, 21 September 2014.

Kerry, John, "Iranian Nuclear Deal Still Is Possible, But Time is Running Out," *The Washington Post*, June 30, 2014.

Klare, Michael and Daniel Volman, "America, China & the Scramble for Africa's Oil," *Review of African Political Economy*, Vol. 33, No. 108, 2006.

Lerne, Michael, "After Annapolis: Middle East Peace?" *Tikkun*, Vol. 23, No. 1, 2008.

Ling, Bonny, "China's Peacekeeping Diplomacy," *China Rights Forum*, No. 1, 2007.

Malik, Adeel, and Bassem Awadallah, "The Economics of the Arab Spring," *Middle East Insights*, No. 46, 23 Nov. 2011.

Mariani, Bernardo, "Starting to Build? China's Role in UN Peacekeeping Operations," *Saferworld*, October 10, 2011.

Mead, Walter Russell, "The Failed Grand Strategy in the Middle East," *Wall Street Journal*, August 24, 2013.

Michael-Matsas, Savas, "The Arab Spring: The Revolution at the Doors of Europe," *Critique: Journal of Socialist Theory*, Vol. 39, No. 3, 2011.

Mohammad Salman and Gustaaf Geeraerts, "Strategic Hedging and China's Economic Policy in the Middle East," *China Report*, Vol. 51, No. 2, 2015.

Monica DeHart, "Remodelling the Global Development Landscape: the China Model and South-South Cooperation in Latin America," *Third World Quarterly*, Vol. 33, No. 7, 2012.

Neill, Alexander, "China and the Middle East," in *Middle Eastern Security, the US Pivot and the Rise of ISIS*, edited by Toby Dodge and Emile-Hokayem, London and New York: Routledge, 2014.

Noland, Marcus, and Howard Pack, "Arab Economies at a Tipping Point," *Middle East Policy*, Vol. 15, No. 1, Spring 2008.

Paczynska, Agnieszka, "The Economies of the Middle East," in Jillian

Schwedler, ed. , *Understanding the Contemporary Middle East*, Boulder and London: Lynne Rienner Publishers, 2013.

Pember-Finn, Tom, "China and the Middle East: the Emerging Security Nexus," *Greater China*, Vol. 11, No. 1, Summer 2011.

Perthes, Volker, "Europe and the Arab Spring," *Survival: Global Politics and Strategy*, Vol. 53, No. 6, 2011.

Ríos, Xulio, "China and the United Nations Peace Missions," *FRIDE*, October 2008.

Sakamoto, Masaru, "Crisis Management in Japan," in Ali Farazmand, ed. , *Handbook of Crisis and Emergency Management*, New York: Marcel Dekker, 2001.

Sandler, Todd, "The Economic Theory of Alliances: A Survey," *Journal of Conflict Resolution*, Vol. 37, No. 3, September 1993.

Santini, Ruth Hanau, & Oz Hassan, "Transatlantic Democracy Promotion and the Arab Spring," *The International Spectator: Italian Journal of International Affairs*, Vol. 47, No. 3, 2012.

Shaw, Richard, " 'Meaning just What I Choose It to Mean-Neither More Nor Less': The Search for Governance in Political Science", *Political Science*, Vol. 65, No. 2, 2013.

Shaykhoun, Sonya, "Pan-Arab Space Agency: Pipe Dream or Real Possibility?," *Via Satellite Magazine*, August 26, 2014.

Shen, Dingli, "Iran's Nuclear Ambitions Test China's Wisdom," *Washington Quarterly*, Vol. 20, No. 2, 2006.

Spearin, Christopher, "Private Security, Somali Piracy, and the Implications for Europe," *European Security and Defence Forum Workshop*, No. 2, November 2009.

Stephen, Chris, "Son ofAbu Anas al-Liby Describes Capture of al-Qaida Suspect in Libya," *The Guardian*, October 8, 2013.

Stoker, Gerry, "Govern as Theory: Five Propositions," *International Social Science Journal*, Vol. 50, No. 155, 1998.

Sun, Degang, and Yahia Zoubir, "China-Arab States Strategic Partnership: Myth or Reality?" *Journal of Middle Eastern and Islamic Studies* (*in Asia*), Vol. 8, No. 3, 2014.

Utley, Rachel, "France and the Arab Upheavals," *The RUSI Journal*, Vol. 158, No. 2, 2013.

Wang, Hongying & Erik French, "China's Participation in Global Governance from a Comparative Perspective," *Asia Policy*, No. 15, January 2013.

Yetiv, Steve A., and Chunlong Lu, "China, Global Energy, and the Middle East," *Middle East Journal*, Vol. 61, No. 2, Spring 2007.

Yezi, Abdon, "Political Governance Study in Zambia," *YEZI Consulting & Associates*, March 2013.

Zenn, Jacob, "Beijing, Kuming, Urumqi, Guangzhou: The Changing Landscape of Anti-Chinese Jahidists," Jameston Foundation, *China Brief*, Vol. 14, Issue 10, 2014.

Zurich, Eth, "The Middle East Conflict: Changing Context, New Opportunities," *CSS Analysis in Security Policy*, No. 94, May 2011.

（3）媒体报道

"Belgium: EU Contributes 10 Million to UNICEF Education Programs for Children of Syrian Refugees and Host Communities in Jordan," *MENA Report*, October 8, 2012.

"Briefing 54," International Maritime Organization, 21 November, 2008.

"Britain to Open New Military Base in Bahrain," *The Peninsula*, December 7, 2014.

"China as a Free Rider," *New York Times*, 9 August 2014,

"Continued U. S. Navy Operations Against Pirates off Somalia," *The American Journal of International Law*, Vol. 102, No. 1, 2008.

"Donors Pledge over $250 million for Somalia," *USA Today*, April 23, 2009.

"EU Willing to Help Lebanon Provide Aid to Syrian Refugees," *BBC Monitoring Middle East*, July 25, 2012.

"German Chancellor Angela Merkel Visits Israel with Cabinet," *The Independent*, February 24, 2014.

"Hollande Urges Middle East Diplomacy after Pro-Palestinian Protest in Paris," *The Guardian*, July 14, 2014.

"Iran Criticizes US Presence in the Persian Gulf," *Boston Herald*, May 2, 2016.

"Obama Announces $200 Million Syrian Refugee Fund," *France* 24, March 22, 2013.

"Obama Declares Iran Deal 'Important First Step'," *Boston Herald*, November 24, 2013.

"Reports on Acts of Piracy and Armed Robbery Against Ships," *International Maritime Organization*, 5 January, 2010.

"The Observer View on David Cameron's Middle East Policy: Time for Leadership, Not Idle Threats," *The Guardian*, August 23, 2014.

"Top US Official Hails Jordan's Open-border Policy for Syrian Refugees," *BBC Monitoring Middle East Reports*, November 29, 2012.

"US Rejects 30 Syrian Refugees Amid Tightened Security," *Reuters*, March 2, 2016.

Cowell, Alan, "Low-Grade Nuclear Material Is Seized by Rebels in Iraq, U. N. Says," *The New York Times*, July 10, 2014.

Erlanger, Steven, "As Nuclear Talks with Iran Restart, New Hopes for Deal," *The New York Times*, April 12, 2012.

Gearan, Anne, and Joby Warrick, "Iran, World Powers Reach Historic Nuclear Deal with Iran," *The Washington Post*, November 24, 2013.

Gosset, David, "China: A Trustworthy Peacekeeper," *China Daily*, October 27, 2012.

Heilprin, John, "UN Group Charts New Course Against Somalia Piracy," *Yahoo Finance*, January 1, 2009.

Kissinger, Henry A., and George P. Shultz, "What a Final Iran Deal Must Do," *The Wall Street Journal*, December 2, 2013.

Rosen, Nir, "The Flight from Iraq," *The New York Times*, May 13, 2007.

三 阿文文献

（1）著作

1. أبو عيطة: ((شرح نظام مكافحة المخدرات: دراسة مقارنة))، دار الفكر الجامعي، 2014.

2. جمال واكيم ((سورية ومفاوضات السلام في الشرق الأوسط))، شركة المطبوعات للتوزيع والنشر،2010.

3. راغب العثماني: ((الإسلاموالعرب:الدينوالخلافةوآدابالسياسة في حكومة الإسلام))، مركز الدوريات العربية، 2015.

4. قسمالأرشيفو المعلومات: ((واقعاللاجئينالفلسطينيينفيسورية 2011 - 2015))، مركزالزيتونةللدراساتوالاستشارات، 2015.

5. مازنشندب:((داعش:ماهيته، نشأته، إرهابه، أهدافهاستراتيجيته))، الدار العربية للعلوم ناشرون،2015.

6. ياسربسيونيمحمدمصطفى: ((الحكمةالعالميةوحكمةالدولةالمعاصرةفيظلالمتغيراتالعالميةالجديدة))، دارا لفكرالجامعي، 2013.

（2）论文

1. إمامحسنينخليل: ((التعاونالقضائيالدوليلمواجهةالجريمةالمنظمة دراسةمقارنةبيناتفاقيةالدوليةلمكافحةالجريمةالمنظمةعبرالوطنيةوالقانونالإماراتي))، مجلة ((رؤىاستراتيجية))، المجلدالثالث، العدد9،يناير 2015.

2. بسامعبدالقادر النعماني: ((الوطنالعربيبعد100 عاممناتفاقيةسايكس- بيكو : قراءةفيالخرائط))، مجلة ((المستقبلالعربي))،العدد446،أبريل2016.

3. ثرياأحمدالبدوي: ((الجهودالتسويقيةللدبلوماسيةالعامةالأمريكيةعبر شبكاتالتواصلالاجتماعي: دراسةتحليلية لخطاباتالقائمينبالاتصالوالمستخدمين))، مجلة ((رؤىاستراتيجية))، المجلدالثالث، العدد 10،إبريل 2015

4. ساريحنفي،وجادشعبان،وكارينسيفيرت: ((الإقصاءالاجتماعيللاجئينالفلسطينيينفيلبنان: تأملاتفيالآلياتالتيتعزّزفقرهمالدائم))، مجلة((الدراساتالفلسطينية))، المجلد 23،العدد 91، 2012.

5. سيد أحمد فوجيلي: ((الأمن كابتزاز: جذور الدولة الحامية))، مجلة ((شؤون الأوسط))، العدد 150، شتاء 2015.

6. عبدالمجيدالسخيري: ((الصين—عالموالإنسانالجديد:اليوتوبياوالواقع))، مجلة ((سياسات عربية))، العدد 10، سبتمبر2014.

7. عصام عبد الشافي: ((القوىالكبرىومعضلةالأمنفيشمالإفريقيا))، مجلة ((السياسية الدولية))، العدد 196، إبريل 2014.

8. علي السمان:((الفوضى الإعلامية في مصر والأمن القومي))، مجلة ((المجلة))، العدد1620، يونيو 2016.

9. كرمسعيد:((الأبعادالمتداخلةلظاهرةالمخدراتعالميا))، مجلة ((السياسية الدولية))، العدد 204، إبريل 2016

10. مريميوسفالبلوشي:((أثر العلاقاتالعمانية—الإيرانيةفيأمندولمجلسالتعاونبعدالربيعالعربي))، مجلة ((المستقبلالعربي))،العدد 445،مارس 2016.

四 俄文文献

《Телефонный разговор с Генеральным секретарём ООН Пан Ги Муном》, http：//www. kremlin. ru/news/46661.

《С 300, предназначавшийся Сирии, будет доработан и поставлен Египту》, http：//www. arms-expo. ru/news/cooperation/s_ 300_ prednaznachav-shiysya_ sirii_ budet_ dorabotan_ i_ postavlen_ egiptu/.

《Россия поставила Египту систему ПВО "С – 300 ВМ"》, http：//news-land. com/news/detail/id/1457934/

《Россия готова построить в Иране восемь электростанций》, http：//www. newsru. com/world/14sep2014/irannrg. html.

《Распродажа по дешевке》, http：//www. rg. ru/2014/05/06/zerno. html.

《Контракты на поставку российской артиллерии в Ирак подтвердены》, http：//vpk. name/news/114619_ kontraktyi_ na_ postavku_ rossiiskoi_ artillerii_ v_ irak_ podtverzhdenyi. html.

《Лавров: Россия готова помочь Ираку в борьбе с ИГ》, http：//www. vestikavkaza. ru/news/Lavrov-Rossiya-gotova-pomoch-Iraku-v-borbe-s-IG. html.

五 日文文献

小野寺五典:「新たなる脅威に自衛隊法改正で立ち向かう」『Voice』, 2013 年 4 月号。

外務省:《平成 26 年版外交青書》（要旨）, http：//www. mofa. go. jp/mofaj/files/000034502. pdf。

附录一 《中国对阿拉伯国家政策文件》[*]

(2016 年 1 月)

前　言

中国同阿拉伯国家友谊源远流长。2000 多年以来，陆上、海上丝绸之路一直把中阿两大民族连接在一起。在漫长的历史长河中，和平合作、开放包容、互学互鉴、互利共赢始终是中阿交往的主旋律。

新中国成立和阿拉伯国家相继独立，开创了中阿友好交往的新纪元。1956 年至 1990 年，中国同全部 22 个阿拉伯国家建立外交关系。中国坚定支持阿拉伯民族解放运动，坚定支持阿拉伯国家捍卫国家主权和领土完整、争取和维护民族权益、反对外来干涉和侵略的斗争，坚定支持阿拉伯国家发展民族经济、建设国家的事业。阿拉伯国家在恢复中国在联合国合法席位、中国台湾等问题上给予中方有力支持。

冷战结束后，中阿双方顺应要和平、谋发展、促合作的世界潮流，相互尊重，平等相待，致力于深化传统友好，积极发展双边关系，政治、经贸、科技、文教、军事、卫生、体育、新闻等领域合作成果显著，构建起面向新世纪的友好合作关系。

2004 年，中国—阿拉伯国家合作论坛成立，并发展成为涵盖众多领域、建有 10 余项机制的集体合作平台。2010 年中国和阿拉伯国家建立全面合作、共同发展的战略合作关系，中阿集体合作进入全面提质升级的新阶段。习近平主席在 2014 年中阿合作论坛第六届部长级会议开幕式上发表重要讲

---

* 新华社：《中国对阿拉伯国家政策文件（全文）》，2016 年 1 月，http：//news. xinhuanet. com/ 2016-01/13/c_ 1117766388. htm，登录时间：2016 年 7 月 3 日。

话，指明了中阿集体合作的重点领域和优先方向，为中阿关系发展和论坛建设确定了行动指南。

中国开启同阿拉伯国家外交关系已走过60年历程，各领域合作不断深化。中国同8个阿拉伯国家建有全面战略伙伴关系、战略伙伴关系或战略合作关系，同海湾阿拉伯国家合作委员会建立中海战略对话机制。阿拉伯国家已成为中国第一大原油供应方和第七大贸易伙伴。中国提出的中阿共建丝绸之路经济带和21世纪海上丝绸之路、构建以能源合作为主轴，以基础设施建设和贸易投资便利化为两翼，以核能、航天卫星、新能源三大高新领域为突破口的"1+2+3"合作格局、加强产能合作等倡议得到阿拉伯国家积极响应。双方在维护国家主权和领土完整、捍卫民族尊严、政治解决热点问题、促进中东和平与稳定等方面有广泛共识，在联合国改革、气候变化、多哈回合谈判等问题上立场相近，保持着良好协调与配合。双方人文交流日益频繁，民间交往更加密切，增进了双方人民的相互了解和友谊。

60年来，中阿友好合作在广度和深度上都实现了历史性跨越，成为南南合作典范，积累了成功的经验：双方坚持相互尊重、平等相待，无论国际风云如何变幻，都始终互为兄弟、朋友和伙伴；双方坚持互利共赢、共同发展，无论各自经历了什么发展变化，都始终追求共同利益、可持续发展；双方努力促进对话交流、文明互鉴，无论在意识形态上有何差异，都始终尊重对方的社会制度和发展道路。

中国政府制订首份对阿拉伯国家政策文件，在回顾和总结中阿关系发展经验的基础上，阐述发展中阿关系指导原则，规划中阿互利合作蓝图，重申致力于中东和平稳定的政治意愿，推动中阿关系迈向更高水平。

第一部分　深化全面合作、共同发展的中阿战略合作关系

当前，国际形势继续发生深刻复杂变化，世界多极化、经济全球化深入发展，文化多样化、社会信息化持续推进，国际格局和国际秩序加速调整演变。世界各国正抓紧调整各自发展战略，推动变革创新，加快经济转型，开拓新的发展空间。同时，世界经济仍处于深度调整期，地缘政治因素更加突出，局部动荡此起彼伏，非传统安全和全球性挑战不断增多，南北发展差距依然很大。推进人类和平与发展的崇高事业依然任重道远。

中国是世界上最大的发展中国家，正为实现"两个一百年"奋斗目标、建成富强民主文明和谐的社会主义现代化国家、实现中华民族伟大复兴的中国梦而奋斗。中国将继续高举和平、发展、合作、共赢的旗帜，始终不渝走和平发展道路，始终不渝奉行互利共赢的开放战略，推动建立以合作共赢为核心的新型国际关系。

阿拉伯国家地处亚非大陆交汇地带，宗教和文明多样性突出，文化历史悠久，资源禀赋独特，发展潜力巨大。在当前形势下，阿拉伯国家自主探索符合本国国情的发展道路，致力于推进工业化进程，努力扩大就业和改善民生，积极促进地区和平稳定，在地区和国际事务中发挥着重要影响。

中国与阿拉伯国家同属发展中国家，双方国土面积之和占世界陆地面积六分之一，人口之和占世界总人口近四分之一，经济总量占世界经济总量八分之一。中阿双方虽然资源禀赋各异，发展水平不一，但都处于各自发展的重要阶段，都肩负着实现民族振兴、国家富强的共同使命。双方需要更加紧密地团结与协作，在探索发展道路上交流借鉴，在追求共同发展上加强合作，在促进地区安全上携手努力，在构建新型国际关系上呼应配合，维护中阿主权、独立、领土完整，促进稳定，发展经济，改善民生，增进中阿人民福祉。

中国将继续秉承和发扬中阿传统友好，不断充实和深化中阿全方位、多层次、宽领域合作格局，促进全面合作、共同发展的战略合作关系持续健康发展，为维护地区乃至世界的和平、稳定与发展做出积极贡献。

第二部分　中国对阿拉伯国家政策

阿拉伯国家是中国坚定走和平发展道路，加强同发展中国家团结合作，推动建立以合作共赢为核心的新型国际关系的重要伙伴。中方始终从战略高度看待中阿关系，巩固和深化中阿传统友好，是中国长期坚持的外交方针。中国将秉持正确义利观，把促进阿拉伯国家和平稳定发展同实现中国更好发展紧密结合起来，实现合作共赢、共同发展，开创中阿战略合作关系更加美好的未来。

——中国坚持在互相尊重主权和领土完整、互不侵犯、互不干涉内政、平等互利、和平共处的五项原则基础上，发展同阿拉伯国家关系。支持中东和平进程，支持建立以 1967 年边界为基础、以东耶路撒冷为首都、享有完全主权的独立的巴勒斯坦国，支持阿盟及其成员国为此做出的努力。坚持政治解决地区热点问题，支持建立中东无核武器及其他大规模杀伤性武器区。支持阿拉伯国家在加强团结、抵制极端思想蔓延、打击恐怖主义等方面的积极努力。中国尊重阿拉伯国家人民的选择，支持阿拉伯国家自主探索符合本国国情的发展道路，希望加强同阿拉伯国家分享治国理政经验。

——中方愿本着互利共赢原则开展中阿务实合作，特别是在共建"一带一路"过程中，对接双方发展战略，发挥双方优势和潜能，推进国际产能合作，扩大双方在基础设施建设、贸易投资便利化以及核能、航天卫星、新能源、农业、金融等领域的合作，实现共同进步和发展，让合作成果更多惠及双方人民。中国愿同阿拉伯国家合作，共同推进开放互惠、互利共赢的新型合作机制。中方将根据阿拉伯国家需求，继续通过双多边渠道提供力所能及的援助，帮助阿拉伯国家改善民生、提高自主发展能力。

——中国愿同阿拉伯国家一道，致力于促进世界文明的多样性发展，促进不同文明之间的交流互鉴。进一步密切中阿人文交流，加强双方科学、教育、文化、卫生和广播影视领域的合作，增进双方人民相互了解和友谊，促进中阿文化相互丰富交融，搭建中阿两大民族相知相交的桥梁，共同推动人类文明发展进步。

——中方愿与阿方加强磋商协调，共同维护《联合国宪章》的宗旨和原则，落实联合国 2030 年可持续发展议程，维护国际公平正义，促进国际秩序朝着更加公正合理的方向发展。在联合国改革、气候变化、粮食和能源安全等重大国际问题上尊重彼此重大利益和核心关切，支持彼此的正当要求与合理主张，坚定维护广大发展中国家的共同利益。

第三部分　全面加强中阿合作

（一）政治领域

1. 高层交往

保持中阿高层交往和对话势头，充分发挥领导人会晤对中阿关系的引领作用，就双边关系和共同关心的重大问题加强沟通，加强治国理政和发展领域经验交流，巩固政治互信、拓展共同利益、推动务实合作。

2. 政府间磋商与合作机制

进一步加强中阿政府间磋商和对话机制建设，充分发挥战略对话、政治磋商等双多边机制的统筹协调作用，加强沟通交流，促进共同发展。

3. 立法机构、政党和地方政府交往

中国全国人民代表大会愿在相互尊重、加深了解、发展合作的基础上，进一步加强同阿拉伯国家立法机构多层次、多渠道的交流合作。

中国共产党愿在独立自主、完全平等、互相尊重、互不干涉内部事务原则基础上，进一步深化与阿拉伯国家友好政党及政治组织的交往，夯实中阿关系发展的政治基础。

继续加强中阿地方政府之间的交往。巩固中国阿拉伯城市论坛机制，支持双方建立更多友好省州或友好城市，促进双方在地方发展和治理方面的交流与合作。

4. 国际事务合作

加强国际事务磋商，就重大国际和地区问题保持沟通协调，在涉及彼此核心利益和重大关切问题上相互支持，密切在国际组织中的协调与配合，维护双方和广大发展中国家的共同利益。

共同维护以《联合国宪章》宗旨和原则为核心的国际秩序和国际体系，积极构建以合作共赢为核心的新型国际关系，共同推进世界和平与发展。支持联合国在维护世界和平、促进共同发展、推动国际合作方面发挥主导作用，支持对联合国进行必要、合理的改革，增加包括阿拉伯国家在内的发展中国家在安理会的代表性和发言权。

5. 涉台问题

台湾问题事关中国核心利益。一个中国原则是中国同阿拉伯国家及地区组织建立和发展关系的重要基础。中方赞赏阿拉伯国家及地区组织长期以来恪守一个中国原则，不同台湾发展官方关系或进行官方往来，支持两岸关系和平发展和中国统一大业。

（二）投资贸易领域

1. "一带一路"

坚持共商、共建、共享原则，推进中阿共建"一带一路"，构建以能源合作为主轴，以基础设施建设和贸易投资便利化为两翼，以核能、航天卫星、新能源三大高新领域为突破口的"1 + 2 + 3"合作格局，推动务实合作升级换代。

2. 产能合作

坚持企业主体、市场主导、政府推动、商业运作的原则，对接中国产能优势和阿拉伯国家需求，与阿拉伯国家开展先进、适用、有效、有利于就业、绿色环保的产能合作，支持阿拉伯国家工业化进程。

3. 投资合作

在平等互利、合作共赢的基础上，鼓励和支持双方企业扩大和优化相互投资，拓展合作领域，丰富合作方式，通过股权和债权的方式，利用贷款、夹层融资、直接投资和基金等多种手段，拓宽投融资渠道，加强双向投融资合作。中方愿继续向阿拉伯国家提供援外优惠贷款和出口信贷等资金，并提供出口信用和海外投资保险支持。推动中阿商签避免双重征税和防止偷税漏税协定，营造良好的投资环境，为双方投资者提供便利条件并保护双方投资者合法权益。

4. 贸易

支持更多阿拉伯国家非石油产品进入中国市场，不断优化贸易结构，努力推进双边贸易持续稳定发展。加强中阿经贸部门的交流与磋商，尽早完成中国—海湾阿拉伯国家合作委员会自由贸易区谈判并签署自贸协定。反对贸易保护主义，积极消除非关税贸易壁垒，通过友好协商妥善解决贸易纠纷和摩擦，逐步建立双多边贸易争端预警和贸易救济合作机制。加大检验检疫合作，加快标准对接和人员交流培训，共同打击进出口假冒伪劣商品。

5. 能源合作

在互惠互利基础上开展合作，推动并支持中阿在石油、天然气领域，特别是石油勘探、开采、运输和炼化方面的投资合作，推动油田工程技术服务、设备贸易、行业标准对接。加强在太阳能、风能、水电等可再生能源领域的合作。共同建设中阿清洁能源培训中心，全面推动双方在相关领域的合作。

6. 基础设施建设

鼓励和支持中国企业和金融机构扩大参与同阿拉伯国家在铁路、公路、港口、航空、电力、通信、北斗卫星导航、卫星地面站等基础设施建设领域的合作，逐步扩大项目运营合作。根据阿拉伯国家发展的优先领域和需求，在阿拉伯国家积极开展重大项目合作，不断提高阿拉伯国家基础设施水平。

7. 航天合作

进一步发展中阿航天合作，积极探讨在空间技术、卫星及其应用、空间教育、培训等领域开展联合项目，加快推进北斗卫星导航系统落地阿拉伯国家，积极推动中阿载人航天领域交流与合作，提升双方航天合作水平。

8. 民用核领域合作

加强双方在核电站设计建造、核电技术培训等领域合作。积极开展中阿核工业全产业链合作，推动双方在核基础科研、核燃料、研究堆、核技术应用、核安保、放射性废物处理处置、核应急、核安全等领域合作，加快共建阿拉伯和平利用核能培训中心，提升双方核领域合作水平。

9. 金融合作

支持中国和阿拉伯国家符合条件的金融机构互设分支和开展多领域业务合作，并进一步加强监管当局之间的交流与合作。加强双方央行间货币合作，商讨扩大跨境本币结算和互换安排，加大融资保险支持力度。加强在国际金融组织和机制中的协调配合，完善和改革国际金融体系，提高发展中国家的话语权和代表性。中方欢迎阿拉伯国家加入亚洲基础设施投资银行，并发挥积极作用。

10. 经贸合作机制和平台建设

积极发挥政府间经贸联委会、中国与阿拉伯国家联合商会等双多边机制作用，充分利用中阿博览会等会展活动平台，促进中阿双方政府和企业间的互访和交流。

（三）社会发展领域

1. 医疗卫生

加强在传统和现代医学领域的交流与合作，重视防治传染性疾病和非传染性疾病防控等相关工作，特别是传染病疫情信息通报、监测等合作，推动双方专家互派互访。推动医疗机构间的合作，加强临床技术交流。继续派遣医疗队，不断提高服务水平。

2. 教育和人力资源开发

加大教育和人力资源开发合作力度，扩大合作规模，创新合作方式。鼓励双方高校开展历史文化、科技应用以及区域和国别研究等领域的联合科研。推进"中约大学"建设，支持中阿人才联合培养，扩大双方学生交流规模，逐步增加政府互换奖学金名额，扩大研究生比例，拓展专业领域。加强在阿拉伯国家汉语办学，支持阿拉伯国家汉语教师培训计划。积极开展职业教育交流合作，互相借鉴有益经验。

3. 科技合作

加快中阿政府间科技创新合作机制建设。实施中阿科技伙伴计划，不断提高阿拉伯国家科技能力。利用中阿技术转移中心，构建覆盖中国和阿拉伯国家的一体化技术转移协作网络。面向阿拉伯国家实施"杰出青年科学家来华计划"，鼓励双方青年科技人才交流。共建一批国家联合实验室、联合研究中心、特色科技园区，搭建企业走出去平台，鼓励科技型企业在阿拉伯国家创新创业和设立研发中心。邀请阿拉伯国家技术人员参加中国科技部举办的对发展中国家技术培训班。积极推进双方科技成果和先进适用技术在彼此之间的应用和推广。

4. 农业合作

加强中阿在旱作农业、节水灌溉、清真食品、粮食安全、畜牧与兽医等农业领域的双多边合作，鼓励双方农业科技人员加强交流。继续在阿拉伯国家建设农业技术示范项目，扩大农业管理和技术培训的规模，加强项目跟踪和评估。

5. 应对气候变化和环境保护、林业合作

大力推动中阿在《联合国气候变化框架公约》、《生物多样性公约》、《联合国防治荒漠化公约》等机制下的沟通协调，通过双多边渠道积极开展在环境政策对话与信息交流，环境立法，水、空气、土壤污染防治，提高公众环境保护意识，环境影响评估，环境监测，环保产业与技术，保护生物多样性，防治荒漠化，干旱地区造林，森林经营，环保人员培训和举办研讨会等方面的交流与合作，共同提高应对气候变化和环境保护能力。

（四）人文交流领域

1. 文明和宗教交流

加强文明对话，推进不同宗教间的交流。搭建双多边宗教交流平台，倡导宗教和谐和宽容，探索去极端化领域合作，共同遏制极端主义滋生蔓延。

2. 文化、广播影视、新闻出版、智库等领域合作

鼓励中阿文化官员定期互访，在双方文化机构间结成对口友好合作关系，借鉴彼此有益经验。鼓励双方互设文化中心，支持互办文化年和参与对方举行的艺术节，完成"中阿万名艺术家互访计划"。加强文化人才培养和文化产业合作。

推动双方新闻媒体加强对话与合作，深化业务交流、稿件交换、人员培训，支持联合采访、合作拍片、合办媒体。双方将加强广播影视交流与合作，继续办好中国—阿拉伯国家广播电视合作论坛，开展影视节目译制和授权播出，开展广电技术和产业合作。鼓励双方互办电影周，互派电影代表团并积极参加在对方国家举办的国际电影节。为部分艺术作品进行中阿语言互译和配音。鼓励阿拉伯广播联盟同中国国际广播电台和中国中央电视台阿拉伯语频道开展合作。

鼓励双方新闻出版机构开展交流与合作，积极落实《中阿典籍互译出版工程合作备忘录》，鼓励和支持各自出版机构参加在对方国家举办的国际书展。

密切双方专家学者交流，积极研究建立中阿智库长效交流机制。

3. 民间交往和青年、妇女交流

继续加强民间交往，完善中国—阿拉伯友好大会机制，向中阿各友好协会提供更多支持。鼓励和支持非政府组织和社会团体有序开展形式多样的友好交往。

积极推动中阿青年交流，加强双方青年事务部门交往，增进双方各界青年杰出人才的接触与交流。

继续加强中阿性别平等领域的交流与合作，鼓励并支持双方妇女机构和组织开展高层对话、专题研讨、文化交流及能力建设等活动。

4. 旅游合作

鼓励中阿双方旅游部门和旅游企业相互推介旅游资源和产品，开展旅游合作。中方欢迎阿拉伯国家申请成为中国公民组团出境旅游目的地。

（五）和平与安全领域

1. 地区安全

倡导在中东实践共同、综合、合作、可持续的安全观，支持阿拉伯和地区国家建设包容、共享的地区集体合作安全机制，实现中东长治久安与繁荣发展。

2. 军事合作

深化中阿军事交流与合作。加强双方军方领导人互访，扩大军事人员交流，深化武器装备合作和各类专业技术合作，开展部队联合训练等。继续支持阿拉伯国家国防和军队建设，维护地区和平安全。

3. 反恐合作

坚决反对和谴责一切形式的恐怖主义，反对将恐怖主义同特定的民族、宗教挂钩，反对双重标准。支持阿拉伯国家的反恐努力，支持阿拉伯国家加强反恐能力建设。中方认为反恐需综合施策、标本兼治，有关反恐行动应遵守《联合国宪章》的宗旨和原则及国际法准则，尊重各国主权、独立和领土完整。

中方愿同阿拉伯国家加强反恐交流合作，建立长效安全合作机制，加强政策对话和情报信息交流，开展技术合作和人员培训，共同应对国际和地区恐怖主义威胁。

4. 领事、移民、司法和警务合作

切实维护中阿在对方国家企业和公民的安全与合法权益。积极做好便利中阿人员往来的制度性安排。巩固双方在司法协助、引渡和遣返等领域的合作成果，加强司法协助类条约签署、追逃追赃、打击跨国有组织犯罪以及反腐败等领域的交流与合作。

5. 非传统安全

共同提高应对非传统安全威胁的能力。支持国际社会打击海盗的努力，继续派遣军舰参与执行维护亚丁湾和索马里海域国际海运安全任务。开展互联网安全合作。

第四部分　中阿合作论坛及其后续行动

中阿合作论坛成立 11 年来，以对话、合作、和平、发展为宗旨，机制日趋完善，涵盖领域稳步拓展，成为中阿双方在平等互利基础上进行集体对话与务实合作的重要平台。中阿双方在论坛框架内建立的全面合作、共同发展的战略合作关系，为中阿关系的长期持续发展提供了有力依托。

中国将继续致力于中阿合作论坛的建设和发展，同阿拉伯国家一道，进一步丰富中阿合作的内涵，创新合作方式，提升合作水平，发挥部长级会议机制的引领作用，不断充实和完善经贸、文化、媒体、民间交往等领域的合作机制，促进中阿全方位的交往与合作。

第五部分　中国与阿拉伯区域组织关系

中国重视同阿拉伯国家联盟的关系，尊重其为维护地区和平和稳定、促进地区发展所作努力，支持阿盟在国际和地区事务中发挥更大作用。中国愿继续加强同阿盟在各领域的磋商与合作。

中国赞赏海湾阿拉伯国家合作委员会等阿拉伯次区域组织在维护区域和平、促进发展方面发挥的积极作用，愿加强与各组织的友好交往与合作。

附录二　习近平在阿拉伯国家联盟总部的演讲[*]

共同开创中阿关系的美好未来

——在阿拉伯国家联盟总部的演讲

（2016 年 1 月 21 日，开罗）

中华人民共和国主席　习近平

尊敬的阿拉比秘书长，

尊敬的伊斯梅尔总理，

尊敬的各位部长，

各位阿拉伯国家使节，

女士们，先生们，朋友们：

很高兴同阿拉伯朋友见面。这是我担任中国国家主席后首次出访阿拉伯国家。首先，我谨代表中国政府和中国人民，并以我个人的名义，向阿拉伯国家和人民，致以崇高的敬意和良好的祝愿！

"未之见而亲焉，可以往矣；久而不忘焉，可以来矣。"来到阿拉伯国家，我和我的同事们都有一种亲近感。这是因为，在穿越时空的往来中，中阿两个民族彼此真诚相待，在古丝绸之路上出入相友，在争取民族独立的斗争中甘苦与共，在建设国家的征程上守望相助。这份信任牢不可破，是金钱买不到的。

女士们、先生们、朋友们！

中东是一块富饶的土地。让我们感到痛心的是，这里迄今仍未摆脱战

---

* 新华社：《习近平在阿拉伯国家联盟总部的演讲（全文）》，2016 年 1 月 23 日，http：//news. xinhuanet. com/politics/2016 - 01/22/c_ 1117855467. htm，登录时间：2016 年 7 月 3 日。

争和冲突。中东向何处去？这是世界屡屡提及的"中东之问"。少一些冲突和苦难，多一点安宁和尊严，这是中东人民的向往。

有一位阿拉伯诗人曾说："当你面向太阳的时候，你定会看到自己的希望。"中东蕴含希望，各方要在追求对话和发展的道路上寻找希望。

——化解分歧，关键要加强对话。武力不是解决问题之道，零和思维无法带来持久安全。对话过程虽然漫长，甚至可能出现反复，但后遗症最小，结果也最可持续。冲突各方应该开启对话，把最大公约数找出来，在推进政治解决上形成聚焦。国际社会应该尊重当事方、周边国家、地区组织意愿和作用，而非从外部强加解决方案，要为对话保持最大耐心，留出最大空间。

——破解难题，关键要加快发展。中东动荡，根源出在发展，出路最终也要靠发展。发展事关人民生活和尊严。这是一场同时间的赛跑，是希望和失望的较量。只有让青年人在发展中获得生活的尊严，在他们的心中，希望才能跑赢失望，才会自觉拒绝暴力，远离极端思潮和恐怖主义。

——道路选择，关键要符合国情。现代化不是单选题。历史条件的多样性，决定了各国选择发展道路的多样性。阿拉伯谚语讲："自己的指甲才知道哪里痒。"在发展道路的探索上，照搬没有出路，模仿容易迷失，实践才出真知。一个国家的发展道路，只能由这个国家的人民，依据自己的历史传承、文化传统、经济社会发展水平来决定。

女士们、先生们、朋友们！

阿盟是阿拉伯国家团结的象征。维护巴勒斯坦人民合法民族权益是阿盟的神圣使命，也是国际社会的共同责任。巴勒斯坦问题不应被边缘化，更不应被世界遗忘。巴勒斯坦问题是中东和平的根源性问题。国际社会定分止争，既要推动复谈、落实和约，也要主持公道、伸张正义，二者缺一不可。没有公道，和约只能带来冰冷的和平。国际社会应该坚持以公道为念、以正义为基，尽快纠正历史不公。

我愿在此呼吁，国际社会采取更强有力行动，在政治上激活和谈进程，在经济上推进重建进程，让巴勒斯坦人民早日看到希望。中国坚定支持中东和平进程，支持建立以1967年边界为基础、以东耶路撒冷为首都、享有完全主权的巴勒斯坦国。我们理解巴勒斯坦以国家身份融入国际社会的正当诉求，支持建立新的中东问题促和机制，支持阿盟、伊斯兰合作组织为此做出的努力。为改善巴勒斯坦民生，中国决定向巴方提供 5000 万元人民币无偿援助，并将为巴勒斯坦太阳能电站建设项目提供支持。

叙利亚现状不可持续，冲突不会有赢家，受苦的是地区人民。解决热点问题，停火是当务之急，政治对话是根本之道，人道主义救援刻不容缓。中方今年将再向叙利亚、约旦、黎巴嫩、利比亚、也门人民提供 2.3 亿元人民币人道主义援助。

女士们、先生们、朋友们！

2014 年 6 月，我在中阿合作论坛北京部长级会议上提出，中阿共建"一带一路"，构建以能源合作为主轴，以基础设施建设、贸易和投资便利化为两翼，以核能、航天卫星、新能源三大高新领域为突破口的"1 + 2 + 3"合作格局，阿拉伯朋友热烈响应。现在，我们已经有了早期收获。

——顶层设计日臻成熟。中阿建立了政治战略对话机制，中国同 8 个阿拉伯国家建立了战略伙伴关系，同 6 个阿拉伯国家签署了共建"一带一路"协议，7 个阿拉伯国家成为亚洲基础设施投资银行创始成员。

——务实合作显露活力。中国是阿拉伯国家第二大贸易伙伴，新签对阿拉伯国家工程承包合同额 464 亿美元；海湾阿拉伯国家合作委员会重启对华自由贸易区谈判并取得实质性进展，阿拉伯国家建立了两家人民币清算中心，中阿双方成立两个共同投资基金；中阿技术转移中心正式揭牌成立，双方就建立和平利用核能培训中心、清洁能源培训中心、北斗卫星导航系统落地等达成一致；第二届中阿博览会签署合作项目金额 1830 亿元人民币，成为中阿共建"一带一路"的重要平台。

——人文交流丰富多彩。我们举办了中阿友好年活动，签署了第一个共建联合大学协议，启动了百家文化机构对口合作，在华阿拉伯留学生突破 14000 人，在阿拉伯国家孔子学院增至 11 所，中阿每周往来航班增至 183 架次。

女士们、先生们、朋友们！

中国坚持走和平发展道路，奉行独立自主的和平外交政策，实行互利共赢的对外开放战略，着力点之一就是积极主动参与全球治理，构建互利合作格局，承担国际责任义务，扩大同各国利益汇合，打造人类命运共同体。

我们要抓住未来 5 年的关键时期共建"一带一路"，确立和平、创新、引领、治理、交融的行动理念，做中东和平的建设者、中东发展的推动者、中东工业化的助推者、中东稳定的支持者、中东民心交融的合作伙伴。

中方愿同阿拉伯国家开展共建"一带一路"行动，推动中阿两大民族复兴形成更多交汇。

第一，高举和平对话旗帜，开展促进稳定行动。"一带一路"建设，倡导不同民族、不同文化要"交而通"，而不是"交而恶"，彼此要多拆墙、少筑墙，把对话当作"黄金法则"用起来，大家一起做有来有往的邻居。

中国古代圣贤孟子说："立天下之正位，行天下之大道。"中国对中东的政策举措坚持从事情本身的是非曲直出发，坚持从中东人民根本利益出发。我们在中东不找代理人，而是劝和促谈；不搞势力范围，而是推动大家一起加入"一带一路"朋友圈；不谋求填补"真空"，而是编织互利共赢的合作伙伴网络。

中国人有穷变通久的哲学，阿拉伯人也说"没有不变的常态"。我们尊重阿拉伯国家的变革诉求，支持阿拉伯国家自主探索发展道路。处理好改革发展稳定关系十分重要。这就好比阿拉伯喜闻乐见的赛骆驼，前半程跑得太快，后半程就可能体力透支；前半程跑得太慢，后半程又可能跟不上。骑手只有平衡好速度和耐力，才能够坚持到最后。

恐怖主义和极端思潮泛滥，是对和平与发展的严峻考验。打击恐怖主义和极端势力，需要凝聚共识。恐怖主义不分国界，也没有好坏之分，反恐不能搞双重标准。同样，也不能把恐怖主义同特定民族宗教挂钩，那样只会制造民族宗教隔阂。没有哪一项政策能够单独完全奏效，反恐必须坚持综合施策、标本兼治。

为此，中方将建立中阿改革发展研究中心；在中阿合作论坛框架内召开文明对话与去极端化圆桌会议，组织100名宗教界知名人士互访；加强中阿网络安全合作，切断暴力恐怖音视频网络传播渠道，共同参与制定网络空间国际反恐公约；提供3亿美元援助用于执法合作、警察培训等项目，帮助地区国家加强维护稳定能力建设。

第二，推进结构调整，开展创新合作行动。日趋激烈的国际发展竞争，需要我们提高合作档次。要推进"油气＋"合作新模式，挖掘合作新潜力。中方愿同阿方加强上中下游全产业链合作，续签长期购油协议，构建互惠互利、安全可靠、长期友好的中阿能源战略合作关系。要创新贸易和投资机制，拓展合作新空间。

中国对外投资已经进入快车道，阿拉伯国家主权基金实力雄厚，我们可以更多签署本币互换、相互投资协议，扩大人民币结算业务规模，加快投资便利化进程，引导双方投资基金和社会资金参与"一带一路"重点项目。双方要加强高新领域合作、培育合作新动力，可以依托已经成立的技术转移、培训中心等，加快高铁、核能、航天、新能源、基因工程等高新技术落地进程，提高中阿务实合作含金量。

为此，中方将实施创新合作行动，愿同阿方探索"石油、贷款、工程"一揽子合作模式，延伸传统油气合作链条，合作开发新能源、可再生能源；中方将参与中东工业园区建设，重点推进苏伊士经贸合作区建设，通过人员培训、共同规划、合作建厂等方式，实现加工制造、运输出口一体化；启动中阿科技伙伴计划，在现代农业、信息通信、人口健康等领域共建10个联合实验室；举办中阿北斗合作论坛。

第三，促进中东工业化，开展产能对接行动。产能合作契合中东国家经济多元化大趋势，可以引领中东国家走出一条经济、民本、绿色的工业化新路。

中国装备性价比高，加上技术转让、人才培训、强有力融资支持，可以帮助中东国家花较少的钱建立起钢铁、有色金属、建材、玻璃、汽车制造、电厂等急需产业，填补产业空白，培育新的比较优势。中方优势产能和中东人力资源相结合，可以创造更多更好的就业机会。

今天上午，我出席了中埃苏伊士经贸合作区二期揭牌仪式，这一项目将引进纺织服装、石油装备、摩托、太阳能等100多家企业，可以为埃及创造1万多个就业机会。

为促进中东工业化进程，中国将联合阿拉伯国家，共同实施产能对接行动，包括设立150亿美元的中东工业化专项贷款，用于同地区国家开展的产能合作、基础设施建设项目，同时向中东国家提供100亿美元商业性贷款，支持开展产能合作；提供100亿美元优惠性质贷款，并提高优惠贷款优惠度；同阿联酋、卡塔尔设立共计200亿美元共同投资基金，主要投资中东传统能源、基础设施建设、高端制造业等。

第四，倡导文明交流互鉴，开展增进友好行动。文明具有多样性，就如同自然界物种的多样性一样，一同构成我们这个星球的生命本源。中东是人类古老文明的交汇之地，有着色彩斑斓的文明和文化多样性。中国将继续毫不动摇支持中东、阿拉伯国家维护民族文化传统，反对一切针对特定民族宗教的歧视和偏见。

中华文明与阿拉伯文明各成体系、各具特色，但都包含有人类发展进步所积淀的共同理念和共同追求，都重视中道平和、忠恕宽容、自我约束等价值观念。我们应该开展文明对话，倡导包容互鉴，一起挖掘民族文化传统中积极处世之道同当今时代的共鸣点。

"一带一路"延伸之处，是人文交流聚集活跃之地。民心交融要绵绵用力，久久为功。昨天，我会见了获得"中阿友好杰出贡献奖"的10位阿拉伯老朋友。正是有一代接一代的友好人士辛勤耕耘，中阿友好的大树才能枝繁叶茂、四季常青。

为了让人才和思想在"一带一路"上流动起来，我们将实施增进友好"百千万"工程，包括落实"丝路书香"设想，开展100部中阿典籍互译；加强智库对接，邀请100名专家学者互访；提供1000个阿拉伯青年领袖培训名额，邀请1500名阿拉伯政党领导人来华考察，培育中阿友好的青年使者和政治领军人物；提供1万个奖学金名额和1万个培训名额，落实1万名中阿艺术家互访。

女士们、先生们、朋友们！

埃及谚语说："比时间永恒的是金字塔。"在我看来，最永恒的是埃及人民崇尚变革、追求自由的伟大精神。今天的埃及承载着传承文明的希望，肩负着探索复兴道路的使命。中国坚定支持埃及政府和人民的努力，期待埃及成为地区稳定支柱和发展标杆。

民族复兴的追梦路上，难免会经历曲折和痛苦，但只要路走对了，就不怕遥远。中国和阿拉伯国家要心手相连、并肩攀登，为深化中阿友好合作而努力！为人类和平与发展的崇高事业而共同奋斗！

舒克拉！谢谢！

附录三 《中国的军事战略》[*]

(2015 年 5 月)

前 言

当今世界正面临前所未有之大变局，当代中国正处于改革发展的关键阶段。中国人民在为实现中华民族伟大复兴中国梦的奋斗中，希望同世界各国一道共护和平、共谋发展、共享繁荣。

中国同世界的命运紧密相连、息息相关，世界繁荣稳定是中国的机遇，中国和平发展也是世界的机遇。中国将始终不渝走和平发展道路，奉行独立自主的和平外交政策和防御性国防政策，反对各种形式的霸权主义和强权政治，永远不称霸，永远不搞扩张。中国军队始终是维护世界和平的坚定力量。

建设巩固国防和强大军队是中国现代化建设的战略任务，是国家和平发展的安全保障。军事战略是筹划和指导军事力量建设和运用的总方略，服从服务于国家战略目标。站在新的历史起点上，中国军队适应国家安全环境新变化，紧紧围绕实现中国共产党在新形势下的强军目标，贯彻新形势下积极防御军事战略方针，加快推进国防和军队现代化，坚决维护国家主权、安全、发展利益，为实现"两个一百年"奋斗目标和中华民族伟大复兴的中国梦提供坚强保障。

一 国家安全形势

当今时代，世界多极化、经济全球化、社会信息化深入发展，国际社

---

[*] 新华社：《中国的军事战略》，2015 年 5 月，http：//news. xinhuanet. com/2015 - 05/26/c_ 1115408217. htm，登录时间：2016 年 7 月 3 日。

会日益成为你中有我、我中有你的命运共同体，和平、发展、合作、共赢成为不可阻挡的时代潮流。

国际形势深刻演变，国际力量对比、全球治理体系结构、亚太地缘战略格局和国际经济、科技、军事竞争格局正在发生历史性变化。维护和平的力量上升，制约战争的因素增多，在可预见的未来，世界大战打不起来，总体和平态势可望保持。但是，霸权主义、强权政治和新干涉主义将有新的发展，各种国际力量围绕权力和权益再分配的斗争趋于激烈，恐怖主义活动日益活跃，民族宗教矛盾、边界领土争端等热点复杂多变，小战不断、冲突不止、危机频发仍是一些地区的常态，世界依然面临现实和潜在的局部战争威胁。

中国发展仍将处于可以大有作为的重要战略机遇期，外部环境总体有利。国家综合国力、核心竞争力、抵御风险能力显著增强，国际地位和国际影响力显著提高，人民生活显著改善，社会大局保持稳定。作为一个发展中大国，中国仍然面临多元复杂的安全威胁，遇到的外部阻力和挑战逐步增多，生存安全问题和发展安全问题、传统安全威胁和非传统安全威胁相互交织，维护国家统一、维护领土完整、维护发展利益的任务艰巨繁重。

随着世界经济和战略重心加速向亚太地区转移，美国持续推进亚太"再平衡"战略，强化其地区军事存在和军事同盟体系。日本积极谋求摆脱战后体制，大幅调整军事安全政策，国家发展走向引起地区国家高度关注。个别海上邻国在涉及中国领土主权和海洋权益问题上采取挑衅性举动，在非法"占据"的中方岛礁上加强军事存在。一些域外国家也极力插手南海事务，个别国家对华保持高频度海空抵近侦察，海上方向维权斗争将长期存在。一些陆地领土争端也依然存在。朝鲜半岛和东北亚地区局势存在诸多不稳定和不确定因素。地区恐怖主义、分裂主义、极端主义活动猖獗，也对中国周边安全稳定带来不利影响。

台湾问题事关国家统一和长远发展，国家统一是中华民族走向伟大复兴的历史必然。近年来两岸关系保持和平发展良好势头，但影响台海局势稳定的根源并未消除，"台独"分裂势力及其分裂活动仍然是两岸关系和平发展的最大威胁。维护国家政治安全和社会稳定的任务艰巨繁重，"东突"、"藏独"分裂势力危害严重，特别是"东突"暴力恐怖活动威胁升级，反华势力图谋制造"颜色革命"，国家安全和社会稳定面临更多挑战。随着国家利益不断拓展，国际和地区局势动荡、恐怖主义、海盗活动、重大自然灾害和疾病疫情等都可能对国家安全构成威胁，海外能源资源、战略通道安全以及海外机构、人员和资产安全等海外利益安全问题凸显。

世界新军事革命深入发展，武器装备远程精确化、智能化、隐身化、无人化趋势明显，太空和网络空间成为各方战略竞争新的制高点，战争形态加速向信息化战争演变。世界主要国家积极调整国家安全战略和防务政策，加紧推进军事转型，重塑军事力量体系。军事技术和战争形态的革命性变化，对国际政治军事格局产生重大影响，对中国军事安全带来新的严峻挑战。

二 军队使命和战略任务

中国的国家战略目标，就是实现在中国共产党成立一百年时全面建成小康社会、在新中国成立一百年时建成富强民主文明和谐的社会主义现代化国家的奋斗目标，就是实现中华民族伟大复兴的中国梦。中国梦是强国梦，对军队来说就是强军梦。强军才能卫国，强国必须强军。新的历史时期，中国军队以中国共产党在新形势下的强军目标为总纲，毫不动摇坚持党对军队绝对领导，始终把战斗力作为唯一的根本的标准，大力弘扬光荣传统和优良作风，建设一支听党指挥、能打胜仗、作风优良的人民军队。

在新的时代条件下，中国国家安全内涵和外延比历史上任何时候都要丰富，时空领域比历史上任何时候都要宽广，内外因素比历史上任何时候都要复杂，必须坚持总体国家安全观，统筹内部安全和外部安全、国土安全和国民安全、传统安全和非传统安全、生存安全和发展安全、自身安全和共同安全。

实现国家战略目标，贯彻总体国家安全观，对创新发展军事战略、有效履行军队使命任务提出了新的需求。要适应维护国家安全和发展利益的新要求，更加注重运用军事力量和手段营造有利战略态势，为实现和平发展提供坚强有力的安全保障；适应国家安全形势发展的新要求，不断创新战略指导和作战思想，确保能打仗、打胜仗；适应世界新军事革命的新要求，高度关注应对新型安全领域挑战，努力掌握军事竞争战略主动权；适应国家战略利益发展的新要求，积极参与地区和国际安全合作，有效维护海外利益安全；适应国家全面深化改革的新要求，坚持走军民融合式发展道路，积极支援国家经济社会建设，坚决维护社会大局稳定，使军队始终成为党巩固执政地位的中坚力量和建设中国特色社会主义的可靠力量。

中国军队有效履行新的历史时期军队使命，坚决维护中国共产党的领导和中国特色社会主义制度，坚决维护国家主权、安全、发展利益，坚决维护国家发展的重要战略机遇期，坚决维护地区与世界和平，为全面建成小康社会、实现中华民族伟大复兴提供坚强保障。

中国军队主要担负以下战略任务：应对各种突发事件和军事威胁，有效维护国家领土、领空、领海主权和安全；坚决捍卫祖国统一；维护新型领域安全和利益；维护海外利益安全；保持战略威慑，组织核反击行动；参加地区和国际安全合作，维护地区和世界和平；加强反渗透、反分裂、反恐怖斗争，维护国家政治安全和社会稳定；担负抢险救灾、维护权益、安保警戒和支援国家经济社会建设等任务。

三　积极防御战略方针

积极防御战略思想是中国共产党军事战略思想的基本点。在长期革命战争实践中，人民军队形成了一整套积极防御战略思想，坚持战略上防御与战役战斗上进攻的统一，坚持防御、自卫、后发制人的原则，坚持"人不犯我，我不犯人；人若犯我，我必犯人"。

新中国成立后，中央军委确立积极防御军事战略方针，并根据国家安全形势发展变化对积极防御军事战略方针的内容进行了多次调整。1993年，制定冷战后军事战略方针，以打赢现代技术特别是高技术条件下局部战争为军事斗争准备基点。2004年，充实完善冷战后军事战略方针，把军事斗争准备基点进一步调整为打赢信息化条件下的局部战争。

中国社会主义性质和国家根本利益，走和平发展道路的客观要求，决定中国必须毫不动摇坚持积极防御战略思想，同时不断丰富和发展这一思想的内涵。根据国家安全和发展战略，适应新的历史时期形势任务要求，坚持实行积极防御军事战略方针，与时俱进加强军事战略指导，进一步拓宽战略视野、更新战略思维、前移指导重心，整体运筹备战与止战、维权与维稳、威慑与实战、战争行动与和平时期军事力量运用，注重深远经略，塑造有利态势，综合管控危机，坚决遏制和打赢战争。

实行新形势下积极防御军事战略方针，调整军事斗争准备基点。根据战争形态演变和国家安全形势，将军事斗争准备基点放在打赢信息化局部战争上，突出海上军事斗争和军事斗争准备，有效控制重大危机，妥善应对连锁反应，坚决捍卫国家领土主权、统一和安全。实行新形势下积极防御军事战略方针，创新基本作战思想。根据各个方向安全威胁和军队能力建设实际，坚持灵活机动、自主作战的原则，你打你的、我打我的，运用诸军兵种一体化作战力量，实施信息主导、精打要害、联合制胜的体系作战。

实行新形势下积极防御军事战略方针，优化军事战略布局。根据中国地缘战略环境、面临安全威胁和军队战略任务，构建全局统筹、分区负责，相互策应、互为一体的战略部署和军事布势；应对太空、网络空间等新型安全领域威胁，维护共同安全；加强海外利益攸关区国际安全合作，维护海外利益安全。

实行新形势下积极防御军事战略方针，坚持以下原则：服从服务于国家战略目标，贯彻总体国家安全观，加强军事斗争准备，预防危机、遏制战争、打赢战争；营造有利于国家和平发展的战略态势，坚持防御性国防政策，坚持政治、军事、经济、外交等领域斗争密切配合，积极应对国家可能面临的综合安全威胁；保持维权维稳平衡，统筹维权和维稳两个大局，维护国家领土主权和海洋权益，维护周边安全稳定；努力争取军事斗争战略主动，积极运筹谋划各方向各领域军事斗争，抓住机遇加快推进军队建设、改革和发展；运用灵活机动的战略战术，发挥联合作战整体效能，集中优势力量，综合运用战法手段；立足应对最复杂最困难情况，坚持底线思维，扎实做好各项准备工作，确保妥善应对、措置裕如；充分发挥人民军队特有的政治优势，坚持党对军队的绝对领导，重视战斗精神培育，严格部队组织纪律性，纯洁巩固部队，密切军政军民关系，鼓舞军心士气；发挥人民战争的整体威力，坚持把人民战争作为克敌制胜的重要法宝，拓展人民战争的内容和方式方法，推动战争动员由以人力动员为主向以科技动员为主转变；积极拓展军事安全合作空间，深化与大国、周边、发展中国家的军事关系，促进建立地区安全和合作架构。

四　军事力量建设发展

贯彻新形势下军事战略方针，必须紧紧围绕实现中国共产党在新形势下的强军目标，以国家核心安全需求为导向，着眼建设信息化军队、打赢信息化战争，全面深化国防和军队改革，努力构建中国特色现代军事力量体系，不断提高军队应对多种安全威胁、完成多样化军事任务的能力。

军兵种和武警部队发展

陆军按照机动作战、立体攻防的战略要求，实现区域防卫型向全域机动型转变，加快小型化、多能化、模块化发展步伐，适应不同地区不同任务需要，组织作战力量分类建设，构建适应联合作战要求的作战力量体系，提高精确作战、立体作战、全域作战、多能作战、持续作战能力。

海军按照近海防御、远海护卫的战略要求，逐步实现近海防御型向近海防御与远海护卫型结合转变，构建合成、多能、高效的海上作战力量体系，提高战略威慑与反击、海上机动作战、海上联合作战、综合防御作战和综合保障能力。

空军按照空天一体、攻防兼备的战略要求，实现国土防空型向攻防兼备型转变，构建适应信息化作战需要的空天防御力量体系，提高战略预警、空中打击、防空反导、信息对抗、空降作战、战略投送和综合保障能力。

第二炮兵按照精干有效、核常兼备的战略要求，加快推进信息化转型，依靠科技进步推动武器装备自主创新，增强导弹武器的安全性、可靠性、有效性，完善核常兼备的力量体系，提高战略威慑与核反击和中远程精确打击能力。

武警部队按照多能一体、有效维稳的战略要求，发展执勤安保、处突维稳、反恐突击、抢险救援、应急保障、空中支援力量，完善以执勤处突和反恐维稳为主体的力量体系，提高以信息化条件下执勤处突能力为核心的完成多样化任务能力。

重大安全领域力量发展

海洋关系国家长治久安和可持续发展。必须突破重陆轻海的传统思维，高度重视经略海洋、维护海权。建设与国家安全和发展利益相适应的现代海上军事力量体系，维护国家主权和海洋权益，维护战略通道和海外利益安全，参与海洋国际合作，为建设海洋强国提供战略支撑。

太空是国际战略竞争制高点。有关国家发展太空力量和手段，太空武器化初显端倪。中国一贯主张和平利用太空，反对太空武器化和太空军备竞赛，积极参与国际太空合作。密切跟踪掌握太空态势，应对太空安全威胁与挑战，保卫太空资产安全，服务国家经济建设和社会发展，维护太空安全。

网络空间是经济社会发展新支柱和国家安全新领域。网络空间国际战略竞争日趋激烈，不少国家都在发展网络空间军事力量。中国是黑客攻击最大的受害国之一，网络基础设施安全面临严峻威胁，网络空间对军事安全影响逐步上升。加快网络空间力量建设，提高网络空间态势感知、网络防御、支援国家网络空间斗争和参与国际合作的能力，遏控网络空间重大危机，保障国家网络与信息安全，维护国家安全和社会稳定。

核力量是维护国家主权和安全的战略基石。中国始终奉行不首先使用核武器的政策，坚持自卫防御的核战略，无条件不对无核武器国家和无核武器区使用或威胁使用核武器，不与任何国家进行核军备竞赛，核力量始终维持在维护国家安全需要的最低水平。建设完善核力量体系，提高战略预警、指挥控制、导弹突防、快速反应和生存防护能力，慑止他国对中国使用或威胁使用核武器。

军事力量建设举措

加强思想政治建设。始终把思想政治建设摆在军队各项建设首位，加强和改进新形势下军队政治工作，弘扬和践行社会主义核心价值观，持续培育当代革命军人核心价值观，弘扬光荣传统和优良作风，坚持党对军队绝对领导的一系列根本原则和制度，增强各级党组织创造力、凝聚力、战斗力，大力培养有灵魂、有本事、有血性、有品德的新一代革命军人，确保部队在任何时候任何情况下都坚决听从党中央、中央军委指挥，永葆人民军队的性质和宗旨。

推进现代后勤建设。深化后勤政策制度和后勤保障力量改革，优化战略后勤布势，创新保障模式，发展新型保障手段，充实战备物资储备，集成建设后勤信息系统，完善法规标准体系，精心组织供应保障，建设保障打赢现代化战争的后勤、服务部队现代化建设的后勤和向信息化转型的后勤。

发展先进武器装备。坚持信息主导、体系建设，坚持自主创新、持续发展，坚持统筹兼顾、突出重点，加快武器装备更新换代，构建适应信息化战争和履行使命要求的武器装备体系。

抓好新型军事人才培养。大力实施人才战略工程，完善军事人力资源制度，深化军队院校改革，健全军队院校教育、部队训练实践、军事职业教育三位一体的新型军事人才培养体系，吸引更多优秀人才，培养和造就适应信息化战争需要的人才群体。

深入推进依法治军从严治军。着眼全面加强军队革命化现代化正规化建设，创新发展依法治军理论和实践，构建完善的中国特色军事法治体系，提高国防和军队建设法治化水平。

推动军事理论创新。坚持以党的创新理论为指导，加强作战问题研究，深入探索现代战争制胜机理，创新机动灵活的战略战术，发展新形势下军队建设理论，形成与打赢未来战争相适应的先进军事理论体系。

强化战略管理。优化军委总部领导机关职能配置和机构设置，完善各军兵种领导管理体制，坚持需求牵引规划、规划主导资源配置。强化规划编制统筹协调，健全规划编制体系，构建规划管理工作机制。加强战略资源统筹监管，强化重大项目过程监管和风险控制。健全完善战略评估机制，建立健全评估体系和配套标准规范。

军民融合深度发展

贯彻军民结合、寓军于民的方针，深入推进军民融合式发展，不断完善融合机制、丰富融合形式、拓展融合范围、提升融合层次，努力形成全要素、多领域、高效益的军民融合深度发展格局。

加快重点建设领域军民融合式发展。加大政策扶持力度，全面推进基础领域、重点技术领域和主要行业标准军民通用，探索完善依托国家教育体系培养军队人才、依托国防工业体系发展武器装备、依托社会保障体系推进后勤社会化保障的方法路子。广泛开展军民合建共用基础设施，推动军地海洋、太空、空域、测绘、导航、气象、频谱等资源合理开发和合作使用，促进军地资源互通互补互用。

完善军地统筹建设运行模式。在国家层面建立军民融合发展的统一领导、军地协调、需求对接、资源共享机制，健全军地有关部门管理职责，完善军民通用标准体系，探索构建政府投入、税收激励、金融支持政策体系，加快推进军地统筹建设立法工作进程，逐步形成军地统筹、协调发展的整体格局。推进军事力量与各领域力量综合运用，建立完善军地联合应对重大危机和突发事件行动机制。

健全国防动员体制机制。加强国防教育，增强全民国防观念。加强后备力量建设，优化预备役部队结构，增加军兵种预备役力量和担负支援保障任务力量的比重，创新后备力量编组运用模式。增强国防动员科技含量，搞好信息资源征用保障动员准备，强化专业保障队伍建设，建成与打赢信息化战争相适应、应急应战一体的国防动员体系。

五 军事斗争准备

军事斗争准备是军队的基本实践活动，是维护和平、遏制危机、打赢战争的重要保证。拓展和深化军事斗争准备，必须按照能打仗、打胜仗的要求，坚持以解决重点难点问题为导向，真抓实备、常备不懈，全面提高军队威慑和实战能力。

增强基于信息系统的体系作战能力。加快转变战斗力生成模式，运用信息系统把各种作战力量、作战单元、作战要素融合集成为整体作战能力，逐步构建作战要素无缝链接、作战平台自主协同的一体化联合作战体系。着力解决制约体系作战能力的突出矛盾和问题，推进信息资源深度开发和高效利用，加强侦察预警系统和指挥控制系统建设，发展中远程精确打击力量，完善综合保障体系。按照权威、精干、灵便、高效的要求，建立健全军委联合作战指挥机构和战区联合作战指挥体制。

统筹推进各方向各领域军事斗争准备。中国地缘战略环境复杂，各战略方向、各安全领域都存在不同威胁和挑战，必须统筹全局、突出重点，促进军事斗争准备全面协调发展，保持战略全局平衡和稳定。统筹传统安全领域和新型安全领域军事斗争准备，做好维护国家主权和安全、维护国家海洋权益、应对武装冲突和突发事件准备。适应武器装备更新换代和作战样式发展变化，进一步优化战场布局，加强战略预置。

保持常备不懈的战备状态。全面提高日常战备水平，保持高度戒备态势，周密组织边海空防战备巡逻和执勤。陆军部队构建各战略方向衔接、多兵种联合、作战保障配套的战备力量体系布局，保持迅即能动和有效应对的良好状态。海军部队组织和实施常态化战备巡逻，在相关海域保持军事存在。空军部队坚持平战一体、全域反应、全疆到达的原则，保持灵敏高效的战备状态。第二炮兵平时保持适度戒备状态，按照平战结合、常备不懈、随时能战的原则，构建要素集成、功能完备、灵敏高效的作战值班体系。

提高军事训练实战化水平。坚持把实战化军事训练摆在战略位置，从实战需要出发从难从严训练部队，严格按纲施训，加强战法训法创新，完善军事训练标准和法规体系，加快大型综合性训练基地建设，构建实战化训练环境。深入开展基于实战需求的模拟实景训练、基于信息技术的模拟仿真训练、符合实战标准的实兵对抗训练，加强首长机关指挥训练和诸军兵种联合训练，加大在复杂电磁环境、复杂陌生地域、复杂气象条件下训练力度。建立健全训练监察督察制度，努力使训练和实战达到一体化。

组织非战争军事行动准备。遂行抢险救灾、反恐维稳、维护权益、安保警戒、国际维和、国际救援等非战争军事行动任务，是冷战后军队履行职责使命的必然要求和提升作战能力的重要途径。把非战争军事行动能力建设纳入部队现代化建设和军事斗争准备全局中筹划和实施，抓好应急指挥机制、应急力量建设、专业人才培养、适用装备保障以及健全相关政策法规等方面的工作。促进军队处置突发事件应急指挥机制与国家应急管理机制协调运行，坚持统一组织指挥、科学使用兵力、快速高效行动和严守政策规定。

六 军事安全合作

中国军队坚持共同安全、综合安全、合作安全、可持续安全的安全观，发展不结盟、不对抗、不针对第三方的军事关系，推动建立公平有效的集体安全机制和军事互信机制，积极拓展军事安全合作空间，营造有利于国家和平发展的安全环境。

全方位发展对外军事关系。深化中俄两军在两国全面战略协作伙伴关系框架下的交流合作，逐步构建全面多元、可持续的机制架构，推动两军关系向更广领域、更深层次发展。构建与中美新型大国关系相适应的新型军事关系，加强防务领域对话、交流与合作，完善重大军事行动相互通报信任措施机制和海空相遇安全行为准则，增进互信、防范风险、管控危机。按照亲诚惠容的周边外交理念，巩固和发展与周边国家军事关系。提升与欧洲国家军事关系水平，发展与非洲、拉美、南太平洋国家的传统友好军事关系。深化上海合作组织防务安全合作，参加东盟防长扩大会、东盟地区论坛、香格里拉对话会、雅加达国际防务对话会、西太平洋海军论坛等多边对话与合作机制，举办香山论坛等多边活动，推动建立有利于亚太地区和平稳定繁荣的安全和合作新架构。

推进务实性军事合作。坚持在相互尊重、平等互利、合作共赢的基础上，与世界各国军队开展务实合作。适应形势变化，不断探索合作的新领域、新内容、新模式，共同应对多种安全威胁和挑战。与外军在防务政策、军兵种建设、院校教育、后勤建设等领域广泛开展对话交流，增进了解互信，相互学习借鉴。加强与有关国家军队在人员培训、军事物资援助、装备技术等领域的合作，相互支持，提高各自防卫作战能力。开展多层次、多领域、多军兵种的双边多边联演联训，推动演训科目从非传统安全领域向传统安全领域拓展，提高联合行动能力。积极参与国际海上安全对话与合作，坚持合作应对海上传统安全威胁和非传统安全威胁。

履行国际责任和义务。参与联合国维和行动，履行安理会授权，致力于和平解决冲突，促进发展和重建，维护地区和平与安全。积极参加国际灾难救援和人道主义援助，派遣专业救援力量赴受灾国救援减灾，提供救援物资与医疗救助，加强救援减灾国际交流，提高遂行任务能力和专业化水平。忠实履行国际义务，根据需要继续开展亚丁湾等海域的护航行动，加强与多国护航力量交流合作，共同维护国际海上通道安全。广泛参与地区和国际安全事务，推动建立突发情况通报、军事危险预防、危机冲突管控等机制。随着国力不断增强，中国军队将加大参与国际维和、国际人道主义救援等行动的力度，在力所能及的范围内承担更多国际责任和义务，提供更多公共安全产品，为维护世界和平、促进共同发展做出更大贡献。

后 记

中东是中国运筹与美、欧、俄等大国及国际组织关系的重要舞台，中东治理是中国参与国际事务，提升政治影响力、议题设置能力和外交话语权的重要载体。然而中东地区冲突的升级、中东国家治理能力不足和中东跨国性问题的相互叠加，对中国参与中东地区治理提出了挑战。冷战后，中国在传统安全、非传统安全、经济和社会四个领域参与中东事务，涵盖冲突治理，核问题治理，联合国维和行动，恐怖主义治理，海盗问题治理，航空航天治理，经济、能源和金融治理，卫生治理，难民治理和毒品治理等诸多领域。本书在前人研究成果的基础上，试图对中国参与中东地区治理的理论与实践做初步的学术探讨。

展现在读者面前的这本著作是集体智慧的结晶，来自上海外国语大学、复旦大学、北京第二外国语学院等单位的青年才俊是该研究项目的中坚力量。其中本人负责著作的理论框架、总体设计、导言、结论和主要章节的撰写，并承担统稿和校对任务；我的博士生张玉友撰写了第一章第一节"治理的内涵演变与概念界定"，并与我联合撰写了第四章第二节"中国参与伊朗核问题治理"；上外中东所赵军副教授撰写了第五章第一节"中国参与中东的恐怖主义治理"；上外中东所邹志强助理研究员承担了第六章"中国参与中东地区的经济治理"；复旦大学国际关系与公共事务学院文少彪撰写了第七章第一节"中国参与中东地区的卫生治理"；北京第二外国语学院邢新宇撰写了第七章第二节"中国参与中东地区的难民治理"；上外中东所余泳副研究员撰写了第七章第三节"中国参与中东地区的毒品治理"；书稿还吸收了上外中东所刘中民教授和朱威烈先生有关"热点外交"的部分观点，参考了上外那传林关于俄罗斯中东政策的部分观点，借鉴了我和上外俄罗斯研究中心韦进深博士联合发表的论文《中国在国际组织中的规范塑造评析》的部分观点，在此一并表示感谢。

　　感谢教育部社科司和上海高校智库对该课题研究和出版的资助；感谢上海外国语大学科研处、人事处和上外中东所全体同仁在本课题研究过程中提供的大力支持。在课题撰写过程中，感谢中国外交部亚非司领导和中国前驻中东大使的帮助和点拨，在此表示衷心的感谢；围绕本课题研究，课题组还召开过研讨会，感谢李伟建、王健、余建华、郭长刚、张春、王震、郑华、韦宗友、薄燕、朱杰进、潘亚玲、张骥、杨震、黄琪轩、金良祥、周士新、刘宏松、汪段泳、马骏等上海学者，以及张颖、赵葆珉、韩志斌、蒋真、岳汉景等外省市中青年学者提出的建设性修改意见和建议；感谢我的硕士生导师赵伟明先生、博士生导师张曙光先生和博士后合作导师朱明权先生的悉心指导。

　　在课题撰写过程中，本人还有幸入选上海市人力资源和社会保障局"浦江人才计划"（14PJC092）、上海市教委和上海市教育发展基金会"曙光项目"（15SG29）和上海东方青年学社"社科新人"（2016）等人才计划，在此一并表示诚挚的谢意。感谢《世界经济与政治》、《西亚非洲》、《国际展望》、《阿拉伯世界研究》等期刊为本书的前期研究成果提供的重要发表平台。感谢社会科学文献出版社高明秀和刘学谦编辑对书稿一丝不苟的编辑和校对。

　　最后，感谢我的家人多年来的默默坚守与一贯支持。感谢我淳朴善良的父母，感谢我勤劳贤惠的妻子和聪明懂事的儿子。对家人的感恩之情、对知识的追求和对祖国的无限热爱是我追求学术卓越的力量源泉。

孙德刚

上海外国语大学中东研究所

2016 年 12 月 1 日

图书在版编目（CIP）数据

冷战后中国参与中东地区治理的理论与案例研究 /
孙德刚等著. -- 北京：社会科学文献出版社，2018.3
（"当代中国与中东"丛书）
ISBN 978 - 7 - 5201 - 0338 - 1

Ⅰ.①冷…　Ⅱ.①孙…　Ⅲ.①中外关系 - 对外援助 -
研究 - 中东　Ⅳ.①D822.337

中国版本图书馆 CIP 数据核字（2018）第 020147 号

"当代中国与中东"丛书
冷战后中国参与中东地区治理的理论与案例研究

著　　者 / 孙德刚 等

出 版 人 / 谢寿光
项目统筹 / 高明秀　祝得彬
责任编辑 / 刘　娟　刘学谦

出　　版 / 社会科学文献出版社 · 当代世界出版分社（010）59367004
　　　　　　地址：北京市北三环中路甲 29 号院华龙大厦　邮编：100029
　　　　　　网址：www.ssap.com.cn
发　　行 / 市场营销中心（010）59367081　59367018
印　　装 / 北京季蜂印刷有限公司

规　　格 / 开　本：787mm × 1092mm　1/16
　　　　　　印　张：22.5　字　数：368 千字
版　　次 / 2018 年 3 月第 1 版　2018 年 3 月第 1 次印刷
书　　号 / ISBN 978 - 7 - 5201 - 0338 - 1
定　　价 / 98.00 元